四川省哲学社会科学重点研究基地、四川省高校人文社会科学重点研究基地——川酒发展研究中心招标项目（CJZB19-01），五粮液集团公司产学研合作项目（CXY2019R006）

中国高端白酒价格机制
与定价方略研究

蒋和胜　刘世炜　邹　涛　孙明茜　刘胜林　等　著

科学出版社

北　京

内 容 简 介

本书立足于我国高端白酒产业发展和价格现状,以高端白酒价格机制为研究主题,对高端白酒的市场结构、价格机制、定价方略及酿酒用粮价格形成机制等内容进行了理论和实证研究,阐明了高端白酒定价机制的理论和方法,揭示了高端白酒价格现实矛盾,破解了高端白酒定价密码,建立健全了高端白酒价格形成机制、运行机制和调控机制体系。

本书可供企业科学制定与调整高端白酒价格,和政府有关部门调控管理高端白酒市场与价格、制定白酒产业发展规划,促进白酒产业健康发展参考,也可供高等学校、科研院所相关专业人士和学生阅读,所有对高端白酒价格感兴趣的社会各界人士,阅读本书,都能从中受益。

图书在版编目(CIP)数据

中国高端白酒价格机制与定价方略研究/蒋和胜等著. —北京:科学出版社,2022.12

ISBN 978-7-03-071605-7

Ⅰ.①中… Ⅱ.①蒋… Ⅲ.①白酒－价格机制－研究－中国 Ⅳ.①F724.782

中国版本图书馆 CIP 数据核字(2022)第 029942 号

责任编辑:李 嘉 / 责任校对:贾娜娜
责任印制:张 伟 / 封面设计:无极书装

科 学 出 版 社 出版
北京东黄城根北街 16 号
邮政编码:100717
http://www.sciencep.com

北京中科印刷有限公司 印刷
科学出版社发行 各地新华书店经销

*

2022 年 12 月第 一 版 开本:720×1000 1/16
2022 年 12 月第一次印刷 印张:22
字数:446 000

定价:226.00 元
(如有印装质量问题,我社负责调换)

课题组名单

课题组负责人

蒋和胜

课题组成员

刘世炜　邹　涛　孙明茜　刘胜林

李小瑜　崔耀元　吴晓曦　黄知梅

陈锴民　贾理君　李瑞强　杨柳静

序　言

一、研究成果价值

  中国是白酒的故乡，酿酒工艺、白酒文化源远流长，饮酒人口众多，群众基础广泛。在白酒市场中，高端白酒因其深厚的历史底蕴、独特的酿造工艺、优良的产品品质等优势，历来受到人们的青睐。同时，高端白酒也对地区经济发展做出了突出贡献。2020年，贵州省以茅台为代表的白酒产业产值达1158亿元，占全省生产总值的6.5%；四川省以五粮液为代表的白酒产业总营业收入达2850亿元，实现利润总额529亿元，分别占全省工业企业总营业收入和总利润的6.3%、16.5%。随着新一轮消费结构持续升级，消费者的品牌意识逐渐增强，高端白酒价格和一线酒企股价也双双上涨。价格是企业取得营收、补偿成本、实现利润的基本形式，是企业参与市场竞争的有力工具。合理的定价机制和定价方略，对于提高高端白酒企业的市场占有率和竞争力，推动四川高端白酒产业高质量发展具有重要的现实意义。然而，长期以来，高端白酒的定价是一个说不清、道不明的"黑箱"，是消费者议论的热点，也是学术界研究的难点，还是白酒企业面对的难题。在高端白酒的价格研究领域，虽有少许研究成果散见于报纸杂志和网络载体，但研究不够深入，更缺乏系统性的研究成果，有关白酒价格机制的研究，几乎还是空白，白酒产业和企业期待理论界去研究解决这些价格难题。对此，我们通过申请和投标，获准承担四川省哲学社会科学重点研究基地、四川省高校人文社会科学重点研究基地——川酒发展研究中心招标项目《推动四川省高端白酒高质量发展定价机制与定价方略研究》（CJZB19-01）、五粮液集团公司产学研合作项目《推动四川省高端白酒高质量发展的定价机制研究》（CXY2019R006）两项内容相关的重要课题。按照课题任务书的要求，课题组于2019年6月至2021年6月，历时两年，通过现场调研、文献资料收集和部门走访等方式，对我国高端白酒定价机制、定价方法及定价策略进行了系统研究，撰写完成了44.6万字的研究专著一部，向政府和企业提交决策咨询建议三份，即《后疫情时期加快推动四川白酒产业恢复性增长和高质量发展的对策建议》（简称《建议》）《提升后疫情时代四川高端白酒定价权的对策建议》（简称《对策建议》）（见本书附录一、附录三），其中，《建议》已被四川省繁荣发展哲学社会科学工作协调小组办公室、四川省社会科学界联合会主办的《重要成果专报》2020年第11期刊载（见本书附录二），并报送省委省政府领导决策参考，时任四川省社会科学界联合会主席杨泉明（副省级）

教授对《建议》做出高度评价和肯定性批示："此课题选题具有重要现实意义，课题研究对现状和问题的分析到位，对四川白酒产业发展趋势的分析凝练精准，所提对策建议符合四川白酒业实际，对加快推动四川白酒产业恢复增长具有重要参考价值"（见本书附录一）；《对策建议》被五粮液集团公司肯定和采纳，时任五粮液集团公司总经理认为："价格是国民经济的综合反映，是国家调控经济的重要参数，是企业参与市场竞争的重要杠杆。《对策建议》从五粮液现实状况出发，为高端白酒企业提出了科学性、系统性定价方法策略建议，符合企业实际，对企业正确制定价格方略具有重要参考价值（见本书附录三）；还向五粮液集团公司提交了《关于完善高端白酒定价与市场营销管理机制的若干对策建议——以五粮液为例》，从"正确认识和把握高端白酒定价的目标，遵从产品定价原则、灵活应用定价策略，顺应消费升级趋势、扩大品牌影响力，巩固浓香型'超高端'白酒市场定价权、保持价格稳中缓升态势，强化内部价格控制体系、规避政策和法律风险，健全企业内部监督管理机制、杜绝流通领域违规行为，抓住后疫情时代恢复性增长机会、积极完善上下游全产业链建设"七个方面提出了完善高端白酒定价和市场营销管理机制的系统性建议（见本书附录四），供企业合理定价和科学营销决策参考。同时，公开发表相关论文 3 篇；此外，实现以研代训，培养、培训多名四川大学经济学院相关专业研究生和五粮液企业干部职工。

二、研究成果内容

本书研究成果，以马克思主义价格学说为理论基础，借鉴西方经济学价格理论合理成分，以中国特色社会主义价格理论为指导，从理论上深入研究高端白酒的定价机制，对高端白酒定价的市场结构、价格基础理论、价格机制、定价方略及酿酒用粮价格形成机制等内容进行理论探讨，阐明高端白酒定价机制的理论基础和内在联系，使高端白酒的价格战略具有充分的学理支撑，提高了研究成果的学术价值。同时，在大量现场调研掌握第一手资料基础上，立足高端白酒的产业结构和市场格局，聚焦问题，围绕高端白酒定价方略，基于高端白酒企业的经营目标，研究高端白酒的定价方式和定价战略，提高研究成果的应用价值。

本书研究的主要成果，以 12 个章节，44.6 万字集中呈现。全书的逻辑结构和主要内容为"总—分—总"三大板块，第一板块为总论，由第 1 章的导论构成。导论部分主要介绍本书的研究背景、研究意义、研究对象、基本概念、研究目标、研究内容、研究框架、研究思路、研究方法、技术路线和研究创新与展望，这些内容的研究支撑着本书的研究主题。第一部分先对研究主题和研究内容进行了总体论述，构建起了本书的研究框架，对本书研究起着引领和导向作用。第二板块为分论，由第 2 章到第 11 章构成，是全书的主体部分。其中，第 2 章论述本书的理论基础，强调以马克思主义价格理论、中国特色社会主义价格理论为理论基础，借鉴西方经济学价格理论的合理成分；第 3 章是基于 SCP 范式的我国白酒产业发展现状解析，从产业组织理论的 SCP 分析框架出发，结合相关理论和文献，研究了白酒产业的市场结构（structure）、行为（conduct）、绩效（performance）及三者间的作用关系，并基于理论分析，实证检验了市场力量假说和效率结构假说在我国白酒产业中的适用性；第 4 章为高端白酒价格的基本现状及定价难点解析，主要介绍高端白酒的市场营销和价格水平现状，分析高端白酒的定价机制和定价难题；第 5 章为高端白酒价格形成机制，主要以马克思主义劳动价值论为基础，建立高端白酒价格形成机制的理论框架，从理论上论述高端白酒价格形成机制；第 6 章为基于产业链视角的高端白酒酿造用粮价格形成机制研究，主要探讨了高端白酒酿造用粮及价格的特殊性，高端白酒酿造用粮传统与现代产业链价格形成机制的特点，各产业链价格形成机制的对比及未来发展趋势，并提出了完善的对策建议；第 7 章研究高端白酒价格运行机制，重点讨论高端白酒价格在竞争机制、供求机制、风险机制作用下升降运动的规律，揭示了高端白酒价格运行的特殊性，就是与其品牌、政策及市场炒作密切关联；第 8 章为高端白酒价格管控机制，主要从政府和白酒生产经营企业两个主体展开分析，政府依法监管白酒市场价格行为，处罚违规企业，企业必须依法进行价格竞争，不得采取价格垄断、价格联盟等违法行为开展市场竞争；第 9 章是高端白酒定价方略综论，在讨论高端白酒定价的理论依据和现实依据基础上，从总体上提出了高端白酒定价的一般目标和方法及策略；第 10 章是高端白酒定价方法的实证研究，重点阐明了以成本导向的定价机制、需求导向的定价机制、竞争导向的定价机制及综合因素导向的定价机制为逻辑思路，建立多种理论定价模型，并利用现有公开资料及面板数据，对我国高端白酒的定价方法进行实证检验，提出更为科学合理的综合定价机制，打开了高端白酒定价的"黑箱"；第 11 章为高端白酒定价策略的实证分析，归纳总结了国内外高端白酒定价的多种策略、适用条件和使用选择，同时，借鉴国外高端白酒的产区化、标准化、等级化、文化性等理念，着力提升高端白酒的内在价值，保持市场价格水平与其产品特质、市场需求竞争能力相适应，并运用生态位理论和扎根理论对四川高端白酒及五粮液定价策略进行了重点分析，对四川高端白酒提出了降低生态位重叠度、提升定价刚性，扩大生态位宽度、提升定价韧性，引领生态位态势，提升定价弹性的定价策略。第三板块为总论，由第 12 章构成，总结了四川白酒产业特别是高端白酒产业发展与价格现状及趋势，聚焦问题，并提出了促进四川白酒产业高质量发展的定价及相关对策建议。

按照上述内容结构安排，聚焦、研究以下重点内容。

（1）市场结构及定价机制方面。经过多年发展，高端白酒的市场结构和产业格局已趋于稳定，呈现出垄断竞争的市场格局，中低端白酒进入高端白酒市场面临着较强的市场壁垒。在高端白酒产业内部，企业之间围绕价格的竞争十分激烈。从价格水平来看，高端白酒价格呈现上涨趋势十分明显，尤其是超高端白酒已成为绝对的奢侈品，其金融属性得到进一步强化。在定价机制上，高端白酒往往以市场定位决定产品定位，进而决定价格定位，而价格定位进一步巩固了企业的市场地位，市场地位成为高端白酒企业拥有价格主导权的重要支撑。

（2）价格形成机制方面。高端白酒的市场价格直接由其品牌价值决定，品牌价值由实体价值和虚拟价值构成。实体价值是产品本身的价值，也就是围绕产品生产、流通所付出的劳动。虚拟价值是市场对高端白酒的主观价值评价。在高端白酒的品牌价值中，虚拟价值远远大于实体价值。在高端白酒的价格形成机理方面，按照价格形成的动因，高端白酒价格形成方式大体上可以划分为成本决定型、利润决定型、市场决定型和竞争决定型。成本决定型定价方式尽管操作起来十分便利，但是在高端白酒产业较少采用，更多的是采用利润决定型、市场决定型和竞争决定型定价方式。在实际制定价格时，企业往往综合考虑成本、利润、市场、竞争等因素，具体方式较为灵活。在实践方面，高端白酒从出厂到消费，经历了出厂价格、各级批发价格、零售价格形式。各类价格形式之间的作用关系较为复杂，主要由产品的市场定位决定出厂价格，进而决定批发价格和零售价格。同时也有企业根据产品的市场决定，先确定零售价格，再决定批发价格和出厂价格。

（3）价格运行机制方面。现有的高端白酒生产企业由于受制于技术与生产环境等因素，相较于快速上升的市场需求，其自身产量的提升速度相对较慢。同时，较高的进入壁垒又使得新资本进入这一市场的成本巨大，行业内难以有新的企业加入并增加供应量，使得整个市场的供给增加难度进一步加大，供给增速较慢。目前，高端白酒市场的竞争已经逐步形成以茅台、五粮液为主，其他品牌参与的垄断竞争的格局。市场主导型品牌——茅台与五粮液不仅在市场份额上处于领先地位，在销售渠道建设与品牌认可度上也领先于其他品牌，其竞争的范围是全国市场。而其他品牌则应首先巩固自身传统区域优势市场，再通过丰富产品文化内涵，并借此进一步提升品牌价值与认可度等以提升产品竞争力。

（4）价格调控机制方面。在消费升级、大众消费崛起的背景下，我国高端白酒发展正呈现出量价齐升的态势。高端白酒价格调控与管理具有重要的现实意义，首先是高端白酒市场逐渐凸显出寡头垄断市场特征和信息不完全特征的市场失灵；其次是伴随着高端白酒品牌集中度越来越高，高端白酒市场存在价格垄断的隐患；最后是高端白酒市场主体存在诸多不规范行为，如白酒生产厂商通过控制供给影响价格；销售商囤货惜售，哄抬价格；电商和卖场设置购买门槛，捆绑销售等。为了打击价格违法行为，促进公平竞争，限制垄断和维护良好的市场秩序，应坚持以市场机制、以人为本、价格预期和精准调控为原则，以调节高端白酒供需达到基本均衡，保持高端白酒价格基本稳定，回归白酒商品消费属性，兼顾国家、企业、消费者、股东和经销商利益，保障高端白酒市场健康、持续发展为总体目标的高端白酒价格调控与管理。

（5）定价方略方面。成本、供求和竞争是决定产品价格的核心要素。首先，从理论上全面系统地研究了高端白酒定价的影响因素、基本依据和方法策略。其次，通过公开资料以及 2010～2019 年来我国主要高端白酒价格的面板数据，以成本导向定价法、需求导向定价法、竞争导向定价法为重点，对高端白酒的定价方法进行实证研究，创建了高端白酒综合因素定价法，打开了高端白酒定价的"黑箱"。再次，定价策略方面，研究发现，决定高端白酒价格高低最根本的因素为产品的市场定价权，而产品的市场定价权又取决于产品自身的市场领导力、品质力和稀缺力，并以五粮液为案例，提出白酒企业定价的八种类型，其中适用于高端白酒企业的类型有三种，即"强领导力–强品质力–弱稀缺力"类型、"强领导力–弱品质力–强稀缺力"类型、"弱领导力–强品质力–强稀缺力"类型。如果不采取针对性措施来做出改变，无论是三种类型中哪一种，对于高端白酒企业而言，都只能采取跟随定价策略，而要变跟随定价为领导定价，就必须精准施策，不断提升企业产品的市场领导力，或提升企业品质力或稀缺力。其中，"强领导力–强品质力–弱稀缺力"类型，企业应通过创新酿造工艺、深挖文化内涵、宣传产区概念、讲好品牌故事等途径，着力提升产品的稀缺力；"强领导力–弱品质力–强稀缺力"类型，企业应通过严控原料来源、改进生产工艺、严把质量关口、提升员工素质等途径，着力提升产品的品质力；"弱领导力–强品质力–强稀缺力"类型，企业应通过强化主营品牌营销、成本控制、增强盈利能力、加大市场培育等举措，着力提升产品的市场领导力。

（6）酿酒用粮价格方面。基于产业链视角，对白酒酿造用粮产业链环节对其价格形成的影响进行系统研究，阐明了白酒酿造用粮价格决定、构成和特点，从产业链视角实证分析了白酒酿造用粮产业链的产前、产中和产后三个环节对价格形成的影响，对比分析了主要产业链模式的白酒酿造用粮价格形成，并提出了完善白酒酿造用粮产业链环节价格的对策。

三、研究发现与结论

（一）研究发现

通过系统调查研究，我们发现高端白酒价格存在以下新情况和新问题。

第一，价格发生异化。在高端白酒价格中，生产成本占比较低，通常不到 10%，这是高端白酒价格的一个显著特征，也是其价格异化的主要体现。在高端白酒生产领域，尽管生产成本有所上升，但是整体而言，包括原料、包装、运输、人工等在内的生产成本上涨速度远远低于产品价格的上涨速度。由于市场竞争激烈，高端白酒企业越来越注重在营销环节的投入，流通成本远远高于生产成本。高端白酒价格异化，从理论上来讲，背离了劳动价值论、生产价格论；从实践上来讲，淡化了产品的消费属性，强化了产品的金融属性，导致了产品价格虚高、实体经济和虚拟经济脱节等不良影响。高端白酒最大差价存在于出厂价和批发价之间，批发价和零售价之间的差价相对较小，前者远远大于后者，这实际上也是价格异化的一种表现。高端白酒价格的异化为权力寻租留下了空间，而权力的滥用又进一步导致了价格的异化。

第二，存在市场垄断。高端白酒市场具有明显的垄断性，是其价格异化的直接原因。高端白酒的市场结构与其价格水平具有密切联系，有什么样的市场结构，就有什么样的价格结构。虽然我国白酒产业的市场集中度（concentration ratio）较低，行业 CR$_5$ 占比不到 20%，竞争较为充分，但是在高端白酒产业内部，市场集中度很高，仅贵州茅台、五粮液两大巨头 2020 年的市场份额加起来超过 80%，剩下不到 20% 的份额由国窖 1573、洋河梦之蓝等占有，"二八定律"在高端白酒市场十分明显。高端白酒市场进入难度较大，具有一定的垄断性，属于垄断竞争型市场结构，垄断的市场结构必然导致巨大的价格落差。

第三，出现价格悖论。高端白酒的价格存在偏离劳动价值、缺乏需求弹性、具有上涨刚性三大悖论。一是高端白酒的生产过程既包括配料、酿造等直接生产过程，也包括打造生态概念、塑造品牌形象等间接生产过程，不同的生产过程尽管形式有所差异，但是都要投入劳动，从而形成价值。尽管高端白酒的价值创造环节较多，但是从量上来讲，其价格远远超过由劳动所形成的价值，价值对价格的决定性作用体现不充分。二是由于高端白酒的消费者基本上属于高水平消费群体，拥有较高的收入水平，不仅对价格不太敏感，反而会因为价格高昂更能显示其身份和地位，更加愿意消费，以致作为奢侈品的高端白酒越是涨价，越容易出现"一瓶难求"的情况。三是由于许多高端白酒企业要通过高价格来保持其高端品牌形象和地位，如果被竞争对手在价格上拉开了较大的差距，其品牌形象就有可能受损，于是采取价格跟随策略，从而导致高端白酒价格基本上只涨不降，价格上涨具有明显的刚性。

第四，品牌支撑价格水平。高端白酒价格的形成机理和市场逻辑表明，高端白酒价格的决定性因素是品牌力量（即品牌影响力，其数量表现就是品牌价值），起主导作用的是厂商。尽管高端白酒定价存在着前述悖论，但是高端白酒的价格有其内在的形成机理和自身的市场逻辑。高端白酒价格的内在形成机理大体上可以归纳为：品牌价值决定市场价格，产品价值决定品牌价值，虚拟价值影响品牌价值，生产过程创造产品价值，流通环节增加产品价值。市场价格在很大程度上是品牌价值的反映。许多消费者购买和消费高端白酒，实际上是冲着品牌来的，而不是因为爱好饮酒或者对产品质量具有充分的了解。品牌价值很大程度上反映了产品的供需矛盾，品牌价值越高的产品，供不应求的缺口越大。高端白酒定价的市场逻辑可以归纳为：市场定位决定产品定位，产品定位决定品质定位，品质定位决定价格定位，价格定位决定利润水平，利润水平决定企业地位，企业地位影响市场地位。高端白酒企业利用其历史形成的市场地位，根据市场需求，特别是消费者的品牌认知和消费心理，设计相应的产品，用讲故事、做宣传、搞体验等形式挖掘历史渊源、赋予文化符号，塑造产品的差异化形象，为产品的高价格奠定基础。在众多市场主体中，厂商对产品价格的形成和运行发挥着决定性的作用。政府的相关政策对高端白酒的价格形成和运行也具有重要影响。从价格形成的动因来看，高端白酒价格形成方式大体上可以分为成本决定型、利润导向型、市场决定型、竞争决定型，实际上是各类因素共同发挥作用，只是作用大小有所差异而已。

第五，供求助推价格波动。高端白酒的定价依据主要是厂商意图、供求矛盾、品牌价值和消费心理。厂商在定价上起着主导作用，具体表现在两个方面，一是决定产品的出厂价格；二是提供建议零售价，也就是零售指导价。尽管建议零售价与实际成交价往往发生偏离，但对于厂商而言，依然是其控制和影响经销商的重要工具。出厂价格和建议零售价的确定，主要取决于厂商的意图。在高端白酒领域，供需矛盾较为突出，这种矛盾固然与其严格的生产条件有着密切的关系，但是更为突出的却是在流通环节，也就是产品在市场上不断转手、倒卖，人为制造供需矛盾。高端白酒高昂的价格在很大程度上是人为造成的，是资本逐利、投机炒作、饥饿营销的结果。大型经销商往往对产品价格具有重要影响，由供需矛盾导致的价格高昂问题，往往是大型经销商囤积居奇、待价而沽的结果。供需矛盾在很大程度上体现了产品的品牌价值。高端白酒拥有较高的品牌价值，是其定价的主要依据。品牌价值实际上取决于消费者的认知价值，而认知价值与消费心理具有密切联系，存在着较大的主观性。

第六，按综合因素定价。在分析高端白酒价格的定价依据、形成机理、市场逻辑、形成方式、运行规律的基础上，总结了高端白酒的成本加成定价法、需求导向定价法、竞争导向定价法和综合定价法，并利用2010～2019年我国主要高端白酒的面板数据，通过计量模型，分析了生产成本、市场需求、市场竞争等因素对高端白酒价格的不同影响。分析结果表明，高端白酒价格的上涨幅度难以用成本因素来解释，原材料、劳动力等成本变动与高端白酒的价格变动没有直接的联系；消费者对高端白酒的市场需求主要包括消费需求和投资需求，这两种需求的增长加剧了供需矛盾，推动了价格上涨；品牌影响力是高端白酒企业产品差异化能力和投资价值的主要支撑，品牌价值是企业竞争力的主要体现，品牌声誉与企业的溢价能力之间呈现正相关关系；宏观经济环境、行业总资产增速对高端白酒价格的上涨具有显著的积极影响，而政策效应对高端白酒价格的冲击并不显著。

（二）研究结论

根据我们研究发现的新情况和新问题，归纳总结出以下研究结论。

（1）高端白酒市场价格中生产成本占比低。尽管高端白酒的价值创造既包括配料、酿造等直接生产过程，也包括打造生态概念、塑造品牌形象等间接生产过程，但是从量上来讲，高端白酒的价格远远超过其劳动价值，价值和生产成本对价格的决定性作用体现不充分。一是高端白酒的利润率高。例如，2019 年茅台毛利润率达 91.30%，净利润率达 54.44%，五粮液毛利润率达 74.46%，净利润率达 36.37%。二是高端白酒价格上涨过快。例如，从 2000 年到 2019 年，53 度 500ml 飞天茅台的出厂价就涨了 10 次，涨幅达 424%；52 度 500ml 经典五粮液的出厂价涨了 15 次，涨幅达 423%。此外，高端白酒的流通成本远远高于生产成本，最大差价存在于出厂价和批发价之间，而批发价和零售价之间的差价相对较小，其根本原因是产品的稀缺性和经营的垄断性。

（2）高端白酒的市场和价格具有一定的垄断性。从整个白酒产业来看，市场集中度较低，行业 CR_5 占比不到 20%，竞争较为充分。但是在高端白酒产业内部，市场集中度较高，仅茅台、五粮液两大巨头就占 80%～85% 的市场份额，"二八定律"在高端白酒市场十分明显。高端白酒市场进入难度较大，具有一定的垄断性，属于垄断竞争型市场结构。此外，高端白酒市场还具有明显的卖方市场结构特征。这种市场结构必然导致巨大的价格落差和金字塔式的价格结构。例如，2019 年 53 度 500ml 飞天茅台和 52 度 500ml 经典五粮液的出厂价格分别为 969 元/瓶和 889 元/瓶，建议零售价分别为 1499 元/瓶和 1399 元/瓶，遥遥领先于其他品牌的价格。由于市场结构具有稳固性，不同品牌之间的价差逐步趋于固化。

（3）高端白酒价格缺乏需求弹性。根据价值规律，商品的价格以价值为基础，围绕价值上下波动。根据经济学原理，奢侈品是富有价格弹性的。但从实际情况来看，高端白酒作为典型的奢侈品，价格表现为只涨不降，价格越高，反而越容易出现"一瓶难求"的情况。其根本原因在于，消费者通常会认为，产品价格越高，品质也就越好，越能满足其购买目的。高端白酒虽然不是生活必需品，但其在特定场所和特定用途上具有消费刚性，在喜庆、商务及送礼馈赠等特殊需求方面，成为必须，缺乏价格弹性。企业正是利用买者的这一心理特征，推高高端白酒的市场价格。

（4）高端白酒价格的决定性因素是品牌价值和厂商力量。高端白酒价格的形成机理为：品牌价值决定市场价格，产品价值决定品牌价值，虚拟价值影响品牌价值，生产过程创造产品价值，流通环节增加产品价值。品牌价值是品牌影响力在市场上的数量表现，市场价格在很大程度上是品牌价值的反映。高端白酒拥有较高的品牌价值，成为企业提升价格的最大底气。厂商对高端白酒定价的主导作用主要体现为：决定产品出厂价、提供建议零售价。出厂价是厂商对经销商的销售价格，建议零售价是厂商对零售商的建议价格，两者都是厂商控制和影响下游企业的重要工具，都服从和服务于厂商的总体经营目标。

（5）高端白酒厂商的定价依据主要是市场供求关系和竞争对手的价格。高端白酒的供需矛盾较为突出，这种矛盾固然与其严格的生产条件有着密切的关系，但是更为突出的却是在流通环节，也就是产品在市场上不断转手、倒卖，人为制造供给短缺。高端白酒高昂的价格在很大程度上是人为造成的，既是资本逐利、投机炒作、饥饿营销的结果，也是部分经销商囤积居奇、惜售捂售、待价而沽的结果。此外，高端白酒之间具有较强的替代性，竞争十分激烈。企业如果被竞争对手在价格上拉开了较大的差距，其品牌形象和市场地位就有可能受损。为了维护品牌形象，守住市场地位，保持竞争实力，企业往往会采用跟随定价方略，紧跟行业领军企业产品价格水平，这也是高端白酒价格刚性上涨的一个重要原因。

四、研究创新

（1）系统、集成研究高端白酒的市场结构、价格机制和定价方略，拓展了价格领域的学术研究成果。通过文献搜寻，目前研究高端白酒价格的成果散见于部分报刊刊载的少量单篇论文，尚未见到从高端白酒价格形成机制、运行机制、管控机制方面研究高端白酒价格机制的专著，也未见到系统、定量、实证研究成本导向定价法、需求导向定价法、竞争导向定价法等高端白酒定价方法的著作。本书以高端白酒价格机制和定价方略为主题，以 12 章、近 44.6 万字的篇幅，从理论与实践、定性与定量相结合的角度，较为全面、系统、深入地研究了高端白酒的三大价格机制和定价方略，揭示了高端白酒价格的形成机理、市场逻辑、运行规律，形成了高端白酒价格的系统性、集成性研究成果。

（2）综合运用多种理论研究高端白酒价格，观点更具说服力。高端白酒既有消费属性，又有投资属性，既有收藏价值，又有生态价值。已有的研究成果主要是用西方经济学价格理论和马克思主义价格理论对高端白酒价格进行研究，对于具有多种属性的高端白酒而言，显得理论广度不够。本书以马克思主义劳动价值论为基础，综合运用马克思主义剩余价值理论、平均利润理论、生产价格理论、垄断价格理论，西方经济学中的价格弹性理论、奢侈品定价理论、收藏品定价理论、金融品定价理论、市场结构理论，尤其是生态产品价值理论等，研究高端白酒的价格机制和定价方略，观点和结论更加具有学理性和理论说服力。

（3）充分运用新近统计数据和现场调研资料，具体、翔实地呈现高端白酒价格的基本现状、运行特征和波动规律。已有的研究成果大多是利用网络平台发布的零散数据，缺乏系统性、一致性，难以有效揭示高端白酒价格决定和运行的内在机理。本书既采用公开、系统的网络数据研究高端白酒的市场结构和价格水平，又利用从现场调研收集到的资料和信息研究高端白酒的价格机制和定价方略，所揭示的高端白酒价格刚性上涨的动因、相关市场主体在价格决定中的作用、高端白酒价格形成的内在机理、高端白酒价格运行的市场逻辑等，具有丰富、翔实、新近的论据支撑，得出更加符合实际、更具说服力的研究结论。

（4）统筹研究高端白酒价格的形成机制、运行机制、管控机制，揭示了三大机制之间的相互关系。目前关于高端白酒价格的研究成果，更多的是从现象层面进行描述，从体制机制层面进行研究的较少，将高端白酒价格的形成机制、运行机制、管控机制统筹起来进行研究的则更为缺乏。本书着重从机制层面研究高端白酒价格，将高端白酒价格机制分解为形成机制、运行机制、管控机制。形成机制主要解决价格的决定问题，运行机制主要解决价格的波动和变化问题，管控机制主要解决价格的调节问题；将三大机制作为一个整体，提出三者之间的相互关系为：形成机制是基础、运行机制是过程、管控机制是保障，三者共同作用于高端白酒价格的现实运动。

（5）系统研究高端白酒定价方法和策略，构建了经过验证的定价模型。从实践层面来看，高端白酒厂商在既往形成的价格水平上，依据当前的市场供求状况，考虑竞争者的产品价格，制定和调整本企业产品价格，定价、调价行为较为粗放：定价较随意，调价凭感觉，缺乏系统性、精细化的定价战略考量。本书根据高端白酒价格形成的主导因素，采用理论和实际相结合的方法研究高端白酒的定价方法，通过比较研究高端白酒的成本加成定价法、需求导向定价法、竞争导向定价法的利弊，提出了综合因素定价法，建立并验证了相关定价模型，还利用2010～2019年我国主要高端白酒的面板数据，分析了生产成本、市场需求、市场竞争、经济形势、消费心理等因素对高端白酒价格的不同影响。

（6）基于产业链视角，对白酒酿造用粮产业链环节对其价格形成的影响进行全面系统研究，并提出了完善对策，这在学界并不多见。

五、对策建议

针对以上新的发现和研究结论，本书提出以下对策建议，供政府部门和企业决策参考。

（1）提升五粮液在我国浓香型"超高端"白酒市场中的定价领导力。虽然目前贵州茅台的市场领导地位难以撼动，但是贵州茅台和五粮液分别为酱香型、浓香型白酒的市场典范，二者在产品生态位并不完全相同，这就为五粮液占领国内浓香型超高端白酒生态位提供了市场机遇。从白酒行业未来加速向优势产区和优势企业集聚的发展态势看，扶持五粮液成为中国超高端白酒行业的领袖企业，提升其在超高端白酒市场中的定价领导力，是"川酒"产业未来赢得竞争主动的"关键棋"。因此，迫切需要利用后疫情时代带来的市场机会，大力推进五粮液"行业领先"发展战略。一方面，要重塑五粮液在浓香型超高端白酒市场的领导地位，显著拉开五粮液与其他高端白酒品牌的消费者感知价值差异；另一方面，也要显著加大五粮液主、副品牌之间的市场辨识度，采取多种措施，避免五粮液系列酒稀释主品牌价值。

（2）引导四川高端白酒企业竞合发展、避免价格无序竞争。在扶持五粮液占领超高端白酒生态位、重夺"中国酒业大王"市场地位的同时，支持剑南春提升品牌价值，实现市场价值回归，最终形成以五粮液为"一超"（超高端白酒）、泸州老窖和剑南春为"两高"（高端白酒）、其余"六朵金花"①为"多次"（次高端白酒）的"一超两强多次"川酒高端品牌生态群落。通过实现川酒"六朵金花"在不同的品牌生态位彼此相互依存、错落发展，整体打造川酒产区、工艺、配方、品质、品牌等系统性优势，从而降低川酒行业内部的过度竞争，避免企业之间的产品战、广告战和价格战。同时，借鉴苏格兰威士忌产区、法国波尔多产区等国外成功经验，整合打造高端白酒"北纬30度四川盆地产区"概念，并通过全球市场的精准、饱和宣传，让这一产区概念深入人心，从而显著提升"川酒"整体对外的高端形象。

（3）加快新一代信息技术与高端白酒行业的交融发展。未来随着具有很强消费理性特征的新生代消费群体逐步成为高端白酒消费市场的主力军，如何赢得这部分消费群体的信任，让其认可高端白酒的高定价，是高端白酒企业必须提前思考和布局的重大战略问题。其中，降低高端白酒供给生态圈和消费生态圈之间的信息鸿沟，防止市场中"劣币驱逐良币"现象的发生，将对发掘高端白酒行业发展后劲意义重大。因此，必须加快将新一代信息技术应用到高端白酒产业领域，实现高端白酒从原料种植、原料加工、生产酿造、包装储存、物流配送等产业链的全过程、全方位信息可追溯，保证每瓶高端白酒都系出名门、物超所值。

（4）大力培育高端白酒专业技术人才队伍。高端白酒不仅是工业制成品，也是一种"艺术品"，其价值的大小更多体现为不能标准化的独特工艺，其中人才的作用十分关键。一方面，应进一步鼓励高端白酒企业与高等院校之间开展深度的

---

① "六朵金花"具体指五粮液、泸州老窖、郎酒、沱牌曲酒、全兴大曲、剑南春。

产学研校企合作；另一方面，鉴于目前国内仅有少数高校开设了酿酒工程专业，尚未有一所专门的酿造技术高校，从着眼于为未来川酒竞争提前布局的角度出发，建议用五粮液牵头，通过省政府向教育部提出申请在川新设一所全日制的酿酒工程职业技术学院，以专门为四川白酒产业培养大批高素质的专业技术人才。

（5）加大酿酒用粮专业基地建设。积极主动争取政府在规划、土地流转、科技服务、财税金融等方面的支持，加大酿酒用粮专业生产基地建设的投入，扩大基地建设规模，提高粮食总产量，提升粮食品质，使基地为白酒企业提供质好、量足、价稳的粮食原材料，避免受国内外粮食市场和价格波动的不利影响，保障企业生产经营稳定和白酒品质提升，同时也能带动当地农民持续增收。

（6）努力推进"国际化发展"战略、拓展高端白酒定价空间。解决四川高端白酒市场生态位宽度问题，除了继续对国内存量市场进行深耕外，应更加注重开拓国际市场份额。目前阻碍高端白酒进入国际市场的因素主要有中西方餐饮文化差异、国际贸易政策壁垒、全球宣传力度不够等。因此，应通过文化输出、潜在市场培育、贸易规则调整等多种手段，讲好品牌故事，清晰解构高端白酒的内在价值，不断提高国外市场特别是欧美市场对高端白酒的接受度。

目　　录

第1章　导论 ··· 1

　　1.1　研究背景及研究意义 ·· 1

　　1.2　研究对象及基本概念 ·· 5

　　1.3　研究目标及内容框架 ·· 10

　　1.4　研究思路及研究方法 ·· 18

　　1.5　研究创新与展望 ·· 22

第2章　文献综述与理论基础 ··· 26

　　2.1　文献综述 ·· 26

　　2.2　理论基础 ·· 34

　　2.3　本章小结 ·· 58

第3章　基于SCP范式的我国白酒产业发展现状解析 ····················· 59

　　3.1　我国白酒产业的市场结构 ·· 59

　　3.2　我国白酒企业的市场行为 ·· 70

　　3.3　我国白酒产业的市场绩效 ·· 78

　　3.4　我国白酒产业的市场结构、行为与绩效关系的实证分析 ··············· 87

　　3.5　本章小结 ·· 95

第4章　高端白酒价格的基本现状及定价难点解析 ·························· 96

　　4.1　高端白酒的营销模式 ·· 96

　　4.2　高端白酒的价格水平 ·· 97

　　4.3　高端白酒的价格形式 ·· 99

　　4.4　高端白酒定价难点解析 ··· 100

　　4.5　本章小结 ··· 107

第5章　高端白酒价格形成机制 ··· 109

　　5.1　高端白酒价格形成机制的理论分析 ······································ 109

　　5.2　高端白酒价格的形成机理 ··· 112

　　5.3　高端白酒定价的市场逻辑 ··· 117

　　5.4　高端白酒价格的形成方式 ··· 121

　　5.5　本章小结 ··· 123

第6章　基于产业链视角的高端白酒酿造用粮价格形成机制研究 ········· 124

　　6.1　高端白酒酿造用粮价格的特殊性 ·· 124

6.2 白酒酿造用粮产业链构成及其对价格形成的影响 ······················ 134

6.3 白酒酿造用粮全产业链及价格形成机制 ···························· 150

6.4 相关政策建议 ·· 161

6.5 本章小结 ·· 163

第 7 章　高端白酒价格运行机制 ·· 164

7.1 高端白酒价格运行的供求机制 ·· 164

7.2 高端白酒价格运行的竞争机制 ·· 176

7.3 高端白酒价格运行的风险机制 ·· 182

7.4 本章小结 ·· 188

第 8 章　高端白酒价格管控机制 ·· 189

8.1 高端白酒价格管控的内涵、意义及特征 ······························ 189

8.2 构建高端白酒价格管控机制的现实依据 ······························ 195

8.3 高端白酒价格管控的目标和原则 ······································ 199

8.4 高端白酒价格管控机制的构建 ·· 202

8.5 本章小结 ·· 206

第 9 章　高端白酒定价方略综论 ·· 207

9.1 高端白酒定价的理论依据 ·· 207

9.2 高端白酒定价行为和目标 ·· 209

9.3 高端白酒定价的基本取向 ·· 211

9.4 高端白酒定价基本依据 ·· 217

9.5 高端白酒定价主要方法 ·· 219

9.6 本章小结 ·· 227

第 10 章　高端白酒定价方法的实证研究 ·································· 229

10.1 关于高端白酒定价的文献回顾 ·· 229

10.2 基于成本加成定价法的高端白酒定价实证 ·························· 232

10.3 基于需求导向定价法的高端白酒定价实证 ·························· 235

10.4 基于竞争导向定价法的高端白酒定价实证 ·························· 241

10.5 基于综合定价法的高端白酒定价实证 ································ 248

10.6 本章小结 ·· 254

第 11 章　高端白酒定价策略的实证分析 ·································· 256

11.1 定价策略概述 ·· 256

11.2 国内高端白酒定价策略 ·· 262

11.3 国外高端蒸馏酒定价策略 ·· 267

11.4 高端白酒定价策略案例分析 ·· 269

11.5 本章小结 ·· 279

第 12 章　研究结论与对策建议 ……………………………………… 280
　　12.1　研究结论 …………………………………………………… 280
　　12.2　对策思路 …………………………………………………… 283
　　12.3　措施建议 …………………………………………………… 288
　　12.4　研究展望 …………………………………………………… 290
参考文献 …………………………………………………………………… 291
附录一　四川省社科联主席对课题成果《建议》的评价 …………… 306
附录二　四川省繁荣发展哲学社会科学工作协调小组办公室、四川省社会科学界
　　　　联合会主办的《重要成果专报》2020 年第 11 期刊载本课题成果《对策
　　　　建议》 ……………………………………………………… 310
附录三　时任五粮液集团公司总经理对《提升后疫情时代四川高端白酒定价权的
　　　　对策建议》的评价 ………………………………………… 316
附录四　关于完善高端白酒定价与市场营销管理机制的若干对策建议——以五粮
　　　　液为例 ……………………………………………………… 321
后记 ………………………………………………………………………… 329

第1章 导　　论

价格是价值的货币表现，是经济运行的"晴雨表"。高端白酒价格问题主要涉及价格机制和价格方略两个方面。价格机制是市场机制的核心，包括价格形成机制、价格运行机制、价格管控机制。价格方略就是制定价格的方法和策略。本章作为本书的开篇，既是导论，也是全书的总论，主要论述研究背景、研究意义、研究对象、基本概念、研究目标、内容框架、研究思路、研究方法、可能的创新和不足之处等内容。

1.1　研究背景及研究意义

1.1.1　研究背景

从历史发展来看，我国有着源远流长的白酒酿造史，伴随着酿酒过程所形成的白酒文化，成为我国传统文化的有机组成部分。从当今社会来看，我国白酒既有明显的经济属性，又有重要的社会属性。作为我国食品饮料行业的重要组成部分，白酒产业链和价值链已经延伸到诸多领域，成为许多地方和区域经济发展的支柱产业。例如，《贵州省国民经济和社会发展第十四个五年规划和二〇三五年远景目标纲要》提出，到 2025 年，白酒产量达到 60 万千升，白酒产业产值达到 2500 亿元。[①]2020 年，贵州省白酒产业各项主要指标保持高位增长，完成销售收入 1221 亿元、利润总额 719.4 亿元、税金 304.1 亿元，分别占全省工业经济的13.4%、68.1%、36.3%，成为全省工业经济发展的压舱石。2021 年第一季度，贵州全省白酒产业增加值同比增长 23.9%，累计拉动工业经济增长 7.7 个百分点，继续保持强劲发展势头。[②]四川省人民政府 2021 年发布的《推动四川白酒产业高质量发展的若干措施》提出，打造全国白酒全产业链示范区，构筑世界级优质白酒产业集群新优势。[③]2021 年 1 月 18 日，四川省经济和信息化厅、商务厅在成都举行的第十六届中国国际酒业博览会新闻发布会上，披露了川酒"十四五"

---

① 贵州规划到 2025 年白酒产业产值达到 2500 亿元[EB/OL]. 央广网，http://gz.cnr.cn/yaowen/20210301t20210301_525424706.shtml，2021-3-1。

② 白酒产业工业增加值占比达 30%成为贵州第一产业[EB/OL]. 中国新闻网，https://www.chinanews.com.cn/cj/2021/04-16/9456367.shtml，2021-4-16。

③ 十二条措施，四川省推动白酒产业高质量发展[EB/OL]. 新京报，https://baijiahao.baidu.com/s?id=1702547474375185234&wfr=spider&for=pc，2021-6-14。

发展蓝图：未来五年，四川省将重点围绕项目建设、产业链发展、企业培育、市场拓展以及安全监管"五大行动"，并从市场引领、流通创新、开放合作、融合发展等方面下功夫，全力提升四川白酒产业市场竞争力。① 随着经济社会的快速发展和人们收入水平的逐步提高，白酒在人们的消费支出中占有的地位日益明显。尤其是在重要的社交场合，高端白酒越来越受到广大消费者的青睐，已经成为高端消费的重要对象和载体。价格是经济的信号灯，高端白酒的价格不仅是企业竞争的重要变量，同时也对社会物价水平、经济资源配置、经济系统运行等具有重要影响，这就需要对高端白酒的价格机制、定价方略等问题进行系统深入的研究。

高端白酒的价格机制和定价方略对社会物价水平具有重要影响。高端白酒企业往往都是大型国有企业，具有重要的市场影响力。高端白酒的价格机制和定价方略不仅影响着企业自身的生产经营状况，而且对于整个白酒行业乃至国民经济的发展都具有重要的影响。习近平指出："当前，我国社会主要矛盾已经转化为人民日益增长的美好生活需要和不平衡不充分的发展之间的矛盾，发展中的矛盾和问题集中体现在发展质量上。这就要求我们必须把发展质量问题摆在更为突出的位置，着力提升发展质量和效益。"② 产业是经济的基础，经济发展质量在很大程度上体现为产业发展质量。从促进产业有序发展、推动产业转型升级、提升产业发展能级的角度来看，需要对高端白酒的价格问题尤其是价格机制问题进行深入研究。

中国共产党第十九届中央委员会第五次全体会议通过的《中共中央关于制定国民经济和社会发展第十四个五年规划和二〇三五年远景目标的建议》，将"以推动高质量发展为主题，以深化供给侧结构性改革为主线，以改革创新为根本动力，以满足人民日益增长的美好生活需要为根本目的"作为"十四五"时期我国经济社会发展的指导思想之一。③ 推动经济高质量发展，是当前和今后一个时期我国有效应对风险挑战、促进经济社会健康发展的关键所在，这就要求我们更加注重发挥市场在资源配置中的决定性作用，更好发挥政府作用。在市场经济条件下，与生活必需品相较而言，作为非生活必需品的高端白酒，其价格更加容易受到市场变化的影响，市场规律对价格的作用更为直接，市场成为影响高端白酒价格形成的重要变量。市场是交换关系的总和，价格机制是市场机制的核心，发挥市场机制的作用在很大程度上就是发挥价格机制的作用。政府是市场经济活动的重要主体，在经济运行和宏观调控中发挥着重要作用。近年来，国家市场监管部门多次

---

① 闵玲，周伟，魏冯．"十四五"四川将实施川酒振兴"五大行动"[N]．四川日报，2021年1月21日，第12版．

② 习近平．关于《中共中央关于制定国民经济和社会发展第十四个五年规划和二〇三五年远景目标的建议》的说明[N]．人民日报，2020年11月4日，第2版．

③ 中共中央关于制定国民经济和社会发展第十四个五年规划和二〇三五年远景目标的建议（二〇二〇年十月二十九日中国共产党第十九届中央委员会第五次全体会议通过）[N]．人民日报，2020年11月4日，第1版．

发文要求加大对高端白酒的市场监管力度，依法严厉打击价格违法行为，但是高端白酒价格乱象依然存在，竞争较为混乱无序。在高端白酒市场，为充分发挥市场在资源配置中的决定性作用和更好发挥政府作用，需要对其价格机制和定价方略进行深入研究。

经济系统是由生产、分配、流通、消费各个环节构成的有机统一体。价格作为经济运行的晴雨表、指示器，能够有效传递市场供求信息，影响商品生产、分配、流通、消费各个环节。高端白酒价格问题涉及面广，包括价格形成机制、运行机制、管控机制、定价方略等。具体而言，高端白酒的价格如何形成、怎样运行，市场规律如何影响高端白酒的价格变化，高端白酒价格如何适应市场环境的变化，高端白酒企业如何在激烈的价格竞争中保持市场竞争优势，高端白酒具有什么样的价格形成机制、运行机制、管控机制，如何通过制定合理的价格方略来维系企业的市场地位等，这些问题都需要在实践基础上从理论层面进行深入研究，为高端白酒企业制定价格策略，为政府有关部门制定白酒价格管理政策、白酒产业发展规划等，提供理论依据和学理支撑。

1.1.2　研究意义

1. 理论意义

无论是从理论逻辑还是从实践逻辑来看，就资源配置效率而言，市场配置资源都是最有效率的。习近平指出：“市场决定资源配置是市场经济的一般规律，市场经济本质上就是市场决定资源配置的经济。”[①]市场配置资源就是在社会生产活动中充分发挥市场机制尤其是价格机制的作用，使价格机制作用于供求机制和竞争机制，在价格机制、供求机制和竞争机制的相互作用下，实现经济资源的优化配置。

近年来，我国价格市场化改革加快推进，价格市场化程度日益提高，绝大部分商品已经实现了市场化定价。据国家发改委测算，2012～2016 年，我国价格市场化程度分别为 94.33%、94.68%、95.16%、96.45% 和 97.01%。[②]在市场经济条件下，市场对资源配置的决定性作用得到不断强化。为了进一步规范市场主体的价格行为，促进价格指数市场健康有序发展，我国于 2021 年 8 月 1 日起施行《重要商品和服务价格指数行为管理办法（试行）》。白酒作为一种商品，其价格变化受到市场规律的影响和制约，同时也反映着白酒市场的发展趋势和变化状况。

---

① 习近平. 习近平谈治国理政（第一卷）[M]. 北京：外文出版社，2018 年 1 月，第 77 页。
② 郭锦辉. 我国价格市场化程度超过 97%[N]. 中国经济时报，2017 年 7 月 28 日，第 A06 版。

高端白酒的价格固然反映了市场供求状况，但是由于其金融属性越来越突出，其价格形成、运行、调控等问题还需要从理论上进行深入研究。本书以习近平新时代中国特色社会主义思想为指导，基于马克思主义政治经济学基本原理，特别是马克思主义价格学说，同时借鉴西方经济学价格理论，围绕高端白酒价格机制和定价方略，深入研究高端白酒价格形成机制、运行机制、管控机制，探索高端白酒不同的定价方法，以进一步丰富高端白酒价格研究的学术成果，深化社会主义市场价格理论研究，拓宽社会主义市场价格理论应用范围。

2. 实践意义

理论源自实践，并在实践中不断丰富和发展。高端白酒的价格问题既是一个理论问题，也是一个实践问题。在社会主义市场经济条件下，宏观经济发展必须充分考虑产业发展政策，科学有效的产业政策是推动社会主义经济发展的重要力量。我国高端白酒产业规模巨大，对市场影响的范围较广，其定价方略不仅会对企业自身的发展产生重大影响，而且深刻影响着整个白酒产业的发展。从实际情况来看，白酒产业在我国国民经济中具有重要地位，是不少省份经济发展的支柱产业。例如，2020 年贵州省以茅台为代表的白酒产业产值达 1158 亿元，占全省生产总值的比重达 6.5%；四川省以五粮液为代表的白酒产业总营业收入达 2850 亿元，实现利润总额 529 亿元，分别占全省工业企业总营业收入和总利润的 6.3%、16.5%。因此，从促进产业有序发展和转型升级，提升白酒产业整体发展水平的角度来看，需要对高端白酒的价格机制和定价方略进行理论研究。

企业是市场活动的重要主体，价格是连接企业和市场的重要纽带。立足经营目标和依据市场变化制定有效的价格策略，是企业经营管理的重要内容。合理的价格策略能够有效提升企业的经营效益，提高企业竞争水平，活跃市场流通，促进商品交易。从当前我国白酒产业的发展情况来看，高端白酒在白酒产业中具有支配性地位，在市场竞争中占有绝对优势，其价格行为对整个白酒产业的发展具有重要的影响。本书立足于我国高端白酒产业的发展现状，以高端白酒价格为研究主题，在研究高端白酒价格形成机制、运行机制、管控机制的基础上，探讨高端白酒的定价方略，为高端白酒企业科学制定产品价格提供决策参考。

2020 年 12 月召开的中央经济工作会议指出："反垄断、反不正当竞争，是完善社会主义市场经济体制、推动高质量发展的内在要求。"要"强化反垄断和防止资本无序扩张"。[①]近年来，高端白酒市场竞争较为混乱，垄断现象时有发生，一些高端白酒价格畸高现象频发，其背后存在着经营管理方面的问题。例如，在不久前，由于茅台酒供需关系紧张，存在巨大套利空间，普通消费者很难以指导价

---

① 中央经济工作会议在北京举行[N]. 人民日报，2020 年 12 月 19 日，第 1 版。

格购买产品,商超、专卖店的价格大多在 2000 元/瓶以上,从而导致了拥有茅台酒资源就可以攫取巨额利润的现象。

在高端白酒领域还一度存在违规确定经销商、热衷推出各种各样的特供酒、纪念酒、定制酒,刺激特需市场、特定群体的畸形需求,以及由营销体系的异化而导致的价格背离等问题。[①]从国际视野来看,我国白酒产业的竞争力还有待提高。2018 年我国出口白酒 1720 万升,占白酒总产量的 1.9%;出口额 65 600 万美元,仅为进口额的 48%。其中,茅台酒的出口创汇额占国内白酒出口创汇总额的65%。[②]2019 年我国白酒出口数量为 1638.6 万升,进口数量为 389.9 万升;2020 年我国白酒出口数量为 1424.6 万升,进口数量为 277.8 万升。2019 年我国白酒出口金额为 66 516 万美元,进口金额为 13 727.3 万美元;2020 年我国白酒出口金额为 45 991.2 万美元,进口金额为 1142.7 万美元。[③]截至 2021 年上半年,我国白酒出口数量为 785.5 万升,金额为 20 822.5 万美元;进口数量为 164.8 万升,金额为 4977.3 万美元。[④]因此,研究完善高端白酒价格机制,对于了解高端白酒企业的经营管理,加快完善企业经营管理机制、深化国有企业改革、促进白酒产业高质量发展、提升白酒产业国际竞争力,以及构建以国内大循环为主体、国内国际双循环相互促进的新发展格局,都具有重要的现实意义。

1.2　研究对象及基本概念

1.2.1　研究对象

1. 高端白酒价格机制

高端白酒价格机制涉及价格形成机制、运行机制、管控机制这样几个基本问题。其中,高端白酒价格形成机制主要涉及高端白酒市场价格的决定因素。这些因素既有市场因素,又有政策因素;既有国内因素,又有国际因素;既有生产要素问题,又有消费偏好问题等。高端白酒的价格运行机制主要涉及高端白酒的市场价格变化问题。从本质上来讲,价格是价值的货币表现,货币形式是价值形式发展的完成形式,是商品价值和货币价值的比率。马克思指出:"商品的价格或货

① 代江兵,姜永斌.茅台窝案背后[EB/OL]. 人民网,http://fanfu.people.com.cn/n1/2020/0713/c64371-31780532.html,2020-7-13。

② 王新伟.茅台在海外也开始供不应求了[N]. 经济日报,2019 年 12 月 5 日,第 10 版。

③ 2020 年中国白酒行业产销量、进出口量、规模、重点企业及未来趋势分析[EB/OL]. 中国产业信息网,https://www.chyxx.com/industry/202103/939142.html,2021-3-18。

④ 2021 上半年中国白酒行业发展现状分析:茅台酒销量 3.43 万吨,同比下降 0.7%[EB/OL]. 中国产业信息网,https://www.chyxx.com/industry/202108/967151.html,2021-8-6。

币形式，同商品的价值形式本身一样，是一种与商品的可以捉摸的实在的物体形式不同的，因而只是观念的或想象的形式。"①在市场经济条件下，价格是市场行情的信号灯。价格变化是市场经济的常态。高端白酒的价格运行遵循什么样的规律、具有什么样的特征、如何认识和把握其运行规律等，是本书研究的重要内容。高端白酒价格管控机制涉及价格管理问题。市场总是不断变化的，市场变化影响消费者的市场参与行为，反过来人们的市场行为又会对市场变化产生重要的影响。作为市场主体，高端白酒企业需要根据其发展战略，对产品的市场价格进行有效的管控，这种管控主要是基于企业的经营目标，同时充分考虑各种市场和政策因素。本书从促进高端白酒产业有序发展、维护高端白酒市场秩序出发，研究高端白酒的价格形成机制、运行机制和管控机制，为高端白酒企业制定价格策略提供理论和决策参考。

2. 高端白酒定价方略

高端白酒定价方略是高端白酒的定价机制在实践层面的展开，是高端白酒企业在相关的价格理论指导下，围绕企业的经营目标，选择一种或多种方法策略制定和管理市场价格。企业作为市场主体，具有多重经营目标，而最根本的目标在于获取经济利益，但是在不同的发展阶段和不同的发展形势下，其具体经营目标有所差异。例如，在产品导入期是为了提高产品的知名度，在产品成长期是为了防止竞争对手的跟进，在产品成熟期是为了扩大市场占有率等。企业的定价方略总是为企业的经营目标服务的。由于高端白酒具有极高的品牌价值，其价格方略总是服务于提升品牌形象、保障市场地位等。研究高端白酒定价方略，要对白酒产业乃至整个酿酒产业的市场结构、市场定位、竞争水平等进行研究，在充分了解相关产业发展状况的情况下，进一步明晰发展目标，确定经营思路，制定价格方略。这就需要围绕高端白酒价格方略扩大研究范围，对高端白酒的市场结构、产业结构等相关问题进行研究。

1.2.2　基本概念

1. 白酒与高端白酒

本书论述的白酒特指中国白酒，是指以粮谷为主要原料，用大曲、小曲或麸曲及酒母为糖化发酵剂，经蒸煮、发酵、蒸馏而制成的饮料酒。由于酒液无色透明，故称为白酒。白酒主要采用烧（蒸）工序制成，也称为烧酒。根据所用糖化、发酵菌种和酿造工艺的不同，白酒可分为大曲酒、小曲酒、麸曲酒三大类。白酒

---

① 马克思. 资本论（第一卷）[M]. 北京：人民出版社，2018 年 3 月，第 115 页。

的主要成分是乙醇（食用酒精）和水。白酒作为一种高浓度的酒精饮料，其酒精含量较高，一般为 35～65 度。白酒含有酸、酯、醇、醛等种类众多的微量有机化合物，这些有机化合物作为白酒的呈香、呈味物质，决定着白酒的风格和质量。[①]由于品质、价格等差异较大，白酒的种类也较多。从香型来看，白酒可以分为清香、浓香、酱香等类型。从品牌来看，白酒可以分为低端、中低端、高端（包括次高端、高端、超高端）等类型。

　　从生产过程来看，高端白酒是由良好的生产环境、优质的生产原料、复杂的生产工艺、严格的生产标准酿造出来的白酒。本书所论述的高端白酒是指在名优白酒产区、采用独特生产工艺酿造而成的，拥有高品质、享有高品牌价值、具有高市场竞争力，从而在市场中拥有高价格的"四高"白酒产品。这一概念包含四层含义：一是高端白酒必须拥有高品质。高端白酒企业往往具有悠久厚重的历史积淀、优良的生产环境、独特的酿造配方、先进的生产工艺、优质的生产原料，在此基础上酿造而成的白酒，质量指标行业领先，在色泽、香气、口味口感、风格等方面，均远超普通白酒，得到消费者普遍赞誉。二是高端白酒必须拥有高品牌价值。高端白酒以其厚重丰富的历史人文底蕴，以及代代传承的优良品质，而在全国白酒市场中拥有极高的市场认可度和品牌价值，进而衍生出收藏品和投资品属性，故高端白酒在行业中位居品牌价值前列。如被业界普遍认可为高端白酒的贵州茅台、五粮液及泸州老窖，其品牌价值排在中国白酒品牌价值前三名。[②]三是高端白酒必须具有高市场竞争力。高端白酒的市场竞争力主要体现在市场占有率、市值排名以及盈利能力三个方面。首先，市场占有率是白酒企业竞争力的重要体现。2020 年，贵州茅台和五粮液的累计市场份额（按销量）在高端白酒市场中占比约 90%以上，充分体现了高端白酒极强的市场竞争力；其次，市值总量的大小也能够在一定程度上反映企业市场竞争力水平，在高端白酒上市企业市值排名前三的企业中，贵州茅台、五粮液、泸州老窖分别占白酒上市企业总市值的 48.28%、21.79%、6.37%，[③]与其在高端白酒市场的占有率相对应，成为高端白酒的"前三名"。此外，利润率作为盈利能力的主要衡量指标也代表着市场竞争力。高端白酒品牌溢价明显，存在极高的超额利润，由各个高端白酒厂商的年报可知，高端白酒厂商的毛利率大都在70%以上。四是高端白酒在白酒市场中拥有高价格。基于高端白酒的高品质、高品牌价值、高市场竞争力，高端白酒在市场中赢得了普遍认可，体现为在白酒

---

① 什么是白酒？[EB/OL]. 中国酒业协会网，https://www.cada.cc/Item/234.aspx，2018-8-13。

② 2021 年 9 月 10 日，中国酒类流通协会在北京国际会议中心，发布了"第 13 届华樽杯中国酒类品牌价值 200 强研究报告"，其中白酒类前十位依次为茅台、五粮液、泸州老窖、古井贡、洋河、西凤、杏花村、习酒、郎酒、国台。

③ 资料来源：相关企业年报、国盛证券研究所。

产品序列中享受高价格,目前业界惯用的标准是将零售价格在 1000 元/瓶以上的白酒看作高端白酒。①此外,在高端白酒行业发展中,茅台以其超高的品牌价值和突出的市场份额在行业中占据了行业龙头地位,市场价格长期位于 2000 元以上,远超高端白酒价格水平,成为目前我国白酒市场中公认的高端白酒品牌,五粮液以其超高的品牌价值和突出的市场份额在浓香型白酒中占据龙头地位,市场价格长期位于 1000 元以上,超过其他高端浓香型白酒价格水平,成为目前我国浓香型白酒市场中高端白酒品牌。

2. 价格机制

机制的本义指的是机器的构造与运作原理,后来泛指社会或自然现象的内在组织和运行的变化规律。在市场机制中,价格处于核心的地位。市场机制是指在市场经济运行中通过供求和价格变动、市场竞争等途径,来调节经济运行和实现资源配置的作用过程。市场机制主要包括价格机制、供求机制和竞争机制。价格机制是市场经济运行中最基础的机制。②本书所论述的价格机制是指商品价格形成、运行和变化的内在机理。价格机制中最为重要的是定价机制,也就是市场主体在制定商品价格时所遵循的经济规律,以及影响和制约市场主体确定商品价格的各种要素及其相互关系。从高端白酒的定价机制来看,主要涉及生产成本、产品质量、历史底蕴、文化价值、品牌影响、市场竞争、宏观政策、经济形势等因素,这些因素既是影响高端白酒定价行为的重要变量,同时又相互作用,共同制约和影响高端白酒价格的形成、运行和管控。高端白酒价格机制从内容上来看,包括形成机制、运行机制和管控机制三个方面。

3. 定价方略

方略原指战略、计谋、策略之意,通常情况下"泛指对社会政治、经济、文化、科技和外交等领域长远、全局、高层次重大问题的筹划与指导"。③本书所述的方略指的是方法和策略。方法是解决问题的门路、程序等,策略是为实现战略任务而采取的手段。定价方略是价格机制在方法和策略方面的表现,相对于价格机制,定价方略更加侧重于战略和战术层面的应用,具有较为明显的主观性、选择性和灵活性。定价方略也是市场主体在相关理论的指导下,遵循商品价格的内在机理,为了实现企业的经营目标,所采用的定价方法和策略。定价方略体现了企业的经营理念、市场定位、竞争策略、发展方向等。就高端白酒的定价方略而

---

① 笔者通过对五粮液、沱牌舍得等部分高端白酒企业管理人员的访谈了解到,业界普遍将每瓶零售价格在 1000 元以上的白酒称为高端白酒。

② 逄锦聚,林岗,刘灿.现代经济学大典[政治经济学分册][M]. 北京:经济科学出版社,2016 年 7 月,第 82 页。

③《辞海》(第六版)[M]. 上海:上海辞书出版社,2009 年 5 月,第 2871 页。

言，主要涉及的问题是高端白酒企业在制定商品价格时所采用的具体方法，如价值导向法、成本导向法、竞争导向法和需求导向法等。

4. 价格形成机制

按照马克思主义劳动价值论，价格是价值的货币表现，"商品在金上的价值表现——x 量商品 A = y 量货币商品——是商品的货币形式或它的价格"[①]。在社会主义市场经济条件下，价格是商品价值、市场供求、品牌影响力等因素的综合体现，同时也受国家宏观调控政策的影响。商品价格形成机制，指的是商品价格形成的内在机理，也就是影响商品价格形成的各要素及其相互作用的规律和机制。对于不同的商品，如生活必需品与奢侈品、有形商品与无形商品、内销商品与外销商品等，其价格形成机制往往有所差异。在我国，高端白酒属于高档消费品，尤其是对于中低收入水平的消费者而言，高端白酒甚至是奢侈品。此外，高端白酒在我国还具有收藏品和金融产品的性质。因此，高端白酒的价格形成机制相对于普通商品而言更为复杂，特别是消费者心理因素、市场供求状况等非成本因素对其价格的形成具有较大影响。

5. 价格运行机制

价格运行是商品价格受政府调控、市场供求变化等影响而发生的运动，价格运行机制是影响价格运行的各种要素对价格施加作用的机理和规律。在影响价格变化的各要素之间的相互作用下，价格运行机制表现为商品价格在一定时期内所发生的变化趋势以及这种变化所遵循的内在规律，是价格运动变化的内在机制。商品价格一旦形成后，其运行具有一定的规律性，主要表现为价格的传导性、波动性，以及价格和供求状况的互动性。在社会主义市场经济条件下，价格运行既受市场规律的影响，同时又受政府宏观调控和微观规制的制约。高端白酒价格运行机制是高端白酒价格运行的内在机理和基本规律的综合体现。高端白酒因其属于高档消费品，其价格运行更加容易受到消费者收入水平变化、对市场的预期，以及国家宏观调控政策等因素的影响。

6. 价格管控机制

按照马克思主义劳动价值论，价值的实体是凝结在商品中的无差别的一般人类劳动，价值量由生产商品的社会必要劳动时间决定。价格作为价值的货币表现，围绕价值上下波动。在市场经济条件下，商品价格除了会受到价值的影响外，还要受到供求变化、市场预期、宏观政策等因素的影响。在社会主义市场经济条件下，社会生产的最终目的是满足人民群众对美好生活的需要，商品价格也必然受

---

① 马克思. 资本论（第一卷）[M]. 北京：人民出版社，2018 年 3 月，第 115 页。

到社会生产目的的制约，这就决定了价格既要受到市场规律的支配，又要受到国家宏观调控的影响。价格管控机制是价格调节和管理部门为了实现经济发展目标、保障价格有序运行、维护社会经济秩序，所采取的各种价格管控措施以及这些措施之间的相互作用和内在联系。价格调控是政府价格主管部门对商品价格水平和运行的调节和控制，其目的是保障经济社会的正常运行、满足社会民生需求。尽管企业不能制定价格政策，但却是价格政策的执行者和价格调控的重要对象。从调控的方式看，价格调控可以分为直接调控和间接调控。高端白酒既有消费品属性，又有收藏品和投资品属性，对其价格实施有效调控是维护经济秩序正常运行的必然要求。价格管理是为了保障市场的正常运行，对不合理的价格行为进行必要的管制，对违反价格法律法规的行为进行必要的规制。价格调控更加强调调控主体的主动作为，价格管理则侧重于对价格的监管和纠偏，但是两者又是紧密相关的。

1.3　研究目标及内容框架

1.3.1　研究目标

本书以马克思主义为理论基础，以中国特色社会主义理论体系为思想指导，借鉴西方经济学价格理论，研究高端白酒的价格机制和定价方略，对高端白酒的价格形成机制、运行机制、管控机制进行理论探讨，构建高端白酒价格机制的理论框架，分析高端白酒不同价格形式的内在联系。同时，本书依据高端白酒的产业结构和市场格局，基于高端白酒企业的经营目标，为高端白酒企业制定价格策略提供学理支撑，为政府相关部门制定价格管理政策提供参考，进一步丰富白酒价格和白酒产业发展的学术研究成果。

1.3.2　研究内容

1. 高端白酒市场结构

一般来说，结构是指事物的各个构成部分的组合及其相互关系。[①]市场是交换关系的总和。市场结构是市场各构成要素之间的相互关系。这里的市场结构主要是指市场格局。市场格局是指在市场上买卖双方在交换活动中所处的地位，特别是何方在交换活动中处于主导地位或优势地位。它是市场中供求机制和竞争机制综合作用的市场现象。市场格局有三种类型：以买方为主导、总供

---

① 逄锦聚，林岗，刘灿. 现代经济学大典[政治经济学分册][M]. 北京：经济科学出版社，2016年7月，第409页。

给大于总需求的买方型市场格局，简称买方市场；以卖方为主导、总需求大于总供给的卖方型市场格局，简称卖方市场；总供给与总需求基本平衡的买卖双方地位均衡的市场格局，简称均衡市场。①市场结构与产品价格具有密切的关系，产品的价格水平是形成和体现市场结构的重要因素，而市场结构则是决定价格水平的重要变量。研究高端白酒的价格机制和定价方略，首先要对高端白酒的市场结构进行分析，因为高端白酒的市场结构是其价格形成和企业定价方略的重要基础，特别是研究定价方略更要以准确掌握高端白酒的市场结构和产业结构为基础。高端白酒的市场结构主要涉及各类高端白酒在市场中的集中度、垄断与竞争程度、市场行为、区域分布、消费偏好、品牌影响等问题，只有将这些问题研究清楚，才能为进一步研究高端白酒的价格机制和定价方略提供现实依据。

2. 高端白酒价格形成机制

价格机制是市场机制的核心内容。市场机制是市场中各种市场要素（价格、竞争、供求、利润、利息、工资等）之间的相互制约和互为因果的联系与作用。价格机制是指在市场竞争过程中，市场上某种商品市场价格的变动与市场上该商品供求关系变动之间的有机联系和运动。②价格机制包括价格形成机制、运行机制、管控机制。任何商品都有特定的价格形成机制，高端白酒属于高档消费品，研究高端白酒价格形成机制的意义在于明确高端白酒价格的形成基础和决定因素，掌握高端白酒价格形成的内在机理，为理解高端白酒的价格运行机制和管控机制奠定基础。研究高端白酒价格形成机制，所要解决的主要问题在于，清楚高端白酒的价格决定因素有哪些，各种不同因素是如何发挥作用的，这些因素之间具有什么样的相互关系。从方法论上来讲，要按照一般和特殊相结合的方法，明确决定高端白酒价格的核心因素、关键因素、重要因素、随机因素等，既要分析不同因素的独立作用，又要分析各种因素的相互作用。

3. 高端白酒价格运行机制

在市场经济条件下，价格变化是常态，影响价格变化的因素较多，探讨高端白酒价格运行机制，目的在于掌握高端白酒价格的变化规律。从理论上来讲，价格波动是价值变化的市场反应，是价值规律的作用结果，体现了价值规律对资源配置的调节作用和经济社会发展的促进作用。在市场经济条件下，价格波动不仅反映了价值的变化，而且是一系列市场因素相互作用的综合结果。高端白酒作为消费品，尤其是作为一种高档消费品，其价格运行与经济发展状况、居民收入水

① 宋涛主编. 政治经济学教程（第九版）[M]. 北京：中国人民大学出版社，2011 年 7 月，第 50-51 页。

② 宋涛主编. 政治经济学教程（第九版）[M]. 北京：中国人民大学出版社，2011 年 7 月，第 46-47 页。

平以及资本市场状况等，有着密切的联系，这些因素如何对高端白酒的价格运行施加影响，是需要从理论上进行深入探讨的问题。

4. 高端白酒价格管控机制

价格变化具有自发性，价格波动反映了生产和供求变化状况。价格波动也是人们经济行为的指示器。"商品价格涨落是社会资源流向的'导航仪'。"①对商品价格进行调控是宏观调控的重要职能，也是企业参与市场竞争的重要方略。高端白酒不仅具有一般消费品属性，而且具有收藏品和投资品属性，如果任由价格随意大幅波动，势必会影响人们的消费和投资行为，这就需要政府的价格管理部门和相关市场主体对高端白酒价格进行必要的管控。研究高端白酒价格管控机制，需要探讨高端白酒的价格管控主体、管控依据、管控目标、管控手段等问题。在社会主义市场经济条件下，政府价格主管部门是价格管控的重要主体。同时，商品生产经营者也是价格管控的参与者。不同的管控主体所依据的市场和政策要素，所采取的管控手段，以及要达到的管控目标，都有所差异。这就需要进一步探讨高端白酒价格管控的经济目标、社会目标，以及管控的方法和手段等问题。

5. 高端白酒定价方略

企业根据自身的生产经营目标对其产品制定价格，必须采取一定的方法和策略。科学有效的定价方略，能够促进企业实现经营目标，而不合理的定价方略，则可能导致企业无法实现经营目标，甚至经营失败。因此，定价方略对于企业而言，是极为重要的。本书研究的高端白酒定价方略，充分借鉴市场营销学中的有关理论，根据我国白酒市场结构的实际情况，探讨高端白酒企业制定价格的方略。从定价方法来看，根据价格形成的不同机理，本书将高端白酒的定价方法分为价值导向定价法、成本导向定价法、需求导向定价法、竞争导向定价法和综合因素定价法，并分别对其含义进行定性分析。在此基础上针对其中的成本导向定价法、需求导向定价法、竞争导向定价法和综合因素定价法，构建相应的计量模型，并利用面板数据进行实证研究。定价策略是定价方法的具体化。本书在对定价方法进行定性、定量分析的基础上，进一步分析高端白酒的定价策略。

1.3.3　研究框架

本书的研究框架分为三大板块，即总论、分论、结论。第一板块为总论，由第 1 章构成。第二板块为分论，由第 2 章到第 11 章构成。第三板块为结论，由第 12 章构成。

---

① 宋涛主编. 政治经济学教程（第九版）[M]. 北京：中国人民大学出版社，2011 年 7 月，第 47 页。

第 1 章为导论，主要包括本书的研究背景、研究意义、研究对象、基本概念、研究目标、研究内容、研究框架、研究思路和研究方法、技术路线、创新之处、展望。研究背景部分，主要论述高端白酒价格这一主题的理论和政策背景，也就是阐明在什么样的背景下提出这一研究主题的。研究意义部分，主要说明研究高端白酒价格机制和定价方略具有什么样的理论意义和现实意义，具有什么样的理论价值和应用价值。基本概念部分，主要介绍本书所涉及的主要概念，包括高端白酒、价格机制、定价方略、价格形成机制、价格运行机制、价格管控机制，这些概念在本书中出现的频率较高，需要对其内涵进行介绍。研究对象部分主要介绍本书所要研究的主题——高端白酒价格（包括价格机制和定价方略），所有章节都是围绕该主题展开的，都是为这一主题服务的。研究目标部分，主要说明本书要实现什么样的理论和实践目标，研究目标对本书起着引领和导向作用。研究内容部分对本书主题起着支撑作用，促进研究目标的实现。研究框架部分主要介绍本书的内容结构，从整体上呈现本书的轮廓架构。研究思路部分主要介绍本书研究所遵循的基本思路，包括指导思想以及理论遵循等内容。研究方法部分主要介绍本书研究所运用的主要方法，是全书的方法论基础。技术路线部分主要介绍本书所采用的技术路线，通过绘制技术路线图，使本书的研究内容、研究框架、研究思路等得到清晰的呈现。可能的创新之处部分主要介绍本书五个方面的可能的创新点，这也是本书的基本价值所在。不足之处部分对本书的研究难点以及有待进一步完善之处进行了介绍。

第 2 章为本书的文献综述与理论基础。在文献综述方面，将学术界对高端白酒的主要研究成果进行了梳理，归纳了学术界对该课题的研究方向、主要结论、存在的问题等，并进行了简要的评述，提出需要进一步研究的问题。在理论基础方面，以中国特色社会主义理论体系特别是习近平新时代中国特色社会主义思想为指导；以马克思主义政治经济学为根本理论基础，尤其是马克思主义劳动价值论，是分析价格问题最为重要的基础理论；以西方经济学价格理论为参考。由于高端白酒具有奢侈品、收藏品、金融产品等属性，在理论基础方面还参考了奢侈品、收藏品、金融产品的相关定价理论。

第 3 章为基于 SCP 范式的我国白酒产业发展现状解析。从产业组织理论的 SCP 分析框架出发，结合相关理论和文献，研究了白酒产业的市场结构、行为、绩效及三者间的作用关系。在市场结构方面，本章首先分析了白酒产业的市场规模，采用了 CR_4、CR_8 和 HHI（Herfindahl-Hirschman index，赫芬达尔-赫希曼指数）计算市场集中度，在此基础上，判断出行业整体的市场结构类型，揭示了市场结构的分级特征；在市场行为方面，着重研究了市场结构对高端白酒市场和中低端白酒市场价格竞争的不同影响；在市场绩效方面，主要从宏观和微观两个角度进行评价，其中，宏观方面主要包括利润水平、技术进步和社会绩效，微观层次主要是借助超效率的 SBM 模型（slack-based model）及 Malmquist 指数模型对比分析 13 家上市白酒公司①的经营效率。此外，还利用了面板数据检验了市场力量假说和效率结构假说在我国白酒产业中的成立性。

第 4 章为高端白酒价格的基本现状及定价难点解析。首先介绍高端白酒价格的营销模式、价格水平、价格形式等内容，其次是分析高端白酒价格问题。这里的问题不是指高端白酒价格存在的需要解决的问题，而是指与高端白酒价格机制和定价方略密切相关的问题。高端白酒的价格问题不只是一个价格水平的问题，也不只是一个如何定价的问题。消费者能够感受到或者接触到的价格，实际上是多种力量共同作用的结果，是由一系列与价格相关的因素综合作用的结果，这些因素包括定价导向问题、定价依据问题、价格运行问题、价格竞争问题、价格调控问题、价格管制问题等。

第 5 章为高端白酒价格形成机制。首先以马克思主义劳动价值论为基础，建立高端白酒价格形成机制的理论框架，从理论上论述高端白酒价格形成机制。马克思主义认为，商品的价格是其价值的货币表现。高端白酒的市场价格是其品牌价值的集中体现，品牌价值是由实体价值和认知价值共同决定的。实体价值也就是生产高端白酒的一般劳动的凝结，其数量是由生产高端白酒的社会必要劳动时间决定的。认知价值是社会基于高端白酒优良的品质等，对其赋予的价值，实际上是社会对高端白酒进行的价值再分配。从量上来看，高端白酒的认知价值远远高于其实体价值。其次，探讨了高端白酒价格的形成机理。高端白酒价格形成机理可以大致归纳为：生产过程创造产品价值，流通过程增加产品价值，产品价值支撑品牌价值，认知价值影响品牌价值，品牌价值决定市场价格。高端白酒的品牌价值是其品牌影响力在市场上的经济表现，高端白酒的市场价格在很大程度上是其品牌价值的反映。高端白酒拥有较高的品牌价值，成为企业制定产品价格的最大底气。再次，探讨了高端白酒定价的市场逻辑。高端白酒定价的市场逻辑，大体上可以归纳为：市场定位决定产品定位，产品定位主导品质定位，品质定位支撑价格水平，价格水平影响利润水平，利润水平造就盈利能力，盈利能力铸就市场实力，市场实力成就市场定位。大体而言，高端白酒有四种价格形成方式，即成本决定型、利润导向型、市场决定型、竞争主导型。从实际情况来看，这几种价格决定方式是综合起作用的，基本上不存在唯一的或者独立的价格决定方式。

第 6 章为基于产业链视角的高端白酒酿造用粮价格形成机制研究。基于产业链视角，对高端白酒酿造用粮价格形成机制进行了系统研究。首先，分析了高端白酒酿造用粮市场，分析了高端白酒酿造用粮的特性和共性，从而提出高端白酒

---

① 白酒行业 13 家上市公司分别为贵州茅台、五粮液、洋河股份、泸州老窖、山西汾酒、古井贡酒、顺鑫农业、水井坊、老白干酒、舍得酒业、伊力特、酒鬼酒、金种子酒。

酿造用粮价格的特殊性；其次，论述高端白酒酿造用粮产业链与价格形成，分析了产业基本情况、定价主体的交易产业链的主要环节及价格构成；再次，实证分析了高端白酒酿造用粮产业链对于价格形成产生的影响，并对高端白酒酿造用粮产业链价格的纵向联动进行了论证；最后，分析了高端白酒酿造用粮产业中的各类产业链模式，分别对批发市场模式、高端白酒企业招投标模式、政策储备模式、高端白酒企业直接对接农户模式和间接对接农户模式等产业链模式中的价格形成机制进行了分析。

第 7 章为高端白酒价格运行机制。价格运行就是商品价格的波动和传导，价格运行机制就是商品价格运行所遵循的机理和规律。高端白酒作为商品，一旦离开生产领域进入流通领域，其价格运行也就有了相对的独立性，这种独立性主要体现为高端白酒的价格有其自身的运行机制。在明确高端白酒价格运行机制含义的基础上，通过探讨影响高端白酒价格运行的因素及其相互关系，揭示高端白酒价格运行的内在机理和规律，为研究高端白酒价格的定价方法、定价策略、管控机制，以及提出完善高端白酒价格政策的建议等奠定基础。大体上来看，影响高端白酒价格变化，或者决定高端白酒价格运行的因素，可以分为技术因素和经济因素两个大类。技术因素主要包括生产技术和产品品质两个方面。随着生产技术水平的提高，高端白酒的生产效率会发生变化，这种变化会影响到高端白酒的生产成本，进而影响其价格变化。尽管品质是产品自身的属性，但是，消费者往往依据产品的品质来决定其消费行为，或者说品质是决定消费者购买行为的重要因素，进而成为影响产品价格的重要因素。影响高端白酒价格运行的经济因素较多，如居民收入水平、通货膨胀、经济周期等，该章对这些因素进行了分析。

第 8 章为高端白酒价格管控机制。高端白酒价格管控机制是高端白酒价格管控目标、管控依据、管控措施及其相互关系的总称。按照"管控的原因—管控的主体—管控的客体—管控的依据—管控的手段"的思路，研究高端白酒价格管控机制。价格是经济运行的"晴雨表"，是资源配置的"指挥棒"，对价格进行有效管控是政府的一项重要经济职能。政府根据经济社会发展的需要，对重要商品和服务价格进行管控，是推动经济社会健康有序运行的重要措施。与高端白酒品牌价值高度相关的认知价值，远远高于由劳动所决定的产品价值或生产成本，在供求规律、竞争规律的作用下，高端白酒价格不断上涨，对产业之间的协调发展造成不利影响。这就需要对高端白酒价格进行有效的管控。对高端白酒的价格进行管控，并不是要强制性地限制其最高价格或最低价格，而是应该遵循市场规则理顺价格传导机制，使价格变化回归理性，促进产业健康发展、企业良性竞争、要素有序流动等。价格管控的依据，要按照经济社会发展的需要进行确定，使其更加具有科学性和有效性。

　　第 9 章为高端白酒定价方略综论。概括论述了高端白酒的定价方法和定价策略。方法是解决问题的门路、程序等，策略是为实现战略任务而采取的手段。根据高端白酒价格形成的主要依据，高端白酒的定价方法主要有价值导向定价法、成本导向定价法、需求导向定价法、竞争导向定价法和综合因素定价法。价值导向定价法主要是以产品本身的价值为依据，以价值决定产品的价格；成本导向定价法主要以成本为依据，加上适当的利润进行定价；需求导向定价法主要以市场需求为依据进行定价；竞争导向定价法主要以竞争对手的价格为依据进行定价；综合因素定价法是前四种定价方法的综合运用。策略就是谋略和手段，定价策略是定价方法在操作层面的具体化。如果说定价方法侧重的是定价的思想和理念指导，定价策略则侧重于定价的操作实践，也就是将定价方法付诸实践。以价值为依据的定价策略，要对产品所蕴含的价值进行发掘，包括稀缺性价值、时间性价值、社会性价值等。这种定价策略主要体现的是生产者对其产品进行的主动定价，但是可能不被市场和消费者所认同，目前还不够成熟。以成本为依据的定价策略，首先要对产品的生产成本进行测算，以此为基础，加上企业的利润目标，制定产品价格。这种策略以成本为基础，以利润为目标，具有较好的操作性。由于高端白酒的生产成本占价格比重较低，这种定价策略形式上是以成本为基础，实际上是以利润为导向。以需求为导向的定价策略是以消费者的消费能力和消费意愿为依据进行定价。随着人们生活水平的提高，消费者对于高端白酒的消费能力和消费意愿都有所增强，但是消费者的消费选择是多样化的。由于人们对健康的重视程度越来越高，对于白酒的消费也会随着消费者年龄结构、身体状况的变化而变化。这种定价方法体现了以消费者为中心的市场营销理念。以竞争为导向的定价策略是企业以主要竞争对手的价格为定价依据，这种策略具有较强的操作性，但是也造成了高端白酒价格轮番上涨的问题。在实践中，高端白酒企业更多采用的是综合因素定价策略，也就是企业综合运用价值定价、成本定价、需求定价和竞争定价策略。任何事物都是发展变化的，企业的定价策略也不是一成不变的，无论采取什么策略，其最终目的都是获得更高的市场份额，获取更丰厚的经营利润。

　　第 10 章为高端白酒定价方法的实证研究。制定价格是企业经营活动的重要内容，有效的价格得益于科学的定价方法。在对高端白酒定价方略进行一般分析的基础上，主要采用计量分析方法，对高端白酒的定价方法进行实证研究。如前所述，根据价格形成的不同机理，高端白酒的定价方法主要包括价值导向定价法、成本导向定价法、需求导向定价法、竞争导向定价法和综合因素定价法。在结构安排上，对后四种较为成熟的定价方法分别用一节进行研究。在研究思路上，遵循从理论到实践、从定性到定量的研究思路。在进行计量模型设计之前，从理论上对每一种高端白酒的定价方法进行分析，也就是探讨其理论基础、分析其理念依据，在此基础上进行计量模型的设计。在建立模型的基础上，利用 2010～2019 年我国主要高端白酒企业的面板数据，实证分析生产成本、市场需求、市场竞争等因素对高端白酒价格的不同影响。在计量分析上，坚持以问题为导向，以数据为基础，以发现规律、解释现实为目的，用数据验证模型的有效性，将计量分析结果作为政策建议的实证依据。本章的研究目的和落脚点是通过对高端白酒定价方法的定性和定量、理论和实证分析，为企业制定价格策略和政府相关部门制定价格管控政策提供学理依据。

　　第 11 章为高端白酒定价策略的实证分析。在高端白酒定价方略一般分析和定价方法实证分析的基础上，对高端白酒的定价策略进行实证分析。本章所采用的分析方法主要为个案分析法和比较分析法。在结构安排上，首先从一般意义上论述定价策略的内涵、定价策略的框架、定价策略的模式。定价策略框架主要包括价值创造、价格结构、价值沟通、定价政策、价格水平等内容。定价策略模式主要包括降价促销、撇脂定价、渗透定价、高价定价等内容。在此基础上，分析完善高端白酒定价策略的配套举措，主要包括筑牢价值根基、做好价值沟通、坚持合理定价等内容。最后，分析国外高端蒸馏酒的定价策略，论述生态位视域下的高端白酒定价策略，基于理论联系实际分析五粮液的定价策略。

　　第 12 章为研究结论与对策建议。从高端白酒企业的价格决定因素、价格变化、价格弹性、利润来源、价格结构的成因等几个方面，对本书的主要研究发现进行归纳总结，并在此基础上提出对策思路和措施建议。对于有待进一步研究的问题，提出研究展望。研究结论主要包括高端白酒的价值对价格的决定作用不充分、高端白酒的品牌价值是其价格的决定因素、高端白酒的价格变化是由人为因素造成的、高端白酒的非消费需求使其缺乏价格弹性、高端白酒的利润是对社会总利润的再分配、高端白酒的市场结构是其价格结构的成因。对策思路包括三个层面。一是宏观层面：更好发挥"有为政府"作用，包括有效遏制高端白酒价格过度异化、积极引导高端白酒产业良性发展、不断扩大高端白酒市场有效供给、大力开拓高端白酒国际蓝海市场。二是中观层面：利用好行业协会的平台功能，包括完善行业标准体系、搭建行业沟通平台、推动产学研一体化发展、指导科学合理定价。三是微观层面：提升高端白酒企业的定价能力，包括在企业战略上坚持"竞合发展"、在品牌策略上坚持"品牌为王"、在产品策略上坚持"错位发展"、在价格策略上坚持"合理定价"。措施建议包括五个方面：一是充分发挥市场对价格的决定性作用，二是着力规范市场主体的定价行为，三是有效体现生态环境的损害成本，四是大力完善市场价格的监管机制，五是合理引导白酒产业的有序发展。最后从后疫情时期双循环发展战略对高端白酒价格形成机制、运行机制、管控机制以及企业定价策略的影响等方面提出研究展望。

1.4　研究思路及研究方法

1.4.1　研究思路

第一，从理论到实践。本书以高端白酒价格为主题，以高端白酒、价格机制、定价方略、定价方式等为核心范畴，研究高端白酒价格的内在机理、运行规律，以及高端白酒的定价方法、价格政策等问题。以马克思主义经典理论为基础，同时借鉴西方经济学的有关理论，对高端白酒的价格本质、运行机理等进行理论分析。具体而言，首先，分析本书主题的理论和政策背景，明确这一主题的理论意义和政策价值，对涉及的基本概念进行理论阐释。其次，明确理论基础。本书以习近平新时代中国特色社会主义思想为根本指导思想，以马克思主义政治经济学为根本理论基础，明确研究的思想导向和基本遵循，同时借鉴西方经济学的相关理论，使研究具有正确的思想指导和扎实的学理支撑。再次，从理论上探讨高端白酒的价格机制，从理论和实践相结合上分析高端白酒的定价方略。在对高端白酒价格机制进行理论分析的基础上，从方法和策略的角度研究高端白酒的定价问题，从而实现从理论到实践的过渡。最后，为企业和政府相关部门提供政策建议。价格机制，尤其是定价机制，与定价方略具有密切的关系。定价机制主要解决定价的理论问题，定价方略主要解决定价的方法和策略问题，后者是前者在政策层面或实践层面的展开。通过访谈企业管理人员、开展市场调研等方式，了解高端白酒价格的实际制定和运行情况，总结和分析实际问题，并提出对策建议。本书为高端白酒企业制定价格方略和政府相关部门制定价格管控政策提供对策建议，并以此作为全书的落脚点。

第二，从定性到定量。本书对高端白酒的价格形成机制、价格运行机制、价格管控机制，以及定价方法、定价策略进行定性分析。高端白酒价格形成机制的定性分析，主要包括高端白酒及其价格形成机制的含义，决定和影响高端白酒价格形成的技术和市场要素，高端白酒价格形成的内在机理，高端白酒定价的市场逻辑，高端白酒价格的形成方式等内容。高端白酒价格运行机制的定性分析，主要包括价格运行机制的含义、高端白酒价格的运行机理、影响高端白酒价格运行的因素等内容。高端白酒价格管控机制主要包括价格管控的含义，对高端白酒价格进行管控的必要性，管控的目标、依据、手段、方式等内容。对于高端白酒的定价方法，分别对高端白酒的价值导向定价法、成本导向定价法、需求导向定价法、竞争导向定价法、综合因素定价法的基本内涵、适用条件等进行定性分析。对于高端白酒的定价策略，主要从企业的角度进行分析，具体而言就是以企业经营目标为导向、以市场结构特征为依据，对企业的产品定价策略进行分析。在定性分析的基础上，对高端白酒的定价方法进行定量分析，作为本书实证研究的内容。高端白酒目前较为成熟的定价方法，主要有成本导向定价法、需求导向定价法、竞争导向定价法和综合因素定价法，本书分别对这几种方法建立数量分析模型。在建立数量分析模型的基础上，利用 2010～2019 年我国主要高端白酒企业的面板数据，实证分析生产成本、市场需求、市场竞争等因素对高端白酒价格的不同影响。定量分析坚持以问题为导向，以数据为基础，以发现规律、解释现实为目的。通过对定价方法的定量分析，为企业制定价格策略和政府相关部门制定价格管控政策提供学理支撑。

第三，采取"总—分—总"的结构安排。在结构上，本书按照"总—分—总"的安排分成三大板块。第一板块为总论。从总体上介绍本书的研究主题、理论基础、内容框架、研究思路、研究方法等，以此作为本书的总纲，对其他板块起统领作用。第二板块为分论。在明确本书研究主题——中国高端白酒价格问题（包括价格机制和定价方略）的基础上，将高端白酒的价格机制分为价格形成机制、价格运行机制、价格管控机制三个部分，分别研究高端白酒价格形成和运行的内在机理，决定高端白酒价格的各种因素及其相互关系，影响高端白酒价格运行的各种因素及其相互作用，以及对高端白酒价格进行调控的主体、调控目标、调控方法等。分论是对总论的进一步展开，是对研究主题的深化和具体化。本书的第三板块为研究结论和政策建议。从总体上对本书的研究内容、重要观点、主要结论进行总结，从研究展望的角度提出高端白酒价格机制、定价方略、产业发展等方面需要继续深入研究的问题，为高端白酒价格及相关问题的后续研究提供参考。研究结论和对策建议是本书的落脚点，也是本书的应用价值所在。"总—分—总"的结构安排，体现的是"提出问题—分析问题—解决问题"的研究思路。

1.4.2　研究方法

第一，马克思主义唯物辩证法。马克思指出："辩证法在对现存事物的肯定的理解中同时包含对现存事物的否定的理解，即对现存事物的必然灭亡的理解；辩证法对每一种既成的形式都是从不断的运动中，因而也是从它的暂时性方面去理解；辩证法不崇拜任何东西，按其本质来说，它是批判的和革命的。"[①]本书以马克思主义及其中国化最新成果作为根本指导思想，运用马克思主义关于事物普遍联系和永恒发展的原理，研究高端白酒的定价机制和定价方略。用联系的观点将决定和影响高端白酒价格的各种市场和政策因素进行综合分析，探讨其相互作用关系；用发展的观点探讨高端白酒价格的运行规律。历史研究与逻辑研究相结合的方法是马克思主义政治经济学的重要研究方法。"科学研究无非采用两种方式，

---

① 马克思. 资本论（第一卷）[M]. 北京：人民出版社，2018 年 3 月，第 22 页。

历史的方式，或者逻辑的方式"。①马克思主义经典作家对历史与逻辑相结合的研究方法有着广泛的应用，强调"理论分析进程与实际的发展进程是一致的，也就是理论逻辑和历史逻辑的统一"。②恩格斯曾经指出："逻辑的方式是唯一适用的方式。但是，实际上这种方式无非是历史的方式，不过摆脱了历史的形式以及起扰乱作用的偶然性而已。"③列宁曾指出："不要忘记基本的历史联系，考察每个问题都要看某种现象在历史上怎样产生、在发展中经过了哪些主要阶段，并根据它的这种发展去考察这一事物现在是怎样的。"④本书运用历史研究与逻辑研究相结合的研究方法，系统梳理高端白酒价格的历史进程和演变路径，探寻其发展脉络和变化规律，从而明确进一步改革和完善高端白酒价格机制的理论、历史和制度逻辑。

第二，规范分析与实证分析相结合。在社会科学研究中，人们广泛采用规范分析与实证分析相结合的方法。规范分析是指从一定的价值或伦理判断出发，提出衡量经济活动的标准，利用这些标准作为处理和分析经济问题的准则、开展经济理论研究的前提和制定经济政策的依据，并研究经济活动如何才能达到这些标准，即研究"应该是什么"的问题。⑤实证分析是指从某个可以证实的前提出发，分析实际经济体系是怎样运行的，它对经济行为做出有关假设，根据假设分析和陈述经济行为及其后果，并试图对结论进行检验。这种分析方法试图超越或排斥价值判断，分析社会经济生活如何运行、为何如此运行，即分析"是什么"的问题。⑥本书对高端白酒价格的研究，立足于建立和完善我国市场经济价格体系、推动白酒产业健康发展等价值取向，在借鉴国内外实证研究的基础上，利用我国政府部门和代表性企业的统计数据，以及通过问卷调查和现场访谈等方式深入高端白酒生产现场和销售市场开展调查研究，使理论分析和实际研究密切结合，提出具有符合实际、操作性强的政策建议。

第三，定性研究与定量研究相结合。随着社会科学研究向数理化和精细化方向的发展，与定性研究相结合的定量研究已成为人们研究经济社会问题的重要方法。定性研究是指对经济活动过程中问题的本质、相互关系及其规律性进行逻辑推断。定量研究是指对经济活动之间的数量关系进行研究。定性研究和定量研究之间具有密切的关系，定性研究是定量研究的灵魂，定量研究需要以定性研究为指导。定性研究所要判明的经济关系的质的规定性，是定量研究不能代替的。没

---

① 严中平. 科学研究方法十讲——中国近代经济史专业硕士研究生参考讲义[M]. 北京：人民出版社，1986 年 2 月，第 5 页。

② 卫兴华. 准确解读《资本论》的原理和方法[J]. 当代经济研究，2014 年第 6 期，第 5-10 页。

③ 马克思，恩格斯. 马克思恩格斯选集（第二卷）[M]. 北京：人民出版社，1995 年 6 月，第 43 页。

④ 列宁. 列宁选集（第 4 卷）[M]. 北京：人民出版社，2012 年 9 月，第 26 页。

⑤ 朱成全. 经济学方法论（第二版）[M]. 大连：东北财经大学出版社，2011 年 4 月，第 99 页。

⑥ 朱成全. 经济学方法论（第二版）[M]. 大连：东北财经大学出版社，2011 年 4 月，第 97 页。

有定性研究，定量研究就会迷失方向，因为只有加强对经济活动质的关系的分析，才能正确对其量的关系进行研究。[①]定量研究为定性研究的科学化、精准化提供了保障，使定性研究的逻辑推理更加系统化、规范化，其研究结论更加具有一般性，从而更具有现实价值。本书采用定性研究方法分析高端白酒价格的本质及其现实意义，认为高端白酒价格从本质上来讲是对其品牌价值的市场反应。分析高端白酒价格的形成机制、运行机制、管控机制，以及定价方法、定价策略的含义、特征等。在定性分析的基础上，运用定量分析探讨目前较为成熟的高端白酒定价方法，即定量分析高端白酒的成本导向定价法、需求导向定价法、竞争导向定价法和综合因素定价法，通过对这些方法建立相应的数量模型，利用 2010～2019 年的数据资料，对高端白酒的定价方法进行实证研究。

第四，综合和个案分析相结合。为了使社会经济问题的研究同时具备广度和深度，人们往往采取整体研究和个案研究相结合的研究方法。毛泽东曾从认识论和方法论的角度，对整体研究和个案研究作过评述。在《关于领导方法的若干问题》一文中，毛泽东指出："我们共产党人无论进行何项工作，有两个方法是必须采用的，一是一般和个别相结合，二是领导和群众相结合。"[②]在《论反对日本帝国主义的策略》中，毛泽东指出："马克思主义者看问题，不但要看到部分，而且要看到全体。"[③]在《矛盾论》中，毛泽东进一步指出："就人类认识运动的秩序说来，总是由认识个别的和特殊的事物，逐步地扩大到认识一般的事物。人们总是首先认识了许多不同事物的特殊的本质，然后才有可能更进一步地进行概括工作，认识诸种事物的共同的本质。"[④]对于整体研究和个案研究之间的关系，著名学者严中平指出："广博、综合的研究需要在专精、分析研究的基础上去建立、充实和深入；专精、分析的研究需要在广博、综合研究的指导之下，才能全面、开阔和提高。"[⑤]本书在研究过程中，注重从整体上全面把握高端白酒价格的演进逻辑，探寻不同价格形式之间的内在联系和主要矛盾。同时，为了使研究更为深入，本书根据研究内容的需要，选取具有代表性的高端白酒进行个案研究，旨在通过以点带面、以面带体的研究方法深化研究主题。

1.4.3　技术路线

根据前述研究思路和研究方法，本书采用如图 1-1 所示的技术路线。

① 贾秀岩. 价格学原理[M]. 天津：南开大学出版社，1986 年 10 月，第 6-7 页。
② 毛泽东. 毛泽东选集（第三卷）[M]. 北京：人民出版社，1991 年 6 月，第 897 页。
③ 毛泽东. 毛泽东选集（第一卷）[M]. 北京：人民出版社，1991 年 6 月，第 149 页。
④ 毛泽东. 毛泽东选集（第一卷）[M]. 北京：人民出版社，1991 年 6 月，第 309-310 页。
⑤ 严中平. 科学研究方法十讲——中国近代经济史专业硕士研究生参考讲义[M]. 北京：人民出版社，1986 年 2 月，第 52 页。

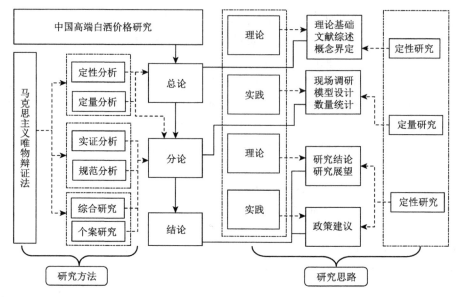

图 1-1　本书技术路线

1.5　研究创新与展望

1.5.1　研究创新

第一，聚焦高端白酒价格命题进行系统性、集成性研究，拓展了价格领域的学术研究成果。从文献查询的情况来看，目前针对高端白酒价格的学术研究成果，不仅数量较少，而且系统性较差，缺乏从价格形成、价格运行、价格管控到定价方法、定价策略的系统性、集成性研究成果。本书聚焦高端白酒价格命题，采用理论与实际相结合、定性与定量相结合、规范与实证相结合等研究方法，系统深入地研究高端白酒的价格形成机制、价格运行机制、价格管控机制和定价方略。在理论研究的基础上，对高端白酒的成本导向定价法、需求导向定价法、竞争导向定价法、综合因素定价法进行了实证研究，形成了系统性、集成性的高端白酒价格研究成果，进一步丰富和拓展了价格领域的学术成果。

第二，以马克思主义政治经济学基本原理为理论基础，借鉴西方经济学价格学说，全面分析了高端白酒的多重属性和价格问题。高端白酒既有消费属性，又有投资属性；既有收藏价值，又有生态价值。在已有的研究成果中，主要是基于西方经济学的有关原理，理论支撑较为乏力，理论阐释不够深刻。本书以马克思主义政治经济学相关原理为理论基础，综合运用马克思主义劳动价值理论、价格本质理论、剩余价值理论、平均利润理论、生产价格理论、市场价值理论、社会劳动时间理论、自然生产时间理论、地租理论、剩余价值分割理论、马克思主义生态观、习近平生态文明思想、习近平新时代中国特色社会主义经济思想，以及西方经济学价格弹性理论、边际效用理论、市场结构理论等，研究高端白酒的价格机制和定价方略，学术观点和研究结论更加具有学理性和说服力。

第三，充分运用最新数据和一手资料，客观揭示高端白酒价格的结构特征、形成机理及运行规律。已有的研究成果大多是基于网络平台发布的零散数据，这些数据的系统性、一致性、可靠性较差，难以有效反映高端白酒价格的本质规定和内在规律。本书既利用公开的网络数据资料研究高端白酒的市场结构和价格水平，又基于从现场调研收集到的数据资料和了解到的情况，研究高端白酒价格的形成机制及其运行规律，所揭示的高端白酒价格的形成机理和市场逻辑、高端白酒价格缺乏弹性的经济原因和社会原因、高端白酒企业的利润来源、生产厂商在价格决定中的主导作用等，具有丰富翔实、真实可靠的数据支撑和事实依据，所得出的结论更加符合实际，提出的建议更有实践价值。

第四，从形成机制、运行机制、管控机制三个结构模块，深入研究了高端白酒价格的生成逻辑和内在规律。目前关于高端白酒价格的研究成果，从现象层面进行研究的较多，从机制层面进行研究的较少，而将高端白酒价格的形成机制、运行机制、管控机制统筹起来进行研究的则更为缺乏。本书从机制层面着手，深入研究高端白酒价格，将高端白酒价格机制划分为形成机制、运行机制、管控机制，通过研究三大机制的科学内涵、现实运动以及相互关系等，揭示高端白酒价格的生成逻辑和内在规律。形成机制主要涉及价格的决定和结构问题，运行机制主要涉及价格的波动和变化问题，管控机制主要涉及价格的管理和调节问题。对三大机制进行整体性、系统性研究，揭示了三大机制之间的关系：形成机制是价格运行和变化的基础，运行机制是价格传导和变化的过程，管控机制是价格稳定和有序的保障，三者共同作用于高端白酒价格的现实运动。

第五，系统研究了高端白酒的定价方法，构建了相应的计量模型并进行了实证模拟。在实际运行中，高端白酒企业在已有价格水平的基础上，依据市场供求状况，参照竞争对手价格，制定和调整本企业的产品价格。从总体上来看，企业的定价行为较为粗放，调价方式较为随意，缺乏精细化、科学化的定价方法。在学术界已有的研究成果中，很少对高端白酒的定价方法进行系统性、定量化的研究。本书依据决定高端白酒价格的主要因素，坚持理论与实际相结合，深入系统地研究了高端白酒的价值导向定价法、成本加成定价法、需求导向定价法、竞争导向定价法、综合因素定价法，分析了各种定价方法的理论依据、基本特征和主要利弊，并对其中的成本加成定价法、需求导向定价法、竞争导向定价法和综合因素定价法建立了计量模型。利用2010～2019年高端白酒的面板数据，实证分析了生产成本、市场需求、市场竞争、经济形势、消费心理等因素对高端白酒价格的影响。以此为基础，从提升企业发展水平和产业发展质量的角度，研究了高端白酒的定价策略，并提出了相应的对策建议。

1.5.2　研究展望

第一，如何更加科学地确定高端白酒定价的理论依据，还有待深入研究。按照马克思主义经典理论，商品的价格是其价值的货币表现，价值的实体是无差别的人类劳动，价值量是由社会必要劳动时间决定的。但是从实际情况来看，高端白酒的劳动成本进而物化成本占其价格的比重较低，这是高端白酒与其他普通商品的一个重大区别。高端白酒的定价因素除了成本因素外，更为重要的是消费者的心理因素、市场因素、政策因素等，对这些因素进行理论把握的难度较大，同时也增加了高端白酒定价模型的构建难度。这就需要以马克思主义劳动价值论为基础，同时借鉴其他理论，作为高端白酒定价的理论依据。本书除了坚持以马克思主义劳动价值论作为理论基础外，还以马克思主义政治经济学中的超额剩余价值理论、平均利润理论、生产价格理论、垄断价格理论等，作为高端白酒定价的理论依据。这些理论在理论框架的构建和计量模型的建立上都有所体现。但是，究竟以什么理论作为高端白酒的定价依据，使其更加符合实际情况，还需要进一步地深入研究。

第二，如何统筹高端白酒的经济效益与社会效益，需要继续研究。对于高端白酒企业而言，追求经济效益是其开展经营活动的根本目的，其经营活动大多以经济效益最大化为导向。同时在社会主义市场经济条件下，企业的经营活动也要统筹经济效益和社会效益，在追求经济利益的同时奉献社会，这是企业开展经营活动的应有之义。对于高端白酒企业而言，经济效益主要体现为盈利水平、市场占有率、纳税规模、竞争能力等，社会效益主要体现为吸纳就业、环境保护、技术创新、社会服务等。从实际情况来看，我国高端白酒企业的经济和社会功能都是很突出的。在社会主义市场经济条件下，既要充分发挥市场配置资源的决定性作用，又要更好发挥政府作用。研究高端白酒的价格机制和定价方略，既要从市场机制出发，理性客观看待价格问题，又要从宏观调控出发，为抑制价格乱象提供决策参考。要体现企业的经济目标和社会目标，统筹企业的经济效益和社会效益，这在理论探讨和政策建议上无疑是一个难点。本书力求从产业发展、市场运行等角度，研究高端白酒的价格问题。尽管如此，如何更好地统筹高端白酒的经济效益与社会效益，还需要深入研究。

第三，如何兼顾高端白酒定价的时效性与应用性，仍需加强研究。从时效性来看，高端白酒作为高档消费品，其市场化程度比较高，价格的波动性较强，这就使其价格机制和定价方略的研究具有较强的时效性。高端白酒价格是各种市场和政策因素共同作用的结果，影响高端白酒价格形成和运行的因素十分复杂，在垄断与竞争并存的高端白酒市场，各类市场主体具有各自的利益追求，相互之间的作用关系也十分复杂，在不同时期具有不同的经营目标，这些都对本书研究的时效性提出了较高要求。从应用性来看，高端白酒企业制定价格策略，只是其众多经营策略中的一种，价格策略不能单独发挥作用，必须与其他经营策略结合起来，这就要求对高端白酒价格的研究，不能只是研究其价格本身，还需要拓宽研究视角，因而加大了该问题研究的复杂程度和困难程度。本书力求从产业发展的角度，将高端白酒企业的短期发展目标和长期发展目标、企业的价格策略和地方的产业发展政策等统筹起来进行研究，努力解决所研究问题的时效性和应用性相统一的问题。但是，对于如何更好地兼顾高端白酒定价的时效性与应用性问题，还需要进一步研究。

第四，数据资料的系统性有待加强，数量分析的精准性有待提高。供本书研究的部分数据可以通过企业和政府相关部门的网站、资本市场等渠道获得，相对而言较为容易。但是高端白酒市场乃至整个白酒产业的竞争十分激烈，企业的经营目标和策略不尽相同。价格策略是企业一系列经营策略中的重要组成部分，许多问题都涉及企业的商业秘密，企业外部人员难以获得相关的数据资料。另外，高端白酒经营环节较多，处于不同环节的企业分布范围广泛，具有不同的经营目标，所采取的价格策略也不尽相同，这也为获取研究数据带来一定的困难。由于获取系统性数据和资料的难度较大，通过对有限的数据进行统计和整理所体现出来的问题，可能缺乏足够的全面性和系统性，由此得出的结论可能需要通过更加深入的研究来印证或修正。本书选择部分具有代表性的高端白酒企业作为样本进行实地调研，以获取数据资料、了解实际情况，力求解决数据资料的可得性、真实性等问题。尽管如此，数据资料的系统性、完整性、代表性仍然需要加强、数量分析的精准度仍然需要提高。

第2章　文献综述与理论基础

高端白酒既有消费品属性，又有奢侈品、收藏品、金融品等属性，研究其价格问题，需要综合运用多种理论。本章通过梳理与高端白酒价格相关的学术文献，分析该课题的研究现状和不足之处，并以此作为本书的学术基础和逻辑起点。通过论述马克思主义劳动价值理论、价格本质理论、垄断价格理论、剩余价值理论、平均利润理论、生产价格理论、市场价值理论、劳动时间理论、自然生产时间理论、地租理论、剩余价值分割理论、马克思主义生态观、习近平生态文明思想、习近平新时代中国特色社会主义经济思想，以及西方经济学的价格弹性理论、市场结构理论等，为本书探讨高端白酒价格提供理论依据。

2.1　文　献　综　述

受传统文化、消费习惯、市场范围等因素的影响，我国白酒主要由国内企业生产，白酒消费群体也主要是国内居民，对白酒的相关研究也主要是国内学者。关于高端白酒价格问题的学术研究，主要集中在高端白酒企业的战略选择、高端白酒价格的品牌要素、高端白酒价格的政策因素、高端白酒价格的发展趋势、高端白酒价格的实证研究、高端白酒企业的价格策略等几个方面。

2.1.1　高端白酒企业的战略选择

杨文兵对高端白酒需求价格弹性和价格决策的关系进行了研究。该研究指出，高端白酒的需求价格弹性与总收益之间存在着相关关系，而商品定价的高低与总收益没有必然的因果关系，低定价可能增加总收益，高定价却可能使总收益降低。只有在一定需求价格弹性条件下采取相应的定价策略，才能使企业实现利润最大化目标。高端白酒的需求价格弹性大小决定了其定价策略，成为企业制定价格决策的重要依据。[①]白酒企业要根据消费者的消费目的和收入状况来科学细分市场，并结合影响需求价格弹性的因素，对不同市场上白酒的需求价格弹性加以分析，再确定价格策略。该研究对高端白酒企业的定价策略具有一定的应用价值。需求价格弹性是经济学的重要概念。高端白酒从用途上来看，其价格是缺乏弹性的；对于高收入人群而言，也是缺乏弹性的。只有对中低收入人群用于个人消费时，高端白酒价格才是富有弹性的。

---

① 杨文兵. 需求价格弹性在白酒定价中的应用[J]. 企业家天地下半月刊（理论版），2007 年第 5 期，第 224-225 页。

苏奎对供给侧结构性改革背景下我国白酒产业的发展路径进行了研究。其主要观点为：我国白酒产业创新增长的方式应以"供给侧"为重点，同时寻求改革路径上"供给侧"与"需求侧"的统一；质量型增长应该成为我国白酒产业增长路径创新的最终目标；技术创新应该成为我国白酒产业实现质量型增长的关键；为满足白酒产业持续增长的需要，规避技术创新的不确定性风险，需要建立包括投资优化、市场创新和管理创新在内的短期路径，为长期路径建设提供支撑。[①]高质量发展是新发展阶段我国经济发展的主题，供给侧结构性改革是当前和今后一个时期我国经济发展的主线。该研究以供给侧结构性改革为背景，研究角度较为新颖，具有充分的现实依据，指明了我国白酒产业的发展路径，具有一定的应用价值。

吴中超和苏磊利用战略群组理论对四川白酒企业的竞争策略进行了实证研究，该研究将四川白酒企业划分为三个战略群组，第一群组以五粮液、泸州老窖、沱牌舍得、水井坊四家上市企业为主，第二群组以剑南春、丰谷、全兴大曲、郎酒、文君、江口醇、小角楼七家企业为主，第三群组主要由四川宜宾君子酒业有限公司等 48 家企业组成。依据不同群组的生产经营和市场竞争特征，第一群组以最优成本供应商战略为最佳的战略选择，第二群组以差异化战略为最佳战略选择，第三群组以低成本的聚焦战略为最佳战略选择。[②]无论是从品牌的影响力，还是从企业的盈利能力来看，我国白酒行业具有较为明显的层次性。该研究以实证分析方法研究不同层次白酒企业的价格战略，具有一定的学理性和实践性，为四川白酒企业的定价战略提供了一定的理论依据，具有一定的理论价值和应用价值。

2.1.2　高端白酒价格的品牌要素

王德明对高端白酒的品牌要素进行了研究，其主要观点是：高端白酒不等于高价白酒，高端白酒对品牌、文化、品质、价格都有较高的要求；高端白酒的品牌是不能仅仅依靠资金和宣传就能造就的。从产品的文化底蕴来看，目前市场上的高端白酒品牌，无一例外都具有深厚的历史文化积淀；从产品的品质来看，高端白酒的品质都经历了数十年甚至上千年的检验，在消费者心目中形成了较为固化的印象；从品牌的形象来看，高端白酒属于奢侈消费品，其消费者非富即贵；从价格定位来看，目前白酒基本上都实现了市场化的定价方式。[③]该研究指出了影响高端白酒价格的品牌因素，其结论对于研究高端白酒的价格形成机制具有一定

① 苏奎. 供给侧结构性改革背景下我国白酒产业新型增长路径探索[J]. 四川理工学院学报（社会科学版），2017 年第 32 卷第 1 期，第 14-25 页。

② 吴中超，苏磊. 基于战略群组理论的四川白酒企业竞争策略研究[J]. 中国酿造，2018 年第 39 卷第 9 期，第 196-202 页。

③ 王德明. 我国高端白酒市场潜力分析及品牌群落结构解析[J]. 中外食品，2006 年第 2 期，第 27-29 页。

参考价值。对于高端白酒的定价而言，其品牌价值、文化底蕴、产品品质等，都是重要的影响因素。由于高端白酒的目标群体通常主要是收入和消费水平较高的人群，这些消费者对高端白酒的品牌、文化、品质等具有较强的要求和偏好，这些因素应该充分体现到其价格策略中去。

蒲阳对高端白酒的价值构成对其价格比例的影响进行了量化研究。研究表明，高端白酒价格中，经纬度决定了好酒的出处，"白酒金三角"区域的气候、水源、土壤条件，最适合于酿造白酒；酿酒的秘方价值占了价格的 18%～25%；由于白酒生产环节较多，生产工艺较为复杂，在价格中占比最高的内容是独家工艺和秘密技术，占到 20%～35%；高端白酒具有较高的文化附加值，属于奢侈消费品，因此牌子很值钱，占到 20%～30%；酒是文化，也是历史，悠久的历史和深厚的文化让酒更"值钱"，历史和文化占到 15%～30%；在白酒行业，卖得最好的不一定是品质最好的，但一定是"吆喝"得最厉害的，营销占到 10%～15%；由于通货膨胀的影响，高端白酒由消费品变为投资品，通货膨胀因素占到 5%～8%。[①]决定和构成高端白酒价格的因素是多元化的，构成高端白酒价值并决定其价格的，既有自然因素，也有经济和文化因素。该研究从多个方面对高端白酒的价值构成进行了量化分析，对于进一步研究高端白酒的价格机制和定价方略，具有一定的学术参考价值。

2.1.3　高端白酒价格的政策因素

李海菊运用双重差分模型实证检验"中央八项规定"对高端白酒企业经营绩效的影响，并进一步运用扩展的霍特林模型探讨这一政策对高端白酒企业策略选择的影响。研究结果表明，"中央八项规定"对高端白酒企业的经营绩效产生了一定的不利影响，但是由于消费者的"符号消费"偏好，政府"意见领袖"的作用逐步消失，使白酒企业的寻租积极性降低，从而更加关注消费者的真实需求；从政策含义来看，政府相关政策应该保持中性，充分考虑对相关行业的影响，不能影响市场主体之间的公平竞争。[②]政策因素是企业制定产品价格的重要变量。该研究采用计量分析方法研究具体政策对高端白酒企业经营业绩的影响，在研究方法上具有一定的科学性，研究结果具有理论和数据支撑，研究结论和实际情况较为相符，具有一定的政策借鉴意义。

袁华伟运用 SWOT 方法，从政治、经济、社会、技术以及竞争等方面对某酒业公司的外部环境进行了分析；从企业资源和技术水平等方面对该公司的内部环境进行了分析；结合组合分析及常用的企业战略类型，制定了该公司的产

---

① 蒲阳. 高端白酒的价值解构[J]. 西部广播电视，2012 年第 Z2 期，第 160-161 页。

② 李海菊. "八项规定"对高端白酒企业绩效、策略选择的影响研究[D]. 大连：东北财经大学，2017 年。

品开发、市场渗透及市场开发、前向一体化、后向一体化战略，以及相关多元
化战略；提出了该公司在市场营销、生产研发、财务会计、人力资源等方面的
战略实施策略。[①]该研究采用的研究方法具有一定的通用性，研究视角具有多元
性，研究结论对该公司的发展具有一定的指导作用，但是对于相关问题的规律
性研究还不够深入。

2.1.4　高端白酒价格的运行趋势

　　王德明对高端白酒的市场发展历史进行了研究。该研究认为高端白酒经历了
传统品牌时代、新贵进入时代、品牌泛滥时代，并对高端白酒的市场容量、消费
能力、销售价格、宏观环境、消费意愿潜力进行了预测。该文还对高端白酒的品
牌要素、市场演变、市场容量、市场风险、市场潜力进行了实证分析，利用大量
数据对高端白酒的市场规模潜力、消费能力潜力、销售价格潜力、宏观环境潜力
以及消费意愿潜力进行了量化分析。其结论为：有实力长期延续的高端白酒品牌
很可能只有茅台、五粮液、汾酒、剑南春、国窖 1573。[②]从实证研究的角度来看，
该研究数据充分翔实，图文并茂，层次分明，观点明确，论证有力，具有一定的
学术和应用价值。

　　黄茂对茅台酒的价格走势和市场价值进行了实证研究。该研究指出，白酒行
业具有高区分度，茅台酒属于世界级奢侈品牌，其盈利能力可以比肩世界顶级奢
侈品牌，绝对价格也介于国际主流品牌和奢侈品牌之间。考虑到中外消费者的收
入差距，茅台酒作为奢侈品的相对定位甚至更高，是国内首屈一指的奢侈品牌，
这一特征也造就了茅台酒极为强势的定价权。该研究根据生产情况和市场行情，
利用 DDM 模型（dividend discount model，股利贴现模型）对茅台酒的市场价值
进行了测算，对公司给予相应的投资评级。[③]该研究对高端白酒主要子行业的竞争
格局和特定高端白酒企业的市场行情进行实证研究，对于白酒行业相关企业制定
和调整经营策略具有一定的参考价值，对于投资者的投资行为也具有一定的借鉴
意义，但是理论深度还不够。

　　章岛以茅台酒为例从国际视野角度对高端白酒的价格水平进行了评价。该研
究认为，高端白酒价格应该理直气壮地上涨，因为和高贵的洋酒相比，作为国酒
的茅台酒理应和洋酒进行竞争，以体现其品牌价值和国际价值。[④]这一观点较为新
颖，视角较为独特，对进一步提升高端白酒的品牌价值具有一定的参考价值。朱

① 袁华伟. SW 酒业公司发展战略研究[D]. 成都：西南交通大学，2012 年。
② 王德明. 我国高端白酒市场潜力分析及品牌群落结构解析[J]. 中外食品，2006 年第 2 期，第 27-29 页。
③ 黄茂. 贵州茅台：世界品牌 强势定价权[J]. 股市动态分析，2007 年第 16 期，第 43-44 页。
④ 章岛. 换一种视角看中国高端白酒的价格[N]. 贵阳日报，2011 年 10 月 14 日，第 3 版。

伟基于近年来的经济发展形势,对高端白酒的市场发展趋势进行了研究,认为高端白酒的市场结构会发生较大变化,市场容量有望进一步扩大。①这一分析密切结合国内经济发展形势,对白酒企业的经营策略具有一定的参考价值。杨孟涵对茅台酒近年来的价格表现进行了研究,认为高端白酒供需之间的"鸿沟"并不是由产品的"绝对稀缺"导致的,而是由"相对稀缺"导致的,这种"相对稀缺"又是由经销商的惜售捂售所导致的。高端白酒厂家和经销商在利益最大化经营目标的驱使下,形成了利益共同体,若要实现高端白酒的平价供应,需要打破利益共同体格局。②该研究具有辩证性,对于加强白酒市场的监管,完善白酒产业价格机制,具有一定的参考价值。

2.1.5 高端白酒定价的实证研究

黄菊等在回顾消费者感知价值和奢侈品感知价值的研究成果的基础上,采用市场调查和因子分析的方法,对高端白酒购买者感知价值进行了研究。该研究将购买者的感知价值从社会性维度和个人性维度进行了划分,共得到 6 个感知价值的主成分,即炫耀性、地位性、从众性、社交性、独特性和投机性。根据高端白酒产品的购买行为,该研究设计了 10 个维度的高端白酒购买者的感知价值测量表,即炫耀性、地位性、从众性、社交性、独特性、投机性、享乐性、自我赠礼、品质性和审美性,最后提出了购买者感知价值在市场营销策略中的应用。③该研究表明,高端白酒购买者在社会性导向和个人性导向两个方面都是显著的;投资价值导向和审美价值导向影响高端白酒消费者的购买行为。在我国,高端白酒属于典型的奢侈品,其定价方法与普通商品有所不同。该研究提出的感知价值,实际上是消费者的心理因素,通过分析消费心理因素对消费行为的影响,对于企业的营销策略和定价策略,具有一定的指导意义。

郑坤月以茅台为例对高端白酒企业发展中存在的问题及对策进行了研究,认为茅台酒公司尽管持有的流动资产和存货较多,但其利用效率却很低;由于存货周转率比较低,产品生产周期较长,企业的管理成本和营业外支出风险较高;企业近年来持续下降的市盈率,表明投资者对白酒行业的投资热情不高。其原因在于:受国家产业政策的影响,一定程度上减少了对高端白酒的需求;替代产品的快速增长,限制了白酒的扩张边界;消费者消费观念的转变和健康保健意识的上升,导致对传统白酒的需求减少;白酒企业改革的影响等。④该研

① 朱伟. 高端白酒爆发的七大原因和八大趋势[N]. 企业家日报,2017 年 11 月 18 日,第 A03 版。

② 杨孟涵. 实现平价供应 茅台须打破利益共同体[N]. 华夏酒报,2019 年 11 月 8 日,第 A01 版。

③ 黄菊,李蔚,杜思远. 高端白酒购买者感知价值研究和应用[J]. 海南大学学报(人文社会科学版),2011 年第 29 卷第 6 期,第 82-86 页。

④ 郑坤月. 国内高档白酒企业发展中存在问题及对策[D]. 保定:河北大学,2014 年。

究的问题导向较为明显，针对性较强，对问题的分析较为深刻，针对高端白酒行业存在的问题所提出的对策建议，对相关企业具有一定的参考价值，但是其研究结论有待商榷。

刘丰波和吴绪亮以白酒行业为例，利用经验分析方法对纵向差异产品条件下的价格领导制（price leadership）所导致的默契合谋行为进行了实证研究。该研究表明：中国白酒企业的提价行为受到市场需求的影响；成本变化对中国白酒企业的提价行为影响不明显；中国白酒市场可能存在通过价格领导制实现的默契合谋；中国白酒市场拥有稳定的价格领导者；价格领导制可以明显提升白酒企业绩效；在纵向差异产品下，价格领导制会便利默契合谋。①白酒产品既存在纵向差异，也存在横向差异，无论是纵向差异还是横向差异，都可能存在着因价格领导制而产生的默契合谋行为，这为分析白酒企业的价格行为和定价策略提供理论依据。刘回春研究指出，市场上白酒价格差别巨大，从几元到几千元不等，造成这一现象的原因主要在于白酒的原材料、生产工艺、生产时间、品牌价值有所不同。尤其是高端白酒，其生产成本和品牌价值都很高，因此价格也很高。②该研究认为，高端白酒企业应充分利用其品牌优势提高经营效益，从而为高端白酒企业制定价格策略提供了一定的参考。

赵亮等以广东省珠海市 135 个高端白酒消费者为样本，探讨了消费者收入、学历、公关需要对最终形成的高端白酒购买行为的影响。该研究以广东省珠海市购买过或者有意向购买五粮液、茅台、泸州老窖白酒的消费者为调查基础，构建消费者高端白酒购买模型。研究结果显示，消费者的学历与高端白酒购买行为的形成无明显相关关系，消费者的收入对高端白酒消费者购买行为的影响呈正相关关系，消费者公关需要对高端白酒购买行为的形成具有非常显著的影响。进一步来看，我国高端白酒的消费主要是基于消费者自身消费能力基础上的公关需要。我国白酒价格带的分布，呈现出两个特征：一是"总体上移性"，也就是随着我国经济的发展，与之相关的白酒消费逐步升级，使得低端白酒价格带呈现出不断上移的趋势；二是"价格带多元化"，也就是由于我国经济发展不平衡以及二元区域经济特性的实际影响，我国白酒将在很长一段时间内依然呈现价格带多元化的趋势。最后，基于前述结论，该研究还对高端白酒企业营销策略提出了相关建议。③该研究选取的样本点较为集中，用于实证分析的高端白酒具有较好的代表性，使用的研究方法具有一定的科学性，研究结论具有一定的说服力，提出的政策建议对高端白酒企业的经营策略具有一定的参考价值。

---

① 刘丰波，吴绪亮. 基于价格领导制的默契合谋与反垄断规制——来自中国白酒市场的证据[J]. 中国工业经济，2016 年第 4 期，第 75-92 页。

② 刘回春. 白酒价格几元到千元区别究竟在哪里[J]. 中国质量万里行，2016 年第 10 期，第 37-38 页。

③ 赵亮，郑子杰，黄翔. 高端白酒消费者购买行为影响的实证研究[J]. 统计与决策，2012 年第 24 期，第 109-112 页。

2.1.6　高端白酒企业的价格策略

　　魏华飞和方文敏基于价格阈限这一消费者的心理价格，提出奢侈品企业在制定价格和营销策略时，可以采取如下措施。第一，明确产品的市场定位。顾名思义，奢侈品是针对高端消费群体的，因此，产品定位必须明晰。要进行市场细分，研究高端消费群体的消费习惯、消费偏好、消费水平，以及消费环境等，有针对性地进行产品设计和生产，以满足特定消费者的个性化、差异化需求。第二，有效传递消费者的感知质量和感知价值。消费者对产品的感知质量越高，其感知价值就越高，也就更加愿意消费。企业可以通过有针对性的营销策略，如强化产品的个性化特征、赋予产品深厚的文化底蕴等，提高其产品的感知质量，进而提高产品的感知价值，最终提高产品的价格阈限。第三，设计有限覆盖的渠道架构。奢侈品营销渠道要有明确的针对性，也就是针对高水平消费群体进行渠道设计，如将销售渠道设在城市繁华区域、提高经销商的资质条件等。第四，更多采用心理定价法。由于奢侈品更多的是满足消费者的社会和心理需求，其定价方法与普通商品也有所不同，更多的是采取心理定价法，也就是根据消费者对产品的质量感知和价值感知进行定价，既不能高于最高的感知价值，也不能低于最低的感知价值。这就需要有效评估消费者对产品的价格阈限，为制定合理的价格提供依据。[①]在我国，高端白酒的产品特性和消费者的行为特征决定了其奢侈品的市场地位和社会认知，该研究提出的根据消费者对奢侈品的感知质量和感知价值制定价格策略和营销策略，对于高端白酒企业制定价格策略和营销方案，以及进一步研究高端白酒的价格机制和定价方略，都具有一定的参考价值。

　　张雯基于迈克尔·波特的五力模型和经济学中的供求规律理论，对高端白酒产业的价格行为和"涨价"原因进行了研究。其主要观点为：由于高端白酒的进入壁垒高，潜在竞争者难以对既有的高端白酒产业格局带来威胁；从高端白酒行业内部的竞争局面来看，高端白酒的市场份额并没有因为"涨价"而提高，反而给中档白酒的发展提供了一定的空间；从替代品的威胁来看，由于受到人们生活方式变化、国家产业政策的影响，高端白酒产业的发展面临着"替代危机"；从购买者的讨价还价能力来看，由于消费者能够充分掌握各种高端白酒品牌的信息等因素，消费者的议价能力得到增强；从供应商的讨价还价能力来看，由于供应商的压力，一个产业可能会由于无法使价格跟上成本的增长而失去利润，因此白酒

---

　　① 魏华飞，方文敏. 奢侈品定价与营销策略探讨——基于消费者价格阈限的分析[J]. 价格理论与实践，2010 年第 5 期，第 77-78 页。

企业基本上都通过采取纵向一体化的决策来确保生产经营活动的正常进行。[①]该研究利用迈克尔·波特的五力模型对高端白酒的定价行为进行研究，具有较为深厚的理论基础和较强的理论说服力。同时，该研究还结合大量高端白酒企业的实际情况进行分析，案例和材料都十分丰富，具有较强的现实依据支撑和政策参考价值。

李德为从理论支撑、策略构建和实施保障三个方面对中高端白酒企业营销策略的相关问题进行了研究。该研究认为，在白酒产品的市场营销活动中，存在着目标市场定位不明确、品牌营销运行不力、营销渠道建设方式粗放等问题。该文以营销理论中的 STP 理论[②]、营销组合理论及营销渠道理论为指导，指出白酒企业必须以满足消费者需求为价值取向，通过市场细分，运用产品策略、价格策略、渠道策略、促销策略、品牌策略等，达到提高市场占有率和经济效益的目的。该研究的学理性和实践性都较为突出，具有一定的理论价值和应用价值。[③]彭军对白酒企业的定价策略进行了研究。该研究指出，白酒企业可以根据自身产品的生产成本、产品质量、竞争对手的情况、企业的承受能力、消费者搜寻产品成本、价格、质量的差异等，选择不同的定价策略，比如可以选择定期折扣定价、随机折扣定价、辅助市场定价、渗透定价、象征定价、地理定价、捆绑定价、形象定价等。[④]该研究的策略性较强，对高端白酒企业选择合适的定价方式具有一定的参考价值。

刘浩和朱斌从消费心理和声望定价的角度，对高端白酒的消费行为进行了研究。该研究发现，部分消费者受相关群体、所属阶层、地位、身份等外部刺激的影响，愿意花费高价购买某些特殊商品，声望定价能够满足他们的特殊需求。消费者在选择白酒品牌时，趋同心理较强，对档次要求较高。[⑤]郭正晶研究指出，为了维护企业和产品的良好声誉，可以先在消费者心目中增加"神秘感"，进而增加其"优越感"，当商品在消费者心目中的地位很高时，白酒企业就可以利用消费者的逆反心理进行"限量销售"。[⑥]该研究从消费心理的角度考察消费行为，对高端白酒企业制定产品价格策略具有一定的参考价值。

苗国军指出，高端白酒在营销上要体现出十个方面的"高级感"，即匹配的代言人、举办顶级的文化艺术活动、赞助顶级的商业活动、赞助顶级的体育赛事、冠名高端经济和文化栏目、与顶级品牌联合推出产品、视觉元素高级感、品质必

---

① 张雯. 中国高端白酒产业的价格行为分析[J]. 酿酒，2011 年第 38 卷第 3 期，第 19-22 页。

② STP 是营销学中营销战略的三要素。在现代市场营销理论中，市场细分（market segmentation）、目标市场（market targeting）、市场定位（market positioning）是构成公司营销战略的核心三要素，被称为 STP 营销。

③ 李德为. 中高端白酒企业市场营销策略研究[D]. 成都：西南财经大学，2013 年.

④ 彭军. 白酒企业如何运用定价策略[J]. 山东食品发酵，2002 年第 2 期，第 6-7 页。

⑤ 刘浩，朱斌. 对我国心理定价策略运用的探讨[J]. 商业研究，2004 年第 18 期，第 35-37 页。

⑥ 郭正晶. 中国白酒业现状及其发展[J]. 食品研究与开发，2004 年第 3 期，第 15-19 页。

须出众、重视移动互联网传播、坚决反对吃喝会。[①]该研究具有较强的实践性，对于树立高端白酒的品牌形象具有一定的借鉴意义。

黄均红和郭五林基于市场领先者定价战略、挑战者定价战略、产品差别化优势下定价战略，对五粮液的定价机制进行了研究。该研究指出，企业的定价战略是一种复杂和动态的过程，在执行过程中，企业应基于自身综合实力和外部市场环境进行深入定性、定量分析，尔后基于消费者意愿、地区需求差异化，设计终端产品，最终结合市场形势建立互动定价机制、关注细分市场定价机制、建立多级价格体系，以增强企业的核心竞争力。[②]该研究基于市场细分的角度研究高端白酒企业的价格策略，体现了市场导向性，对高端白酒企业的定价策略具有一定的参考价值。

2.1.7　简要评述及重要启示

总体来看，学术界对高端白酒的研究视角多元化，研究方法多样化，研究的问题也较为具体，具有鲜明的问题导向性。尤其是对高端白酒企业战略选择的研究成果较为丰富，为企业发展提供了学理支撑和决策参考，但是仍然存在一些有待进一步研究的问题。在推动供给侧结构性改革和促进经济高质量发展的背景下，白酒产业如何适应消费变化，实现转型升级；如何提升产业链竞争力；白酒产业市场结构特征；高端白酒如何保持市场竞争优势；高端白酒价格形成机制、运行机制、管控机制、定价方略等问题，仍然需要进行深入系统的研究。学术界已有的研究成果为深化高端白酒相关问题的研究奠定了重要基础，对于进一步深化白酒价格问题的研究具有重要的参考价值。这些研究成果对本书形成了重要启示，本书正是在这些学术成果的基础上，研究高端白酒的价格机制、定价方略等问题。

2.2　理　论　基　础

2.2.1　马克思主义劳动价值理论和商品价格理论

1. 马克思主义劳动价值论

马克思的科学的劳动价值论，是商品交换的客观的内在根据，是商品经济和市场经济理论的基石。[③]马克思劳动价值理论的主要内容是：劳动创造价值，具体

---

① 苗国军. 白酒高端品牌如何塑造"高级感"？[N]. 企业家日报，2017 年 12 月 16 日，第 A03 版。

② 黄均红，郭五林. 五粮液市场定价战略探索[J]. 酿酒，2010 年第 37 卷第 1 期，第 18-21 页。

③ 陈征，李建平，李建建等主编.《资本论》与当代中国经济（第三版）[M]. 福州：福建人民出版社，2017 年 9 月，第 23 页。

劳动创造商品的使用价值,抽象劳动形成商品的价值。①商品是用于交换的劳动产品。商品有两个因素,即使用价值和价值。马克思指出,"物的有用性使物成为使用价值"②。商品的使用价值是社会财富的源泉。"不论财富的社会的形式如何,使用价值总是构成财富的物质的内容"③。价值是凝结在商品中的无差别的人类劳动。"作为价值,一切商品都只是一定量的凝固的劳动时间"④。商品是由劳动生产出来的。生产商品的劳动具有两重性:具体劳动和抽象劳动。具体劳动生产商品的使用价值。抽象劳动形成商品的价值。商品具有交换价值,也就是可以用于交换其他有用的物品。商品的交换价值是价值的表现形式,而价值是交换价值的内容和基础。"商品的使用价值是商品的交换价值的前提,从而也是商品的价值的前提"⑤。价值包括价值实体和价值量两个方面。

价值实体是价值的质的规定性,是说明价值是由什么构成的;价值量是价值的量的规定性,是说明价值的大小问题。价值实体就是无差别的人类劳动的凝结。价值量就是价值的大小、由什么决定和怎样决定。商品的价值是社会价值,要由社会必要劳动时间决定,而不是由个别劳动时间决定。个别劳动时间只决定商品的个别价值,而个别价值在商品交换中必须还原为社会价值。⑥价值是一个社会范畴,是由社会必要劳动时间决定的。马克思在《资本论》中指出,"社会必要劳动时间是在现有的社会正常的生产条件下,在社会平均的劳动熟练程度和劳动强度下制造某种使用价值所需要的劳动时间"⑦。"只是社会必要劳动量,或生产使用价值的社会必要劳动时间,决定该使用价值的价值量"⑧。这是马克思主义政治经济学第一层含义的社会必要劳动时间,此外,还有第二层含义的社会必要劳动时间。

第二层含义的社会必要劳动时间,也就是产品生产部门按照社会需要量生产商品所必要的劳动时间。马克思指出,"事实上价值规律所影响的不是个别商品或物品,而总是各个特殊的因分工而互相独立的社会生产领域的总产品;因此,不仅在每个商品上只使用必要的劳动时间,而且在社会总劳动时间中,也只把必要的比例量使用在不同类的商品上"⑨。这就要求商品生产既要在总量上满足社会需要,也要在结构上满足社会需要。"社会需要,即社会规模的使用价值,对于社会

---

① 梅金平.《资本论》解读——基于结构、方法和理论的视角[M]. 北京:经济科学出版社,2019 年 12 月,第 35 页。

② 马克思. 资本论(第一卷)[M]. 北京:人民出版社,2018 年 3 月,第 48 页。

③ 马克思. 资本论(第一卷)[M]. 北京:人民出版社,2018 年 3 月,第 49 页。

④ 马克思. 资本论(第一卷)[M]. 北京:人民出版社,2018 年 3 月,第 53 页。

⑤ 马克思. 资本论(第三卷)[M]. 北京:人民出版社,2018 年 3 月,第 716 页。

⑥ 卫兴华.《资本论》简说[M]. 北京:中国财政经济出版社,2014 年 9 月,第 22-23 页。

⑦ 马克思. 资本论(第一卷)[M]. 北京:人民出版社,2018 年 3 月,第 52 页。

⑧ 马克思. 资本论(第一卷)[M]. 北京:人民出版社,2018 年 3 月,第 52 页。

⑨ 马克思. 资本论(第三卷)[M]. 北京:人民出版社,2018 年 3 月,第 716 页。

总劳动时间分别用在各个特殊生产领域的份额来说,是有决定意义的"①。个别商品的使用价值与社会产品量的使用价值具有不同的决定因素。"如果说个别商品的使用价值取决于该商品是否满足一种需要,那么,社会产品量的使用价值就取决于这个量是否符合社会对每种特殊产品的量上一定的需要,从而劳动是否根据这种量上一定的社会需要按比例地分配在不同的生产领域"②。在商品经济条件下,生产者只有在质和量两个方面都按照社会对商品的需要进行生产,商品的价值才能得到完全的实现。

价值规律是商品经济的基本规律。价值规律的基本内容是商品的价值量,是由生产商品的社会必要劳动时间决定的,商品交换以价值量为基础,实行等价交换。价值规律包含着以下两个方面的基本要求:商品的价值量由社会必要劳动时间所决定;商品交换中按照价值量进行等价交换。③马克思指出:"社会劳动时间可分别用在各个特殊生产领域的份额这个数量界限,不过是价值规律本身进一步展开的表现,虽然必要劳动时间在这里包含着另一种意义。为了满足社会需要,只有如此多的劳动时间才是必要的。"④这就表明,无论是在总量上,还是在结构上,只有按照社会的需要量进行生产的商品,其价值才能得到社会的承认进而得到完全的实现。"要使一个商品按照它的市场价值来出售,也就是说,按照它包含的社会必要劳动来出售,耗费在这种商品总量上的社会劳动的总量,就必须同这种商品的社会需要的量相适应,即同有支付能力的社会需要的量相适应"⑤。商品市场价值的实现,是由市场主体之间的竞争推动的。"竞争,同供求比例的变动相适应的市场价格的波动,总是力图把耗费在每一种商品上的劳动的总量归结到这个标准上来"⑥。这就要求商品生产必须以市场需求为导向,使商品的使用价值满足特定的消费需求,价值量符合社会对该商品的数量需求。

高端白酒作为商品,同样具有使用价值和价值。高端白酒的使用价值在于满足人们的特定消费需求,也就是具有特定的消费属性。高端白酒的消费属性是其本质属性,其他属性都是由这个属性派生的。高端白酒的使用价值是由具体劳动生产的。不同的生产环境、生产原料、生产工艺等因素,决定了高端白酒具有不一样的品质。高端白酒的价值实体是生产高端白酒的无差别的人类劳动的凝结,是由抽象劳动形成的。高端白酒的价值量是由生产高端白酒的社会必要劳动时间

---

① 马克思. 资本论(第三卷)[M]. 北京:人民出版社,2018 年 3 月,第 716 页。

② 马克思. 资本论(第三卷)[M]. 北京:人民出版社,2018 年 3 月,第 716 页。

③ 逄锦聚,林岗,刘灿主编. 现代经济学大典[政治经济学分册][M]. 北京:经济科学出版社,2016 年 7 月,第 80 页。

④ 马克思. 资本论(第三卷)[M]. 北京:人民出版社,2018 年 3 月,第 717 页。

⑤ 马克思. 资本论(第三卷)[M]. 北京:人民出版社,2018 年 3 月,第 214 页。

⑥ 马克思. 资本论(第三卷)[M]. 北京:人民出版社,2018 年 3 月,第 214 页。

决定的。从根本上来看，无论高端白酒的市场价格如何变化，价格始终是其交换价值的表现形式，价值始终是其价格的基础。在商品经济条件下，价值规律在流通领域表现为价格围绕价值上下波动。从实际情况来看，近年来在白酒市场，高端白酒脱离了其消费属性的本质属性，价格背离了其价值，价格发生了明显的异化。高端白酒价值与价格的偏离，主要是部分行业领军企业滥用其市场地位、部分资本投机炒作的结果，这不仅不能否认马克思主义劳动价值论对高端白酒价格的决定具有根本的解释力，反而进一步说明，无论是在生产领域还是在流通领域，马克思主义揭示的价值规律都是不能违背的。

2. 马克思主义价格本质论

价格是经济运行的晴雨表。关于商品价格的本质，马克思指出，"价格本身不过是价值的货币表现"[①]。"价格是对象化在商品内的劳动的货币名称"[②]。"商品的价格即商品价值量的指数"。"商品的价格只是对象化在商品中的社会劳动量的货币名称"[③]。关于价格的波动及其后果，马克思指出，"商品价格只有在货币价值不变、商品价值提高时，或在商品价值不变、货币价值降低时，才会普遍提高。反之，商品价格只有在货币价值不变、商品价值降低时，或在商品价值不变、货币价值提高时，才会普遍降低"[④]。这就表明，商品的价格是由商品的价值和货币的价值共同决定的。"不同商品的价格不管最初用什么方式来互相确定或调节，它们的变动总是受价值规律的支配。在其他条件相同的情况下，如果生产商品所需要的劳动时间减少了，价格就会降低；如果增加了，价格就会提高"[⑤]。价格对于社会再生产具有重要的影响。"剧烈的价格波动，会在再生产过程中引起中断，巨大的冲突，甚至灾难"[⑥]。在各种社会形态的商品交换中，价格都是价值的货币表现，都是商品与货币交换比例的指数。这是价格的本质特征。[⑦]尽管实际价格会受到供求关系的影响，但是决定商品价格的根本因素仍然是商品的价值。"供给和需求只调节着市场价格一时的变动。供给和需求可以说明为什么一种商品的市场价格会涨到它的价值以上或降到它的价值以下，但决不能说明这个价值本身"[⑧]。总之，从量上看，价格受供求关系的影响，变化是常态；从质上看，价值是价格的实质和内容，价格是价值的货币表现或货币形式。

① 马克思，恩格斯. 马克思恩格斯选集（第二卷）[M]. 北京：人民出版社，2012 年 9 月，第 42 页。
② 马克思. 资本论（第一卷）[M]. 北京：人民出版社，2018 年 3 月，第 122 页。
③ 马克思. 资本论（第一卷）[M]. 北京：人民出版社，2018 年 3 月，第 128 页。
④ 马克思. 资本论（第一卷）[M]. 北京：人民出版社，2018 年 3 月，第 119 页。
⑤ 马克思. 资本论（第三卷）[M]. 北京：人民出版社，2018 年 3 月，第 197-198 页。
⑥ 马克思. 资本论（第三卷）[M]. 北京：人民出版社，2018 年 3 月，第 134 页。
⑦ 贾秀岩. 价格学原理[M]. 天津：南开大学出版社，1986 年 10 月，第 21 页。
⑧ 马克思，恩格斯. 马克思恩格斯全集（第十六卷）[M]. 北京：人民出版社，1964 年 2 月，第 131 页。

马克思主义经典作家关于价格本质的论述，对本书的研究具有重要的理论指导意义。尽管商品价格的表现形式多样，具有自身的形成机制、运行机制和管控机制，但是从本质上来讲，价格始终是价值的货币表现。价格以价值为基础，价格变化始终是价值规律作用的结果。高端白酒作为一种商品，同任何别的商品一样，仍然具有价值和价格。对于高端白酒价格而言，尽管市场化程度高，受市场因素影响较大，但是之所以价格高昂，最终还是因为优良的品质，即高端白酒的生产工艺更为复杂、原辅料的品质更好、包装设计更为精美、口感更为甘醇等，这表明高端白酒具有更高的价值，高价值成为高价格的基础。

3. 马克思主义垄断价格论

在实际的经济运行中，价格与价值时常发生偏离，一个常见的现象是垄断价格的存在。马克思认为，"垄断价格既不是由商品的生产价格决定，也不是由商品的价值决定，而是由购买者的需要和支付能力决定"[①]。这是垄断价格的决定因素。从实质上或者来源上看，垄断价格是垄断利润的表现，或者说垄断价格来源于垄断利润。"某些商品的垄断价格，不过是把其他商品生产者的一部分利润，转移到具有垄断价格的商品上"[②]。马克思在研究资本主义地租时，对垄断价格进行了深入研究。在农业中，"必须加以区别，究竟是因为产品或土地本身有一个与地租无关的垄断价格，所以地租才由垄断价格产生，还是因为有地租存在，所以产品才按垄断价格出售。当我们说垄断价格时，一般是指那种只决定于购买者的购买欲和支付能力的价格，它既与一般生产价格所决定的价格，也与产品价值所决定的价格无关"[③]。在资本主义社会，"农产品总是按垄断价格出售，这并不是因为它们的价格高于它们的价值，而是因为它们的价格等于它们的价值，或者，因为它们的价格低于它们的价值，但又高于它们的生产价格。农产品的垄断在于：它们不像价值高于一般生产价格的工业品那样，会平均化为生产价格"[④]。在资本主义生产条件下，土地的私有制限制了资本的自由流动，农业利润不会被平均化，价值也不会转化为生产价格，而是表现为垄断价格。

农产品的价值不仅高于其生产价格，而且可以按照高于生产价格的价值进行销售。马克思指出："农产品的价格就会像我们所见的工业产品价格一样，取决于最好的生产工具所生产的商品的成本价格。"[⑤]因为在资本主义制度下，农业部门的资本有机构成往往低于工业部门的资本有机构成，所以农产品的价值就经常高

① 马克思. 资本论（第三卷）[M]. 北京：人民出版社，2018 年 3 月，第 864 页。
② 马克思，恩格斯. 马克思恩格斯文集（第七卷）[M]. 北京：人民出版社，2009 年 12 月，第 975 页。
③ 马克思. 资本论（第三卷）[M]. 北京：人民出版社，2018 年 3 月，第 876 页。
④ 马克思. 资本论（第三卷）[M]. 北京：人民出版社，2018 年 3 月，第 862 页。
⑤ 马克思，恩格斯. 马克思恩格斯选集（第一卷）[M]. 北京：人民出版社，2012 年 9 月，第 261 页。

于它的生产价格。[①]"可以得出结论说，农产品的价格可以在达不到它们的价值的情况下，高于它们的生产价格。其次，可以得出结论说，农产品的价格，在达到它们的价值以前，可以持续上涨，直到一定点为止。还可以得出结论说，农产品的价值超过它们的生产价格而形成的余额，所以能成为它们的一般市场价格的决定要素，只是因为有土地所有权的垄断。最后，可以得出结论说，在这种情况下，产品价格上涨不是地租的原因，相反地地租倒是产品价格上涨的原因"[②]。这就说明了农产品按照高于其生产价格进行销售，其差额实际上作为地租被土地所有者占有。

在农业生产领域，优良的土地总是有限的，在土地所有者对其土地所有权的控制下，农业资本难以在不同生产条件之间进行转移，这就影响了利润的平均化。"如果农业资本的平均构成等于或高于社会平均资本的构成，那么，上述意义上的绝对地租，也就是既和级差地租不同，又和以真正垄断价格为基础的地租不同的地租，就会消失。这样，农产品的价值就不会高于它的生产价格；农业资本和非农业资本相比，就不会推动更多的劳动，因此也就不会实现更多的剩余劳动。如果随着耕作的进步，农业资本的构成已和社会平均资本的构成相等，那么，这样的现象就会发生"[③]。利润不参与平均化，从而形成垄断价格，这与资本占有的垄断性有着密切的关系。

马克思主义把商品的生产时间分为劳动时间和自然力作用时间。劳动的自然生产力是指利用自然资源和自然力如瀑布、风力等而产生的生产力，是由劳动的自然条件所决定的生产力。[④]马克思指出，劳动"首先是人和自然之间的过程，是人以自身的活动来中介、调整和控制人和自然之间的物质变换的过程。人自身作为一种自然力与自然物质相对立"[⑤]。高端白酒的垄断价格与其自然生产时间有关。在白酒的生产过程中，自然力发挥着重要的作用，尤其是高端白酒的生产，对气候、土壤、水源等自然条件的要求较高。这些条件是中低端白酒企业无法拥有的，这就决定了高端白酒的品质是中低端白酒难以企及的，从而形成了高端白酒垄断价格的物质基础。此外，高端白酒还具有独特的文化价值和良好的品牌形象，这就使高端白酒的垄断价格具有了坚实的文化和品牌支撑。在高端白酒行业，垄断价格的存在是一个普遍的现象。高端白酒的垄断价格不是其价值的真实反映，更多的是品牌影响力的市场反应。无论是在技术上，还是在文化上，高端白酒行

---

① 刘诗白. 马克思主义政治经济学原理（第五版）[M].成都：西南财经大学出版社，2019 年 8 月，第 176 页。

② 马克思. 资本论（第三卷）[M]. 北京：人民出版社，2018 年 3 月，第 863 页。

③ 马克思. 资本论（第三卷）[M]. 北京：人民出版社，2018 年 3 月，第 865 页。

④ 逄锦聚，林岗，刘灿主编. 现代经济学大典[政治经济学分册][M]. 北京：经济科学出版社，2016 年 7 月，第 105 页。

⑤ 马克思. 资本论（第一卷）[M]. 北京：人民出版社，2018 年 3 月，第 207-208 页。

业的进入壁垒都非常高，这就使得高端白酒能够长期以垄断价格进行销售。从整个国民经济的发展和运行来看，垄断价格的长期存在会导致产业发展良莠不齐，甚至滋生腐败等问题。这就既需要对白酒产业的发展进行科学的规划，又需要对高端白酒的价格进行有效的管控。

2.2.2　马克思主义剩余价值理论和平均利润理论

剩余价值理论的基本内容是：劳动创造价值，必要劳动创造工人自身的价值，剩余劳动创造剩余价值。[①]剩余价值是资本主义社会特有的范畴，是雇佣工人在生产过程中创造的、超过其劳动力价值的那部分被资本家无偿占有的价值。从预付资本投入及产品价值的角度看，剩余价值就是产品价值超过生产过程中消耗掉的生产资料和劳动力的价值而形成的余额。[②]通过提高劳动生产率获取剩余价值，是资本主义生产的直接目的，也是资本主义最主要的经济规律。剩余价值是劳动者在剩余时间创造的价值，是剩余劳动的凝结。资本并不满足于获得剩余价值，而是致力于追求超额剩余价值。超额剩余价值是商品的个别价值和社会价值之间的差额。将剩余价值看作整个预付资本的产物，剩余价值就转化为利润，超额剩余价值就转化为超额利润。超额剩余价值是超额利润的源泉。马克思指出："自然力不是超额利润的源泉，而只是超额利润的一种自然基础，因为它是特别高的劳动生产力的自然基础"。[③]例如，"利用瀑布而产生的超额利润，不是产生于资本，而是产生于资本对一种能够被人垄断并且已经被人垄断的自然力的利用。"[④]在农业生产领域，超额利润更为常见，因为土地是农业生产中的重要生产资料，尤其是优质土地较为有限，土地所有者凭借土地所有权占有超额利润。

资本是自行增殖的价值。资本表现为一个能够不断地在运动中实现自身增殖的价值额。[⑤]追求超额剩余价值，进而获得超额利润，是资本积累的内在动力，竞争是资本积累的外在动力。超额剩余价值不是一劳永逸的。"当新的生产方式被普遍采用，因而比较便宜地生产出来的商品的个别价值和它的社会价值之间的差额消失的时候，这个超额剩余价值也就消失"[⑥]。在资本竞相追求超额利润的过程中，

① 梅金平.《资本论》解读——基于结构、方法和理论的视角[M]. 北京：经济科学出版社，2019 年 12 月，第 47 页。

② 逄锦聚，林岗，刘灿主编. 现代经济学大典[政治经济学分册][M]. 北京：经济科学出版社，2016 年 7 月，第 126 页。

③ 马克思. 资本论（第三卷）[M]. 北京：人民出版社，2018 年 3 月，第 728 页。

④ 马克思. 资本论（第三卷）[M]. 北京：人民出版社，2018 年 3 月，第 727 页。

⑤ 逄锦聚，林岗，刘灿主编. 现代经济学大典[政治经济学分册][M]. 北京：经济科学出版社，2016 年 7 月，第 133 页。

⑥ 马克思. 资本论（第一卷）[M]. 北京：人民出版社，2018 年 3 月，第 370 页。

最初优越的生产条件逐渐成为一般的生产条件，商品的社会价值就会降低，曾经的超额剩余价值也就不再存在，利润率被平均化，转化为平均利润率，利润也就转化为平均利润。这是资本在不同部门转移的结果。马克思指出："不同市场价值平均化的结果是，在不同领域确立相同的利润率，使等量资本提供相等的平均利润，而不同市场价值的这种平均化，只有通过市场价值转化为不同于实际价值的费用价格才有可能。"[①]平均利润率的形成，虽然使得一些生产部门的利润量高于或低于本部门生产的剩余价值量，但它既未增加也未减少整个社会所创造的价值总量和剩余价值总量，它只不过是改变了剩余价值在各生产部门间的分配状况。[②]因此，平均利润率进而平均利润的形成，并未违背价值规律。

　　利润是产业资本带来的、表现为全部预付资本产物的价值增加额，是剩余价值的转化形式。不同部门和行业资本家之间的竞争，使得这些部门的利润具有平均化的趋势。[③]价格是商品价值的货币表现，价值是价格的基础。但是，社会主义市场价格并不是直接以价值为基础，而是以价值转化形式即生产价格为基础。马克思指出，平均利润和生产价格的形成"需要资本主义的发展达到一定的高度"，这"一定的高度"包括社会化大生产和商品经济的高度发展。[④]社会主义生产的根本目的是满足人民对美好生活的需要，这就要求社会主义生产必须是社会化的大生产，而且是扩大的再生产。在社会主义条件下，企业作为重要的市场主体，不仅要追求剩余价值，而且要追求超额剩余价值，这是企业发展的根本动力。和别的行业相比，高端白酒行业具有较高的盈利水平，从理论上来讲，这是企业在竞争的压力下追求超额剩余价值进而获得超额利润的结果。这种超额利润的源泉是超额剩余价值，从根本上来讲，就是高端白酒的个别价值与社会价值之间的差额，是由整个行业的生产者的剩余劳动所创造的。至于为什么高端白酒企业能够占有或者取得这样的超额利润，则是由其特有的自然、历史、文化等因素共同决定的，而对资本所有权的控制则是获得这种超额利润最为重要的经济原因。

2.2.3　马克思主义生产价格理论和市场价值理论

　　生产资料和劳动力是生产力的基本要素，马克思主义政治经济学把用于购买生产资料的资本叫作不变资本，把用于购买劳动力的资本叫作可变资本。从量上

---

① 马克思，恩格斯. 马克思恩格斯全集（第二十六卷）(2) [M]. 北京：人民出版社，1973 年 7 月，第 230 页。

② 梅金平.《资本论》解读——基于结构、方法和理论的视角[M]. 北京：经济科学出版社，2019 年 12 月，第 130 页。

③ 逄锦聚，林岗，刘灿主编. 现代经济学大典[政治经济学分册][M]. 北京：经济科学出版社，2016 年 7 月，第 156 页。

④ 陈征，李建平，李建建等主编.《资本论》与当代中国经济（第三版）[M]. 福州：福建人民出版社，2017 年 9 月，第 247 页。

来看，不变资本和可变资本构成商品的成本价格。成本价格加上平均利润，就成了生产价格。"商品的生产价格，等于商品的成本价格加上依照一般利润率按百分比计算应加到这个成本价格上的利润，或者说，等于商品的成本价格加上平均利润"①。"一个商品的价格，如等于这个商品的成本价格，加上生产这个商品所使用的资本（不只是生产它所消费的资本）的年平均利润中根据这个商品的周转条件归于它的那部分，就是这个商品的生产价格"②。成本价格以一般利润率或平均利润率的存在为前提。"求出不同生产部门的不同利润率的平均数，把这个平均数加到不同生产部门的成本价格上，由此形成的价格，就是生产价格。生产价格以一般利润率的存在为前提；而这个一般利润率，又以每个特殊生产部门的利润率已经分别化为同样多的平均利润率为前提"③。从整个社会来看，商品的利润和剩余价值在量上是一致的，生产价格和价值总量也是一致的。

生产价格和价值的偏离是经常发生的，但是从长期来看，生产价格和价值是一致的。"生产价格可以偏离商品的价值，所以，一个商品的包含另一个商品的这个生产价格在内的成本价格，也可以高于或低于它的总价值中由加到它里面的生产资料的价值构成部分"④。其原因在于"商品的成本价格，只是涉及商品中包含的有酬劳动的量；价值，是涉及商品中包含的有酬劳动和无酬劳动的总量；生产价格，是涉及有酬劳动加上不以特殊生产部门本身为转移的一定量无酬劳动之和"⑤。也就是说，商品的生产价格包括了整个社会的价值。从整个社会来看，"一切不同生产部门的利润的总和，必然等于剩余价值的总和；社会总产品的生产价格的总和，必然等于它的价值的总和"⑥。随着商品经济发展水平的提高，商品往往不是按照价值进行销售，而是按照生产价格进行销售。"商品按照它们的价值或接近于它们的价值进行的交换，比那种按照它们的生产价格进行的交换，所要求的发展阶段要低得多。按照它们的生产价格进行的交换，则需要资本主义的发展达到一定的高度"⑦。这个"一定的高度"，也就是商品经济比较发达的程度。

生产价格是价格变动的中心。"生产价格是在每个部门中调节的，并且是按照特殊的情况调节的。不过它本身又是一个中心，日常的市场价格就是围绕着这个中心来变动，并且在一定时期内朝着这个中心来拉平的"⑧。生产价格的变动，是

---

① 马克思. 资本论（第三卷）[M]. 北京：人民出版社，2018 年 3 月，第 177 页。
② 马克思. 资本论（第三卷）[M]. 北京：人民出版社，2018 年 3 月，第 177 页。
③ 马克思. 资本论（第三卷）[M]. 北京：人民出版社，2018 年 3 月，第 176 页。
④ 马克思. 资本论（第三卷）[M]. 北京：人民出版社，2018 年 3 月，第 184 页。
⑤ 马克思. 资本论（第三卷）[M]. 北京：人民出版社，2018 年 3 月，第 185 页。
⑥ 马克思. 资本论（第三卷）[M]. 北京：人民出版社，2018 年 3 月，第 193 页。
⑦ 马克思. 资本论（第三卷）[M]. 北京：人民出版社，2018 年 3 月，第 197 页。
⑧ 马克思. 资本论（第三卷）[M]. 北京：人民出版社，2018 年 3 月，第 200 页。

受价值规律支配的。"价值规律支配着价格的运动,生产上所需要的劳动时间的减少或增加,会使生产价格降低或提高"①。平均利润的产生,是由社会总资本的运动决定的。"决定生产价格的平均利润,必定总是同一定资本作为社会总资本的一个相应部分所分到的剩余价值量接近相等"②。这也就是说,作为市场主体的企业所获得的利润,是与企业的资本在社会总资本中所占的比例相关的。"既然商品的总价值调节总剩余价值,而总剩余价值又调节平均利润从而一般利润率的水平——这是一般的规律,也就是支配各种变动的规律——那么,价值规律就调节生产价格"③。商品的市场价格是围绕市场价值波动的。部门内部的竞争,使商品的个别价值转化为市场价值,进而转化为市场价格。"竞争首先在一个部门内实现的,是使商品的不同的个别价值形成一个相同的市场价值和市场价格。但只有不同部门的资本的竞争,才能形成那种使不同部门之间的利润率平均化的生产价格"④。不同部门之间的竞争,使利润率平均化,进而产生了平均利润,这是价值规律在流通领域作用的结果。

商品的供求关系与市场价值、市场价格之间具有相互作用的关系。"如果供求调节市场价格,或者确切地说,调节市场价格同市场价值的偏离,那么另一方面,市场价值调节供求关系,或者说,调节一个中心,供求的变动使市场价格围绕这个中心发生波动"⑤。供求关系对于商品生产只是起着调节作用。"供求关系一方面只是说明市场价格同市场价值的偏离,另一方面只是说明抵消这种偏离的趋势,也就是抵消供求关系的作用的趋势"⑥。商品的供求与其价格之间具有密切的联系。"如果供求决定市场价格,那么另一方面,市场价格,而在进一步分析下,也就是市场价值,又决定供求。就需求来说,那是很清楚的,因为需求按照和价格相反的方向变动,如果价格跌落,需求就增加,反之,价格提高,需求就减少。而就供给来说,情况也是这样的"⑦。供求关系并不能决定市场价值,而只是调节市场价格。"供求比例并不说明市场价值,而是相反,市场价值说明供求的变动"⑧。供求关系的变化,对于平均利润的形成,进而生产价格的形成,具有重要作用。"通过这种不断的流出和流入,总之,通过资本在不同部门之间根据利润率的升降进行的分配,供求之间就会形成这样一种比例,使不同的生产部门都有相同的平

---

① 马克思. 资本论(第三卷)[M]. 北京:人民出版社,2018 年 3 月,第 200 页。
② 马克思. 资本论(第三卷)[M]. 北京:人民出版社,2018 年 3 月,第 200 页。
③ 马克思. 资本论(第三卷)[M]. 北京:人民出版社,2018 年 3 月,第 201 页。
④ 马克思. 资本论(第三卷)[M]. 北京:人民出版社,2018 年 3 月,第 201 页。
⑤ 马克思. 资本论(第三卷)[M]. 北京:人民出版社,2018 年 3 月,第 202 页。
⑥ 马克思. 资本论(第三卷)[M]. 北京:人民出版社,2018 年 3 月,第 212 页。
⑦ 马克思. 资本论(第三卷)[M]. 北京:人民出版社,2018 年 3 月,第 212 页。
⑧ 马克思. 资本论(第三卷)[M]. 北京:人民出版社,2018 年 3 月,第 213 页。

均利润，因而价值也就转化为生产价格"①。马克思主义利润率平均化理论对于理解高端白酒价格具有重要的指导意义。

高端白酒行业的利润率较高，高于许多别的行业，尤其是超高端白酒企业，其利润水平在整个白酒行业是最高的。高端白酒的成本价格与其市场价格相较而言，是很低的。高端白酒市场价格高于其成本价格的部分，可以看作由整个白酒行业的利润转化而来，换言之，这部分差额可以理解为中低端白酒企业将其利润的一部分向高端白酒企业作了转移。高端白酒的数量相对于需求而言是有限的，甚至是难以满足市场需求的，无论这种需求是由真正的消费产生的，还是由收藏、投资等产生的。高端白酒只能满足部分市场需求，而市场对于高端白酒的需求却是大量存在的。由于中低端白酒无法满足高端白酒消费需求，在供求失衡的情况下，高端白酒的市场价格必然会高于其成本价格。平均利润尽管是客观存在的，但是不一定所有企业都能获取。高端白酒企业能够获得高昂的利润，主要是凭借其品牌优势控制了白酒行业利润分配的主导权，这种分配实际上是对社会总价值（社会总劳动时间的凝结）的分配。

2.2.4　马克思主义劳动时间和自然生产时间理论

价格由价值决定，实际上是由劳动时间决定。"价格由生产费用决定，就等于说价格由生产商品所必需的劳动时间决定，因为构成生产费用的是：（1）原料和劳动工具的损耗部分，即产业产品，它们的生产耗费了一定数量的工作日，因而也就是代表一定数量的劳动时间；（2）直接劳动，它也是以时间计量的"②。社会再生产是商品经济的普遍形式。只有货币资本、生产资本、商品资本在空间上并存、在时间上继起，再生产才能顺利进行。在再生产过程中，资本表现为货币资本、生产资本、商品资本三种形态，经历了购买、生产、销售三个过程，但是只有生产过程才创造价值，具体来讲，只有在生产过程中的劳动时间内才创造价值。劳动时间，是劳动者与一定规模的生产资料相结合，生产使用价值的时间。生产时间包括劳动时间和非劳动时间。马克思指出："如果生产商品所需要的劳动时间不变，商品的价值量也就不变。但是，生产商品所需要的劳动时间随着劳动生产力的每一变动而变动。劳动生产力是由多种情况决定的，其中包括：工人的平均熟练程度，科学的发展水平和它在工艺上应用的程度，生产过程的社会结合，生产资料的规模和效能，以及自然条件。"③非劳动时间尽管不创造价值，但也是必不可少的。非劳动时间包括生产资料的储备时间、产品的储存时间、运输时间、自然力作用时间等。

① 马克思. 资本论（第三卷）[M]. 北京：人民出版社，2018 年 3 月，第 218 页。

② 马克思，恩格斯. 马克思恩格斯选集（第一卷）[M]. 北京：人民出版社，2012 年 9 月，第 337-338 页。

③ 马克思. 资本论（第一卷）[M]. 北京：人民出版社，2018 年 3 月，第 53 页。

马克思分析劳动时间，其目的是揭示剩余价值的生产效率，或资本的增殖率。尽管只有生产过程才创造价值，但是生产过程必须以流通过程为条件。资本家只有在流通过程购买到生产资料和劳动力，才能生产使用价值并创造价值，而且只有劳动力成为商品，资本家预付的货币才能转化为价值。当资本由货币形式转化为生产资本形式，经过生产过程转化为商品资本的形式以后，还必须经过流通过程，才能转化为货币资本的形式，实现资本形式的复归。因此，价值只有在流通过程中才能得到实现。对于商品资本来讲，能否顺利通过流通过程，是一个"惊险的跳跃"。马克思指出："这个跳跃如果不成功，摔坏的不是商品，但一定是商品占有者。"①流通既是价值实现的必要环节，同时，对价值增值也具有重要影响。流通能否顺利进行，流通时间的快慢，都会影响到预付资本的投入量。流通速度越快，生产同样规模的商品所需要的预付资本就相对较小，利润率就高。此外，流通速度越快，同样规模的预付可变资本在一定时间之内就可以多次发挥作用，也就会创造更多新的价值，从而提高剩余价值总量和年剩余价值率。

通常情况下，商品的生产时间总是大于劳动时间，因为生产时间还包括了非劳动时间。非劳动时间尽管不创造价值，但却是生产作为价值载体的使用价值的必要环节。从提高资本流通效率进而提高资本周转速度来讲，需要尽可能地缩短包括自然力发挥作用在内的非劳动时间，以提高年剩余价值率和利润率。但是，充分发挥自然力的作用，是提高生产力的重要条件。而通过提高生产力获得剩余价值，是资本主义生产的基本规律。马克思指出："自然力不是超额利润的源泉，而只是超额利润的一种自然基础，因为它是特别高的劳动生产力的自然基础。"②"如果资本不把它所用劳动的生产力（自然的和社会的），当做它自有的生产力来占有，那么，劳动的这种已经提高的生产力，就根本不会转化为剩余价值"③。发展生产力是社会主义初级阶段的根本任务。社会主义的生产目的是满足人民对美好生活的需要和全体人民共同富裕，进而实现人的自由而全面的发展。为了实现社会主义生产目的，必须充分发挥自然力的作用，提高社会生产质量水平。

对于高端白酒的生产而言，自然力发挥的作用十分明显，也是十分重要的。尽管自然力并不形成高端白酒的价值，但是高端白酒的优良品质却是与其特有的自然条件密不可分的。实际上从品质上来讲，高端白酒与非高端白酒的差异，在很大程度上是由自然条件形成的。但是，自然条件只有和劳动结合起来，才能发挥作用，或者说，只有在劳动力发挥作用的条件下，自然力才会发挥其应有作用。所以，从根本上来讲，高端白酒的价值是由劳动创造的，一般意义上的人类无差

---

① 马克思. 资本论（第一卷）[M]. 北京：人民出版社，2018 年 3 月，第 127 页。
② 马克思. 资本论（第三卷）[M]. 北京：人民出版社，2018 年 3 月，第 728 页。
③ 马克思. 资本论（第三卷）[M]. 北京：人民出版社，2018 年 3 月，第 729 页。

别的劳动是高端白酒价值的唯一源泉，自然环境只是形成价值的条件。对于高端白酒而言，自然环境是相当重要的条件。从劳动时间和自然作用时间来分析高端白酒的生产时间，主要是为了说明高端白酒的价值基础或价值源泉。在高端白酒的实际生产过程中，劳动时间和自然力发挥作用的时间，或者说劳动过程和自然力发挥作用的过程，在技术上是很难截然分开的，两者实际上是相互融合的。正是因为自然力发挥了作用，高端白酒才具有独特的使用价值，从而为其品牌价值和市场价格奠定了坚实的物质基础。

2.2.5　马克思主义地租理论和剩余价值分割理论

价值是价格的基础，但是商品在市场上的实际价格，随着交换关系的复杂化，往往与价值具有较大的差异。其中一个重要原因是，在一些特殊的行业，垄断因素对价格的形成具有重要的影响。垄断价格的形成，往往与资本的所有权和使用权有关，尤其是在农业生产领域，土地所有权"不是使这个超额利润创造出来的原因，而是使它转化为地租形式的原因，也就是使这一部分利润或这一部分商品价格被土地或瀑布的所有者占有的原因"①。地租是土地所有权在经济上的表现形式，是由剩余价值转化而来的利润的一部分，是超额利润的转化形式。"如果超额利润是正常地产生的，不是由于流通过程中的偶然情况产生的，它就总是作为两个等量资本和劳动的产品之间的差额而产生出来。如果两个等量资本和劳动被使用在等面积土地上而产生的结果不等，这个超额利润就转化为地租"②。对特定自然条件的占有或垄断，使超额利润以级差地租的形式为土地所有者所拥有。"凡是存在地租的地方，都有级差地租，而且这种级差地租都遵循着和农业级差地租相同的规律。凡是自然力能被垄断并保证使用它的产业家得到超额利润的地方（不论是瀑布，是富饶的矿山，是盛产鱼类的水域，还是位置有利的建筑地段），那些因对一部分土地享有权利而成为这种自然物所有者的人，就会以地租形式，从执行职能的资本那里把这种超额利润夺走"③。高端白酒企业的盈利能力十分强大，利润水平也非常高，其中一个重要原因就是凭借垄断的市场地位，控制了白酒产业乃至部分社会利润的分配权。企业的这种市场地位是以资本所有权为基础的。

生产剩余价值并不是资本的最终目的，通过生产剩余价值进而占有剩余价值，才是资本的目的。资本是能够带来剩余价值的价值。商品的价值由不变资本、可变资本、剩余价值构成。从社会生产来看，当把剩余价值看作全部预付资本的产物时，剩余价值也就转化成了利润。"求出不同生产部门的不同利润率的平均数，

① 马克思. 资本论（第三卷）[M]. 北京：人民出版社，2018 年 3 月，第 729 页。
② 马克思. 资本论（第三卷）[M]. 北京：人民出版社，2018 年 3 月，第 731 页。
③ 马克思. 资本论（第三卷）[M]. 北京：人民出版社，2018 年 3 月，第 874 页。

把这个平均数加到不同生产部门的成本价格上，由此形成的价格，就是生产价格。生产价格以一般利润率的存在为前提；而这个一般利润率，又以每个特殊生产部门的利润率已经分别化为同样多的平均利润率为前提"[①]。社会生产的各个部门，对于社会再生产而言，都是必要的。无论是生产资料部门的资本，还是生活资料部门的资本，等量资本都必须获得等量利润，这是商品经济的一个基本规律。马克思指出，"利润率的决定在本质上是建立在剩余价值和工资的分割基础上的，在剩余价值和工资的分割上，劳动力和资本这两个完全不同的要素起着决定的作用；那是两个独立的互为界限的可变数的函数；从它们的质的区别中产生了所生产的价值的量的分割"[②]。在对剩余价值及其转化形式利润的分配中，产业资本家首先获得了产业利润。产业资本是由生产资本和流通资本构成的。随着生产社会化程度的不断提高，流通资本从产业资本中分离出来，转化成与生产资本相对独立的商业资本，商业资本与生产资本构成了职能资本。当产业资本中的货币资本处于闲置状态时，在商业信用的推动下，就转化成了生息资本。这样，资本就表现为产业资本、商业资本、生息资本等具体形态。相应地，这些资本对剩余价值的分配就表现为利润、利息、地租等形式。

从直接生产过程来看，价值规律表现为一个商品的价值量由生产该商品的社会必要劳动时间决定。在交换过程，价值规律进一步规定为等量社会必要劳动相交换或等价交换的规律。在流通过程，等价交换的规律展开为价格与价值相符的规律。从社会再生产来看，一个商品的价值量由该部门各个商品生产者生产该商品所耗费的劳动时间的加权平均数来决定。[③]就高端白酒而言，从生产过程看，高端白酒的价值由社会必要劳动时间决定，而且主要是由第二层含义的社会必要劳动时间决定，也就是在按比例规律的作用下，社会总劳动时间按照社会需要分配到高端白酒行业的劳动时间。投入到生产领域的资本，要实现其生产利润。从流通过程来看，投入到高端白酒流通领域的资本，起到了实现价值的作用，也要获得相应的利润。受自然、历史等因素的影响，高端白酒的生产条件具有一定的垄断性，成为其垄断价格的自然和历史基础。投入生产领域的资本不是以高端白酒的生产价格为基础获得利润的，而是以垄断价格为基础获得利润的。投入到流通领域的资本，实际上是一种垄断资本。高端白酒的销售渠道是一种有限的资源，投入到销售渠道的资本，具有一定的垄断性，而垄断价格正是这种垄断性的经济表现。无论是生产领域的具有垄断性的出厂价格，还是流通环节的具有垄断性的中间价格，包含在其中的利润最终都由终端价格体现出来。马克思指出："社会的

① 马克思. 资本论（第三卷）[M]. 北京：人民出版社，2018 年 3 月，第 176 页。
② 马克思. 资本论（第三卷）[M]. 北京：人民出版社，2018 年 3 月，第 408 页。
③ 张薰华.《资本论》脉络（第二版）[M]. 上海：复旦大学出版社，1999 年 8 月，第 144 页。

一部分人，由于分工的缘故，要把他们的劳动用来生产这种既定的物品；这部分人，当然也要从体现在各种满足他们需要的物品上的社会劳动中得到一个等价物。"①价值是利润的源泉，利润是已经实现了的价值。高端白酒的终端价格内在地包含各类资本的利润。由于自然垄断和经济垄断的双重存在，高端白酒的利润率未能平均化，其利润也不是平均利润，而是垄断利润。

2.2.6　马克思主义生态观和习近平生态文明思想

1. 马克思主义生态观

人的生产和生活离不开自然，人与自然是生命共同体。恩格斯早就在《自然辩证法》一文中指出，"我们不要过分陶醉于我们人类对自然界的胜利。对于每一次这样的胜利，自然界都对我们进行报复。每一次胜利，起初确实取得了我们预期的结果，但是往后和再往后却发生完全不同的、出乎预料的影响，常常把最初的结果又消除了"②。在纪念马克思诞辰 200 周年大会上，习近平详细阐述了新时代中国共产党人向马克思学习什么、如何学习和实践马克思主义的重大问题，其中一个重要内容是"学习马克思，就要学习和实践马克思主义关于人与自然关系的思想"。③有的学者将马克思主义生态文明观概括为四个方面：马克思主义的辩证自然观、生态政治观、绿色发展观、生态权益观。④下面分别进行介绍。

（1）马克思主义的辩证自然观。人与自然的关系的思想是马克思主义生态文明观的重要内容。马克思从人类社会和历史发展的维度诠释人与自然的关系，将自然界视为在社会历史进程中生成着的自然界，把自然看作一个复合系统，既包括人与社会在内的一切存在物即物质世界本身，又包括作为"人的无机身体"的生态环境。马克思曾经指出，"自然界，就它自身不是人的身体而言，是人的无机的身体。人靠自然界生活。这就是说，自然界是人为了不致死亡而必须与之处于持续不断的交互作用过程的、人的身体。所谓人的肉体生活和精神生活同自然界相联系，不外是说自然界同自身相联系，因为人是自然界的一部分"⑤。马克思曾经在《1844 年经济学哲学手稿》中指出，"没有感性的外部世界，工人什么也不能创造。自然界是工人的劳动得以实现、工人的劳动在其中活动、工人的劳动从

---

① 马克思. 资本论（第三卷）[M]. 北京：人民出版社，2018 年 3 月，第 208 页。

② 马克思，恩格斯. 马克思恩格斯选集（第三卷）[M]. 北京：人民出版社，2012 年 9 月，第 998 页。

③ 习近平. 在纪念马克思诞辰 200 周年大会上的讲话（2018 年 5 月 4 日）[N]. 人民日报，2018 年 5 月 5 日，第 2 版。

④ 方世南. 马克思主义生态观的时代发展[N]. 人民日报，2018 年 6 月 22 日，第 11 版。

⑤ 马克思，恩格斯. 马克思恩格斯选集（第一卷）[M]. 北京：人民出版社，2012 年 9 月，第 55-56 页。

中生产出和借以生产出自己的产品的材料"①。马克思不仅承认自然界的客观实在性及其对于人类的优先地位，而且从实践出发去考察人与自然的关系，既以实践的观点去理解人与自然的分化与对立，又从实践活动出发去探寻人与自然的和谐共生，从而科学地说明了人与自然的关系，创立了将辩证唯物主义与历史唯物主义结合在一起的科学的自然观。

（2）马克思主义的生态政治观。马克思运用唯物史观科学地阐述了生态与政治的内在关系，认为在由"自然—人—社会"所构成的社会有机体中，生态问题已经超越了人与自然关系的界限，而成为一个与一定社会的政治制度紧密地联系起来的重大政治问题和重大社会问题，指出了资本主义社会人与自然关系背后隐藏着的人与社会的政治关系，分析了人和自然关系紧张与人和社会关系紧张之间的内在关联性，揭示了资本主义社会生态危机背后蕴藏着的深刻的政治危机、经济危机、社会危机和文化危机，提出了要通过政治制度和政治意识形态的变革寻找解决生态危机的主要出路。马克思要求人们在认识人类社会的各种政治现象时，必须将其与生态环境紧密地结合起来，要从"自然—人—社会"构成的整体系统的高度研究人类社会发展规律和基本趋势。

（3）马克思主义的绿色发展观。马克思认为，要通过尊重自然环境和善待自然环境达到可持续发展。马克思在《资本论》中分析资本主义地租时指出："从一个较高级的经济的社会形态的角度来看，个别人对土地的私有权，和一个人对另一个人的私有权一样，是十分荒谬的。甚至整个社会，一个民族，以至一切同时存在的社会加在一起，都不是土地的所有者。他们只是土地的占有者，土地的受益者，并且他们应当作为好家长把经过改良的土地传给后代。"②马克思还认为，不考虑可持续发展的劳动是有害的劳动。"劳动本身，不仅在目前的条件下，而且就其一般目的仅仅在于增加财富而言，在我看来是有害的、招致灾难的"。③因为"社会化的人，联合起来的生产者，将合理地调节他们和自然之间的物质变换，把它置于他们的共同控制之下，而不让它作为一种盲目的力量来统治自己；靠消耗最小的力量，在最无愧于和最适合于他们的人类本性的条件下来进行这种物质变换"④。正因为如此，人类需要树立可持续发展的理念。

（4）马克思主义的生态权益观。马克思将人的自由而全面的发展看作人的各种权益实现的过程。生态权益作为人权的重要内容，是直接影响人以及人类社会生存与发展的带有基础性和根本性的权益，对于人的自由而全面的发展予以决定性影响。马克思主义认为，生态权益是人在与自然界发生关系的过程中对于自然

① 马克思，恩格斯. 马克思恩格斯选集（第一卷）[M]. 北京：人民出版社，2012 年 9 月，第 52 页。

② 马克思. 资本论（第三卷）[M]. 北京：人民出版社，2018 年 3 月，第 878 页。

③ 马克思. 1844 年经济学哲学手稿[M]. 北京：人民出版社，2014 年 12 月，第 12 页。

④ 马克思. 资本论（第三卷）[M]. 北京：人民出版社，2018 年 3 月，第 928-929 页。

环境的基本权利以及行使这些权利所带来的各种利益。例如，占有、利用、享受自然环境资源的各项权利，以及给人们带来的各种利益。生态权益贯穿于每一个个体从出生到死亡的全过程，同样，也贯穿于人类社会从产生到消亡的全过程。争取人的生态权益，特别是争取无产阶级和广大劳动人民的生态权益，是无产阶级的阶级解放和个人解放的重要组成部分，是人的自由而全面发展的重要内容，也是马克思主义的真谛。因此，保障和实现人的利益，就要保障和实现人的生态权益。

2. 习近平生态文明思想

习近平生态文明思想是习近平新时代中国特色社会主义思想的重要组成部分，为推进美丽中国建设、实现人与自然和谐共生的现代化提供了方向指引和根本遵循。习近平总书记指出，"良好生态环境是最公平的公共产品，是最普惠的民生福祉"①。习近平生态文明思想继承和发展了马克思主义关于人与自然关系的思想精华和理论品格，丰富和拓展了马克思主义自然观，是马克思主义中国化的重大成果，具有重大理论意义。②习近平生态文明思想内容非常丰富，由中共中央宣传部编著的《习近平新时代中国特色社会主义思想学习纲要》从五个方面对其进行了归纳。③这是目前关于习近平生态文明思想的最权威读本。

（1）坚持人与自然和谐共生。人与自然的关系是人类社会最基本的关系。习近平指出："人与自然是生命共同体，人类必须尊重自然、顺应自然、保护自然。人类只有遵循自然规律才能有效防止在开发利用自然上走弯路，人类对大自然的伤害最终会伤及人类自身，这是无法抗拒的规律。"④生态兴则文明兴，生态衰则文明衰。"生态环境没有替代品，用之不觉，失之难存"⑤。"生态环境是关系党的使命宗旨的重大政治问题，也是关系民生的重大社会问题"⑥。"要像保护眼睛一样保护生态环境，像对待生命一样对待生态环境"⑦。保护自然就是保护人类自身，建设生态文明就是造福人类。必须坚持节约优先、保护优先、自然恢复为主的方针，坚定不移走生产发展、生活富裕、生态良好的文明发展道路，建设人与自然

---

① 中共中央宣传部编. 习近平新时代中国特色社会主义思想学习纲要[M]. 北京：学习出版社，人民出版社，2019 年 6 月，第 170 页。

② 孙金龙. 做习近平生态文明思想的坚定信仰者、忠实践行者、不懈奋斗者[N]. 光明日报，2020 年 7 月 28 日，第 3 版。

③ 中共中央宣传部编. 习近平新时代中国特色社会主义思想学习纲要[M]. 北京：学习出版社，人民出版社，2019 年 6 月，第 167-176 页。

④ 习近平. 决胜全面建成小康社会，夺取新时代中国特色社会主义伟大胜利[A]. 十九大以来重要文献选编（上）[M]. 北京：中央文献出版社，2019 年 9 月，第 35 页。

⑤ 习近平. 习近平谈治国理政（第三卷）[M]. 北京：外文出版社，2020 年 6 月，第 360 页。

⑥ 习近平. 习近平谈治国理政（第三卷）[M]. 北京：外文出版社，2020 年 6 月，第 359 页。

⑦ 习近平. 习近平谈治国理政（第三卷）[M]. 北京：外文出版社，2020 年 6 月，第 361 页。

和谐共生的现代化，建设望得见山、看得见水、记得住乡愁的美丽中国。

（2）绿水青山就是金山银山。习近平指出，"我们追求人与自然的和谐，经济与社会的和谐，通俗地讲，就是既要绿水青山，又要金山银山"①。"既要绿水青山，也要金山银山。宁要绿水青山，不要金山银山，而且绿水青山就是金山银山"②。"绿水青山可带来金山银山，但金山银山却买不到绿水青山。绿水青山与金山银山既会产生矛盾，又可辩证统一"③。这是重要的发展理念，也是推进现代化建设的重大原则。绿水青山就是金山银山的理念，表明了经济发展和生态环境保护的关系，揭示了保护生态环境就是保护生产力、改善生态环境就是发展生产力的道理，指明了实现发展和保护协同共生的新路径。

（3）推动形成绿色发展方式和生活方式。绿色发展的根本要义，是要解决好人与自然和谐共生的问题。习近平指出，"生态环境问题归根结底是发展方式和生活方式问题"④。"推动形成绿色发展方式和生活方式，是发展观的一场深刻革命"⑤。加快形成绿色发展方式，重点是调整经济结构和能源结构，优化国土空间开发布局，培育壮大节能环保产业、清洁生产产业、清洁能源产业，推进生产系统和生活系统循环链接。加快形成绿色生活方式，要在全社会牢固树立生态文明理念，增强全民节约意识、环保意识、生态意识，培养生态道德和行为习惯，让天蓝地绿水清深入人心。

（4）统筹山水林田湖草系统治理。山水林田湖草是一个生命共同体。"人的命脉在田，田的命脉在水，水的命脉在山，山的命脉在土，土的命脉在林和草，这个生命共同体是人类生存发展的物质基础"⑥。"环境治理是一个系统工程，必须作为重大民生实事紧紧抓在手上。要按照系统工程的思路，抓好生态文明建设重点任务的落实，切实把能源资源保障好，把环境污染治理好，把生态环境建设好，为人民群众创造良好生产生活环境"⑦。要按照生态系统的整体性、系统性及其内在规律，统筹考虑自然生态各要素、山上山下、地上地下、陆地海洋以及流域上下游，进行整体保护、系统修复、综合治理，增强生态系统循环能力，维护生态平衡。

（5）实行最严格的生态环境保护制度。习近平指出："保护生态环境必须依靠

---

① 习近平. 之江新语[M]. 杭州：浙江人民出版社，2007 年 8 月，第 153 页。

② 中共中央宣传部编. 习近平总书记系列重要讲话读本（2016 年版）[M]. 北京：学习出版社，人民出版社，2016 年 4 月，第 230 页。

③ 习近平. 之江新语[M]. 杭州：浙江人民出版社，2007 年 8 月，第 153 页。

④ 习近平. 习近平谈治国理政（第三卷）[M]. 北京：外文出版社，2020 年 6 月，第 361 页。

⑤ 习近平. 习近平谈治国理政（第二卷）[M]. 北京：外文出版社，2017 年 11 月，第 395 页。

⑥ 习近平. 习近平谈治国理政（第三卷）[M]. 北京：外文出版社，2020 年 6 月，第 363 页。

⑦ 中共中央宣传部编. 习近平总书记系列重要讲话读本（2016 年版）[M]. 北京：学习出版社，人民出版社，2016 年 4 月，第 236 页。

制度、依靠法治。"①"只有实行最严格的制度、最严密的法治，才能为生态文明建设提供可靠保障。最重要的是要完善经济社会发展考核评价体系，把资源消耗、环境损害、生态效益等体现生态文明建设状况的指标纳入经济社会发展评价体系，使之成为推进生态文明建设的重要导向和约束"②。"我国生态环境保护中存在的突出问题大多同体制不健全、制度不严格、法治不严密、执行不到位、惩处不得力有关"③。必须把制度建设作为推进生态文明建设的重中之重，深化生态文明体制改革，把生态文明建设纳入制度化、法治化轨道。要加快制度创新，增加制度供给，完善制度配套，构建产权清晰、多元参与、激励约束并重、系统完整的生态文明制度体系。

2021年2月19日，中央全面深化改革委员会第十八次会议审议通过了《关于建立健全生态产品价值实现机制的意见》，首次以中央文件的方式明确了生态产品价值的内涵及其实现方式。会议强调：建立生态产品价值实现机制，关键是要构建绿水青山转化为金山银山的政策制度体系，坚持保护优先、合理利用，彻底摒弃以牺牲生态环境换取一时一地经济增长的做法，建立生态环境保护者受益、使用者付费、破坏者赔偿的利益导向机制，探索政府主导、企业和社会各界参与、市场化运作、可持续的生态产品价值实现路径，推进生态产业化和产业生态化。④由于高端白酒产区具有良好的生态环境，产品具有较高的生态价值，其价格的制定、调控等应该使生态价值得到应有的体现。

2.2.7　习近平新时代中国特色社会主义经济思想

党的十八大以来，以习近平同志为核心的党中央成功驾驭我国经济发展全局，形成了以新发展理念为主要内容的习近平新时代中国特色社会主义经济思想。这一思想是运用马克思主义基本原理对中国特色社会主义政治经济学的理论概括，是马克思主义政治经济学中国化的最新理论成果，其内容体系为"七个坚持"：坚持加强党对经济工作的集中统一领导；坚持以人民为中心的发展思想；坚持适应把握引领经济发展新常态；坚持使市场在资源配置中起决定性作用，更好发挥政府作用；坚持适应我国经济发展主要矛盾变化完善宏观调控；坚持问题导向部署经济发展新战略；坚持正确工作策略和方法。⑤习近平新时代中国特色社会主义经济思想对于本书研究的重要指导意义在于：在完善高端白酒价格机制，推进高端

① 习近平. 习近平谈治国理政（第三卷）[M]. 北京：外文出版社，2020年6月，第363页。

② 习近平. 习近平谈治国理政（第一卷）[M]. 北京：外文出版社，2018年1月，第210页。

③ 习近平. 习近平谈治国理政（第三卷）[M]. 北京：外文出版社，2020年6月，第363页。

④ 习近平主持召开中央全面深化改革委员会第十八次会议强调 完整准确全面贯彻新发展理念 发挥改革在构建新发展格局中关键作用[N]. 人民日报，2021年2月20日，第1版。

⑤ 习近平. 习近平谈治国理政（第三卷）[M]. 北京：外文出版社，2020年6月，第234-236页。

白酒产业有序发展的过程中，必须坚持使市场在资源配置中起决定性作用，更好发挥政府作用。

习近平指出："经济发展就是要提高资源尤其是稀缺资源的配置效率，以尽可能少的资源投入生产尽可能多的产品、获得尽可能大的效益。理论和实践都证明，市场配置资源是最有效率的形式。市场决定资源配置是市场经济的一般规律，市场经济本质上就是市场决定资源配置的经济。"[①]价格是重要的市场信号，价格机制是市场机制的核心，市场配置资源很大程度上就是发挥价格对资源配置的引导作用。市场主体正是在价格的引导下，在逐利动机的驱使下，开展生产经营活动的。在市场经济条件下，尽管价格对资源配置具有重要作用，但是资源配置情况对于价格也具有明显的影响。当资源配置不合理时，价格必然以相应的形式表现出来。高端白酒的价格应该主要由市场决定，由市场按照自由竞争、运行高效、公平交易等原则进行决定。同时，要按照维护市场秩序、保障消费者利益、促进产业有序发展的要求，充分发挥政府的市场监管作用，对于高端白酒不合理的价格，应该进行必要的调节和有效的管控。

2.2.8　其他相关理论

1. 价格形成理论

国内学者坚持以马克思主义价格理论为指导，借鉴西方经济学有关价格的理论，着眼于中国特色社会主义市场经济实践，形成了具有鲜明中国特色的价格学说。价格形成问题，实质上是关于商品价格如何决定的问题，在不同的理论指导下对商品价格形成基础的研究，形成了不同的价格形成理论。马克思主义是科学的世界观和方法论，是社会主义理论创新和实践发展的理论基础。马克思主义劳动价值论为我国学者研究价格的形成问题奠定了重要的理论基础，在此基础上形成了价值价格论、成本价格论、生产价格论、双渠价格论等。价格运行问题实质上是商品价格如何在价值规律的支配下，充分反映市场供求变化，从而推动经济资源合理配置的问题。在商品经济条件下，价格变化有其客观必然性和合理性。但是商品价值量的实际变化，不能明确地、完全地反映在价值量的相对表现上，商品价值量的变化与商品的相对价值的变化可以一致，也可以不一致。[②]这里所说的商品的相对价值实际上就是商品的价格，本质上是商品价值的货币表现。

---

① 习近平. 关于《中共中央关于全面深化改革若干重大问题的决定》的说明[A]. 中共中央研究室编. 《十八大以来重要文献选编（上）》[M]. 北京：中央文献出版社，2014 年 9 月，第 499 页。

② 朱方明主编. 政治经济学（上册）[M]. 成都：四川大学出版社，2011 年 10 月，第 50 页。

2. 价格运行理论

商品价格只是商品价值的货币表现，价格由价值决定；同时价格又受供求关系、货币自身价值等因素影响，价格的现实运动有不同于价值的特殊性。[①]贾秀岩指出，在社会主义条件下，价格运动不仅以价值规律为基础，而且以社会主义基本经济规律和国民经济有计划按比例发展规律为基础，也就是说，商品价格的运动是建立在这三条经济规律基础之上的。[②]许光建指出，价格作为商品价值的货币表现，反映着商品价值和货币价值之间的比例关系。因此，价格既决定于商品的价值，也决定于货币的价值。在商品价值不变的条件下，价格与货币价值成反比变化，即货币价值上升，价格就下降，或货币价值下降，价格就上升。[③]在商品经济条件下，价格变化有其客观必然性，合理的价格变化正是市场机制发挥资源配置作用的必要条件。

3. 价格管控理论

政府是行使公共权力的机构，是公共利益的代表，具有为了达到一定目的而采取组织和干预社会经济活动的职能。价格管理是政府促进经济发展和调节经济运行的重要手段，是国家按照经济规律的客观要求，颁行物价方针、政策和法规，对商品价格进行制订、调整、执行和监督的一种重要职能。价格管理从本质上来讲，是国家依靠价格这一经济杠杆来管理经济的手段，其基本任务包括制订反映社会主义条件下经济规律的物价方针、物价政策；找到和整个经济机制相适应的价格管理基本原则，形成和国民经济管理体制相协调的价格管理体制，并采取相应的价格形式；健全物价机构，制订各级、各部门的价格管理制度；建立价格法规，进行价格检查和价格监督。[④]价格管理是一项复杂的系统性工程，涉及管理主体、管理对象、管理手段等，只有完善的管理体制，才能实现管理目的。

价格管理体制是指对国家采取的价格形式和价格管理权限等的规定，价格管理体制的不同，反映着价格形成机制的不同。与价格管理密切相关的是价格改革。作为促进社会主义现代化建设和改革整个经济体制的关键环节，其目的在于理顺价格关系，使价格信号能够传递准确的经济信息，并对生产发挥积极的导向作用。[⑤]在我国，价格改革包括两个方面的内容：价格体系改革，主要是

---

① 逄锦聚，林岗，刘灿主编. 现代经济学大典[政治经济学分册][M]. 北京：经济科学出版社，2016 年 7 月，第 66 页。

② 贾秀岩. 价格学原理[M]. 天津：南开大学出版社，1986 年 10 月，第 2 页。

③ 许光建. 论价格总水平调控[M]. 北京：中国物价出版社，2003 年 11 月，第 28 页。

④ 贾秀岩. 价格学原理[M]. 天津：南开大学出版社，1986 年 10 月，第 346 页、第 348-349 页。

⑤ 张卓元. 社会主义价格理论与价格改革[M]. 北京：中国社会科学出版社，1987 年 4 月，第 35 页、第 107 页、第 111 页、第 122 页、第 188 页。

建立合理的比价和差价关系；价格管理体制改革，主要是建立能够灵活反映劳动生产率和供求关系变化的价格形成机制。

由于市场机制及其运行规律本身所具有的局限性，过度的价格变化必然会带来经济的剧烈波动。因此，对价格变化进行适当管控，就成为政府宏观调控的重要内容，也是政府的一项重要职责。宏观调控是克服市场机制缺陷、保障经济持续稳定发展、调节贫富差距和实现社会公平、协调宏观与微观经济运行的客观需要。①稳定物价是宏观调控的重要内容，物价的基本稳定是发展社会主义市场经济的重要条件，但是稳定物价不等于冻结物价。要做到物价稳定，重要条件之一是要对各种已经不合理的价格进行有升有降的调整。要随着劳动生产率和供求关系的变化，在保持物价基本稳定的前提下，对不合理的价格经常进行调整。②尤其是对于社会公共产品，需要通过必要的管控手段，使其价格保持在合理的范围内，以保障社会公众的利益。

从白酒的市场结构来看，高端白酒在市场上占有明显的优势地位，具有一定的垄断性，其价格不仅反映了其品质，同时也是其市场地位的反映。无论是从促进整个白酒产业的良性发展来看，还是从保障整个社会经济的协调发展来看，都需要对高端白酒的价格进行必要的管控，尤其是要防止高端白酒企业滥用其市场优势地位和影响力进行价格垄断，造成白酒行业发展良莠不齐的问题。国内学者关于价格问题的研究，尤其是关于价格管理的相关研究，对于制定白酒价格管理制度、规制不合理的价格行为、促进白酒产业健康有序发展等，都有一定的指导意义。

4. 价格弹性理论

在商品经济条件下，价格是一种市场现象，是人们从事经济活动的市场信号。西方经济学历来重视对价格问题的研究，有关理论对研究高端白酒的价格形成机制和运行机制，以及定价方略等，都具有一定的参考价值。在西方经济学中，价格理论是微观经济学的重要内容。商品的价格是由其需求和供给这两个因素共同决定的。③价格弹性是西方经济学的重要概念，分为需求价格弹性和供给价格弹性等。需求价格弹性是指当一种物品的价格发生变动时，该物品需求量相应变动的大小。④供给价格弹性是指商品供给量变动的百分比除以价格变动

① 叶祥松主编. 政治经济学（社会主义部分）[M]. 大连：东北财经大学出版社，2009 年 8 月，第 169-170 页。

② 张卓元. 社会主义经济中的价值、价格、成本和利润[M]. 北京：中国社会科学出版社，1983 年 12 月，第 306 页。

③ 高鸿业. 西方经济学（微观部分·第四版）[M]. 北京：中国人民大学出版社，2007 年 3 月，第 17 页。

④ [美]保罗·萨缪尔森，威廉·诺德豪斯. 经济学（第十九版：教材版）[M]. 萧琛主译. 北京：商务印书馆，2015 年 4 月，第 62 页。

的百分比。①不同的商品因其性质不同而具有不同的弹性，表现为当价格发生变化时，其需求或供给的变化方向和变化程度存在差异。由于商品的性质和用途的差异，不同的商品具有不同的价格弹性，生活必需品通常缺乏价格弹性，而非生活必需品则富有价格弹性。对于缺乏价格弹性的产品，往往会产生垄断价格。马克思指出，如果利润平均化的过程受到垄断的障碍，"特别是遇到土地所有权的垄断的障碍，以致有可能形成一个高于生产价格和高于受垄断影响的商品的价值的垄断价格，那么，由商品价值规定的界限也不会因此消失。某些商品的垄断价格，不过是把其他商品生产者的一部分利润，转移到具有垄断价格的商品上"②。对于垄断价格，西方经济学认为，国家对垄断的控制，可以通过税收和价格政策来进行。国家通过征收承包税（比如职业税），能够减少甚至消除垄断企业的利润，而不使生产水平和价格水平受到影响。国家还可以通过征收营业额税来减少垄断者的利润；但是该税收可能部分落在消费者头上，垄断者可能决定减产并提高价格。③这也就是说，国家制定反垄断政策，要对企业的经营行为和消费者的切身利益进行综合考虑。

　　与马克思主义关于价格的本质论相比较，西方经济学的价格本质论具有一定的局限性。西方经济学认为价格是商品供需情况的市场反应，价格变化由供需变化决定。按照马克思主义政治经济学，价格的本质是价值的货币表现，但是价格波动是常态，商品供需状况发生变化时，其价格也会发生变化，而这不是对价值规律的否定，恰恰是价值规律作用的结果。尽管西方经济学关于价格的论述具有一定的局限性，但是对本书的研究仍然具有一定的理论借鉴意义。特别是价格弹性理论。从实际情况来看，对于广大普通消费者而言，高端白酒属于非生活必需品，其价格本来应该富有弹性，当其价格上升时，会减少购买量。但是，由于高端白酒品质高，具有良好的品牌效应，尽管不是生活必需品，当其价格下降时，仍然会扩大部分普通消费者的购买量。在市场经济中，在保持高端白酒高品质的情况下，制定和实施科学有效的价格政策，是促进产业健康发展、提升企业经济效益的重要途径。

5. 市场结构理论

　　市场结构是指一个产业内部买方和卖方的数量及其规模分布、产品的差别程度和新企业进入该产业的难易程度的综合状态，也可以说是某一市场上各种

---

① [美] 保罗·萨缪尔森，威廉·诺德豪斯. 经济学（第十九版：教材版）[M]. 萧琛主译. 北京：商务印书馆，2015 年 4 月，第 67 页。

② 马克思，恩格斯. 马克思恩格斯文集（第七卷）[M]. 北京：人民出版社，2009 年 12 月，第 975 页。

③ [法] 克洛德·热叙阿，克里斯提昂·拉布鲁斯，达尼埃尔·维特里等主编. 经济学词典（修订本）[M]. 李玉平等译. 北京：社会科学文献出版社，2013 年 5 月，第 471 页。

要素之间的内在联系及其特征。①从总体均衡的视角看，即同时考虑多个市场的整体，就能够评估出两种商品的相对价格，它们各自价格的关系，以及要用多少数量的一种商品换取一个单位的另一种商品。一个市场如果在买卖双方的数量都达到一定的程度，没有任何一个参与者能够影响价格的形成，如果没有入市壁垒和法规限制，如果不同企业提供的商品是同质的，则被称为纯粹竞争市场。如果生产要素的流动性和可用性在现行价格下没有限制，如果消费者、生产要素的持有者和生产者对价格以及现在和未来的成本都了如指掌，则该竞争被称为"完全竞争"。在这些条件下，交易商品的价格仅由供需调节来获得，每个生产者就是价格接收者（市场价格的使用者），并能够以该价格卖出他所期望的任意数量。

在竞争型市场结构中，从长期来看，一家企业仅在其收入超过成本时才会通过选择最合适的生产技术维持其业务；它的最佳生产水平相当于市场价格等于其长期的边际成本时。如果企业实现赢利，则新的企业将进入该行业，直到利润被吸纳。如果生产要素的价格随着更多企业进入该行业，以及由此所带来的总产量的增加而提高，该行业的生产成本就会递增，其供给曲线则为正斜率，仅仅因为价格更高，更多的产品被投放市场。但是不确定性是生产选择的一个基本维度。通常企业在做供给决定时并不知道其投入的成本以及它可以建议的产出价格；另外，它只能不完全地预测市场需求。可以设想，企业的生产函数和成本函数将受风险因素的影响，甚至无法肯定能够按照市场价格卖出的产品数量以及可以买入的投入的数量（如果竞争并非真正完全）。因而一般来说，很多在信息完善条件下提出的建议在不确定性情况下就不再适用。

除了竞争型市场结构外，还有垄断型市场结构。在垄断型市场结构中，某种产品的生产和供应均集中在一家公司，该产品没有相近的替代品，这样其他企业就很难或者根本不可能进入该行业。垄断现象的起源可能有很多种。可能因为拥有技术知识和专利，握有战略性原材料，以及能够规定产品供给方式或采用保护主义的政府管制措施。垄断的存在也可能归咎于需求条件或者生产条件的特殊性：市场规模排除了多位生产者的可能性，或者技术的规模经济性很强，只能允许一个大规模公司在场。垄断情形与完全竞争情形的根本区别是垄断企业不再是价格的接受者：向它提出的需求等于是向整个行业提出的需求。双边垄断也是一种市场结构，它的特点是商品的单一买家面对的是同一商品的单一卖家。此外，还存在着一种垄断性竞争市场结构。在垄断性竞争市场结构中，多家企业生产产品，回应同类但并非完全一致的需求。垄断性竞争市场结构既接近于纯粹和完全竞争，理由是供应商的数目足够大，致使某一家企业没有可能对其对手的行为施加影响，

---

① 肖兴志. 产业经济学[M]. 北京：中国人民大学出版社，2012 年 9 月，第 18 页。

又接近于垄断，因为每家企业的产品面对的是一种特定的需求。①产品的市场结构既是企业之间相互竞争的结果，又为企业经营决策和行为提供了现实依据。

产品的市场结构与其价格水平具有紧密的关系，简言之，市场结构影响价格水平，价格水平反映市场结构。在一定的市场结构条件下，企业必然采取与外部环境相适应的价格行为、非价格行为和企业组织调整行为，选择有利于企业生存和发展的行为方式。②在我国，高端白酒市场具有寡头垄断型特征。从整个白酒产业来看，高端白酒在市场上独占鳌头，具有极强的市场竞争力。无论是市场份额，还是盈利水平，高端白酒都远远高于中低端白酒。但是在高端白酒行业内部，除了茅台酒属于超高端白酒外，其他高端白酒之间的竞争依然十分激烈。这样的市场结构决定了高端白酒定价方式的多元化，其中较为普遍的是竞争导向型定价法，也就是企业紧盯主要竞争对手，根据竞争对手的产品价格制定价格策略。

2.3　本　章　小　结

本章对与研究主题相关的文献进行了梳理和评述，对与高端白酒价格问题相关的理论进行了分析。在文献综述方面，本章梳理了近年来学术界对高端白酒价格相关问题的研究成果，从高端白酒企业的战略选择、高端白酒价格的品牌要素、高端白酒价格的政策因素、高端白酒价格的运行趋势、高端白酒定价的实证研究、高端白酒企业的价格策略等方面，进行了归纳整理，总结了其中的不足之处，并以此作为本书的学术基础。在理论基础方面，本章主要论述了马克思主义劳动价值论、价格本质论、垄断价格理论、剩余价值理论、平均利润理论、生产价格理论、市场价值理论、劳动时间理论、自然生产时间理论、地租理论、剩余价值分割理论、马克思主义生态观、习近平生态文明思想、习近平新时代中国特色社会主义经济思想，以及西方经济学的价格弹性理论等，这些理论为本书研究高端白酒价格机制和定价方略提供了重要的理论基础和学理支撑。

---

① [法]克洛德·热叙阿，克里斯提昂·拉布鲁斯，达尼埃尔·维特里等主编. 经济学词典（修订本）[M]. 李玉平等译. 北京：社会科学文献出版社，2013 年 5 月，第 469-473 页。

② 肖兴志. 产业经济学[M]. 北京：中国人民大学出版社，2012 年 9 月，第 216 页。

第3章 基于SCP范式的我国白酒产业发展现状解析

商品的价格水平与其市场结构密切相关。企业产品处于不同的市场结构形态，对企业的议价能力和定价行为及方法具有重要影响。以往的研究表明，市场结构与企业行为密切相关，而市场结构和行为也会直接影响市场绩效，但在行业特性、宏观环境等多种因素作用下，这种影响在不同的行业中表现出不同的效果。运用SCP范式分析我国白酒产业，有助于我们全面、客观认识和把握白酒产业的现状和主要问题。基于上述考虑，本章从产业组织理论的SCP分析框架出发，结合相关理论和文献，研究白酒产业的市场结构、行为、绩效及三者间的作用关系，探讨我国白酒产业的发展现状，为后文研究分析高端白酒价格现状，高端白酒的价格形成机制、运行机制、调控管理机制，以及定价方略提供现实依据。

3.1　我国白酒产业的市场结构

在传统的SCP分析框架中，市场结构是分析的起点和重点，企业会根据市场结构的特性实施不同的行为策略，受结构及行为的综合作用，最终市场绩效的表现也各不相同。影响市场结构的因素有很多，主要包括：竞争者的数量及空间分布、市场集中度、产品差异化及进出壁垒等。前两个因素表明在特定市场中，由现有企业的竞合关系而导致的市场规模分布状况，后两个因素主要说明现有企业与潜在竞争者的关系。此外市场需求的增长率和价格弹性等因素也会影响市场结构，并且这些因素彼此之间相互影响。其中，市场规模是分析市场结构的基础，市场份额和市场集中度是市场结构的具体表现，产品差异化和进出壁垒是影响市场结构的重要因素。基于白酒产业的自身特点，本书将从市场规模、市场集中度、市场结构特征及产生原因四个方面分析我国白酒产业的市场结构现状。

3.1.1　我国白酒产业的市场规模

改革开放后，我国白酒产业在市场经济和政策因素的共同推动下向前发展，2004～2012年，在中国经济的高速增长和需求旺盛的影响下，我国白酒行业进入高速增长期，白酒产量、销售收入和利润持续增长，市场规模不断扩大。其中，产量由2004年的311.7万千升扩张到2012年的1153.16万千升；销售收入和利润分别由612.3亿元、58.66亿元增长至4466.26亿元、818.56亿元。规模以上企业数量也从 2004 年的 986 家增加到 2012 年的 1290 家。2013 年后，在"禁酒令""中央八项规定"、酒类负面新闻等众多因素的影响下，高端白酒的需求降低，以往的超高速增长趋势受到限制，白酒产业进入深度调整期，产量由 2013 年的 1226.2 万千升增长至 2016 年的 1358.36 万千升，增速明显放缓，维持在 5% 左右，而销售收入和利润增速则出现大幅下滑，分别从 2012 年的 19.21%、43.21% 跌至 2015 的 5.7%、4.05%，其中利润增速更是在 2013～2014 年连续出现负值，分别为 –1.67% 和 –13.19%，白酒市场发展逐渐回归理性。随着消费升级，从 2016 年下半年开始，我国白酒市场开始逐渐复苏，2019 年，全国白酒总产量达 785.09 万千升，销售收入、利润分别为 5617.8 亿元、1404.1 亿元，虽然总产量较上年有所下降，但销售收入和利润仍然呈增长趋势，产业调整初见成效（图 3-1，图 3-2）。

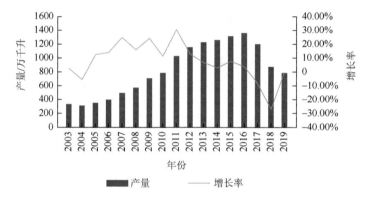

图 3-1　2003～2019 年我国白酒产量与增长率变化情况

资料来源：历年《中国轻工业年鉴》

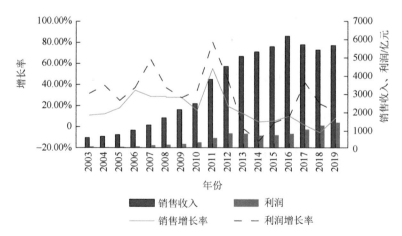

图 3-2　2003～2019 年我国白酒销售收入、利润及其增长率

资料来源：历年《中国轻工业年鉴》

3.1.2 我国白酒产业的市场集中度

1. 市场集中度的衡量指标

市场集中度是产业组织理论中用来反映特定市场规模结构状况的常用指标之一，根据主体视角的不同，主要可分为买方和卖方集中度，在现实生活中，买方集中的市场不太常见，因此，在市场结构中主要研究卖方集中。虽然目前有多种方法度量市场集中度，但主要使用的有以下几种。

1）行业集中度

行业集中度是指市场中规模最大的前几位企业的产量、销售额或总资产额在整个市场中的所占比例，是所有方法中最简单常用的一种。其数学表达式为

$$CR_n = \sum_{i=1}^{n} X_i / \sum_{i=1}^{N} X_i \qquad (3\text{-}1)$$

式中，CR_n 为行业中规模最大的前 n 位企业的集中度；X_i 为行业中第 i 位企业的产量、销售额或总资产额等数值；n 为行业中的企业数，一般 n 取 4 或 8；N 为行业中的企业总数。

作为最初利用行业集中度划分市场结构类型的学者，贝恩的分类范围、判断标准及结果如表 3-1 所示。

表 3-1　贝恩的市场结构分类[①]

市场结构	CR_4	CR_8
寡占 I 型	85%≤CR_4	—
寡占 II 型	75%≤CR_4<85%	85%≤CR_8
寡占III型	50%≤CR_4<75%	75%≤CR_8<85%
寡占IV型	35%≤CR_4<50%	45%≤CR_8<75%
寡占 V 型	30%≤CR_4<35%	40%≤CR_8<45%
竞争型	CR_4<30%	CR_8<40%

由于各国的经济环境和市场表现各有特点，因而学者们对本国的市场结构的判断和分类标准也各有不同，从表 3-2 可以看出，日本经济学家植草益主要以 CR_8 的大小判定市场结构类型。

---

① 摘引自贝恩 J S，《产业组织》（丸善株式会社，1981 年）转引自苏东水《产业经济学》（高等教育出版社，2010 年，第 97 页）。

表 3-2　植草益的市场结构分类①

市场结构		CR$_8$
寡占型	极高寡占型	70%≤CR$_8$
	高、中寡占型	40%≤CR$_8$<70%
竞争型	低集中竞争型	20%≤CR$_8$<40%
	分散竞争型	CR$_8$<20%

2）洛伦兹曲线与基尼系数

洛伦兹曲线和基尼系数是用来测度相对集中度的数学指标，洛伦兹曲线表明了行业中规模由小到大的企业数目累计百分比与其对应的累计市场份额之间的关系，如图 3-3 所示，其中，X 轴代表根据企业规模大小（递增排序）的企业数量占行业中企业总数量百分比的累计值，Y 轴代表对应企业的累计市场占有率，一般使用销售额占比表示市场占有率。当洛伦兹曲线与对角线重合时，表明特定市场中企业规模分布均匀，所有企业大小完全一致；洛伦兹曲线偏离对角线的幅度越大，产业内企业的规模分布差距则越大，这表明大企业的市场支配力量可能越来越强，市场集中度也因此提高。

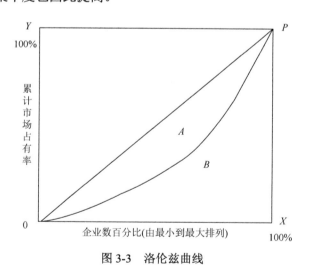

图 3-3　洛伦兹曲线

将洛伦兹曲线数学量化后就可以得到基尼系数，其实质是 45°线与洛伦兹曲线组成的面积在 45°线以下的三角形面积中所占的比例，如图 3-3 所示，具体的数学计算公式为

---

① 摘引自植草益《产业组织论》（筑摩书房，1982 年）转引自苏东水《产业经济学》（高等教育出版社，2010 年，第 97 页）。

$$基尼系数 = A/(A+B) \qquad (3\text{-}2)$$

式中，A 为 45°线与洛伦兹曲线围成的面积；B 为洛伦兹曲线与其下的两条直角边围成的面积。

基尼系数的数值范围在 0 到 1 之间，其数值越小，表明企业规模分布越来越均匀；反之，企业规模分布差距则越发加大，这意味着市场集中度也在逐渐提高。当洛伦兹曲线与 45°线叠合时，基尼系数为 0，表明所有企业拥有同等的市场份额，企业规模之间不存在差距；而基尼系数为 1 则意味着该行业中只有一家企业提供产品，市场结构为完全垄断型。

3）赫芬达尔–赫希曼指数

赫芬达尔–赫希曼指数，简称 HHI，具体计算方法为将行业内所有企业市场份额平方后相加，其数学表达式为

$$\mathrm{HHI} = \sum_{i=1}^{n}(X_i/X)^2 = \sum_{i=1}^{n} S_i^2 \qquad (3\text{-}3)$$

式中，X 为行业总规模（以销售额、利润总额、总资产等表示）；X_i 为行业中第 i 位企业的规模；S_i 为行业中第 i 位企业占据的市场份额；n 为行业中的所有企业数目。

HHI 的数值范围在 0 到 1 之间，其值越低，越接近于零，表明市场竞争越充分，反之，该行业的市场集中度越高。当 HHI 等于 1 时，该市场被一家企业所垄断。

对比以上三种市场集中度的测量指标，可以看出：行业集中度的计算最简单，但只能反映出前几位企业的规模情况，不能说明剩下的企业的规模分布状况；而洛伦兹曲线、基尼系数和 HHI 虽然能弥补行业集中度的不足，表明某个行业中现有的全部企业的规模分布情况，但收集所有企业的数据困难，成本代价过高，并且即使两个行业的市场结构不同，其表现出的洛伦兹曲线和基尼系数可能完全相同，此时，计算结果与现实情况会存在偏差。

2. 我国白酒产业市场集中度的测量分析

根据具体数据的可获得性，本节利用白酒产业的销售收入测度了行业集中度和 HHI，以其来衡量我国白酒产业的集中度。

1）行业集中度

本节以 2008 年至 2019 年我国白酒上市公司的销售收入及产业总销售收入为基础，计算出前 4 家或前 8 家企业在整个白酒产业中所占的市场份额，即 CR_4 和 CR_8。将计算结果整理后，作图 3-4。

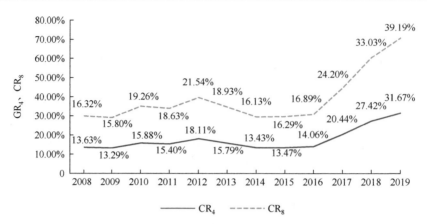

图 3-4　2008～2019 年我国白酒市场的 CR_4 和 CR_8 的变化趋势

资料来源：由历年《中国轻工业年鉴》和相关上市白酒公司年报的财务数据计算得出

从图 3-4 可以看出。

（1）2008～2019 年我国白酒市场的 CR_4 和 CR_8 均不太高，其中，2008～2018 年 CR_4＜30%，2019 年 CR_4＞30%，按照贝恩的判断标准，我国白酒产业已从竞争型过渡到寡占Ⅴ型；2009～2019 年 CR_8＜40%，根据植草益的判定标准，我国白酒产业已从分散竞争型过渡到低集中竞争型。

（2）2008～2019 年我国白酒市场的 CR_4 和 CR_8 的变化趋势一致，整体上看，我国白酒市场的行业集中度呈上升趋势；具体而言，2008～2012 年，旺盛的政商需求促进了高端白酒市场的快速发展，进而推动了我国白酒市场的整体繁荣，国内外资本纷纷涌入，市场竞争激烈，行业集中度在波动中上升；2013～2015 年，受政策影响，高端白酒销售遇冷，行业发展去泡沫化，产业内部结构逐渐调整，市场集中趋势开始放缓；2016 年至 2019 年，随着消费需求的改善升级，行业进入挤压式增长阶段，集中度开始大幅提升，市场资源逐渐向大企业倾斜，中小企业生存变得更加困难，行业整体向标准化和规范化发展。

2）HHI

如图 3-5 所示，2008～2019 年我国 13 家上市白酒公司的 HHI 较低，均值在 0.0108 左右，趋近于 0，表明我国白酒产业的市场化程度较高，处于垄断竞争的市场状态。而从时间趋势来看，HHI 基本呈上升趋势，先经历了 2008～2012 年的波动上升期，再到 2013～2015 年的缓慢下滑期，直到 2016 年至 2019 年的快速发展期，其变化过程与 CR_4 和 CR_8 的变化过程基本一致。

从 CR_4、CR_8 和 HHI 值可以看出，我国白酒产业的市场结构整体表现为垄断竞争型，市场中企业数目较多，每一企业产品的市场占有率较小，市场竞争激烈。虽然我国白酒产业整体竞争较为充分，但企业的规模差距较大，大中小型企业并存，且中小企业的数量占优。此外，我国幅员辽阔，受气候环境、文化历史、消费习惯、收入水平等因素的影响，不同地区的消费者对白酒品牌、香型和口感的偏好存在差异，使得不同档次的产品各自都有相对独特的消费受众，白酒产业内部分化趋势明显，不同的细分市场呈现出不同的市场结构，垄断和竞争两种特性同时并存，结构层次较为鲜明。

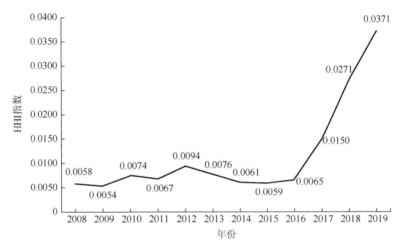

图 3-5　2008～2019 年我国白酒市场的 HHI 变化趋势

资料来源：由历年《中国轻工业年鉴》和 13 家上市白酒公司年报的相关数据计算得出

3.1.3　我国白酒产业的市场结构特征

白酒可以按生产方法、曲种、酒精度、香型、价格等多种标准分类，其中香型和价格广泛通行。我国白酒香型较为固定，市场中主要流行酱香、浓香、清香、米香及复合型。而白酒价格带较宽，品质的高低最终在市场中表现为不同的价格。行业内普遍认同高端白酒的价位主要在 1000 元以上，次高端或中高端则在 600～1000 元，中端则在 100～600 元，低端系列的一瓶零售价基本在 100 元以下（以下将中高端、中端及低端白酒市场简称为高端以下白酒市场），本节主要分析以价格为基础的白酒细分市场的结构状况，不同价位的白酒满足了不同的消费群体的需求，总体来看，竞争格局较为清晰，高端白酒市场以全国性品牌为主，基本已经形成寡头垄断格局，其他品牌很难进入，而高端以下白酒市场主要包括地方知名品牌及全国性品牌的主推中高端以及中端产品。

1. 高度集中的高端白酒市场

我国高端白酒行业的市场集中度很高，已形成寡头垄断的市场结构，企业对高端白酒拥有较强的定价权，市场份额主要被茅台、五粮液、泸州老窖所占据，竞争格局较为稳固。虽然其他名优品牌如洋河、水井坊、汾酒等多家白酒企业都推出了自身的高端产品线，但消费者对这些品牌的市场认同感低，其高端产品的市场份额极其细微。目前，高端白酒市场的寡占现象呈现出强寡头态势，茅台和五粮液的竞争优势明显，其产品占据了高端市场的绝大部分份额，其他企业想要进入，打破这种寡头垄断格局较为艰难。如图 3-6 所示，2019 年，茅台和五粮液市场份额（按销量）累计高端市场占有率接近 73%，其中茅台占据接近一半的份额，达到 42%；五粮液的市场占有率仅次于茅台，为 31%；剩下的市场份额被泸州老窖和其他品牌瓜分，其中泸州老窖的占比为 9%。

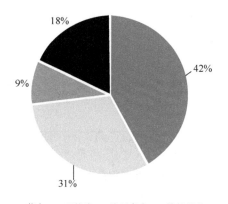

图 3-6　2019 年全国高端白酒市场份额占比（按销量）

资料来源：前瞻产业研究院

　　虽然在高端白酒市场中，茅台、五粮液的市场地位突出，但自从 2013 年茅台主营业务收入超过五粮液后，五粮液一直位居第二，茅台一直占据着我国高端白酒市场的龙头地位。如图 3-7 所示，2019 年茅台、五粮液主营业务收入分别高达 888.5 亿元、501.2 亿元，前者是后者的 1.77 倍，虽然近几年五粮液的市场份额在不断增加，从 2014 年的 3.81%到 2019 年的 8.92%，但五粮液与茅台的差距始终较大，并且两者的市场份额差距仍在逐年增加。总体来看，在高端白酒市场，茅台属于领头羊地位。与其相比，五粮液存在较大劣势，近几年来一直处于追赶者地位。

2. 竞争激烈的高端以下白酒市场

　　相对于高端白酒市场，中低端白酒市场中品牌众多，企业规模差距较大，市场集中度较低，竞争更为激烈，中低端白酒市场主要被全国性知名白酒企业和区域性强势白酒企业所占据。其中，中端白酒市场的产品以全国及地区名优酒为主，

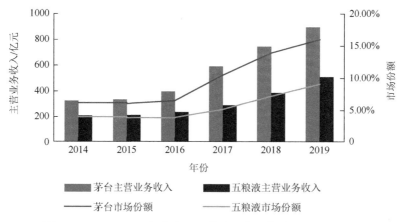

图 3-7　2014～2019 年茅台、五粮液主营业务收入及市场份额

资料来源：历年茅台和五粮液公司年报

如四川的剑南春、郎酒、水井坊、沱牌舍得；江苏的洋河；山西的汾酒；安徽的古井贡酒、口子窖；湖南的酒鬼酒等。而低端白酒市场品牌影响力相对较弱，全国化程度较低，基本以本地市场作为主要收入来源的地方企业为主，如四川的丰谷、江口醇、小角楼；重庆的诗仙太白；甘肃的金徽、古河州；山西的汾阳王、唐王宴等。2013 年以后，随着行业环境的改变，茅台、五粮液等一线品牌不断调整经营模式，进一步细化产品结构，注重发展以大众消费为主的"腰部"及以下市场，通过开发中低端系列酒产品抢占市场，使得中低端市场的产品竞争更加白热化。除了全国和地方知名酒企以外，乡镇地区还存在大量的无证经营的小作坊，市场散乱无序现象较为明显。

3.1.4　我国白酒产业当前市场结构的成因分析

对市场结构形成造成影响的因素有多种，整体来看，进入白酒产业的技术门槛和资金门槛偏低，企业进入市场容易。然而对想要进入高端市场的企业而言，则面临着巨大的阻力，其不仅需要优质的产品，还需要历史文化底蕴孕育的良好品牌形象，而且市场中的原有厂商还可以依靠巨额的广告费用进一步塑造品牌形象，扩大产品差异化，即资源壁垒、产品差异化壁垒；进入中低端白酒市场则较为容易，主要为制度性壁垒。

1. 我国白酒产业的资源壁垒

对白酒企业而言，资源壁垒主要表现在其对优质自然资源和技术的控制，即自然资源壁垒和技术壁垒。白酒酿造的关键环节之一在于微生物发酵，而菌落培育与当地气候、土壤等自然条件密切相关，并且白酒品质对酿造原料（粮食和水质）也有着较高要求，白酒企业若想酿造出高品质白酒，必须处于合适的地理位置。因此，我国高端白酒主要产自长江流域、淮河流域等传统优质产区，知名白酒厂商也主要聚集在传统产区内，如中国"白酒金三角"孕育了茅台、五粮液、剑南春、泸州老窖、沱牌舍得和郎酒等知名品牌，白酒企业集聚也促进了原料及人才市场等相关投入品市场的形成，[①]从而降低了白酒企业为取得酿酒所需的各种投入品的市场交易费用。随着市场竞争加剧和国家对环境资源保护的重视，对想要进入的企业而言，找到适宜酿酒的优质生态资源将越发不易。技术壁垒是指酿酒的技术性人才限制，现代标准化白酒生产工艺要经过原料处理、制曲发酵、陈化老熟、勾调和包装等多个流程，虽然许多大型白酒企业的机械化程度越来越高，但在制曲、勾调等关键步骤，往往依赖操作员工的经验判断，而个人判断能力的高低往往需要长时间的学习实践和经验累积。因此，现有的主要生产中低端产品的白酒企业若想进入高端白酒市场，资源性壁垒和技术性壁垒是其必须面对的障碍。

2. 我国白酒产业的产品差异化壁垒

1）我国白酒产业的产品差异化与广告宣传

产品差异化是指与大批销售同类型产品的企业相比，消费者能有效地区别出某个企业的产品。通过产品差异化，企业可以快速占领市场，扩大其市场影响力。从经济学角度看，消费者作为产品购买者，不论相同类别的产品是否真的存在差异，只要消费者认为某个企业提供的产品与其他企业相比存在"不同"，那么消费者就能根据需求识别出相应的产品并做出选择，最终呈现的结果就是，消费者在产品差异化条件下做出了购买选择，换言之，实际上产品差异化来自消费者决策时的心理差异，企业只是通过各种手段来强化这种差异。在这一前提下，消费者对现有企业产品的偏好构成了企业声誉，该声誉具有时间累积效应，一般而言，企业在产业内时间越长，消费者对其产品忠诚度越高。

企业可以通过改变产品设计和价格、改良配方、广告宣传及提供售后服务等多种途径来构建和加强产品差异化壁垒。贝恩在其所著的《新竞争者的壁垒》中指出，酿酒产业的产品差异通常和产品品质、品牌存在关联[②]。对我国白酒产业而言，由于我国白酒产业起源早、生产工艺较为成熟，实际上除了香型、品质以外，不同企业生产的产品之间形成较大实际差异的可能性偏低，白酒企业主要是在消费者不同偏好的基础上，通过广告宣传等营销方式引导消费，强化品牌差异，从而加强产品差异化。

---

① 张元智，马鸣萧. 企业规模、规模经济与产业集群[J]. 中国工业经济，2004，（6）：29-35.

② [美]贝恩 J S. 新竞争者的壁垒[M]. 徐国兴，邱中虎，张明，等译. 北京：人民出版社，2012 年 12 月，第 2-3 页。

2）我国高端白酒市场的广告宣传

品牌塑造对于高端白酒企业尤为重要，相比于新品牌，在购买时消费者往往更加偏好选择传统品牌，在消费者眼中品牌集中代表了白酒品质的高低。传统名优白酒品牌不仅包含着历史和人文底蕴，而且体现了代代传承的香型和品质。在其现有声誉的基础上，高端白酒的生产商可以凭借广告宣传强化消费者的品牌意识，扩大产品差异化程度，从而有效地阻止其他厂商进入，占据市场支配地位，同时将其产品价格提高到远超其成本线之上的水平。

互联网技术的不断发展使得白酒企业可以通过影视、微信等媒介投放广告，但地方卫视和央视频道仍然是白酒企业投放广告的主要渠道，其中，由于央视在全国的高覆盖率、高知名度和高收视率，影响范围十分广，因此，为了扩大品牌效应，高端白酒生产企业和其他想要进入高端市场的企业往往会投入巨额资金选择央视作为广告平台。1994 年，央视举办了首届广告竞标会，孔府宴酒以 3079 万元一举夺魁，成为"标王"，此后，白酒企业每年参加央视广告招标会早已司空见惯。目前，行业外资本进入高端白酒市场主要依靠收购市场中的现有企业，新进入者若想创造出能够得到消费者认可的新品牌，必须持续不断支付巨额的广告促销费用，使消费者相信自己的产品比现有其他产品更好，这往往需要付出很大的代价。

3. 我国白酒产业的制度性壁垒

从制度的角度看，所有想要进入白酒行业的企业都会遇到制度性壁垒，即因政府为了克服"市场失灵"而采取的政策或法律制度等干预市场运行的手段而形成的壁垒。市场经济体制的实行使得白酒产业的制度性壁垒逐渐减弱，潜在或新企业进入较为简单。对准备进入中低端白酒市场的企业而言，其面对的制度性壁垒主要是指生产许可限制。为了防止产业竞争过度，企业必须通过政府相关部门的资格审核，获得批准同意后，才能取得白酒生产许可证，合法地从事生产经营活动。白酒产业整体的制度性壁垒不高，必然会导致大量规模有限、资金较少、管理不规范的企业进入，这是我国白酒产业集中度较低的一个重要原因。另外，由于历史原因，我国政府一直将白酒生产线列入"限制类"目录，但 2019 年 11 月，在最新施行的《产业结构调整指导目录（2019 年本）》中，白酒产业被移出了"限制类"产业，限制政策的取消意味着白酒产业的进一步开放和市场化竞争阶段的到来。政策放开有利于吸引外来优质资本进入白酒行业，对优势产区内的名优酒企是一大利好，而市场全面开放也会使得一些实力较弱的中小酒企被逐步淘汰。此外，白酒生产还存在着"地域优势"，中国地大物博，各地文化习惯、消费需求存在明显差异，地方酒企更容易占据本地市场，再加上白酒产业利税高昂，大型白酒企业也多为国有企业，地方政府会出台相关政策优先扶持本地酒企，长期以来的管理政策造成的区域分割和地方保护，形成了白酒产业不同地区之间进入、同区域之间进入高端白酒市场的政策壁垒。

3.2　我国白酒企业的市场行为

按照 SCP 范式，市场行为是分析的中间环节，白酒产业特定的市场结构决定了企业所采取的市场行为，而市场行为也会反过来作用于市场结构，并直接影响市场绩效。本节主要讨论白酒企业的价格竞争行为和非价格竞争行为。在市场经济中，作为反映市场波动的综合指标，商品价格受供求关系、竞争等多方面因素的影响，企业与消费者、竞争对手三者之间的相互关系最终会体现在价格变化上。因此，本节重点探讨了白酒企业之间的价格竞争行为。通过对市场结构的分析可知，虽然我国白酒产业属于竞争性行业，但在自然资源、技术、政策等多种因素的影响下，竞争格局分层现象明显，这也导致了在白酒的不同子市场的企业之间的价格竞争也存在明显差异。

3.2.1　我国高端白酒市场中的价格竞争行为

1. Bertrand-Stackelberg 模型分析

高端白酒对商务消费具有很大的依赖性，消费者的价格敏感度低，在短期内有较强的需求刚性，历史文化积淀形成的品牌影响力构成了高端白酒主要的竞争优势。一般而言，产品或品牌知名度较高的公司，其提供的产品质量也更高（或者基于品牌声誉，消费者也认为其产品质量更好）。本节基于纵向差异模型，借鉴了 Li[①]的研究，考虑在存在质量差异的市场中，企业同时和先后设定价格，产生的 Bertrand-Stackelberg 市场均衡，并比较两者的不同结果。

假设一个市场中只存在两家企业，除了质量差异，其生产的产品完全相同，企业 1 的产品质量等级和产品价格分别为 s_1 和 p_1，企业 2 的产品质量等级和产品价格分别为 s_2 和 p_2，且企业 1 的产品更加优质，为方便研究，令 $s=1$ 为标准化质量，且 $s_1 > s_2 > 1$，$\Delta s = s_1 - s_2$，Δs 为两企业之间的产品质量差异，$\Delta s > 0$。企业均为零生产成本，进行价格竞争。θ 表示消费者的质量偏好，$\theta \in [0, 1]$，满足均匀分布，消费者要么消费一个单位的产品，要么不消费。购买产品的效用取决于消费者的质量偏好及产品质量，则消费者效用函数的数学表达式为

$$U(\theta_i, s_i, p_i) = \begin{cases} \theta_i s_i - p_i, & \text{如果消费者购买一个单位的产品} \\ 0, & \text{如果消费者不购买产品} \end{cases} \tag{3-4}$$

① Li Y P. Price leadership in a vertically differentiated market[J]. Economic Modelling，2014，38：67-70.

若有两个不同的消费者，对消费者 1 而言，购买产品 1 和产品 2 无区别，对消费者 2 而言，购买产品 2 和不购买无差异，即

$$\theta_1 s_1 - p_1 = \theta_2 s_2 - p_2; \quad \theta_2 s_2 - p_2 = 0 \qquad (3-5)$$

求解，得

$$\theta_1 = \frac{p_1 - p_2}{\Delta s}; \quad \theta_2 = p_2 \qquad (3-6)$$

质量偏好 $\theta \in [\theta_1, 1]$ 的消费者会购买更加优质的产品，质量偏好 $\theta \in [\theta_2, \theta_1]$ 的消费者会购买稍次的产品，而最后质量偏好 $\theta \in [0, \theta_2]$ 的消费者会选择不消费，则企业面对的市场需求 q 和利润 π 分别为

$$q_1 = 1 - \frac{p_1 - p_2}{\Delta s}; \quad \pi_1 = p_1 q_1 = p_1 \left(1 - \frac{p_1 - p_2}{\Delta s} \right)$$

$$q_2 = \frac{p_1 - p_2}{\Delta s} - p_2; \quad \pi_2 = p_2 q_2 = p_2 \left(\frac{p_1 - p_2}{\Delta s} - p_2 \right) \qquad (3-7)$$

由利润最大化的一阶条件，$\partial \pi_i / \partial p_i = 0$，解得企业的最优反应函数：

$$p_1^R(p_2) = \frac{p_2 + \Delta s}{2}; \quad p_2^R(p_1) = \frac{p_1}{2s_1} \qquad (3-8)$$

由利润最大化的二阶条件，可得

$$\frac{\partial^2 \pi_1}{\partial p_1^2} = -\frac{2}{\Delta s} < 0; \quad \frac{\partial^2 \pi_2}{\partial p_2^2} = -\frac{2}{\Delta s} - 2 < 0 \qquad (3-9)$$

由以上两式可知，企业的最优反应函数单调递增，即如果一家企业提价，另一家企业也会涨价。

使用上标 N 表示企业同时设定产品，而在先后限定价格时，上标 L 表示领导者，上标 F 表示跟随者，为求解企业在同时进行价格竞争时的 Bertrand-Nash 结果，将某一企业的反应函数代入另一企业的反应函数，解得在市场均衡时企业的价格、产量和利润分别为

$$p_1^N = \frac{2s_1 \Delta s}{3s_1 + \Delta s}; \quad q_1^N = \frac{2s_1}{3s_1 + \Delta s}; \quad \pi_1^N = \frac{4s_1^2 \Delta s}{(3s_1 + \Delta s)^2}$$

$$p_2^N = \frac{\Delta s}{3s_1 + \Delta s}; \quad q_2^N = \frac{s_1}{3s_1 + \Delta s}; \quad \pi_2^N = \frac{s_1 \Delta s}{(3s_1 + \Delta s)^2} \qquad (3-10)$$

下面分析企业先后设定价格时，产生的 Stackelberg 市场均衡。先分析企业 1 先设定价格，企业 2 观测到企业 1 的行动后，再设定价格，即企业 1 是价格领导者，企业 2 是跟随者。由于企业 1 是价格领导者，在估算其获利时，会考虑到企业 2 对其定价的反应，因此为得到企业进行序贯博弈时的 Stackelberg-Nash 结果，

将企业 2 的最佳反应函数代入企业 1 的获利函数,解得在市场均衡时企业的价格、产量和利润分别为

$$p_1^L = \frac{s_1 \Delta s}{s_1 + \Delta s}; \quad q_1^L = \frac{1}{2}; \quad \pi_1^L = \frac{s_1 \Delta s}{4(s_1 + \Delta s)}$$

$$p_2^F = \frac{\Delta s}{2(s_1 + \Delta s)}; \quad q_2^F = \frac{s_1}{2(s_1 + \Delta s)}; \quad \pi_2^F = \frac{s_1 \Delta s}{4(s_1 + \Delta s)^2}$$

（3-11）

同理,当企业 2 是价格领导者,企业 1 是跟随者,均衡时的价格、产量和利润分别为

$$p_1^F = \frac{\Delta s(3s_1 + \Delta s)}{4(s_1 + \Delta s)}; \quad q_1^F = \frac{3s_1 + \Delta s}{4(s_1 + \Delta s)}; \quad \pi_1^F = \frac{\Delta s(3s_1 + \Delta s)^2}{16(s_1 + \Delta s)^2}$$

$$p_2^L = \frac{\Delta s}{2(s_1 + \Delta s)}; \quad q_2^L = \frac{1}{4}; \quad \pi_2^L = \frac{\Delta s}{8(s_1 + \Delta s)}$$

（3-12）

又:

$$p_1^N - p_1^L = \frac{2s_1 \Delta s}{3s_1 + \Delta s} - \frac{s_1 \Delta s}{s_1 + \Delta s}$$

$$= \frac{-s_1 s_2 \Delta s}{(s_1 + \Delta s)(3s_1 + \Delta s)} < 0$$

（3-13）

即 $p_1^N < p_1^L$,同理:

$$p_1^N < p_1^F < p_1^L; \quad q_1^L < q_1^N < q_1^F; \quad \pi_1^N < \pi_1^L < \pi_1^F$$

$$p_2^N < p_2^F = p_2^L; \quad q_2^L < q_2^N < q_2^F; \quad \pi_2^N < \pi_2^L < \pi_2^F$$

（3-14）

比较上述三种均衡结果,可知,企业进行序贯博弈时,追随者企业的产品价格会随领导者企业的产品价格的提高而提高,其会根据领导者的产品价格设置一个最有利的价格,使其市场利润大于同时条件下的市场利润,而领导者企业也会考虑追随者企业的反应,会在追随者企业的反应函数上选择一个价格,作为其产品价格,保证在均衡时获得最佳利润。与同时定价相比,序贯定价均衡时的产品价格和利润都较高。因此,不论是领导者还是追随者都会更加偏好先后定价。并且还可以发现,追随者企业具有"后发优势",虽然领导者和追随者企业的市场利润都会增加,但领导者企业涨价时,其销量也会降低,而追随者企业提价,销量不但不会减少,反而会上升。因此,两者的利润增幅并不相等,追随者企业能获得更高的收益水平。

理论上来说,出于自身利润最大化的考虑,企业都会选择成为跟随者,但在 Stackelberg 价格竞争中,总要有企业充当领导者的角色。本节试图通过一个两阶段的价格博弈过程解答企业角色定位的问题。假定企业仅以价格作为决策变量,定价后不可以改变,且企业的价格决策是完全信息,若企业均选择在第一阶段 T_1 或

第二阶段 T_2 定价，则博弈为同时博弈，若一家企业选择在第一阶段 T_1 定价，另一家企业选择在第二阶段 T_2 定价，则为序贯博弈。博弈的支付矩阵如表 3-3 所示。

表 3-3　企业价格博弈的支付矩阵

企业		企业 2	
		第一阶段 T_1	第二阶段 T_2
企业 1	第一阶段 T_1	π_1^N, π_2^N	π_1^L, π_2^F
	第二阶段 T_2	π_1^F, π_2^L	π_1^N, π_2^N

可以通过支付占优准则和风险占优准则求解博弈的均衡结果，从表 3-3 中可以看出，由于企业选择成为跟随者时获得的市场利润高于其选择成为领导者时获得的市场利润，因此，企业 1 和企业 2 选择在第二阶段 T_2 定价的概率更高，博弈不能达到支付占优均衡解。通过风险占优准则，在（T_1，T_2）时期，若企业 1 在第一阶段做出价格决策，主观认为企业 2 会在第二阶段 T_2 定价，若企业 2 也选择在第一阶段 T_1 定价，那么企业 1 的预期损失为（$\pi_1^L - \pi_1^N$），同样，若企业 2 在第二阶段做出价格决策，主观认为企业 1 会在第一阶段 T_1 定价，若企业 1 也选择在第二阶段 T_2 定价，那么企业 2 的预期损失为（$\pi_2^F - \pi_2^N$），同理可得，在（T_2，T_1）时期，企业 1 和企业 2 的偏差损失分别为（$\pi_1^F - \pi_1^N$）、（$\pi_2^L - \pi_2^N$），则

$$(\pi_1^L - \pi_1^N)(\pi_2^F - \pi_2^N) - (\pi_1^F - \pi_1^N)(\pi_2^L - \pi_2^N) = \frac{192s_1^3 - 80s_1^2 + 16s_1 + 1}{128(s_1 + \Delta s)^3(3s_1 + \Delta s)^4}$$

又 $s_1 > s_2 > 1$，则 $(\pi_1^L - \pi_1^N)(\pi_2^F - \pi_2^N) - (\pi_1^F - \pi_1^N)(\pi_2^L - \pi_2^N) > 0$，即

$$(\pi_1^L - \pi_1^N)(\pi_2^F - \pi_2^N) > (\pi_1^F - \pi_1^N)(\pi_2^L - \pi_2^N) \qquad (3-15)$$

通过精炼可以得知（T_1，T_2）为风险占优均衡解，即提供高质量产品的企业 1 为价格领导者，提供生产较次产品的企业 2 为跟随者，且通过前文可知

$$\pi_1^L - \pi_2^F = \frac{s_1 \Delta s^2}{2(s_1 + \Delta s)^2} > 0 \qquad (3-16)$$

即 $\pi_1^L > \pi_2^F$，提供更高质量产品的公司优势更大，其能获取绝大部分市场利润，并且随着产品质量差异的增加，两者的市场收益差距也会拉大。

通过 Bertrand-Stackelberg 模型分析，可以得出以下结论。

（1）相比于同时定价，先后定价会使领导者企业及追随者企业都能获得更高的收益。

（2）相比于作为领导者，企业选择成为跟随者时获利更高。

（3）出于风险占优的考虑，提供优质产品的企业往往会成为价格领导者。

2. 我国高端白酒市场中的序贯提价现象

上述模型也符合高端白酒市场中价格竞争的现实情况。一直以来，我国高端白酒市场存在轮番涨价现象，2003～2012 年，旺盛的政商需求促使高端白酒企业多次涨价，从而使得投资增加，企业扩张增产，这种繁荣也传导至中低端白酒市场，最终实现整个行业的快速增长。①这种集体涨价具有序惯性，凭借强大的品牌影响力，涨价通常由茅台开始，其他企业随后跟进。2016 年以后，随着行业的逐步回升，一线白酒企业重新开启涨价模式，多次上调其高端产品价格。2018 年 1 月，茅台宣布上调 53 度飞天茅台的建议零售价，从每瓶 1299 元上涨至 1499 元，其他各大白酒企业也陆续提价，同年 6 月，泸州老窖将 52 度国窖 1573 的销售价格从 969 元上调至 1099 元，7 月，江苏洋河酒厂股份有限公司（简称洋河股份）公告将 52 度梦之蓝 M6 从 658 元提高到 719 元，11 月，52 度五粮液从 969 元提高到 1099 元。各企业高端白酒的营业收入也随之上涨，其中，茅台和五粮液的业绩增长明显，2018 年，茅台酒的营业收入为 654.87 亿元，同比 2017 年增长了 24.99%，五粮液高端酒的营业收入为 301.89 亿元，同比上涨 41.11%②。可以看出，在高端白酒市场中，企业作为卖方垄断者拥有很大的定价空间，在提价时间的选择上，各企业具有先后性、连续性。茅台具有绝对的竞争优势，其产品价格的不断攀升提高了价格"天花板"，白酒价格带出现总体性上移的趋势，但提价策略并不是对所有企业都有效，涨价需要品牌力的支撑，目前大部分企业上调价格主要是为了提升品牌声誉，而并非由市场供需决定，策略效果具体还要看消费者的接受程度。

3.2.2　我国中低端白酒市场中的价格竞争行为

1. 扩展的 Bertrand 模型分析

一般而言，"价格战"容易在产品同质化程度高的行业中出现。随着同质化程度的加深，价格会成为消费者购买产品时的主要考虑因素。在这里利用 Bertrand 模型③说明产品差别化对价格竞争的作用。基本的 Bertrand 模型中假设市场中有两个生产完全同质产品的企业，均以价格作为决策变量，市场的需求曲线为 $D(p)$，其中企业 1 面对的市场需求为

$$d(p_1, p_2) = \begin{cases} D(p_1), & \text{如果} p_1 < p_2 \\ D(p_1)/2, & \text{如果} p_1 = p_2 \\ 0, & \text{如果} p_1 > p_2 \end{cases} \quad (3\text{-}17)$$

---

① 曾祥凤. 我国白酒产业战略转型路径研究[J]. 四川理工学院学报（社会科学版），2017 年第 32 卷第 1 期，第 1-13 页。

② 数据由相关公司年报、公告和新闻报道整理而来。

③ 刘志彪，安同良. 现代产业经济分析[M]. 南京：南京大学出版社，2009 年 5 月，第 230-232 页。

从式（3-17）可以看出，当企业 1 的产品定价高于企业 2 时，所有消费者都会选择企业 2 的产品，反之，企业 1 会占据全部的市场份额，当两者的定价相等时，市场均衡时，两者会平分市场，此时，均衡价格等于企业的边际成本，均衡结果与完全竞争市场一致。

但在现实经济系统中，这种情况不太可能发生，不同企业提供的产品不可能完全相同。为了更贴合实际，将 Bertrand 模型改进，假定市场中企业提供的产品存在差别，各自都有自己的消费受众，即使企业 1 的价格更低，其也不能吸引市场中的全部消费者，差别化程度决定了企业 1 市场份额的增长幅度。企业 1 实现利润最大化的定价随市场的平均价格的增加而增加，因此，当企业 2 提价时，企业 1 也会随之涨价，即企业 1 对于企业 2 的价格反应函数向上倾斜，同理对企业 2 也是如此，企业的产品差别化程度决定了市场均衡价格。由于消费者偏好，达到均衡时，企业不仅能收回成本，还能获得额外利润。

如图 3-8（a）所示，当产品完全同质时，市场均衡价格 p_c 与经典 Bertrand 模型的结论一致；随着差别化程度的增加，企业的市场支配力量逐渐增强，则其对于另一企业定价的敏感程度会降低，如图 3-8（b）所示，企业 1 的价格反应函数向上倾斜的幅度变大，企业 2 的曲线则逐渐平缓，最终的市场均衡价格高于完全竞争市场的价格水平；当企业 1 和企业 2 生产的产品完全不同时，则每个企业都是自身产品的完全垄断者，如图 3-8（c）所示，市场均衡价格 p_m 为垄断价格。通过改进后的模型可以看出，产品差别化缓和了价格竞争的压力。事实上，绝大部分行业的产品无法达到完全同质或完全差别化，或多或少都会存在不同，市场均衡价格位于 p_c 和 p_m 之间。

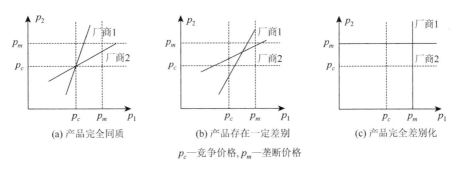

(a) 产品完全同质　　　　(b) 产品存在一定差别　　　　(c) 产品完全差别化

p_c—竞争价格，p_m—垄断价格

图 3-8　差别化产品在 Bertrand 模型中的价格反应曲线

下面进一步考虑产品同质化对企业合谋的影响。如图 3-9 所示，π_j^i（$i=1,2$；$j=1,2,3,4$）为两家企业的 4 条等利润线，cc' 为企业可能实现合谋时的契约线，则点 A（π_3^1,π_3^2）为企业达成协议时能获得最大利润的均衡点，两家企业的价格反应曲线的交点 B（π_2^1,π_2^2）为 Bertrand-Nash 均衡点。如果企业达成协议，则市场均

衡点为 A，但企业 1（或企业 2）可能会背叛合谋，调低自己的产品价格，从而占据更多的市场份额，获取更高的利润，面对企业 1（或企业 2）的行为，企业 2（或企业 1）也会降低价格，因此，从长期来看，合谋点并不稳定，由于产品的同质化，企业可能会一直重复进行价格博弈，从而陷入"囚徒困境"，降价成为企业的"最优"策略，否则将会面临市场份额迅速降低的后果。[①]

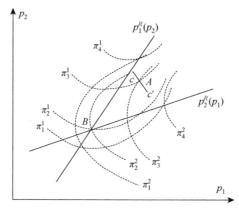

图 3-9　企业进行重复动态价格博弈时均衡解的稳定性

对于扩展的 Bertrand 模型分析，可以得到以下基本结论。

（1）当产品完全同质时，企业会平分市场份额，且均衡价格等于边际成本。

（2）随着产品差别化程度的增大，企业低价竞争的压力也会降低，企业也能从中赚取额外利润，市场均衡价格与产品异质化程度正相关。

（3）由于产品的同质化，企业即使达成合谋，在长期也不稳定，最终市场总会达到 Bertrand-Nash 均衡。

2. 我国中低端白酒市场中的"价格战"现象

可以借助上述模型解释目前我国中低端市场中企业的定价方式。与高端白酒不同，中低端白酒主要用途在于家庭自饮，消费者往往会多次重复购买，对价格信息较为了解，价格敏感度较高。目前市场参与者众多，除了主攻中低端产品的地方知名酒企和其他大量的中小酒企外，近几年来，为了提高利润，降低经营风险，全国知名酒企相继调整产品结构，向中低端市场渗透。由于中低端白酒的产品差别度较低，口味包装相似，品牌定位模糊，宣传促销手段雷同，消费者的品牌忠诚度不高，产品的替代性较强。企业竞争优势主要在于价格和渠道推广建设。因此，在节假日等白酒销售旺季，为了抢占市场，企业纷纷通过降价提高销量，在各大商超很容易看见，"打折""买送""返现"等促销活动，市场竞争残酷激烈。

---

① 安同良，杨羽云. 易发生价格竞争的产业特征及企业策略[J]. 经济研究，2002 年第 6 期，第 46-54, 95 页。

但不同品牌的价格下降在市场中具有"不对称性"，受品牌形象的影响，高声誉品牌的价格降低会吸引低声誉品牌的原有消费者，而低声誉品牌的降价却不能产生相同效果。[①]此外，受限于生产工艺，高端白酒的出酒率不高，其中绝大部分副产物可以加工包装为中低端白酒，即使价格大幅下降，高端白酒的营业利润仍然可以覆盖中低端白酒的成本支出，因此，在价格促销时，全国知名酒企的降价空间及弹性更大，加上品牌、规模、资金和技术等优势，其可以迅速获得消费者信任，打开市场，获得更大的销量。从长期来看，价格促销会增强消费者的价格敏感度，各大地方酒企及中小酒企生存压力变大。企业要想逃出价格战的泥潭，获得更大的发展，就必须打破 Bertrand 模型的竞争方式，实施差异化的竞争战略。

3.2.3　我国白酒企业的非价格竞争行为

企业的非价格竞争现象在白酒市场中表现也较为明显。从技术创新的角度而言，研发投入是企业发明创新的基础条件和物质保障，不同行业具有不同的研发投入的力度，白酒产业作为我国传统行业，生产工艺成熟，产品同质化程度高，创新空间小，行业整体的研发投入的意愿不强。特别是对高端白酒市场而言，产品品质的把控依赖工人的手工操作和技术经验，机械化生产主要体现在搬运、包装、理化检测等辅助环节。随着资源逐渐向头部市场集中，相比于小规模企业，大型白酒企业凭借其强大的经济实力和科研资源，更有能力进行技术创新活动，且大型白酒企业多为国有企业，更容易获得地方政府的支持补贴。

就广告行为而言，企业可以通过广告强化品牌影响力，扩大市场份额，同时形成进入壁垒，有效阻止其他企业的进入。通过前面在市场结构中的分析可知，为了扩大品牌的全国知名度，资金雄厚的白酒企业往往会选择央视投放广告。近年来，消费环境的转变和互联网的不断发展使得白酒企业重新思考广告内容和投放形式，在广告内容上，不再只是单纯地宣传产品，而是不断挖掘品牌的特殊内涵，注重文化与品牌的结合，传递品牌价值，输出品牌文化，满足消费者的精神诉求。在投放形式上，借助视频网站、微信等多种媒介渠道植入广告，更加贴近年轻消费者的生活习惯。

就并购行为而言，目前我国白酒产业的并购行为主要是全国知名酒企收购地方酒企。2013～2016 年，洋河股份先后收购了湖北十堰梨花村酒业有限公司、湖南宁乡汨罗春酒业有限公司、黑龙江宾州酿酒厂和贵州贵酒集团有限公司。通过兼并，收购方可以整合利用地方优质资源，增加新的品种、香型，巩固和扩展产品结构，迅速打开区域市场，扩大市场占有率，而被收购方可以借助收

① Sivakumar K，Raj S P. Quality tier competition: how price change influences brand choice and category choice[J]. Journal of Marketing，1997，61（3）：71-84.

购方的品牌、渠道、资金、技术等优势，改良生产技术，降低成本，拓展省外市场，扩大品牌影响力。随着我国白酒产业市场集中度的提升，品牌分层结构也逐渐固化，大型知名酒企可以凭借其品牌资产建立起多层次产品线，面对大酒企的快速扩张挤压，中小酒企的生存空间将愈发萎缩，行业内部的并购重组将是顺理成章。

3.3　我国白酒产业的市场绩效

受市场结构和市场行为两者的共同影响，市场绩效反映出市场运行在多方面所实现的效益和效率。本节主要从宏观、微观两个层次描述和评价我国白酒产业的市场绩效，具体而言，宏观方面主要包括白酒产业利润水平、技术进步和社会绩效，微观层次主要是深入企业内部，评价主要白酒上市企业的经营效率。

3.3.1　我国白酒产业的利润水平

1. 我国白酒产业的利润现状

白酒产业的市场参与者众多，集中度偏低，然而白酒产业却一直被视为暴利行业，在整个酿酒制造业中，白酒产业也表现突出。从销售收入看，2018 年，我国酒类制造业销售收入 8122.74 亿元，同比上升 10.2%；其中，啤酒制造业销售收入 1474.52 亿元，占比 18.15%，增速 7.08%；葡萄酒制造业销售收入 288.51 亿元，占比 3.55%，同比下降 9.51%；白酒制造业销售收入达 5363.83 亿元，占比 66.03%，是啤酒制造业、葡萄酒制造业的 3.64 倍和 18.59 倍，销售收入增幅达 12.88%，快于整体酿酒制造业、啤酒制造业和葡萄酒制造业增速。从利润总额看，2018 年酿酒制造业利润总额 1476.45 亿元，同比上升 23.92%；其中，啤酒制造业利润总额 121.85 亿元，占比 8.25%，增速 5.61%；葡萄酒制造业利润总额 30.63 亿元，占比 2.07%，同比减少 9.46%；白酒制造业利润总额 1250.5 亿元，占比 84.7%，是啤酒制造业、葡萄酒制造业的 10.26 倍和 40.83 倍，销售收入增速达 29.88%，[①]明显快于整体酿酒制造业、啤酒制造业和葡萄酒制造业增速。从整体看，白酒产业的低集中、高利润状态似乎与理论不符，但从细分市场来看却合乎情理。

2. 我国白酒产业的利润分布特点

1）市场份额向品牌企业集中
从前文的分析可知，我国白酒市场分化明显。目前，我国白酒市场的产品结

---

① 资料来源：中国酒业协会工作报告。

构（从高端到低端）依次递增，而利润结构却截然相反，高端白酒市场中，历史文化积淀形成的品牌壁垒难以打破，市场份额集中，企业对定价拥有较强的控制权，高端白酒产量最少，利润最高。另外，越往下走，竞争者越多，市场中的主要产品为中低端白酒，其中，低端白酒利润最低，产销量最高，消费者的品牌观念较为淡化，在乡镇、县城等地区还存在大量的"杂牌"和"小品牌"。

从上市白酒公司的相关数据中也可以证实这一趋势，2018 年，我国白酒行业有 2 万多家企业，但规模以上企业仅为 1445 家，不到 8%，就产量而言，规模最大的 3 家企业茅台、五粮液和洋河股份的累计市场份额不足 5%，然而其合计实现的营业收入、利润总额占比却分别高达 25.70%、64.22%，同比较上年分别提升 2.9%、0.81%。[①]虽然我国白酒大型企业的数量和产能少，但却拥有行业的主要资产，赚取了绝大部分市场利润。2009～2018 年，茅台的毛利率一直名列榜首，基本保持在 90% 以上，这意味着其生产成本不足市场零售价的 1/10，即使剔除掉管理费用、销售费用、税收等费用，其利润率也相当可观。13 家上市白酒公司销售白酒的平均毛利率则达到 60% 以上，虽然 2013 年以后平均毛利率下滑，从 2013 年的 67.58% 下降到 2015 年的 65.47%，但随着行业回暖，平均毛利率开始逐渐提升。大部分白酒上市企业毛利率基本维持在 70% 左右，即使毛利率最低的老白干酒，其毛利率也在 50% 左右。[②]可以看出，白酒消费的品牌效应突出，高端白酒品牌溢价明显，存在极高的超额利润，对中小酒企的挤出效应明显。

2）市场份额向优质产区集中

水、土壤等自然资源和适合微生物生长的气候环境是酿造白酒的基础条件，白酒品质与自然环境有着密切关联。因此，我国名优白酒主要产自四川、贵州、江苏等传统优质产区，区域集中度很高，近年来居民消费升级为白酒产业的转型升级带来新的发展机遇，市场资源进一步向传统产区集中，品牌企业的竞争优势也愈发凸显。2018 年，四川、贵州、江苏、安徽四大产区累计实现产量 501.81 万千升，占整个行业的比重高达 50% 以上，而累计利润占比更是达到了 86.4%。[③]

受消费习惯、区域经济、地理环境等因素的综合影响，各大产区发展水平存在差异。四川和贵州作为主要的高端白酒产区，2018 年，四川白酒产量位居全国第一，占全国总产量的比重为 41.13%，利润占比 27.5%，四川也孕育了最多的名优品牌，其中，"六朵金花"家喻户晓，目前川酒品牌已形成一定的错位竞争格局；作为酱香型白酒的发源地，贵州虽然产量不及其他三个产区，但收入和效益表现抢眼。2018 年贵州以全国 3.5% 的产量，实现了全国 43% 的利润总额，继续保持

---

① 数据由茅台、五粮液和洋河股份 2018 年报中的相关数据计算得出。
② 资料来源：13 家上市白酒公司历年年报。
③ 资料来源：国家统计局、相关省份 2018 年国民经济和社会发展统计公报。

全国第一，但目前贵州白酒份额高度集中，茅台一家独大，其他品牌市场认可度较低；淮河流域的江苏、安徽分别以全国 7.9%、5% 的产量，达到全国 11.3%、4.5% 的利润。①其中，江苏省经济发达，交通便利，白酒市场规模大，消费档次较高，竞争格局开放，近年来，以洋河股份为代表的苏酒通过品牌营销持续发力，迅速占领了中端白酒市场；安徽也是中国白酒的重要产区，涌现出古井贡酒、口子窖、金种子酒、迎驾贡酒等诸多品牌，但品牌影响力弱，主要集中于省内，市场相对封闭。

3.3.2　我国白酒产业的技术进步

　　技术进步可以促使白酒产业进一步向前发展。从长期来看，技术进步可以削减开支，提升生产效率，为企业赢得长期持久的竞争优势，避免同质化及低价竞争。白酒产业的市场结构直接影响企业的技术创新现状。市场竞争会使企业不断研发创新，以获得持久竞争力，但这并不等于竞争性越强，企业进行技术开发的动力越高。企业规模会影响其研发投入力度，同中小企业相比，大规模企业更有能力负担技术创新的费用和风险，也更容易吸引人才。目前中低端白酒市场就是一个有力佐证，在我国白酒产业中，中小企业数目过多，价格竞争压缩了市场利润空间，在生存都难以维持的情况下，研发投入无疑会加重企业负担，企业不得不选择在现状上继续生产，导致产品竞争力进一步下降。如此，企业就陷入了"价格竞争—研发投入减少—竞争力下降"的恶性循环。虽然在高端白酒市场中，垄断力量使企业能获得长久的超额利润。但白酒产业作为食品制造加工业，生产流程和品种香型固定，受产业特性影响，相比于研究开发，白酒企业在广告宣传方面投入更大，产业整体技术创新进展缓慢。2018 年，大部分上市白酒公司的研发投入占销售收入的比重不足 1%，而多数公司的广告费用占比超过了 10%，其中，泸州老窖的广告费用占比为 20.54%，位列第一。②目前，大规模企业的研发投入主要用于改进生产工艺、开发新产品及研究微生物发酵技术方面，核心生产环节并没有发生颠覆性改变，从这个意义而言，白酒产业几乎可以算是"零创新"。

3.3.3　我国白酒产业的社会绩效

　　新中国成立以来，我国白酒产业完成了从传统手工作坊到现代化规模生产的转变，在创造突出经济效益的同时，也带来了巨大的社会效益。一方面，由于白酒工业高度的地域集中性，作为当地的支柱产业，白酒产业创造了高额利税，是

① 资料来源：国家统计局、相关省份 2018 年国民经济和社会发展统计公报。
② 数据由 2018 年 13 家白酒公司年报计算得出。

地方财政收入的重要来源，2018 年，四川实现生产总值 40 678.1 亿元，其中，白酒产业收入 2372.4 亿元，占比 5.8%，而缴纳的税收则更高，占到了全省税收的 10% 左右。[①] 另一方面，白酒产业贯穿一二三产业，上游主要为农业，酿造白酒需要大量粮谷作为原料，通过建设酿酒专用粮食基地，可以实现规模种植和农业产业化，提高产品附加值和农民收入，是解决"三农"问题的重要手段；中游为白酒生产，生产工艺的特殊性决定了某些环节必须使用人工操作，需要大量劳动力，白酒企业也大多位于经济不发达地区，工业化企业少，因此，白酒企业可以创造大量的劳动岗位，吸纳农村剩余劳动力；白酒产业还可以向下延伸，带动餐饮、旅游、文化、物流等产业的发展。此外，白酒文化作为中国文化的重要代表，可以作为世界人民了解、学习中国文化的窗口，白酒走出国门，可以实现中国与世界的互动。

3.3.4　我国上市白酒公司的经营效率分析

1. DEA 模型分析方法

效率作为衡量某企业投入产出状况的指标，其值的高低可以反映出在特定的市场结构下企业采取一系列行为后整体的资源利用和经营效率。通过对上市白酒公司效率的定量分析有助于了解我国白酒企业的内部运转状况，从而改善企业经营情况，提高市场绩效。效率的数学分析方法主要有参数法和非参数法，其中随机前沿分析（stochastic frontier analysis，SFA）、数据包络分析（data envelopment analysis，DEA）是目前使用频率最高的参数法和非参数法。

1978 年 Charnes 等[②]提出了 DEA 分析方法，具体而言，DEA 是使用数学规划模型来评价具有多个相同类型的输入和输出的决策单元（decision making unit，DMU）间的相对有效性。[③]其实质是将每个 DMU 的投入值和产出值加权平均后，然后和所有 DMU 中的最佳值对比，据此判断出各个 DMU 相对有效性和相对无效性。虽然 DEA 方法只能评估每个 DMU 的相对效率，但其也具有如下优势。

（1）DEA 方法可评估同时拥有多个投入和产出变量的 DMU 的相对效率，使用时不需要提前输入关于投入产出的数学表达式。因此，当 DMU 的生产关系复杂并且不能确定其具体的函数关系式时，可以使用 DEA 模型。

（2）DEA 的评价结果不会受输入指标的单位影响。只要各项指标的单位保持一致，最后结论并不会因量纲的不同而有所区别。

---

① 资料来源于四川省统计局、四川省 2018 年国民经济和社会发展统计公报。

② Charnes A，Cooper W W，Rhodes E. Measuring the efficiency of decision making units[J]. European Journal of Operational Research，1978，2（6）：429-444.

③ 魏权龄. 数据包络分析（DEA）[J]. 科学通报，2000 年第 17 期，第 1793-1808 页。

（3）DEA 方法相对客观公平。DMU 中各个指标的权重由系统内置的模型产生，不需要人为设定，可以减少主观因素的干扰。

（4）DEA 可以对比分析各个 DMU 间的效率差异。通过差异分析，可以进一步了解各个 DMU 的资源利用水平的具体差别，同时还可得出相对效率低下 DMU 的具体投入产出的调整方向和幅度，供管理者决策参考使用。

考虑到我国白酒企业的经营状况和 DEA 的使用优势，本节使用 DEA 方法评价我国上市白酒公司的具体效率。

2. 投入产出指标的选择

DEA 方法的关键之处在于投入指标和产出指标的选择，投入指标和产出指标之间必须存在一定的关联，且各个 DMU 的投入指标和产出指标类型应相同。根据科布–道格拉斯生产函数、数据的可获得性和关联性，本节选择总资产、在职员工人数和主营业务成本作为投入指标，净利润和主营业务收入作为产出指标。以上指标的具体数值均来自 13 家上市白酒公司 2004～2018 年的财务数据。

DEA 模型的使用要求投入指标和产出指标均为正数，而部分上市白酒公司在研究范围内出现亏损，净利润为负，为了解决净利润的负值问题，本节将所有指标进行无量纲化处理，同时考虑到不同上市白酒公司选择的数据差距较大，为了更好体现不同公司间的实际差距，通过式（3-18），将各项指标转化为 0.001～1.000 的正数。本节主要使用 Dea-Solver 13.0 软件进行效率分析。

$$X_{ij}' = 0.001 + \frac{X_{ij} - \min(X_{ij})}{\max(X_{ij}) - \min(X_{ij})} \times 0.999 \qquad （3\text{-}18）$$

式中，X_{ij} 为第 i 个 DMU 的第 j 项指标的原始数据；X_{ij}' 为第 i 个 DMU 的第 j 项指标无量纲化处理后的数据；$\max(X_{ij})$ 为第 j 项指标中的最大值；$\min(X_{ij})$ 为第 j 项指标中的最小值；$i = 1, 2, \cdots, 13$；$j = 1, 2, 3, 4, 5$。

3. 基于 Super-SBM 模型的静态效率分析

1）Super -SBM 模型

传统的 DEA 效率评价存在一个很大的缺陷，其效率评价结果在 0 到 1 之间，若有效 DMU 过多（取值为 1），则无法正确体现各 DMU 的效率排序情况。1993 年，Andersen 和 Petersen[①] 改进了传统的 DEA 模型，使效率评价取值能够大于 1，从而能根据效率取值将各 DMU 进行排序，即超效率的 DEA 模型。此外，不论是经典或超效率的 DEA 模型都是基于投入、产出变化比例相同的前提假设，即径向假设。但

---

① Andersen P，Petersen N C. A Procedure for ranking efficient units in data envelopment analysis[J]. Management Science，1993，39（10）：1261-1264.

在大多数情况下，该假设并不符合实际情况，Tone[①]从松弛变量的角度出发，假定投入、产出的变化比例可以不同，建立了非径向下的 DEA 分析模型。但 SBM 模型（slack based model）并未解决效率排序的有效性问题，为了更准确地进行效率评价，Tone[②]结合超效率模型修正了 SBM 模型，提出了 Super-SBM 模型，使得在松弛变量的情况下也能对各 DMU 的有效性进行排序。不同于传统 DEA 模型根据投入导向、产出导向分类，投入导向是指在给定产出水平下度量各个 DMU 的资源投入使用状况，追求投入最小；而产出导向是指在给定投入水平下衡量对各个 DMU 的产出水平，使得产出最大。SBM 模型将两种导向都考虑其中，更符合实际情况。

DEA 模型最为经典的形式是 CCR 模型[③]和 BCC 模型[④]。前者是假定规模报酬不变（constant returns to scale，CRS）的前提下，测定 DMU 的相对效率；后者是假定规模报酬可变（variable returns to scale，VRS）的前提下，测定 DMU 的相对效率。从企业经营的实际情况而言，并不是所有 DMU 都处于固定规模报酬的状态，在长期内，各个白酒企业的规模会随经营状况的变动而扩张或缩减。因此，此次分析选择 VRS 下的 Super-SBM 模型。

2）结果分析

将处理后的数据导入软件，运行结果整理后如图 3-10 和表 3-4 所示。由图 3-10 可知，2004～2018 年，我国 13 家上市白酒公司整体的平均效率在波动中下降，但平均效率值均大于 1，表明我国白酒上市企业的整体生产效率较高，然而从均值的变化情况来看，平均效率并不稳定，波动幅度较大，这可能与宏观经济形势、政策等因素相关。具体而言，2004～2013 年，平均效率先增加后降低，2007 年达到峰值 4.169。可能是受 2004 年后经济高速增长和高端白酒市场需求旺盛的双重影响，白酒产业进入黄金发展期，在发展前期，企业增长不能满足市场需求，企业生产效率提升幅度很大，在发展后期，白酒市场的丰厚利润和高端价格的过快攀升吸引了大量新厂商和投资者加入，而市场监管制度缺失，企业仅仅依靠需求—产能—利润的链条扩张发展，盈利模式单调粗暴，企业生产效率下降，行业乱象频发。而 2014 年以后，平均效率在波动中缓慢上升，具体原因可能是受 2013 年消费环境改变的影响，高端白酒需求大幅下滑，行业整体步入调整期，市场需求低迷。为了突破困境，企业纷纷调整经营战略，进行改革，生产效率因此得到改善。

① Tone K. A slacks-based measure of efficiency in data envelopment analysis[J]. European Journal of Operational Research，2001，130（3）：498-509.

② Tone K. A slacks-based measure of super-efficiency in data envelopment analysis[J]. European Journal of Operational Research，2002，143（1）：32-41.

③ CCR 模型是 DEA 模型中的一种，1978 年，著名的运筹学家 A. Charnes、W. W. Cooper 和 E. Rhodes 首先提出了 DEA 的方法，去评价部门间的相对有效性，他们的模型被命名为 CCR 模型，CCR 是三位运筹学家的名字缩写。

④ 1984 年，R. D. Banker、A. Charnes 和 W. W. Cooper 提出了 BCC 模型，BCC 是三位运筹学家名字缩写。

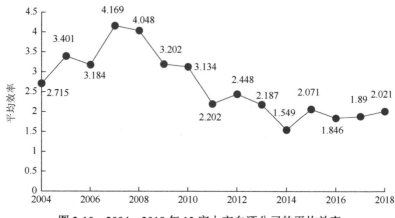

图 3-10　2004～2018 年 13 家上市白酒公司的平均效率

表 3-4　2004～2018 年 13 家上市白酒公司的效率排序

年份	贵州茅台	五粮液	洋河股份	泸州老窖	山西汾酒	古井贡酒	顺鑫农业	水井坊	老白干酒	舍得酒业	伊力特	酒鬼酒	金种子酒
2004 年	3	5	2	8	7	13*	6	1	9	11*	4	10	12*
2005 年	3	5	4	8	7	11*	9	1	2	12*	6	13*	10*
2006 年	3	8	10	9	7	12*	11	2	4	13*	5	1	6
2007 年	3	9	6	4	5	12*	7	8	10	13*	11*	1	2
2008 年	3	9	5	4	6	12*	8	7	13*	11*	10*	1	2
2009 年	3	9	12*	4	10	7	8	2	6	13*	11	1	5
2010 年	2	6	8	3	7	5	12*	9*	4	13*	11*	1	10*
2011 年	3	9	8	5	6	11*	10	4	1	13*	12*	2	7
2012 年	4	8	7	3	6	10*	13*	1	2	12*	11*	5	9*
2013 年	4	11*	10*	3	7	8*	13*	1	2	12*	5	6	9*
2014 年	2	12*	7	4	11*	9	8	1	6	13*	5	3	10*
2015 年	2	8*	5	3	9	7	10*	1	6	13*	4	12*	11*
2016 年	3	10	9	4	11*	6	7	2	5	12*	8	1	13*
2017 年	2	10*	9*	7	8*	6	5	3	4	12*	11*	1	13*
2018 年	3	9*	7*	8*	4	6	5	2	12*	11*	10*	1	13*

*代表效率值小于 1

由表 3-4 可以进一步看出，虽然大部分上市白酒公司的生产效率都较高，但企业之间发展不均衡，投入产出效率差距较大，效率值波动较大导致排名起伏较大。具体来看，茅台、水井坊和酒鬼酒的排名一直都比较靠前，茅台的排名一直稳定，水井坊和酒鬼酒则在波动中上升；五粮液和洋河股份则处于下滑趋势，其中，2013 年后，五粮液的生产效率基本小于 1；而先上升后下降的主要有泸州老窖、老白干酒、伊力特和金种子酒 4 家，其中，金种子酒效率的恶化趋势明显，2012 年以后，连续 7 年生产相对无效，且排名靠后；山西汾酒、古井贡酒和顺鑫农业则基本处于增长趋势；而舍得酒业效率始终小于 1，且排名落后。效率波动较大可能是由于大部分白酒企业内部经营运转并非真正处于有效状态，加上其特殊的社交用途，因而容易受市场外部环境因素的影响，从而起伏过大。

4. 基于 Malmquist 指数模型的动态效率分析

虽然利用 Super-SBM 模型能从截面角度得到各上市白酒公司的效率排序情况，但却无法得知公司效率的动态变化趋势，为了更好地说明上市白酒公司的效率波动情况，本节利用 1994 年 Fare 等[①]建立的 Malmquist 指数模型从纵向角度测算各公司生产效率的动态变化过程。Malmquist 生产力指数又称全要素生产力变动指数（tfpch），其是对企业综合利用各种要素进行生产的效率变化情况的评价，tfpch 可从两方面进行解释，即技术效率变动指数（effch）及技术进步（techch），其中，effch 表示公司生产技术或管理水平有效性的变化水平，其又可分解为纯技术效率变动（pech）与规模效率变动（sech）的乘积，而 techch 则表示生产技术的进步程度。

将软件运行的结果整理后，如表 3-5 和图 3-11 所示。由表 3-5 可知，2004～2018 年，13 家上市白酒公司平均 tfpch 的波动幅度很大，但总体表现为增长趋势。具体来看，平均 effch 和平均 techch 不稳定，其中，平均 effch 基本保持不变，2004～2005 年和 2017～2018 年分别为 0.722、0.774，总体处于无效状态，而从 effch 的具体分解值来看，虽然 pech 及 sech 的变化幅度均不大，但 sech 的极值为 2.241，pech 的极值为 1.414，sech 的波动幅度更大；techch 整体则呈增长态势，从无效（2004～2005 年为 0.966）转变为有效（2017～2018 年为 1.206）状态。

表 3-5　2004～2018 年 13 家上市白酒公司整体 tfpch 及其分解值

年份	effch	techch	pech	sech	tfpch
2004～2005	0.772	0.966	0.798	0.968	0.746
2005～2006	1.288	0.944	1.414	0.911	1.216
2006～2007	1.025	0.593	0.980	1.046	0.608
2007～2008	0.988	1.028	0.961	1.028	1.016
2008～2009	0.934	1.105	0.922	1.013	1.032
2009～2010	0.451	2.116	1.014	0.445	0.955

① Fare R，Grosskopf S，Norris M，et al. Productivity growth，technical progress，and efficiency change in industrialized countries[J]. American Economic Review，1994，8（1）：66-83.

年份	effch	techch	pech	sech	tfpch
2010～2011	2.435	0.403	1.087	2.241	0.981
2011～2012	0.955	1.174	1.022	0.935	1.122
2012～2013	1.011	0.771	0.985	1.026	0.780
2013～2014	1.077	0.891	1.060	1.016	0.959
2014～2015	0.477	2.867	0.933	0.511	1.368
2015～2016	1.586	0.543	1.036	1.530	0.861
2016～2017	0.947	0.818	0.945	1.002	0.775
2017～2018	0.774	1.206	0.840	0.921	0.933

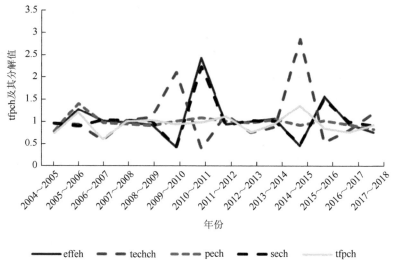

图 3-11　2004～2018 年 13 家上市白酒公司整体 tfpch 及其分解值

　　为直观了解引起全要素生产率增长率变动的具体原因，根据表 3-5 数据，作图 3-11。由图 3-11 可知，techch 和 effch 是影响我国白酒企业 tfpch 的主要因素，其中，effch 是制约 tfpch 的瓶颈因素，而 techch 则推动了 tfpch 的提升。可以明显看出，2009～2010 年 techch 出现波峰，sech 出现波谷，而 2010～2011 年却截然相反，具体原因可能在于黄金发展期中期，市场需求的大幅增长促使企业大规模投资，引进生产设备，扩大规模，因此生产效率得到了很大改进，而规模扩大的增长效应存在时滞，因而出现波谷，而 2010 年生产规模的增长效应开始释放，因而出现波峰。2014～2015 年 techch、sech 分别出现波峰、波谷，可能是 2013 年后消费环境改变使得企业短期生产受到冲击，投入产出失衡，前期增加的产能未能被市场完全消耗，存在冗余。此后，行业整体步入调整期，白酒企业面对低迷的市场需求，纷纷调整经营战略，提高技术水平，开发新产品，调整产品结构，使得技术进步的增长较为明显。

通过 Super-SBM 模型及 Malmquist 指数模型的效率分析可得以下结论。

（1）总体来看，我国主要上市白酒企业的生产效率都基本较高，但企业之间发展不均衡，差异较大，并且整体波动幅度过大，并不稳定。具体原因可能在于，我国白酒产业作为传统食品加工制造业，发展成熟，市场需求广阔，但由于其特殊的社交用途，因而又容易受政策因素的影响，导致白酒企业的生产效率虽然较高，但也容易波动，此外，不同白酒都有一定的顾客群体，因而，企业间的效率差异不能排除是由于品牌影响力作用的结果。

（2）sech 对 tfpch 主要表现为反向作用，表明我国白酒行业上市企业整体存在过多不必要的投入，规模扩大的同时资源利用效率并没有得到提高，可能是由竞争加剧、市场集中度逐渐提高所导致。近年来，为了持续生存发展，白酒企业主要通过加大广告营销和广建渠道网络来培育、提升品牌形象，开拓市场，从而导致规模不断扩大，投入与产出失衡。

（3）techch 对 tfpch 主要表现为正向作用，表明白酒企业要以技术作为制胜法宝，转变发展方式，注重研发，提高技术创新能力，不断开发新设备和新产品，提高市场竞争力。

3.4　我国白酒产业的市场结构、行为与绩效关系的实证分析

市场结构的特征会对企业行为和市场绩效产生重要影响，而经营效率高的白酒企业也可以通过一系列的战略行为，进一步扩大市场占有率，获得更高的利润。由于市场的复杂变动，在不同的行业以及不同的地区，市场结构、行为、绩效间的逻辑关系可能并不符合哈佛学派的理论假说。为了更好地说明我国白酒产业中三者间的作用关系，本节试图通过面板数据，从实证角度进行检验。

3.4.1　理论基础

1. 关系假说

目前关于市场结构、行为与绩效之间作用关系的理论研究主要包括两类，即哈佛学派的市场力量假说及芝加哥学派的效率结构假说。传统的市场力量假说认为，在不完全竞争的市场中，市场集中度越高意味着企业的垄断势力也越强，大企业可以通过控制产量和价格，获得超额的垄断利润，从而导致市场资源配置低效率和社会福利损失。市场力量假说又可分为传统共谋假说及相对市场力量假说，按照传统共谋假说，在集中度较高的市场中拥有较大市场份额的大企业存在规模

经济，凭借其规模生产的优势，大企业可以削减成本，提高市场占有率，且其具有市场操控力量，达成合谋也更为容易。通过价格合谋等方式，大企业可以获取高额的垄断利润，相对市场力量假说则认为企业只有通过产品差异化，才能获得市场力量实现更高的收益。芝加哥学派则侧重于企业效率，从其出发说明市场结构与利润率间的正向关系，认为在市场竞争中拥有先进生产或管理技术的公司会更有效率，市场集中度的提升是公司高效率经营的结果，而并非由于市场中存在垄断势力。

两个学派虽然都从市场结构与市场绩效间的关系出发进行研究，但市场力量假说认为市场势力加强会降低市场资源配置效率，垄断会损害社会福利。因而，其政策建议为调整市场结构，限制垄断，鼓励市场竞争。效率结构假说则基于微观角度，认为企业市场份额的增加是由公司的生产效率高所引起的，高效率的公司提供产品和服务会提高市场运行效率。因此，政府不必过分关注市场结构，应该鼓励企业改进生产或管理技术，提高经营效率，增加市场份额。

2. 理论模型

迄今为止，已有大量的学者根据自己的研究需要构建了不同的理论模型，对假说进行实证检验。Smirlock[1]、Evanoff 和 Fortier[2]建立了以下模型进行检验：

$$\pi = \beta_0 + \beta_1 CR + \beta_2 MS + \gamma X + \varepsilon \tag{3-19}$$

式中，π 为企业绩效（通常用资产收益率 ROA 或资本收益率 ROE 表示）；MS 为企业的市场份额，用来测度企业经营效率；CR 为市场集中度；X 为会对市场绩效产生影响的其他控制变量，通常与企业、市场有关；ε 为随机扰动项。

此后，Shepherd[3]和 Berger[4]对模型（3-19）进行了修正，提出了以下模型：

$$\pi = \beta_0 + \beta_1 CR + \beta_2 MS + \beta_3 EF + \gamma X + \varepsilon \tag{3-20}$$

式（3-20）与式（3-19）的不同之处在于，变量 MS 不再用来测度企业效率，而是衡量市场结构，而变量 EF 直接用来度量效率。模型（3-20）作为验证市场结构与市场绩效关系的经典模型之一，被广泛应用于不同行业，本节将结合前文分析，对模型（3-20）做出一定的调整后，用其验证两个学派的理论假说是否适用于我国白酒产业。

① Smirlock M. Evidence on the（non）relationship between concentration and profitability in banking[J]. Journal of Money，Credit and Banking，1985，17（1）：69-83.

② Evanoff D D，Fortier D L. Re-evaluation of the structure-conduct-performance paradigm in banking[J]. Journal of Financial Services Research，1987，1（3）：277-294.

③ Shepherd W G. Economies of scale and monopoly profits[C]. Craven G V. Industrial Organization，Antitrust，and Public Policy. Netherlands：Springer，1983：165-204.

④ Berger A N. The profit-structure relationship in banking -v tests of market-power and efficient-structure hypotheses[J]. Journal of Money，Credit and Banking，1995，27（2）：404-431.

3.4.2　模型构建

1. 变量选取

本节所选样本为 13 家白酒上市公司 2004～2018 年共 15 年的面板数据,使用的计量软件为 Stata14,研究变量的选取如表 3-6 所示。

表 3-6　回归变量的选取说明

变量类型	变量名称	变量符号
被解释变量	企业绩效	π(ROA、加权 ROE)
解释变量	市场结构	CR_4
	市场份额	MS
	企业效率	EF_1 和 EF_2 分别为 Super-SBM 模型、Malmquist 指数模型测算的效率值
控制变量	企业扩张能力	S
	资本密集度	CP
	GDP 增长率	g

1)被解释变量

为增强回归结果的稳健性,本节选取两个变量代表企业绩效 π 进行回归。其中,ROA 代表资产回报率,即企业税后净利润和总资产的百分比;ROE 表示净资产收益率,即企业税后净利润和净资产的百分比,为了更好地体现企业在经营期间获利能力的动态变化,选择了加权 ROE(以下简称 ROE)作为回归变量。ROA、ROE 均来源于历年上市白酒公司年报。

2)解释变量

自变量主要包括市场结构、企业的市场份额和企业效率,其中,市场结构用 CR_4 度量;市场份额 MS 以企业的资产总额占比表示;为增强稳健性,企业效率 EF 采用 Super-SBM 模型和 Malmquist 指数模型测量的效率表示。CR_4 来源于前文计算值,MS 以上市白酒公司年报和《中国轻工业年鉴》中的相关数据计算得出,EF 来源于前文的计算值。

3)控制变量

考虑到我国白酒产业的发展情况和数据的可获得性,控制变量选取了企业扩张能力 S、资本密集度 CP 和 GDP 同比增长率 g,其中,企业扩张能力 S 等于企业总资产大于行业平均水平的增速,反映了企业的规模扩张速度;资本密集度 CP 表示人均资本拥有量,反映了企业的规模化生产状况,一般而言,企业的 CP 越大,其技术水平和劳动生产率也越高,有利于企业降低内部生产、运营成本,进而提升市场绩效；GDP 增长率则可以反映出宏观经济环境对企业经营的影响，通常而言，经济发展势头良好有利于白酒产业的整体发展。S、CP 均由上市白酒公司年报和《中国轻工业年鉴》中的相关数据计算得出，g 来源于国家统计局官网。相关变量的描述性统计如表 3-7 所示。

表 3-7　变量的描述性统计

变量	均值	标准差	最小值	最大值
资产回报率（ROA）	10.48	10.14	−22.00	40.69
加权净资产收益率（ROE）	16.21	15.76	−36.33	72.51
市场结构（CR_4）	16.96	3.62	13.79	28.13
市场份额（MS）	3.14	4.01	0.31	22.51
综合效率的对数值（$\ln EF_1$）	−0.0620	1.632	−6.128	3.412
全要素生产指数的对数值（$\ln EF_2$）	−0.0677	0.722	−4.200	2.297
企业扩张能力（S）	0.0441	0.222	−0.427	1.861
资本密集度的对数（$\ln CP$）	4.789	0.804	2.961	6.729
GDP 增长率（g）	8.7	1.6	6.6	11.4

2. 模型设定

本节参考模型（3-20）和相关理论研究，结合白酒产业的特点，建立了以下实证模型：

$$\pi = \beta_0 + \beta_1 CR_4 + \beta_2 MS + \beta_3 \ln EF + \beta_4 S + \beta_5 \ln CP + \beta_6 g + \varepsilon_1 \qquad (3\text{-}21)$$

$$CR_4 = \beta_{10} + \beta_{11}\ln EF + \beta_{12}S + \beta_{13}\ln CP + \beta_{14}g + \varepsilon_2 \qquad (3\text{-}22)$$

$$MS = \beta_{20} + \beta_{21}\ln EF + \beta_{22}S + \beta_{23}\ln CP + \beta_{24}g + \varepsilon_3 \qquad (3\text{-}23)$$

其中，模型（3-21）将综合检验两个学派的假说在我国白酒产业的适用性，若 β_1 显著为正，表明传统共谋假说成立，集中度与绩效之间正相关；若 β_2 显著为正，表示相对市场力量假说成立，绩效与市场份额正相关。模型（3-22）和模型（3-23）则是对效率结构假说的进一步检验。若 β_3 显著为正，且 β_{11}、β_{21} 的系数均显著为正，表明效率结构假说成立，高效率的白酒企业可以通过更高的技术、管理运营能力，实现低成本和高收益，从而占据较大的市场份额，最终导致高集中度市场的形成。

3.4.3　回归分析

1. 模型选择

面板数据常用的估计模型主要包括混合回归模型和个体效应模型，混合回归模型假设样本中所有个体完全同质，个体效应模型则保留了个体的异质性。个体效应模型又可分为固定效应模型以及随机效应模型，两种模型的判断依据主要为个体中存在固定效应还是随机效应。

为了在混合回归和固定效应模型之间、混合回归和随机效应模型之间做出选择，对模型进行 F 检验及 LM 检验，检验结果如表 3-8 所示，模型中的效率变量均为 Super-SBM 模型测量的效率值。

表 3-8　F 检验、LM 检验的结果

模型名称	被解释变量	原假设	检验结果
模型（3-21）	ROA	H_0：不存个体效应	Prob＞F = 0.0000
		H_0：解释变量为外生变量	Prob＞chi2 = 0.0000
	ROE	H_0：不存个体效应	Prob＞F = 0.0000
		H_0：解释变量为外生变量	Prob＞chi2 = 0.0000
模型（3-22）	CR_4	H_0：不存个体效应	Prob＞F = 1.0000
		H_0：解释变量为外生变量	Prob＞chi2 = 0.0006
模型（3-23）	MS	H_0：不存个体效应	Prob＞F = 0.0000
		H_0：解释变量为外生变量	Prob＞chi2 = 0.0000

从表 3-8 可知，模型（3-22）中 F 检验的结果表明，与固定效应模型相比，应接受原假设，选择混合回归模型，但 LM 检验的结果表明可以在 1% 的水平上拒绝原假设，因此，选择随机效应模型对模型（3-22）进行分析。而模型（3-21）和模型（3-23）的 F 检验、LM 检验的 P 值均为 0.0000，表明可以在 1% 的水平上拒绝原假设，即模型（3-21）和模型（3-23）存在个体异质性，其中 F 检验表明固定效应模型优于混合回归模型，LM 检验表明随机效应模型优于混合回归。

虽然 F 检验、LM 检验都表明模型（3-21）和模型（3-23）中存在个体效应，但却并未说明个体效应是固定还是随机，为解决这一问题，进行豪斯曼（Hausman）检验，检验结果如表 3-9 所示。

表 3-9　Hausman 检验的结果

模型名称	被解释变量	原假设	检验结果
模型（3-21）	ROA	H_0：随机效应模型与固定效应模型的差异不显著	Prob＞chi2 = 0.0213
	ROE	H_0：随机效应模型与固定效应模型的差异不显著	Prob＞chi2 = 0.0001
模型（3-23）	MS	H_0：随机效应模型与固定效应模型的差异不显著	Prob＞chi2 = 0.4800

表 3-9 表明模型（3-21）能在 1% 或 5% 的水平上拒绝原假设，故分析模型（3-21）

时应使用固定效应模型，而模型（3-23）中 Hausman 检验结果表明，不能拒绝原假设，应选用随机效应模型。

2. 回归结果

1）实证结果分析

虽然 Hausman 检验结果表明，模型（3-23）选用随机效应模型，但也并不意味着其完全满足随机效应模型成立的前提假设，由于固定效应模型不受此假设影响，因此，无论原假设是否成立，固定效应模型都是无偏的，但使用固定效应模型可能使得估计不够准确，即随机效应模型的显著性会优于固定效应模型。为了更好地估计模型，本节利用固定效应模型分析模型（3-21），而将固定效应模型和随机效应模型均用于模型（3-22）和模型（3-23）的分析，将结果整理后，如表 3-10 所示。

表 3-10　回归结果（一）

变量	模型（3-21）		模型（3-22）		模型（3-23）	
	ROA（FE）	ROE（FE）	CR_4（RE）	CR_4（FE）	MS（RE）	MS（FE）
CR_4	0.258** (2.68)	0.473*** (3.35)				
MS	−0.555 (−1.69)	−1.474 (−1.39)				
$\ln EF_1$	0.935*** (3.36)	1.874*** (3.15)	−0.135 (−1.06)	−0.171 (0.189)	−0.0173 (−0.23)	−0.0198 (0.0724)
S	6.429*** (3.69)	10.77*** (3.38)	−1.039 (−1.30)	−1.205 (0.931)	−0.327 (−0.58)	−0.371 (0.551)
$\ln CP$	6.049*** (4.75)	7.737** (2.71)	0.336** (2.17)	0.929* (0.484)	1.690*** (2.71)	1.642** (0.612)
g	1.352** (2.69)	1.907** (2.70)	−0.596*** (−9.57)	−0.446*** (0.130)	0.244** (2.46)	0.233* (0.109)
C	−32.65*** (−3.19)	−40.32* (−2.12)	20.37*** (16.72)	16.22*** (3.378)	−7.078*** (−2.61)	−6.750** (3.038)
R^2	0.176	0.171	0.106		0.178	

注：括号中为稳健标准误，C 为常数项，RE 代表随机效应模型，FE 代表固定效应模型

* 表示 $p<0.1$，** 表示 $p<0.05$，***表示 $p<0.01$

从表 3-10 的回归结果中，可以得知以下内容。

模型（3-21）中，无论是 ROA 还是 ROE 作为被解释变量，关键变量 CR_4 及 $\ln EF_1$ 在 1%或 5%的水平上都显著为正，即提高市场集中度和企业效率，企业绩效也会增加，表明我国白酒产业中存在传统共谋假说，并且可能存在效率结构假说，而 MS 的系数为负，也未通过 t 检验，可以推断相对市场力量假说不成立。

模型（3-22）和模型（3-23）中 lnEF 的系数均为负，并且不显著，表明白酒产业中并未出现芝加哥学派主张的集中度与市场份额内生于企业效率的前提假设。因此，白酒产业中可能并不存在效率结构假说。

模型（3-21）中 S 的系数在 1%的水平上均显著为正，而在模型（3-22）和模型（3-23）中系数为负，且不显著，这可能是由于我国白酒产业发展不均衡，大部分企业并未达到规模经济，另外也反映出我国白酒企业扩张速度不合理，资源利用效率有待改善。

模型（3-21）、模型（3-22）和模型（3-23）中 lnCP 的系数在 1%、5%或 10%的水平上均显著为正，表明企业的技术装备和规模化生产水平越高，越有利于其扩大市场占有率，提升市场绩效，最终会提高市场集中度。

模型（3-21）中 g 的系数在 5%的水平上显著为正，模型（3-23）中 g 的系数在 5%或 10%的水平上显著为正，而模型（3-22）中在 1%的水平上显著为负，这一方面说明企业的外部经营环境良好有利于企业提高市场份额，进而改善经营绩效。另一方面也表明市场外部环境良好会导致竞争加剧，从而降低市场集中度。

2）稳健性检验

为进一步增强模型的稳健性，将模型中的效率变量改为 Malmquist 指数模型测量的效率值，同理可得，对模型进行 F 检验、LM 检验及 Hausman 检验后，进行回归，回归结果如表 3-11 所示。从表 3-11 中可以明显看出，无论是利用 Super-SBM 模型还是 Malmquist 指数模型测量的效率作为效率变量，回归结果类似。其中，模型（3-21）中，ROA、ROE 作为被解释变量时，结构变量 CR_4 和效率变量 $lnEF_2$ 显著为正，市场份额 MS 并不显著且为负；模型（3-23）中，lnEF 的回归系数为负且不显著；虽然在模型（3-22）中，lnEF 的回归系数通过了 t 检验，但却显著为负，并不符合效率结构假说。这表明本节的回归结果较为稳健，结论比较可靠。

表 3-11　回归结果（二）

变量	模型（3-21）		模型（3-22）		模型（3-23）	
	ROA（FE）	ROE（FE）	CR_4（RE）	CR_4（FE）	MS（RE）	MS（FE）
CR_4	0.262** (0.109)	0.469** (0.158)				
MS	−0.562 (0.345)	−1.488 (1.129)				
$lnEF_2$	1.458*** (0.381)	2.097*** (0.402)	−0.392** (0.185)	−0.370* (0.185)	−0.0184 (0.0917)	−0.0227 (0.0912)
S	6.429*** (3.69)	10.77*** (3.38)	−1.039 (−1.30)	−1.205 (0.931)	−0.327 (−0.58)	−0.371 (0.551)

续表

变量	模型（3-21）		模型（3-22）		模型（3-23）	
	ROA（FE）	ROE（FE）	CR$_4$（RE）	CR$_4$（FE）	MS（RE）	MS（FE）
lnCP	6.211*** (1.443)	7.971** (3.331)	0.248* (0.134)	0.887* (0.469)	1.702*** (0.630)	1.640** (0.614)
g	1.497** (0.534)	2.149** (0.738)	−0.637*** (0.0492)	−0.477*** (0.125)	0.245** (0.0990)	0.230* (0.112)
C	−34.70*** (11.15)	−43.39* (21.44)	21.14*** (0.992)	16.68*** (3.277)	−7.140*** (2.747)	−6.717* (3.094)
R^2	0.172	0.146		0.108		0.178

注：括号中为稳健标准误，C 为常数项，RE 代表随机效应模型，FE 代表固定效应模型

* 表示 $p < 0.1$，** 表示 $p < 0.05$，***表示 $p < 0.01$

3. 结果分析

基于前文对我国白酒产业 SCP 范式的理论分析和实证分析，可以得知，我国白酒产业中存在传统共谋假说，不存在相对市场力量假说，虽然效率与绩效之间正相关，但效率通过提升市场份额，从而提高集中度的作用路径并不明显。其原因如下。

从市场结构的角度而言，一方面，我国白酒产业生产工艺成熟，资金、技术门槛偏低，产品差异化基础小，市场竞争程度高。另一方面，企业发展不均衡，分化趋势明显，白酒品质与自然资源、技术经验高度相关，导致高端白酒市场的进入门槛很高，也使得高端白酒产量有限。此外，高端白酒品牌长时间形成的品牌声誉难以打破，其他企业也难以负担巨额的广告费用，因而造成高端白酒市场竞争不充分，茅台、五粮液和泸州老窖等少数几家企业拥有部分定价权，高端白酒企业赚取了绝大部分市场利润，而进入中低端白酒市场的主要障碍为制度性因素，参与企业众多，竞争十分激励，品牌区域分割现象严重，全国化难度较大。加上地方行政干预，市场竞争不充分，形成了区域封闭市场，导致资源利用效率低下，因而，集中度与利润率之间的正相关关系并非在竞争机制下效率作用的结果，效率对市场份额及市场集中度的促进作用也并不明显。

从市场行为的角度而言，受行业结构特性的影响，在不同的细分市场中，企业的价格竞争行为也完全不同。由于高端白酒产量有限和其品牌效应，高端白酒生产商拥有一定的垄断力量，在市场竞争中存在序贯提价现象。高价格是白酒品牌影响力的重要体现，为了维护高端的市场定位，在长期内白酒企业基本不会采取降价策略，当市场需求低迷时，企业一般会"控量稳价"，当市场需求旺盛时，企业会趁机涨价。由于高端白酒的"低稳高涨"，因而高端白酒市场可能存在隐性

合谋式的价格领导制。[①]而中低端市场中竞争者众多,产品同质化容易引发“价格战”,相比于中小酒企,大型酒企凭借其品牌、资金、技术等优势,可以不断向下延伸,扩大其产品的市场占有率,中小酒企的生存空间也被进一步压缩。在非价格竞争方面,大企业也更有能力承担广告营销和研发投入费用,从而能进一步巩固、扩大其品牌声誉,并不断推出新产品,提高其市场份额,大企业也可以通过并购重组等方式,抢占市场,扩大规模,最终导致行业绝大部分利润集中在少数几家头部企业。

3.5 本 章 小 结

本章从 SCP 范式的市场结构、市场行为以及市场绩效三个范畴出发,分析了我国白酒产业的发展状况,同时也验证了市场力量假说和效率结构假说在我国白酒产业中的成立性。

在市场结构方面,本章首先分析了白酒产业的市场规模,采用了 CR_4、CR_8 和 HHI 计算市场集中度,在此基础上,判断出行业整体的市场结构类型,揭示了市场结构的分级特征,即高端白酒市场表现出寡头垄断现象,而中低端白酒市场参与者众多,竞争激烈,最后从资源壁垒、产品差异化壁垒和制度性壁垒三个方面分析了现存市场结构的产生原因;在市场行为方面,着重研究了市场结构对高端白酒市场和中低端白酒市场价格竞争的不同影响,其中,在产品存在质量差异的情况下,运用 Bertrand-Stackelberg 模型分析高端白酒市场中的序贯提价行为,并与同时定价比较,发现在价格领导制下,领导者和跟随者企业均能获得更高的收益,提供更优质产品的企业往往是价格领导者。在中低端白酒市场中,通过扩展的 Bertrand 模型分析了价格竞争与产品差异化的关系,由于中低端白酒缺乏差异化基础,企业容易陷入“价格战”;在市场绩效方面,主要从宏观和微观两个角度进行评价,其中,宏观方面主要包括利润水平、技术进步和社会绩效,微观层次主要是借助 Super-SBM 模型及 Malmquist 指数模型对比分析 13 家上市白酒公司的经营效率。此外,还利用了面板数据进行实证检验,结果表明,我国白酒产业中存在传统共谋假说,不存在相对市场力量假说,虽然效率与市场绩效之间正相关,但效率对集中度、市场份额的作用并不明显。

---

① 刘丰波, 吴绪亮. 基于价格领导制的默契合谋与反垄断规制——来自中国白酒市场的证据[J]. 中国工业经济, 2016 年第 4 期, 第 75-92 页。

第4章　高端白酒价格的基本现状及定价难点解析

商品的价格水平与其营销模式密切相关。企业的营销模式对企业的议价能力、定价行为和定价方法等具有重要的影响。研究高端白酒价格问题，要准确把握其营销模式。本章旨在探讨高端白酒的营销模式，分析高端白酒的价格水平和价格形式，解析高端白酒的定价难点，为后文研究高端白酒的价格形成机制、运行机制、管控机制、定价方略、定价策略等，提供现实依据。

4.1　高端白酒的营销模式

高端白酒的价格形式与其营销模式具有直接关系，有什么样的营销模式，就有什么样的价格形式。不同品牌的高端白酒，其营销模式不尽相同，部分品牌高端白酒的营销模式如表4-1所示。

表4-1　部分高端白酒企业营销模式和营销网络情况

公司	营销模式和营销网络
贵州茅台	公司产品销售以扁平化的区域经销为主（业界称为小经销商模式），直销为辅。截至2020年9月底，贵州茅台的国内经销商数量为2049家（较年初净减少328家），国外经销商104家（较年初净减少1家）。公司2019年净减少茅台酒国内经销商630家；2020年前三季度减少酱香系列酒经销商287家
宜宾五粮液	公司采用传统大商制模式，按区域指定大经销商作为总代，全权代理区域内产品销售。2017年以来，公司推出"百城千县万店"工程，在盲区市场大量开发专卖店和团购型客户，实现渠道层级的缩减和渠道结构的优化。截至2019年年底，共有经销商830家，专卖店1566家
泸州老窖	公司从2009年开始，探索由骨干经销商和片区销售团队共同出资建立股份制销售公司的营销模式，该模式属于总代类型。2014年公司开始推动事业部向专营公司体系转型；实施竞争型营销战略和大单品战略，根据品牌下设销售子公司；公司积极开展专卖店建设，根据公司旗下优选公司官网，截至2019年11月，公司共有专卖店324家
洋河股份	公司主要通过设置区域营销网点，并由网点按照"1+1"营销模式（深度协销）与经销商合作开发终端市场，经销商负责物流和资金周转。针对中高档白酒产品的不同市场发育阶段，公司先后实施盘中盘模式（以核心酒店为营销起点）和"4×3"营销模式（与盘中盘类似，在核心酒店费用过高的情况下，改为开发各区域的核心企事业单位）。对于普通白酒产品，公司主要实施"深度分销"营销模式
水井坊	传统总代模式：以一省或多省为单位，由公司指定某一经销商作为合作伙伴，在区域内独家代理公司产品销售。新型总代模式：公司负责销售前端管理，实现对销售点的掌控和开拓，总代作为销售服务平台负责销售后端包括订单处理、物流、仓储、收款等工作
今世缘	公司在各地设置营销中心，营销中心按照厂商共建营销模式与经销商合作开发终端市场，直接向终端市场投入销售资源。对于普通白酒产品，公司主要实施分销代理营销模式，即与经销商合作，以经销商为主，广泛开发商超、烟酒店等零售终端

续表

公司	营销模式和营销网络
口子窖	公司实行分区域、分产品管理，将全国划分为若干区域，通常以地、县级城市和产品系列为单位，选择达到一定实力的代理商作为区域总代，代理该地区的公司产品销售业务，组织该地区的营销工作。针对北京、上海等战略市场，公司通过设立全资子公司的形式，协调运作该地区的营销和销售工作。公司制定统一的出厂价，与经销商签订合同制定一系列产品销售指导价格。此外，公司也采用盘中盘模式开展销售，成为较早大规模使用该模式的白酒企业
迎驾贡酒	在一定的区域内择优选择多家经销商分别达成协议（中宽度渠道），授权其经销一个或多个白酒产品。在大中城市，采用直销渠道对酒店、商超、直营店及团购等进行销售
伊力特	公司主要采用品牌经销模式（又称买断式经销），主要由经销商负责市场销售活动，包括包装设计、品牌建设和市场推广活动等，并由经销商承担大部分的销售费用；而白酒生产商主要负责公司形象建设、营销网络建设等。2018 年起公司开始增加综合经销模式，主要用于疆外市场的拓展，在该模式下，由白酒生产商负责较多的市场销售活动，包括包装设计、品牌建设、市场开发、营销网络建设等，并承担较多的销售费用；经销商也承担部分市场推广活动

资料来源：长城国瑞证券研究所《白酒行业专题研究报告：好酒精酿，各领风骚》（2019 年 12 月 31 日）、上市公司年报、企业调研等

总体而言，可以将高端白酒的营销模式归纳为"厂商—经销商—分销商—零售商"这样几个环节。厂商将市场划分为不同的片区，划分标准通常是市场规模情况，如有的将若干个省份划分为一个片区，有的则将一个省划分为若干个片区。经销商包括运营商和专卖店两种主要形式，多数专卖店实际上也做分销。零售商是直接面向消费者的终端销售商，如烟酒店、酒店、商场等。随着电子商务和新型零售业态的兴起，高端白酒企业一般将电商和新型零售商作为特殊渠道管控，以防止与传统的片区经销商形成冲突，进而避免造成销售渠道和销售价格的混乱。

4.2　高端白酒的价格水平

从调研情况来看，业界人士普遍认为，关于高端白酒定位的问题，尽管整个行业目前并没有一个严格统一的标准，但是大致上有一个基本的共识。每瓶在 100 元以下的称为低端酒，其大众化程度较高，主要由一些地方性企业生产。每瓶在 100～300 元的属于中端白酒，主要是一些地方性名酒。价位段在每瓶 300～600 元的称为次高端白酒。次高端白酒有几个知名的品牌，所占份额比较大，如剑南春、舍得、青花瓷、洋河天之蓝、水井坊、酒鬼酒。每瓶在 600 元以上价位段的为高端白酒，这类白酒的市场入场券基本上都被拿完了，主要是以茅台、五粮液、泸州老窖国窖 1573、郎酒青花郎、洋河梦系列为代表。由于茅台酒市场价格长期在 2000 元以上，也有人将其列为超高端白酒。不同档次的品牌之间存在着一条难以逾越的鸿沟，比如地方名酒想要进入次高端就很难，而次高端想要进入高端也很难，高端进入超高端也很难。之所以难以逾越，是因为每个品牌在长期发展过程中，消费者对

其都有相对固定的认知，要改变在消费者心中的定位是很难的。笔者根据业内的认识、研究的需要、数据的可得性、品牌的代表性，查询了茅台酒、五粮液、汾酒、洋河大曲、泸州老窖、郎酒、舍得、水井坊、剑南春、古井贡、酒鬼酒的代表性品牌 2015～2019 年的出厂价格和建议零售价格，如表 4-2 所示。

表 4-2　高端白酒代表性产品价格（单位：元）

产品名称	价格形式	年份				
		2015 年	2016 年	2017 年	2018 年	2019 年
53 度飞天茅台	出厂价	819	819	819	969	969
	建议零售价	999	1099	1299	1499	1499
52 度水晶瓶五粮液	出厂价	609	659	739	789	889
	建议零售价	729	829	969	1099	1399
汾酒 53 度青花 30 年 500ml	出厂价	498	498	528	558	573
	建议零售价	458	499	698	698	698
洋河 52 度梦之蓝 M6	出厂价	688	688	688	688	688
	建议零售价	629	998	728	719	820
泸州老窖国窖 1573	出厂价	620	620	680	740	780
	建议零售价	899	729	969	1099	1099
品味舍得	出厂价	334	365	375.4	375.4	375.4
	建议零售价	365	418	548	568	568
53 度 20 年青花郎 500ml	出厂价	680	680	780	780	909
	建议零售价	1100	998	1098	1098	1198
水井坊 52 度菁翠	出厂价	—	—	890	890	890
	建议零售价	1199	1199	1699	1699	1699
剑南春 52 度水晶	出厂价	338	393	393	393	393
	建议零售价	373	398	439	498	498
古井贡酒古 20	出厂价	—	—	—	340	340
	建议零售价				788	788
酒鬼酒内参 500ml	出厂价	880	880	880	880	880
	建议零售价	1680	1580	1399	1380	1399

资料来源：高端白酒上市公司公告、企业网站、Wind 数据、企业调研等

从表 4-2 可见，近年来，高端白酒的市场格局比较清晰，茅台酒在价格上长期处于领先地位，成为高端白酒行业事实上的领军品牌。从总体上来看，高端白酒的价格走势是上涨的，而且涨幅较大，说明高端白酒产业发展形势较好，在国民经济中具有比较重要的地位。

4.3　高端白酒的价格形式

高端白酒的价格形式与其营销模式具有直接的关系。如前所述，可以将高端白酒的营销模式归纳为"厂商—经销商—分销商—零售商"。经销商主要包括运营商和专卖店两种形式；分销商是介于经销商和零售商之间的环节，有的品牌、有的地区由经销商直供零售商，没有分销商这个环节；零售商是直接面向消费者的终端销售商，如烟酒店、酒店、商场等。尽管不同品牌高端白酒的营销模式有所差异，但是通常而言，高端白酒的价格形式主要有出厂价格、批发价格和零售价格几种基本形式，不同的价格形式具有不同的形成方式，如图 4-1 所示。

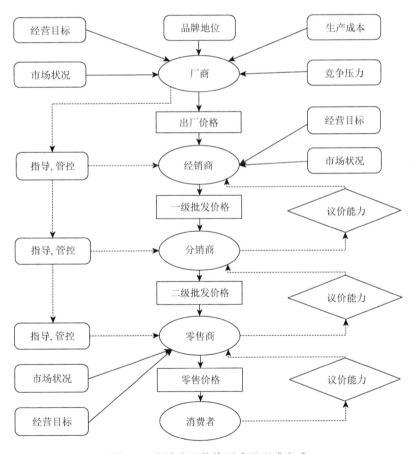

图 4-1　高端白酒价格形式及形成方式

出厂价格是生产商对经销商的产品销售价格。一般而言，出厂价格对所有经销商都是统一的。尽管不同区域的经销商与厂商的距离远近有所不同，但是由于厂商承担了所有的运输费用，出厂价格就实现了完全的统一。高端白酒出厂价格的决定性因素通常为市场因素，主要包括自身的品牌定位和竞争对手的产品价格。相对而言，生产成本对于高端白酒价格的作用是十分有限的。对于厂商而言，出厂价格具有重要意义，因为出厂价格是营业收入的重要变量，直接决定了厂商的盈利水平，也是影响产品的品牌价值和企业市场地位的重要因素。

批发价格是经销商对零售商的产品销售价格。批发价格通常包括一级批发价格即运营商价格和专卖店价格，二级批发价格即分销商价格。决定批发价格的因素，一是产品的出厂价格，二是市场的供求状况。通常而言，批发价格高于出厂价格，低于零售价格，但有时批发商为了即时回笼资金或者扩大销售规模，也会采取降价方式进行销售，甚至出现销售价格低于进货价格的倒挂现象。批发价格的影响因素主要有厂商干预和市场情况两个方面。在高端白酒市场，由于品牌的强势地位，厂商对经销商的价格干预能力较强，厂商的经营战略会影响到经销商的价格战略。最终的影响因素则是市场的变化情况，因为厂商的干预也往往是基于市场的变化。

零售价格是零售商对消费者的产品销售价格。由于零售形式多样、渠道分散，零售价格也呈现出多样化、分散化的特征。影响高端白酒零售价格的因素主要有两个方面，一是批发价格，二是市场状况。批发价格是零售价格的上游价格，通常情况下也是零售价格的底线价格。零售价格的变化主要是由市场状况决定的，市场的频繁波动决定了零售价格的频繁变化。厂商对于零售价格也有一定影响，特别是在高端白酒市场，由于品牌的稀缺性，厂商在产业链中具有明显的强势地位，往往通过调整供货规模、供货时间等方式对零售商施加影响，从而影响其价格行为。

4.4　高端白酒定价难点解析

马克思主义劳动价值论指出，价格是价值的货币体现。在商品经济条件下，价格是社会经济运行情况的晴雨表，是人们从事经济活动的指示器。对于企业而言，价格问题是其开展生产经营活动的核心问题。高端白酒价格的理论与实践难点主要涉及定价导向、定价依据、价格运行、价格竞争、价格管控等方面。

4.4.1　定价导向：市场为主

导向问题实际上是一个价值取向问题，对于企业而言，获取经济收益是其开展生产经营活动的鲜明导向，盈利是企业存在的价值。高端白酒的定价导向问题，也就是高端白酒企业制定产品价格的指引问题。从实际情况来看，高端白酒的定价导向主要有价值导向、成本导向、需求导向和竞争导向四种类型。

价值导向型定价主要是以产品所蕴含的价值作为价格制定的参考，如稀缺性价值、时间性价值、文化性价值等。这种定价方法主要体现的是生产者对所生产的产品进行的主动定价，具有一定的盲目性和不确定性。

成本导向型定价主要是以产品的生产成本作为确定价格水平的主要依据。由于成本是企业自身可以确定的，这种定价导向看起来较为容易实施，但是实际上是比较困难的。高端白酒的成本不只是有形的或者物化的成本，比如高端白酒质量比普通白酒质量更好的一个重要原因是其生产环境更为优越，而确定生产环境的成本是比较困难的。

需求导向型定价是以市场需求，也就是以消费者对高端白酒的消费水平和规模为导向进行定价，这种定价导向也存在着一定困难。消费者对高端白酒的消费不一定完全与其收入水平成正比。对于高端白酒的消费，既要以消费者的收入水平为基础，还要以消费者对高端白酒的需求为条件。收入水平高的消费者，不一定对高端白酒有需求，尤其是在高端消费方式多样化的情况下更是如此。以消费水平为依据对高端白酒的市场需求规模进行精确测量，是十分困难的。

竞争导向型定价是企业以主要竞争对手同类型产品的价格为主要定价依据进行定价。这种定价方式操作起来较为容易，但是存在一个明显问题，即价格结构固化。如果某个价格跟随者以超过其竞争对手的价格进行销售，有可能导致其销量下降；如果以低于竞争对手的价格进行销售，则可能会影响其经营业绩、市场地位等。对高端白酒的消费者来讲，无论产品价格如何形成，都只能是价格的接受者，而不是价格制定的参与者。

从根本上来讲，高端白酒企业是以追求利润最大化为经营目标的，无论选择什么样的方式进行定价，都是服从其经营目标的。价格的一端连着经营者，一端连着消费者。高端白酒企业在制定产品价格时，一方面面临着实现企业的经营目标问题，另一方面面临着消费者的需求满足问题。在高端白酒市场实际运行中，就企业和消费者之间的关系而言，企业处于强势一方，拥有价格主导权。在这种情形下，在高端白酒市场供需双方的博弈中，消费者很难通过"用脚投票"向企业施加压力，从而使企业往往以自身的经济收益最大化为定价导向。企业作为市场主体，盈利固然是其存在的价值所在，但是从经济社会的主体来讲，企业只是其中之一，包括定价行为在内的企业经营导向，应该是多元的，若仅仅以经济收益最大化为定价导向，势必不利于各类经济主体之间的协调发展，也不利于保障消费者的合理利益。

4.4.2　定价依据：价值体系

按照马克思主义政治经济学基本原理，商品价格是其价值的货币体现，而价值是劳动的凝结。在商品经济条件下，商品的价格围绕价值上下波动，从长远来看，价格和价值是相符的。在社会主义市场经济条件下，价值规律依然是重要的经济规律，经济主体必须遵循价值规律开展经营活动。高端白酒的定价依据，需要从价值体系来分析，即劳动价值、生态价值、品牌价值、投资价值等。

劳动价值即劳动者在商品的生产过程中所创造的，凝结到商品中的抽象劳动。高端白酒的劳动价值是由生产高端白酒的总体劳动所创造的价值，包括直接生产过程和间接生产过程所创造的价值。从理论上来讲，高端白酒的价格是其价值的货币表现，这里的价值指的是劳动价值，价值的实体是抽象劳动，价值量由社会必要劳动时间决定。从实际情况来看，确定高端白酒的劳动价值是比较困难的。

价值实际上是一个社会范畴。马克思指出："商品的价值也必定取得一个在质上可以和商品区别的存在，并且在实际交换中，这种可分离性必定变成实际的分离，这是因为商品的自然差别必定和商品的经济等价发生矛盾，这两者所以能够并存，只是由于商品取得了二重存在，除了它的自然存在以外，它还取得了一个纯经济存在"[①]。在其他条件不变的情况下，劳动生产率是和单个商品的价值量成反比的。在生产过程中，随着生产工艺的改进和劳动效率的提高，生产商品所需要的社会必要劳动时间是在发生变化的，商品的价值也必然发生相应的变化。此外，随着社会生产力发展水平的提高，整个社会的必要劳动时间也在发生变化。因此，以劳动价值作为高端白酒的定价依据，尽管具有重要的理论意义，但是从实际操作上来讲，是十分困难的。

高端白酒具有生态产品的特性。生态产品是指在不损害生态系统稳定性和完整性的前提下，生态系统为人类生产生活所提供的物质和服务，主要包括物质产品供给、生态调节服务、生态文化服务等。[②]生态产品包含自然要素以及由生态产业化、产业生态化所形成的经营性产品。相应地，生态产品价值可以分为需要补偿的生态价值和可供交易的经济价值。[③]生态价值是指在商品生产过程中，由自然生态发挥作用而使商品所具有的价值，生态产品是自然生态价值的物质载体。在高端白酒的价值体系中，生态价值较为突出。

从理论上来讲，高端白酒的生态价值比较容易理解。因为白酒的生产过程较为复杂，其价值形成过程也较为复杂，一个显著的特点是其自然生产时间较长。从工艺上来讲，高端白酒都是采用开放性的固态发酵方式，由环境中的酵母菌、霉菌等多种功能菌参与发酵，形成代谢产物，经过蒸馏后成为基酒。而基酒在储

① 马克思，恩格斯. 马克思恩格斯全集（第四十六卷）（上册）[M]. 北京：人民出版社，1979 年 7 月，第 85 页。
② 石敏俊. 生态产品价值实现的理论内涵和经济学机制[N]. 光明日报，2020 年 8 月 25 日，第 11 版。
③ 李宏伟. 实现生态产品价值，市场化路径有哪些[N]. 光明日报，2020 年 8 月 22 日，第 5 版。

存过程中，还会发生物理变化和化学反应。物理变化表现为乙醇分子和水分子的分子键结合更紧密，使口感更醇和；化学反应表现为酸醇酯化，使香气更浓郁。从成分上讲，白酒大约 98%的成分是水和乙醇，另外约 2%的成分由香气物质构成（据说有 2000 多种）。其中，浓香（泥窖）以己酸乙酯为主，其次是乳酸乙酯，再次是乙酸乙酯，以五粮液为代表；酱香（石窖）以乳酸乙酯和乙酸乙酯为主，以茅台为代表；清香（地缸）以乙酸乙酯为主，以汾酒为代表。这表明，在白酒的生产过程中，自然生态发挥了重要作用，因此生态价值在价值总量中的比重较高。尤其是高端白酒，其自然生产条件更为复杂，生态价值比普通白酒更高。但是，对高端白酒的生态价值进行精确的衡量，从技术上来讲是较为困难的。一方面，由于不同品牌的高端白酒，生态环境存在较大的差异，很难形成大体一致的生态价值标准。另一方面，目前还没有成熟的技术条件对生态价值进行量化，衡量产品的生态价值在技术上存在较大的困难。

品牌价值是由于商品存在着特定的品牌效应而具有的商业价值。从实际情况来看，高端白酒的价格主要体现的是其品牌价值。尽管品牌价值也植根于良好的品质，而品质与其良好的生产条件直接相关，但是从生产过程来看，包括高端白酒在内的白酒企业，其生产活动对环境的影响也是十分明显的，尤其是生产废弃物的处理，对水源、土壤、空气的不利影响是十分明显的，这些影响并没有完全体现到产品的价格中。尽管高端白酒价格昂贵，但主要不是劳动价值和自然生态价值的直接体现，而是其品牌价值的直接体现。高端白酒的品牌价值实际上也是难以把握的。一方面，品牌价值固然以产品的品质为基础，但是，对品质的最终评价依然是消费者的主观体验。另一方面，品牌价值与整个市场行情具有密切关系，而市场行情瞬息万变，这就加大了对品牌价值进行科学认定的难度。

高端白酒具有明显的金融属性，越来越多的投资者将其作为投资对象，其投资价值也越来越被人们认可。高端白酒的投资价值是其定价的重要依据。"酒是陈的香"。由于高端白酒的自然特点，一般而言，储存时间越长，品质就越好，尤其是在封装技术水平日益提高的情况下，更是如此。这是高端白酒具有投资价值的自然原因。此外，一些社会资本由于受到投资门槛、政策调控等因素的影响，投资渠道受到一定的限制，转而将资金用于投资高端白酒，以实现资金的保值增值。这是高端白酒具有投资价值的经济原因。事实上，高端白酒价格的轮番上涨，与其具有重要的投资价值有着密切的关系。但是，对高端白酒的投资价值进行评估，进而使其成为制定价格的一个依据，具有较大的操作难度。其中一个重要原因在于，影响投资价值的因素十分复杂，例如经济发展形势、投资渠道变化等，这些因素对于高端白酒投资价值的影响，难以进行精确的量化。

4.4.3　价格运行：厂商主导

价格运行，简而言之，就是价格的波动、变化和传导。高端白酒从生产到销售，从厂商到销售商再到消费者，中间环节较多，涉及的市场主体也较多，在价格运行上存在着一些问题。其中，一个明显的问题是高端白酒价格的运行与其生产成本或劳动价值基本上是脱钩的。高端白酒一旦离开生产领域进入流通环节，生产成本对其价格变化的影响就微乎其微了。对高端白酒价格运行具有重要影响的是流通环节、品牌价值、供求关系等因素。由于高端白酒总体上来讲是供不应求的，呈现卖方市场结构特征，对其价格起主导作用的是厂商。

在生产技术水平日益提高的情况下，高端白酒的生产成本或者物质成本占其销售价格的比例日益降低。高端白酒生产成本与市场价格之间的巨大差价主要存在于流通环节。高端白酒价格的运行未能完全反映其品质的变化，而是由相关市场主体的利益追求所导致。在流通领域，为了打开销路，高端白酒企业在产品营销方面投入的力度越来越大。营销费用占产品价格的比重日益上升，对产品价格变化的影响也明显增强。

不同企业、不同香型之间的竞争也是高端白酒价格波动的重要变量。无论是在生产领域还是在流通领域，不同的市场主体有其自身的利益追求，高端白酒的价格也体现着各类市场主体的经营取向，相互之间存在着密切的关系。尽管从整个白酒行业来看，高端白酒拥有明显的竞争优势，中低端白酒尤其是低端白酒，无论是在盈利水平上，还是在市场知名度或品牌美誉度上，与高端白酒都是不可同日而语的。但是在高端白酒行业内部，企业之间、香型之间的竞争也是十分激烈的。高端白酒在品质上很难进行较大的改变，一是技术难度较大，二是市场风险较高。因此，企业之间往往围绕产品的价格进行竞争，这种竞争成为高端白酒价格波动的重要因素。

由于高端白酒具有明显的、日益强化的金融属性，其资产价值越来越被人们重视，在实现资本保值增值动机的驱使下，高端白酒已经成为资本市场竞相投资逐利的对象。受品牌价值、利率、汇率、资本市场等变化的影响，高端白酒的认知价值总体上呈现上升趋势，杠杆作用被放大，从而加剧了价格的变化，使价格运行规律较难把握。正如业界部分人士所言，高端白酒价格运行实际上就是一只"黑箱"，在卖方市场条件下，真正对价格起主导作用的实际上是产品的生产厂商。

在高端白酒市场，生产厂商具有市场主导优势，在价格制定上具有强有力的话语权。为了对流通环节进行有效控制，高端白酒生产厂商往往利用其货源主导权控制经销商，使其在产品的定价上符合厂商利益。高端白酒经销商为了获得货源，不得不遵从厂商的要求，甚至通过利益输送等方式获得货源，这也成为个别厂商的少数不法经营管理者进行权力寻租的重要原因。在高端白酒的经营过程中，为了获取经营权而增加的交易成本，最后不得不由消费者承担。

4.4.4　价格竞争：竞相涨价

竞争是商品经济范畴的必然产物。马克思指出，竞争是生产力和生产关系发展到一定历史阶段的产物，并贯穿于商品经济运动的全过程。[①]在市场经济条件下，企业作为重要的市场主体，相互之间进行竞争，是其重要的经营活动，也是一种重要的经营行为，其中围绕产品价格而进行的竞争是极为重要的一个方面。有序的竞争是市场经济良性运行的必要条件和内在要求。在高端白酒行业，企业之间往往在价格方面展开激烈的竞争，这就一方面加大了企业的发展压力，促使其改善生产条件和服务质量，另一方面也给产业发展带来了不利影响。价格波动是市场经济的基本特征，但是在高端白酒行业，价格基本上是只涨不跌，企业之间你追我赶，竞相涨价。

历史经验表明，如果高端白酒的价格下降了，会给相关产品带来极为不利的影响。其中的主要原因在于：降价会降低产品或企业的形象，影响消费者的预期，不利于企业的发展。这就使得高端白酒价格呈现出"滚雪球"似的上涨，越来越高。当某一企业看到竞争对手的产品价格上涨后，必然要提高自己相关产品的价格，这也印证了一些企业的理念——"好酒必须贵"。

如图 4-2 所示，2015～2019 年部分高端白酒建议零售价基本上呈现出上涨趋势。事实上，高端白酒竞相涨价，几乎是企业之间进行价格竞争的一种常态。从整体上来看，高端白酒的价格竞争较为无序，一方面体现为价格几乎只涨不跌，另一方面体现为价格的上涨并不是因为产品的品质有所提高，而是企业为了维持自身的市场地位和收益水平而采取的一种市场行为。这说明高端白酒的定价具有较大的随意性，这一问题尚未得到有效解决。在市场经济条件下，价格是人们从事经济活动的主要指引，高端白酒在价格方面的无序竞争，势必给市场带来不良影响，一味在价格上竞相涨价，可能导致市场主体忽略或减少在品质方面的投入和改善，进而导致降低服务水平，影响资源配置效率。

4.4.5　价格管控：依法治价

高端白酒的价格管控与其价格形成机制具有密切的关系。在高端白酒的各类价格形式中，尤其是批发价格和零售价格，除了受到市场状况的直接影响外，还

---

① 程恩富等著. 马克思主义政治经济学基础理论研究[M]. 北京：北京师范大学出版社，2017 年 6 月，第 553 页。

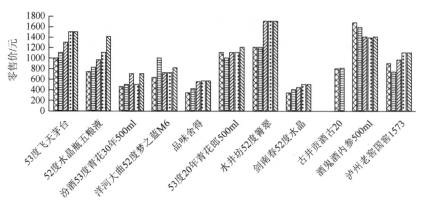

图 4-2　2015～2019 年部分高端白酒建议零售价走势
资料来源：高端白酒上市公司公告、企业网站、Wind 数据、企业调研等

要受到产业链上游企业的重要影响。通常情况下，高端白酒的供给量总是有限的，而品牌的强势地位也是十分明显的，基本上是一种卖方市场的结构。在这种情况下，上游企业对下游企业包括价格策略在内的经营策略具有明显的影响。在高端白酒行业，包括厂商在内的所有上游企业，对销售环节的下游企业都具有较强的控制力，这就使得除了出厂价格以外，所有的销售价格都受到销售商上游企业的影响和制约。为了使价格运行处于可控状态，同时为了实现自身的经营目标，上游企业往往通过调节供货量、控制发货节奏、决定是否续签经销合同等方式，对下游销售企业的价格行为进行管制，这样的管制措施对于价格的形成具有重要的影响。

高端白酒的一个显著特征是价格高昂，其变化趋势通常表现为只涨不跌，价格的上涨并不是因为产品质量的改善或者价值的提高，而是因为流通环节的竞相加价，长此以往势必会影响经济资源的有效配置，甚至可能导致权力寻租的发生，这就需要对高端白酒价格进行必要的管控。与高端白酒价格管控相关的问题涉及管控的主体、管控的标准、管控的目标、管控的方式以及管控效果的评价等。从实际情况来看，高端白酒价格的调控导向十分模糊。高端白酒作为一种商品，其生产商或者经销商，固然能够随着价格的上涨增加收益，具有涨价的内在动力，但是高端白酒企业往往是国有企业，一些地方政府既是高端白酒企业的出资者，又代表人民行使资产所有权。作为企业的所有者，政府能从企业收益的增长中获得更多的股权收益和财税收入，作为公共利益的代表，政府又需要对过高的价格进行调控，这就存在着如何平衡好生产者和消费者之间利益分配的问题。

在商品经济条件下，人们围绕商品交换开展经济活动。价格是商品交换的纽带，反映商品的价值和供求变化。商品价格一端连着企业，一端连着消费者，既反映着商品价值和供求关系的变化，也影响着企业的经营行为和消费者的生活水平，因此对价格进行适当的管控就成为维护经济社会正常运行的必要措施。我国对于各类市场主体的价格行为进行管控的法律法规较多，如《中华人民共和国价格法》（简称《价格法》）、《中华人民共和国反不正当竞争法》（简称《反不正当竞争法》）、《中华人民共和国反垄断法》（简称《反垄断法》）、《中华人民共和国消费者权益保护法》（简称《消费者权益保护法》）等。《价格法》规定，经营者不得相互串通，操纵市场价格，损害其他经营者或者消费者的合法权益；不得捏造、散布涨价信息，哄抬价格，推动商品价格过高上涨；不得对具有同等交易条件的其他经营者实行价格歧视等。随着我国经济发展市场化程度的不断提高，还需要继续加大价格制度体系和治理体系的建设力度，规范包括高端白酒企业在内的各类企业价格行为。

高端白酒企业应当遵循价格法律法规，严格规范定价行为。从已有的高端白酒价格违法案件来看，主要是厂商凭借市场主导优势，向下游经销商施加压力，对经销商下达"限价令"，以控制经销商的价格行为。例如，2013 年，贵州茅台、五粮液两家公司的控股销售子公司因"限定交易相对人向第三人转售白酒最低价格"的行为，违反了《反垄断法》的相关规定，分别被处以 2.47 亿元、2.02 亿元罚款。从实际情况来看，高端白酒的价格垄断问题仍然需要引起重视。价格违法行为不仅扰乱了市场秩序，也对企业自身形象造成不良影响。高端白酒企业在制定价格时，应该自觉遵守相关法律法规，维护正常市场秩序。

4.5　本 章 小 结

在高端白酒产业内部，企业之间的价格竞争十分激烈。从价格水平来看，高端白酒价格呈现出明显的上涨趋势，尤其是超高端白酒已成为典型的奢侈品，其金融属性得到进一步强化。在定价机制上，高端白酒往往以市场定位决定产品定位，进而决定价格定位，而价格定位进一步巩固了企业的市场地位，市场地位成为高端白酒企业拥有价格主导权的重要支撑。在定价方面，高端白酒的定价导向、定价依据、价格竞争、价格运行、价格调控等方面还有待完善。高端白酒在定价导向上面临着如何协调价值导向和市场导向的问题。在定价依据上，高端白酒价格尽管一定程度上体现了产品的品质，但更多的是市场主体之间相互博弈推动的结果，而市场本身存在着盲目性，导致价格变化十分剧烈。在价格竞争方面，高端白酒价格的变化通常表现为只涨不跌，产品定价往往视竞争对手而定，当竞争者价格上涨时，价格跟随者随即涨价，这就在很大程度上削弱了价格的价值体现功能。在价格运行方面，高端白酒价格更多的是体现市场变化情况，市场价格压力未能有效传递到生产端,对改善产品质量和提高服务水平的促进作用不够突出。在价格调控方面,高端白酒的价格调控主体面临着维护企业经济利益与保障消费者权益这一社会利益的选择问题,如何统筹兼顾各个方面的利益,是一个需要综合权衡、妥善处理的问题。

第5章 高端白酒价格形成机制

高端白酒价格形成机制是整个价格机制链条的起始部分。本章首先以马克思主义劳动价值论为基础，从理论上探讨高端白酒价格的形成机制，分析高端白酒价格的决定因素和影响因素。在此基础上，分析高端白酒价格的形成机理，探讨不同因素在高端白酒价格形成中的具体作用。根据市场实际情况，分析高端白酒价格的市场逻辑和形成方式，也就是各类高端白酒市场主体的价格行为及其相互作用。

5.1 高端白酒价格形成机制的理论分析

马克思指出，"商品首先是一个外界的对象，一个靠自己的属性来满足人的某种需要的物"①。商品具有两个因素：使用价值和价值。"物的有用性使物成为使用价值"②。使用价值是商品的自然属性，价值是商品的社会属性。"形成价值实体的劳动是相同的人类劳动，是同一的人类劳动力的耗费"。价值是无差别的一般人类劳动即抽象劳动的凝结，是物化的劳动。"商品的价值由生产商品所耗费的劳动量来决定"③。作为商品的高端白酒，同样具有使用价值和价值。高端白酒的使用价值是其满足消费者特定需要的属性，其价值是在生产过程中凝结在其中的无差别的一般劳动。在商品经济条件下，商品交换遵循价值规律，即商品的价值由劳动创造，价值量由社会必要劳动时间决定，商品以价值为基础按照等价交换的原则进行，这是价值规律的基本内容。

从理论上来讲，高端白酒的交换也同样遵循价值规律。根据马克思主义劳动价值论，从价值形成的角度看，商品的价值是由抽象劳动形成的，抽象劳动也就是无差别的人类一般劳动，即劳动力的使用或耗费；商品的使用价值是由生产商品的具体劳动创造的。马克思指出："充当等价物的商品的物体总是当做抽象人类劳动的化身，同时又总是某种有用的、具体的劳动的产品。因此，这种具体劳动就成为抽象人类劳动的表现。"④商品具有交换价值。作为一种商品，高端白酒的价值是其交换价值的内容，交换价值是其价值的表现形式。在市场交换中，高端

---

① 马克思. 资本论（第一卷）[M]. 北京：人民出版社，2018年3月，第47页。
② 马克思. 资本论（第一卷）[M]. 北京：人民出版社，2018年3月，第48页。
③ 马克思. 资本论（第一卷）[M]. 北京：人民出版社，2018年3月，第52页。
④ 马克思. 资本论（第一卷）[M]. 北京：人民出版社，2018年3月，第73页。

白酒的交换价值表现为市场价格，在正常情况下，价格围绕价值波动。根据马克思主义劳动价值论，高端白酒价格形成过程大致如图5-1所示。

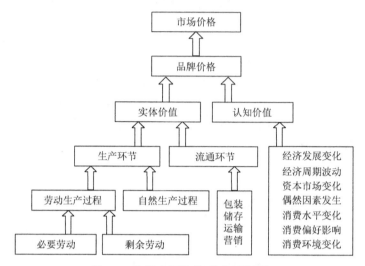

图 5-1　高端白酒价格形成理论框架

　　按照马克思主义劳动价值论，高端白酒作为用于市场交换的商品，其价格形成以其价值为基础。价值是价格的实体，价格是价值的货币表现，价格的波动反映价值的变化。高端白酒的价值是在生产过程中形成的，其价值量由社会必要劳动时间决定。高端白酒的生产具有特殊性，也就是在整个生产过程中，人工劳动时间占比相对较低，而自然生产时间较长。

　　在决定高端白酒品质的因素中，人的因素固然起着决定性的作用，但是自然环境和自然力的作用过程也是极为重要的，这种重要性在很大程度上体现为酿造环境的独特性或不可复制性，正是不同的环境塑造了不同品质的高端白酒。高端白酒的自然价值应该在价格中得到必要的体现。生态产品价值实现是绿水青山转化为金山银山的关键路径。[①]从生产环节来看，酿造高端白酒往往需要优良的生产条件，尤其是对气候、土壤、水源等自然生态环境要求很高，因而高端白酒所具有的优良品质中包含了生态环境的自然价值。这种自然价值理应在其价格中得以体现。通常情况下，在高端白酒的生产过程中，非劳动时间（如发酵周期）的占比较长，也就是自然力发挥作用的时间占比较长，正是在自然力的作用下，产品具有了生态价值。生产高端白酒的生态环境越好，产品中蕴含的生态价值就越高，产品的品质就越好，而良好的品质正是其高端品牌形象最重要的基础。

　　价格是重要的经济杠杆。推动绿色发展，建设美丽中国，需要完善绿色生产

① 彭绪庶. 激活生态产品价值转化的新动能[N]. 光明日报，2020年8月22日，第5版。

和消费的法律制度和政策导向，创新和完善促进绿色发展的价格机制，运用价格杠杆促进绿色生产和绿色消费。①早在 2018 年 6 月，国家发展改革委就出台了《关于创新和完善促进绿色发展价格机制的意见》（发改价格规〔2018〕943 号）（简称《意见》），就创新和完善促进绿色发展的价格机制提出了具体的意见。②《意见》提出的绿色发展主要目标为：到 2025 年，适应绿色发展要求的价格机制更加完善，并落实到全社会各方面各环节。《意见》关于创新和完善促进绿色发展价格机制的具体内容，主要包括四个方面：一是完善污水处理收费政策。加快构建覆盖污水处理和污泥处置成本并合理盈利的价格机制，推进污水处理服务费形成市场化，逐步实现城镇污水处理费基本覆盖服务费用。二是健全固体废物处理收费机制。全面建立覆盖成本并合理盈利的固体废物处理收费机制，加快建立有利于促进垃圾分类和减量化、资源化、无害化处理的激励约束机制。三是建立有利于节约用水的价格机制。建立健全补偿成本、合理盈利、激励提升供水质量、促进节约用水的价格形成和动态调整机制，保障供水工程和设施良性运行，促进节水减排和水资源可持续利用。四是健全促进节能环保的电价机制。充分发挥电力价格的杠杆作用，推动高耗能行业节能减排、淘汰落后，引导电力资源优化配置，促进产业结构、能源结构优化升级。

党的十九届四中全会通过的《中共中央关于坚持和完善中国特色社会主义制度、推进国家治理体系和治理能力现代化若干重大问题的决定》（简称《决定》）明确提出：生态文明建设是关系中华民族永续发展的千年大计。必须践行绿水青山就是金山银山的理念，坚持节约资源和保护环境的基本国策，坚持节约优先、保护优先、自然恢复为主的方针，坚定走生产发展、生活富裕、生态良好的文明发展道路，建设美丽中国。《决定》提出要实行最严格的生态环境保护制度、全面建立资源高效利用制度、健全生态保护和修复制度、严明生态环境保护责任制度。③党的十九届五中全会通过的《中共中央关于制定国民经济和社会发展第十四个五年规划和二〇三五年远景目标的建议》在"推动绿色发展，促进人与自然和谐共生"部分明确提出："建立生态产品价值实现机制""完善资源价格形成机制"。④

白酒产业属于食品工业，其生产过程对生态环境具有一定的影响，特别是在

---

① 党的十九届四中全会《决定》学习辅导百问[M]. 北京：学习出版社，党建读物出版社，2019 年 11 月，第 150 页。

② 国家发展改革委. 关于创新和完善促进绿色发展价格机制的意见[EB/OL]. 中央人民政府网，http://www.gov.cn/xinwen/2018-07/02/content_5302737.htm，2018-7-2。

③ 中共中央关于坚持和完善中国特色社会主义制度、推进国家治理体系和治理能力现代化若干重大问题的决定[M]. 北京：人民出版社，2019 年 11 月，第 32-35 页。

④ 《中共中央关于制定国民经济和社会发展第十四个五年规划和二〇三五年远景目标的建议》辅导读本[M]. 北京：人民出版社，2020 年 11 月，第 45-46 页。

生产过程中产生的酒糟、废水等，如果处理不当，对空气、土壤、水体的破坏作用较为明显。这种负外部性应该通过产业发展政策、价格政策等进行管控。除了在直接生产环节对生态环境具有较高的要求外，高端白酒的原料也具有很高的生态价值。生产高端白酒的原料比生产普通白酒的原料质量更高，具有更高的生态价值。制定高端白酒的价格方略，也需要将原料的生态价值考虑进去。总之，高端白酒的品质、品牌、市场地位等，都得益于良好的生态环境，在制定价格策略、推动产业发展等方面，必须体现生态文明理念，落实环境保护和绿色发展的理念和政策要求。

5.2　高端白酒价格的形成机理

根据马克思主义劳动价值理论，劳动形成价值，价值决定价格。但是，高端白酒作为一种具有奢侈品、收藏品、金融产品等性质的特殊商品，其价格决定因素是多元的，价格形成机制也有别于一般商品。高端白酒价格的形成机理可以大致归纳为：生产过程创造产品价值，流通过程增加产品价值，产品价值支撑品牌价值，认知价值影响品牌价值，品牌价值决定市场价格。高端白酒的市场价格在很大程度上是其品牌价值的反映。

5.2.1　生产过程创造产品价值

按照马克思主义劳动价值论，商品具有价值和使用价值二因素，商品的生产过程既形成价值，又创造使用价值；具有生产功能的流通环节作为商品生产过程在流通领域的延续，改变商品的存在形态，因此，流通过程的劳动也形成商品的一部分价值。作为价值的物质承担者，高端白酒的使用价值是在生产过程中创造的，生产过程决定了高端白酒的品质。尽管高端白酒价格的直接决定因素是品牌价值，但是品牌价值必须由品质作保障，品质才是品牌的根基。因此，从长远来看，品牌价值的决定因素是产品的品质，好品质才是高价格的基础和保障。

决定高端白酒品质的生产过程，包括物质劳动过程和自然力作用过程两个方面。形成高端白酒价值的劳动，属于广义劳动的范畴，包括劳动者使用劳动工具作用于劳动对象，改变劳动对象物质形态的生产性劳动，以及为高端白酒的生产提供管理、服务、研发等非生产性劳动。这个劳动过程，从创造使用价值的角度来看，是具体劳动；从形成价值的角度来看，是抽象劳动。高端白酒的生产过程，首先是具体劳动和抽象劳动共同作用的过程，这个过程形成和创造了高端白酒最初的价值和使用价值。

马克思指出："劳动并不是它所生产的使用价值即物质财富的唯一源泉。""种种商品体，是自然物质和劳动这两种要素的结合。"[1]高端白酒是一种特殊商品，其价值和使用价值不只是源于人类劳动过程，还包括极为重要的自然力作用过程，也就是在开放性的环境下，酵母菌等功能菌和酒分子及香气物质的产生和作用过程，即通常所说的发酵过程。这个过程对于高端白酒的整个生产过程来讲，是极为重要的。一是这个过程决定了产品的性质。只有经历了这个过程，生产出来的产品才具有"酒"的性质，也才能以"酒"的身份出现在市场上。二是这个过程决定了产品的品质。高端白酒之所以"高端"，从生产的角度来讲，就是因为自然力在作用过程中对各项条件要求的特殊性，如优良的水质、空气，乃至经纬度等，这些自然因素在很大程度上决定了高端白酒的良好品质，而非高端白酒的生产条件往往不需要具备这些生产要素和生产条件。

5.2.2　流通过程增加产品价值

按照马克思主义劳动价值论，流通环节是商品从生产过程进入消费过程的中间环节，也是商品的交换过程和价值的实现过程。具有生产功能的流通环节，作为商品生产过程在流通领域的延续，改变商品的存在形态，因此，流通过程的劳动也形成商品的一部分价值。流通环节包括生产过程的延续和纯粹的商品流通两种形式，前者包括包装、运输、储存等，其目的是改变商品的存在形态，为进入市场做准备；后者包括销售商品、信息咨询、售后服务、簿记、铸币费用等，其目的是交换商品，实现价值。作为在流通领域延续的生产过程，包含一定的物化劳动，这种劳动是要形成价值的；纯粹的商品流通过程不形成价值，所产生的费用只是商品价值的一种扣除。马克思指出："无论如何，用在买卖上的时间，是一种不会增加转化了的价值的流通费用。这种费用是价值由商品形式转变为货币形式所必要的。"[2]高端白酒的储存、包装、运输等，都是极为重要的环节，因为这些环节会影响到产品的品质、形态等，进而影响到消费者对产品的价值判断。

从储存来看，普通商品的储存环节只是进入流通之前的一个准备阶段，通常不会改变商品的品质，但是高端白酒的储存不只是为了商品流通的需要，实质上是一个非常重要的生产环节。所谓"酒是陈的香"，强调的就是储存环节对于白酒品质的重要性。进入储存前的白酒叫作基酒，经过必要的储存以后，基酒就变成了老酒。老酒既可以直接作为商品进入市场，也可以经过调配改变品质后进入市场。高端白酒储存时间较长，对环境的要求较高，该环节的主要作用因素是自然因素，而非人力因素。储存环节既决定了高端白酒的自然价值，

---

① 马克思. 资本论（第一卷）[M]. 北京：人民出版社，2018 年 3 月，第 56 页。
② 马克思. 资本论（第二卷）[M]. 北京：人民出版社，2018 年 3 月，第 150 页。

也产生了高端白酒的时间价值。自然价值、时间价值和劳动价值共同构成了高端白酒的内在价值。

从包装来看，随着生活水平的提高，消费者越来越重视产品的外观，生产商在包装环节的投入力度也越来越大。产品的外观往往是品质的重要体现，甚至承载着企业的文化理念和价值追求。尽管高端白酒的包装效果并不影响其度数、口感、风味等，但是它会给消费者带来视觉上和心理上的享受。因此，高端白酒的外观影响着人们的品质判断，进而影响到人们的行为选择和消费体验。从经济学的角度来讲，企业往往会通过提高消费者剩余来增强消费意愿。所谓消费者剩余，就是一种物品的总效用与其总市场价值之间的差额。[①]也可以理解为消费者愿意支付的价格和实际支付的价格之间的差额，这个差额越大，消费者的消费意愿就越强烈。精美的外观会提高高端白酒的消费者剩余，从而增强消费意愿。包装环节所产生的费用，会体现到商品的价格中。

从运输来看，运输过程作为生产过程在流通领域的延续，目的在于改变产品的物理位置和存在形态，使产品变为商品、商品变为价值。"工农业生产方式的革命，尤其使社会生产过程的一般条件即交通运输手段的革命成为必要"[②]。运输过程并不改变产品的使用价值，但是却增殖了产品的价值。运输过程花费的劳动和投入的资本，会以价值的形式加入到产品中，在交换中以价格的形式体现出来。由于历史、自然等原因，高端白酒的生产主要集中在"白酒金三角"区域，从总体上来看，生产区域较为集中，产业集中度较高。但是高端白酒的消费区域十分广泛，不仅面向全国市场，而且面向世界市场，因此，运输距离远近不同，运输成本有所差异。但是由于高端白酒的价格主要由品质和品牌决定，总体而言，运输成本在销售价格中所占的比重并不高。

从营销来看，随着市场经济的深入发展，营销的作用越来越突出，也越来越重要。在高端白酒市场，尽管营销活动本身并不改变产品的品质，但是由于产品之间的代替性十分明显，实际上存在着"酒香也怕巷子深"的问题，产业内部竞争十分激烈。此外，由于技术和市场等原因，高端白酒的品质不易改变，也不能随意改变。因此，高端白酒企业往往投入大量资金，在营销方面大做文章，以展现品质优势，巩固品牌地位，开拓市场领域。从对高端白酒品质的作用来看，营销活动是无形的，但是从市场效果来看，营销的作用却是非常明显的，高端白酒的市场行情在很大程度上是企业营销效果的体现。高端白酒的营销费用在其销售价格中所占的比重越来越大。

---

① [美]保罗·萨缪尔森，威廉·诺德豪斯. 经济学（第十九版：教材版）[M]. 萧琛主译. 北京：商务印书馆，2015 年 4 月，第 89 页。

② 马克思. 资本论（第一卷）[M]. 北京：人民出版社，2018 年 3 月，第 441 页。

5.2.3　产品价值支撑品牌价值

商品是用于交换的劳动产品。在商品经济条件下，商品是社会的细胞，是社会发展的产物。商品的价值和价格因交换的需要而产生，也只能在交换中体现。因此，价值和价格作为商品经济的产物，既是一个社会范畴，也是一个历史范畴。商品的使用价值是价值的载体或物质承担者，正如马克思所指出的："不论财富的社会的形式如何，使用价值总是构成财富的物质的内容。"① 就高端白酒而言，其品牌价值一旦形成后，就能够相对独立地影响产品的销售情况和企业的市场地位，因而相对于价值和使用价值，具有一定的独立性。但是从根本上来看，高端白酒的品牌价值最终决定于产品自身，也就是由抽象劳动形成的价值和具体劳动创造的使用价值。

高端白酒的价值对其品牌价值具有最终的决定性作用，其含义有两个方面。一方面，所谓品牌价值，总是就某种具体商品而言的，必须以商品的实际存在为前提，没有商品就没有价值，没有价值就没有商品的品牌价值。不以具体的商品为基础和载体的所谓品牌价值，是不存在的。同样地，如果没有高端白酒的实物存在，就不会有高端白酒的品牌价值。另一方面，由高端白酒的品牌价值所决定的市场价格，无论怎样变化，总是以商品的使用价值为基础的，高端白酒的使用价值是其品质的集中体现，如度数、香型、风味等。当商品的使用价值发生变化时，其品牌价值也会发生相应的变化。总之，品牌价值具有一定的独立性，商品的价值对其品牌价值的决定作用是从根本上来讲的，品牌价值是以产品的价值为基础的。

5.2.4　认知价值影响品牌价值

对高端白酒的品牌价值具有重要影响的是认知价值，即市场主体对高端白酒的判断价值，它是市场主体根据高端白酒的品质、经济形势、消费水平等因素对高端白酒的价值做出的一种主观判断。认知价值、消费偏好、品牌价值之间具有密切的关系。消费者在消费集合中选择自己满意的消费方案，不同的消费者对消费方案的选择可能有很大的差异，现代经济学把这些差异统称为消费偏好。同时，消费偏好也是消费心理中的一个重要概念，通俗地说，就是消费者对同类产品和服务中某些品牌的嗜好。消费偏好的差异性，同样会导致消费需求量的变换；居民对某种商品的消费偏好加强或者减弱，即使这种商品的价格不变，也会影响这

---

① 马克思. 资本论（第一卷）[M]. 北京：人民出版社，2018 年 3 月，第 49 页。

种商品的消费需求量。^①尽管认知价值具有主观性，但是对高端白酒来讲，认知价值对品牌价值的影响却是实实在在、十分显著的。高端白酒的品牌价值在很大程度上是认知价值的体现。决定高端白酒认知价值的因素是多元的，包括经济发展变化、资本市场变化、偶发因素影响等。

通常情况下，当经济发展形势好时，社会物价水平会有所上升，人们会认为高端白酒价格的上升是在"情理之中"的，这样就会增强企业提价的底气。此外，对于普通消费者而言，高端白酒是一种高档奢侈品，而不是生活必需品，具有较大的需求价格弹性。当经济发展状况和发展形势较好时，人们的预期收入和实际收入都会提高，对高端白酒的价格承受能力就会增强，消费能力也会随之增强。当经济发展形势较差时，消费者的预期收入和实际收入都会降低，在消费选择上就会优先考虑生活必需品的消费，这样就会减少对高端白酒这类奢侈品的消费，并且降低对其价值的判断。

随着市场经济的发展，资本等要素市场日益发达，投资品的种类也日益丰富。但是由于高端白酒的时间价值较为明显，越来越多的投资者将其作为重要的投资和理财对象，以实现资本的保值增值。在资本市场的作用下，高端白酒的金融属性和投资价值不断被强化，消费属性则日益弱化甚至虚化，价格更加容易受到资本市场变化的影响。当资本市场的发展形势较好时，高端白酒的认知价值就升高，反之亦然。近年来，高端白酒价格急剧变化与资本市场的激烈变化有着密切的关系。

影响市场变化的因素是多样的，对于非生活必需品的高端白酒而言，其认知价值很容易受到政策变化、自然灾害、经济危机等偶发因素的影响。政策作为市场外生变量，既可以直接对产品的价格实施管控，也可能影响到人们的市场预期、消费意愿、消费行为等。自然灾害导致粮食供应紧张，会影响到高端白酒的产量，从而影响到人们对产品的消费价格预期。经济危机可能会影响人们的收入水平、资本的价值水平、投资的机会成本等。这些因素都可能会影响到人们对高端白酒的价值判断，并最终影响到高端白酒的品牌价值和市场价格。

5.2.5　品牌价值决定市场价格

在商品经济条件下，价格与商品的交换过程紧密联系。价格是价值的货币表现，商品的市场价格是交换价值的表现形式。当产品离开生产过程，作为交换对象进入流通领域，也就是以商品的身份出现在市场上时，产品就作为交换价值的载体变成了商品，交换价值也就转化成了市场价格。习近平指出："理论和实践都证明，市场配置资源是最有效率的形式。市场决定资源配置是市场经济的一般规

---

① 叶祥松主编. 政治经济学（社会主义部分）（第二版）[M]. 大连：东北财经大学出版社，2013 年 9 月，第128 页。

律，市场经济本质上就是市场决定资源配置的经济。"①市场决定资源配置，实质上就是在经济活动中发挥市场机制的作用。市场机制包括价格机制、供求机制和竞争机制，其中价格机制是核心，市场主体在价格信号的引导下开展生产经营活动。一般而言，生产成本是市场价格的重要变量，但是就高端白酒而言，其生产成本在市场价格中的占比却是非常低的。

　　为了保证质量、突出特色，高端白酒的部分生产环节仍然采用传统工艺，需要聘用一定数量的技术人员，在劳动力成本日益提高的情况下，企业的用工成本有所上升。但是在动力提供、包装运输、质量控制等环节，企业普遍采用现代化的装备设施，减少了人力的投入量。总体来看，高端白酒的劳动生产率日益提高，规模效应十分明显，平均生产成本和边际生产成本都在日益降低。但是，在市场运行中，高端白酒的价格总体上却呈上升态势。这并不是因为企业的生产成本或物化成本提高了，而是因为品牌价值提高了。当产品离开生产领域，出现在市场上时，产品就成了商品，获得了一定的独立性。商品在其发展过程中逐渐形成了自身的品牌，于是品牌效应带来了品牌价值。

　　高端白酒的品牌价值对其市场价格具有直接的决定作用，具体表现在两个方面：一是品牌价值越高，市场价格就越高。市场价格遵循"随行就市"的原则，人们消费高端白酒，主要是冲着品牌来的。好品牌往往意味着好品质，冲着品牌消费，可以降低信息搜寻成本，对于消费者而言，也就意味着降低了市场交易成本。品牌是市场的保障，市场是价格的保障。品牌力强，产品供不应求，价格自然就高。二是企业在制定产品价格时，往往不需要过多考虑产品的生产成本，而是更多考虑产品的品牌价值和企业的市场影响力。从企业来讲，制定价格也有一个成本问题。淡化生产成本，根据产品的品牌价值和企业的市场影响力来制定价格，是较为简便的一种定价方式。

5.3　高端白酒定价的市场逻辑

　　按照马克思主义劳动价值论，劳动形成商品价值。"作为价值，一切商品都只是一定量的凝固的劳动时间"②。价值是价格的内容，价格是价值的货币表现，价格由价值决定。在市场的作用下，价格围绕价值波动。从长远来看，价格和价值是趋于一致的。马克思主义劳动价值论为我们认识和研究商品价格问题奠定了理论基础，是开展理论研究和推动实际工作的重要遵循。在社会主义市场经济条件下，尤其是在市场对资源配置起决定性作用的条件下，定价问题主要是一个市场

---

　　① 习近平. 关于《中共中央关于全面深化改革若干重大问题的决定》的说明[A]. 十八大以来重要文献选编（上）[M]. 北京：中央文献出版社，2014 年 9 月，第 499 页。

　　② 马克思. 资本论（第一卷）[M]. 北京：人民出版社，2018 年 3 月，第 53 页。

问题，但是由于市场具有盲目性和滞后性，对国计民生具有重大影响的商品的定价问题又是一个政策性问题。从我国的实际情况来看，高端白酒的市场化程度较高，从生产到销售的各个环节都遵循商品经济的基本规律——价值规律。

总体而言，高端白酒的价格取决于其市场需求水平和企业竞争能力，遵循市场导向原则。另外，政府在高端白酒的定价过程中也发挥着重要作用，一是政府的政务消费构成了市场需求的一部分；二是高端白酒生产商主要是国有企业，政府往往会参与或干预企业经营战略的制定和实施；三是为了弥补市场失灵，维持市场的正常运行，政府往往会通过制定政策法规，调控经济运行，从而影响高端白酒的市场价格。高端白酒定价的市场逻辑可以大致归纳为：市场定位决定产品定位，产品定位主导品质定位，品质定位支撑价格水平，价格水平影响利润水平，利润水平造就盈利能力，盈利能力铸就市场实力，市场实力成就市场定位。

5.3.1　市场定位决定产品定位

在社会主义市场经济条件下，市场对资源配置具有决定性作用。从高端白酒企业的实际经营情况来看，企业往往要先对市场进行研究，根据市场情况来设计和生产产品。研究市场情况主要考虑的因素有宏观经济发展环境、物价水平、居民收入水平、消费水平、消费结构变化、竞争对手情况、自身的经营战略等。企业根据市场情况决定提供什么样的产品。在这些因素中，竞争对手的情况具有重要影响。高端白酒企业之间的竞争是非常激烈的，企业之间往往在核心产品或者代表性产品之间展开品质和价格竞争。为此，企业一般会采取市场跟随策略锁定竞争对手的核心产品或者代表性产品进行产品开发设计。在定价时，高端白酒企业往往从市场需求出发，根据自身的市场地位进行定价，高端白酒产品是其市场地位的支撑，而高价格是其高端性的市场体现。通常情况下，高端白酒企业往往是先确定其市场定位，再根据市场定位来确定其产品定位。

5.3.2　产品定位主导品质定位

高端白酒企业一旦确定好其市场定位后，就着手确定其产品定位，也就是根据市场定位设计和生产相应的产品。所谓产品定位主导品质定位，可以理解为企业提供的用于满足市场需求的产品要符合相应的品质要求。对于高端白酒而言，品质主要体现在口感、香味、酒精度、包装以及文化理念等方面。从我国的实际情况来看，高端白酒企业都具有悠久的发展历史，产品品质卓越，品牌文化独特。高端白酒的香型比较固定，主要是酱香、浓香和清香这几种类型，高端白酒企业往往专注于自身已有的香型。在品质方面，高端白酒企业已经开始引入新的发展理念，着力挖掘产品的生态价值，将生态效益和经济效益紧密结合起来，打造独具特色的生产体系和产品体系。我国白酒文化源远流长，注重挖掘产品的文化价值，在产品中融入特色文化，尤其是优秀的传统文化，是高端白酒企业在产品设计和生产经营中越来越重视的内容。总之，高端白酒的产品定位决定了品质定位，产品的品质体现了产品的定位。

5.3.3　品质定位支撑价格水平

在高端白酒市场，消费者对高端白酒的品质形成了较为稳定的认知，往往将高端白酒视为高品质白酒，而高品质也就意味着高价格。在通常情况下，高端白酒的品质可以从两个方面进行衡量。一是产品本身的品质，这是由产品的生产条件决定的。生产环境、配方、工艺、原料等综合作用，决定了产品的品质，高端白酒企业往往具有优良的生产环境、独特的酿造配方、现代化的生产工艺、优质的原材料等，这些方面的优势决定了产品的品质优势。二是产品的品牌质量。对于普通消费者而言，难以从专业上区分高端白酒的品质，但是对于知名度高的高端白酒，其认可度是较高的。品牌质量不是短时间内能够打造的，而是经过长期的历史和文化积淀所形成的，高端白酒往往具有悠久的历史传承和深厚的文化底蕴，拥有良好的品牌知名度和美誉度，这也决定了高端白酒相应的价格定位。尽管高端白酒的价格波动频繁，影响价格变动的因素也是多元的、综合的，但是从长远来看，品质是其价格的决定因素，高端白酒的品质是其价格的坚实基础。

5.3.4　价格水平影响利润水平

在企业经营中，经营收入扣除经营成本就是经营利润，追求利润是企业经营的主要目标。对于高端白酒企业而言，其经营收入决定了利润水平。高端白酒企业的经营收入主要取决于产品销售情况，产品销售情况与产品价格直接相关。简而言之，价格定位决定了利润水平。一般而言，高端白酒属于奢侈类消费品，从理论上讲应该富有需求价格弹性，当产品价格过高以至降低了销量时，企业的总收入是减少的，进而降低了利润水平。但是从我国实际情况来看，高端白酒具有较强的金融属性，而不仅仅是一种纯粹的消费品，在投资渠道有限的情况下，其资本功能十分明显。当价格上升时，往往销量也会上升，这就进一步增加了企业经营收入和提升了利润水平，这也是近年来高端白酒市场发展稳中有进的重要原因。在高端白酒市场，买涨不买跌是一个普遍现象。在社会主义市场经济条件下，高端白酒的价格上涨会受到政策规制，企业经营行为必须遵循宏观经济调控的要求。

5.3.5　利润水平造就盈利能力

高端白酒企业的利润水平主要由产品的价格所决定，而利润水平直接决定了企业的盈利能力。从上市高端白酒企业财务报表来看，具有不同利润水平的企业具有不同的盈利能力，利润水平高的企业盈利能力出众，这是因为利润水平高，净利润水平自然也高。在高端白酒市场，由于产品的高端性，在供求关系中，企业具有强势地位，卖方市场特征较为明显，企业具有价格制定的主导权。近年来，高端白酒企业体制改革取得了明显成效，利润水平提升较快，进一步巩固了企业的市场优势。从高端白酒的消费特征来看，高价格是其高端性的重要体现，企业为了维护高端形象，一般不会采取降价策略，至少会稳住市场价格，因为一旦价格下降，其高端形象势必受到不利影响，而稳定的市场价格保障了较高的利润水平，进一步巩固了企业的盈利能力。目前我国白酒行业中，高端白酒企业都是大型企业，不仅资产规模大，而且盈利能力强，具有强大的价格主导优势，长期形成的产业进入壁垒进一步强化了其价格主导能力。

5.3.6　盈利能力铸就市场实力

在市场经济条件下，衡量一家企业的实力，主要是看其盈利能力、生产能力、技术水平、管理水平、销售能力等，其中最为重要的是盈利能力。盈利能力是企业持续发展的重要保障，是有关各方都十分关心的问题。企业的盈利是投资收益和政府税收的重要来源，是经营者经营业绩和管理效能的集中体现，也是企业职工福利的重要保障。因此，从白酒行业来看，盈利能力较强的白酒企业比盈利能力较弱的白酒企业拥有更大的活力和更好的前景。而高端白酒企业较高的利润水平使其与一般白酒企业相比拥有更强的盈利能力，这是高端白酒企业参与市场竞争、立于不败之地的最大底气。高端白酒企业的盈利能力铸就了其在行业中强大的市场实力，成为企业长期发展的重要保障。

5.3.7　市场实力成就市场定位

高端白酒企业雄厚的市场实力，直接决定了企业将其定位于什么市场层次，或者将其产品定位于什么层次。高端白酒企业既具有资金、人才等硬实力，又有工艺、品牌等软实力，这些实力是其强势市场地位的重要支撑。由于具有雄厚的综合实力，高端白酒企业往往将其产品定位于高端市场，面向高水平消费群体开发产品。尽管高端白酒企业也开发价格较低的系列酒，但系列酒在企业收入中占比较低，企业的主要收入均来自其主打的高端产品，高端白酒企业的主打产品是企业形象和地位的重要支柱。企业的市场定位主要体现在产品的价格上，高价格往往意味着高品质，同时也是高水平消费的体现，而这又进一步巩固了企业的高端定位。在高端白酒企业之间，尽管竞争的内容是多方面的，但是主要的竞争内容还是集中在产品的价格上，因为价格是消费者选择产品的一个重要因素。要维护企业的高端形象，其主导产品的价格必须保持在高端白酒价格带以内，否则就有可能会影响到企业的市场形象，这也使得高端白酒的市场价格和企业的市场定位之间的关系得到进一步的巩固。

5.4　高端白酒价格的形成方式

高端白酒价格形成方式，也就是决定高端白酒价格的具体方法和形式。在我国，高端白酒产业庞大、品牌众多，价格决定因素十分复杂，价格形成方式也是多种多样的。从价格形成的动因来看，高端白酒价格形成方式大体上可以分为成本决定型、利润导向型、市场决定型和竞争主导型。

5.4.1　成本决定型

成本决定型价格形成方式是企业根据成本加成的原则制定产品价格，使价格随着成本的变化而变化。企业以成本和利润为双重导向进行定价，较好地反映了生产成本的变化和营利目标的追求，是一种比较稳健的定价方式。高端白酒的成本结构十分的复杂，影响成本变化的因素也是多元的，既有人的因素，也有物的因素，这些因素对成本的影响是综合的。从人的因素来看，随着人口结构的变化，企业的用工成本越来越高，而白酒产业属于劳动密集型产业，日益高涨的用工成本对产品总成本具有明显的推动作用。从物的因素来看，随着生产规模的扩大和现代化技术装备的使用，企业的生产效率日益提高，规模效应日益突出，产品的单位成本随着可变成本的降低而降低。随着经济的发展和物价水平的提高，生产资料的成本也呈上升趋势，推动了生产成本的上涨。从总体上来看，高端白酒的生产成本呈上升趋势，在一定程度上推动了产品价格的上涨。虽然高端白酒的生产成本占市场价格的比例较低，对价格的影响十分有限，但高端白酒企业在制定价格时，仍然将生产成本作为一个基本的依据。

5.4.2　利润导向型

追求利润是企业存在的意义和价值，获取利润是企业能长期持续经营的基本条件。利润导向型定价方式，就是企业根据自身发展的需要，设定相应的利润目标，以此作为制定价格的基本依据。利润导向型定价方式操作较为简单，是高端白酒企业尤其是超高端白酒企业普遍采用的一种定价方式。从供需关系来看，高端白酒尤其是超高端白酒的产量较为有限，供给十分紧缺，一些品牌经常出现"一瓶难求"的现象。从市场结构来看，高端白酒产业属于典型的卖方市场，企业处于强势的一方，定价优势十分明显。一些超高端白酒的定价在很大程度上取决于企业想拥有什么样的利润水平，企业往往根据利润目标来确定其产品价格。我国高端白酒企业基本上都是公有制企业，生产经营活动既要直接面向市场，积极参与市场竞争，又要受到政府的指导和管控，并兼顾社会整体利益。因此，高端白酒企业尽管拥有明显的以利润为导向的定价优势，但是其定价行为既要受到市场的调节，也要受到政府的调控，实际上是利润和政策双重导向。

5.4.3　市场决定型

高端白酒企业的生产经营活动是直接面向市场的，市场发展状况和企业的市场地位对产品价格的形成具有重要影响。市场决定型价格形成方式，是企业在对市场进行有效划分的基础上，根据市场的需求和企业的地位，设计和生产相应的产品，制定相应的价格。简而言之，市场决定产品，产品决定价格。这种定价方式具有明显的市场导向性，实质上是由企业的市场地位所决定的。高端白酒企业都有自己的核心产品。核心产品既决定着企业的市场地位，又维护和体现产品的品牌形象。企业为了维护产品的高端形象和自身的市场地位，往往会保持价格的基本稳定，或者保持价格只涨不跌。一个重要原因在于，高端白酒属于奢侈品行列，理论上富有需求价格弹性，但是在现实中，高端白酒又缺乏需求价格弹性，消费者对价格并不十分敏感，采取降价政策并不利于提高经营收入。而保持产品价格稳定，既可以维护品牌的形象和企业地位，又可以稳定投资者的信心，甚至在"买涨不买跌"的消费行为选择下，适当涨价更加有利于企业扩大经营收入。

5.4.4　竞争主导型

从整个白酒行业来看，高端白酒和中低端白酒的竞争格局是很明朗的，无论是在市场规模方面，还是在品牌形象、盈利水平等方面，中低端白酒都难以与高端白酒相抗衡。但是在高端白酒行业内部，竞争则是十分激烈的，这就为竞争主导型价格形成方式创造了条件。竞争主导型价格形成方式，是高端白酒企业根据竞争产品的价格情况，制定自身产品价格的一种定价方式。这种定价方式操作起来较为容易，价格跟随型高端白酒企业往往采用这种定价方式。在高端白酒行业内，不同企业之间都有同款竞争产品，也就是满足同类消费者群体的产品，这些产品在品质方面各有特色，消费者对产品的认知或者产品在消费者心中的形象是稳定甚至是固定的。如果企业在产品的品质上做出较大改变，就可能会失去已有的市场，结果得不偿失。在企业看来，消费者主要是根据价格水平的高低来确定产品的品质和档次，高端白酒的消费者往往看重的是高端的消费体验，为高价格买单是这种体验的重要体现。企业的产品只有与竞争对手相同定位或同种类型的产品保持在同一个价位水平，或者保持在合理的差价范围内，才能在市场上保持产品的高端性，从而得到消费者的青睐。高端白酒企业通常会在价格方面展开竞争，一般情况下会采用竞相涨价这种方式，也就是让产品价格随着竞争对手同款产品的价格上涨而上涨，以维护其产品的市场地位，保障企业的盈利水平，这样就形成了竞争主导型价格形成方式。

5.5　本　章　小　结

本章主要探讨了高端白酒价格形成机制的基本理论和实践问题。在理论上，本章以马克思主义劳动价值论为指导，构建了高端白酒价格形成机制的理论架构。高端白酒的市场价格直接由其品牌价值决定，品牌价值由产品价值和认知价值构成。产品价值是产品本身的价值，也就是为产品的生产和流通所付出的无差别的人类劳动而形成的价值。认知价值是市场对高端白酒的主观价值评价。在高端白酒的品牌价值中，认知价值远远大于产品本身的价值。高端白酒的价格形成机理，大体上可以概括为：生产过程创造产品价值，流通过程增加产品价值，产品价值支撑品牌价值，认知价值影响品牌价值，品牌价值决定市场价格。高端白酒的市场价格在很大程度上是其品牌价值的反映。

高端白酒定价的市场逻辑大体上可以概括为：市场定位决定产品定位，产品定位主导品质定位，品质定位支撑价格水平，价格水平影响利润水平，利润水平造就盈利能力，盈利能力铸就市场实力，市场实力成就市场定位。在高端白酒价格形成方式方面，按照价格形成的动因，大体上可以划分为成本决定型、利润导向型、市场决定型和竞争主导型。成本决定型定价方式尽管操作起来十分便利，但是在高端白酒行业较少采用，更多的是采用利润导向型、市场决定型和竞争主导型。在实际制定价格时，企业往往会综合考虑成本、利润、市场、竞争等因素，具体的定价方式较为灵活多样。

第6章 基于产业链视角的高端白酒酿造用粮价格形成机制研究

商品的价格水平与其生产成本密切相关。作为白酒生产的主要生产原料和重要成本来源，白酒酿造用粮的价格水平对于白酒的价格水平有着重要影响。尤其对于高端白酒生产企业而言，对于白酒酿造用粮的把控已成为参与市场竞争和谋划长远发展的重要环节。新的发展阶段，白酒行业迫切需要与上游的白酒酿造用粮行业进行深度融合、有效衔接，推进产业链一体化、构建产业链横向和纵向协同、有效整合资源，走向高质量发展。因而，研究高端白酒价格问题，不论是从供给侧来看，还是从需求侧来看，都必须对白酒酿造用粮的价格问题做出深入分析，为高端白酒价格研究提供扎实基础。

6.1 高端白酒酿造用粮价格的特殊性

6.1.1 白酒酿造用粮市场分析

白酒酿造用粮产业属于粮食产业的一个分支，是指在实践中被用于生产酿造白酒所使用的粮食的生产者、流通者、消费者等市场主体在市场中连接形成的产业链条，因而对白酒酿造用粮市场进行分析，就必须将其放于粮食市场及白酒产业中去进行考察。

1. 我国粮食市场发展的两个阶段

民以食为天，自新中国成立以来，我国始终把促进粮食生产放在经济工作中的核心任务中。在解放战争时期就开始在各地推行土地改革，破除封建土地所有制，将土地分配给最广大的贫下中农群体，充分释放了农民的生产积极性，使耕者有其田的几千年农耕社会的最高理想一朝实现，极大地提高了农业生产的积极性，使我国的粮食产量大幅跃升。在随后的新中国建设和改革过程中，我国的农业生产能力和农产品产量虽因一些偶发因素有所波动，但总体趋势始终是上升的。

根据国家统计局数据对我国粮食生产情况进行分析，从1949年到2019年，我国粮食市场走过从粮食严重短缺到基本实现粮食供求平衡的漫长历史。[①]如

---

① 刘晓雪，李书友. 中国粮食市场60年发展历程与变迁特点[J]. 北京工商大学学报（社会科学版），2010年第25卷第2期，第1-5页。

图 6-1 所示，可以看到在 1949～2019 年，我国粮食产量基本处于上升态势，与此同时，我国的人口也呈现明显上涨趋势，伴随着产量和人口的上涨过程，我国的人均粮食占有量也实现了上涨，说明 1949～2019 年粮食产量增速是要明显超过人口增速的，我国粮食工业生产水平已经取得了历史性的重大成果，实现了重大飞跃。在这期间，1958～1961 年和 2000～2003 年曾经出现两次明显波动。

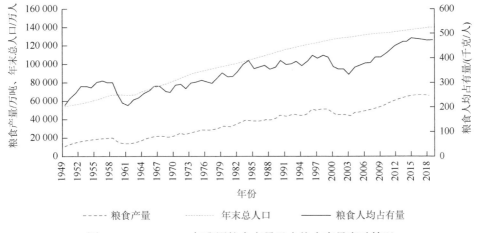

图 6-1　1949～2019 年我国粮食产量及人均占有量变动情况

　　根据粮食产量和粮食政策的发展情况，学者们普遍将我国粮食市场划分为 1949～1978 年和 1978 年改革开放后两个阶段。

　　在我国粮食发展的第一个阶段，即 1949～1978 年，供不应求是这个时期的最大特征，因而这一时期农业工作的核心就是要尽一切可能来提高粮食产量。经过近 30 年时间，我国粮食生产初步解决了粮食短缺带来的严重生存问题。在这段时期，我国的粮食市场的运行基本是和我国当时的计划经济体制相统一的封闭式购销、价格集中统一管理的模式。因而粮食价格大致是稳定的。

　　在我国粮食发展的第二个阶段，即 1979～2019 年，我国实行了改革开放，对整个经济体制都进行了市场化改革，粮食市场也在改革浪潮中进入了市场化的关键期。在这 40 年里，我国的粮食生产取得了巨大进步，我国的粮食市场也从总量供给不足向阶段性供给过剩与供给不足共存的结构性矛盾转变，粮食价格形成机制从以计划形成价格转变为市场形成价格。人民温饱问题基本解决，人民对美好生活需要有了更高的追求。

　　2. 发展专用粮食是推进粮食供给侧结构性改革的重要举措

　　可以说，自 1978 年改革开放后，从逐步建立起统分结合、家庭联产承包责任制的机制，再到随后深入推进市场化体制改革以来，我国粮食市场已经基本形成了市场起决定性作用的局面，粮食生产的总产量取得了重大突破，尤其在2004年至2015年间，粮食产业总产量实现"十二连增"，如图6-2所示。我国粮食产业在农业现代化、机械化、规模化开始逐渐推进的背景下生产能力实现了巨大飞跃。

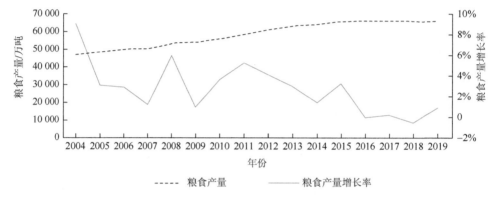

图6-2　2004～2019年我国粮食产量及增长率

资料来源：国家统计局统计数据

与此同时，我国粮食产业在发展过程中存在的一些问题也不断凸显：粮食产业生产要素价格涨幅过快，粮食种植比较收益持续下降；市场供需脱节，国家粮食储备规模太大，大量库存积压，导致财政负担太重；国内外粮价倒挂严重，市场调节失灵；同时对于粮食生产的生态环境约束逐渐趋紧。

从图6-2中可看出，近年粮食产量增速持续下滑，自2016年以来，每年粮食产量增速已经低于1%，甚至其中2016年和2018年增速已经为负。

农业生产能力在很大程度上与核心生产资料农业用地的投入规模紧密相关。由于作为生产资料之一的土地规模无法持续不断地大幅度增加，我国农业生产能力的进一步提高受阻。同时，随着城市化、工业化的不断快速发展，农业用地的规模仍在不断受到威胁，从统计数据上看，如图6-3所示，近年来农作物总播种面积和粮食播种面积的增速都开始下降，其中，粮食作物更是自2016年起便呈现负增长。

此外，近年来我国粮食价格出现倒挂现象，受困于成本不断攀升的"地板"和粮食倒挂的"天花板"，我国粮食生产已经逐渐走入困局，导致粮食种植比较收益过低，如图6-4，农民从事粮食生产的积极性受挫。

多种因素交织，导致近年来我国粮食产量增长乏力，矛盾突出，粮食产业迫切需要进行新一轮的结构化改革以打破发展困局。深化和推进新一轮农业供

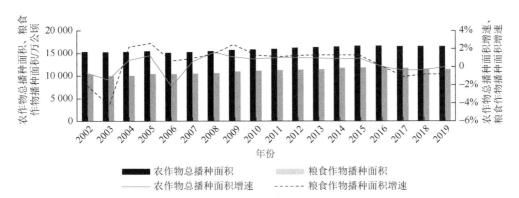

图 6-3　2002～2019 年我国农作物、粮食作物总播种面积及增速

资料来源：国家统计局统计数据

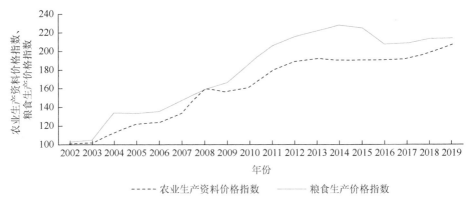

图 6-4　2002～2019 年农业生产资料价格指数和粮食生产价格指数

资料来源：国家统计局统计数据

给侧结构性改革的重点是推进粮食供给侧结构性改革。要从需求端的角度出发，生产受市场欢迎的品种，切实提高有效供给，在市场竞争中获得更大认可和更高收益，从而提高粮食生产者的生产回报和生产积极性。通过市场机制的作用，塑造粮食产业链、打通产品供应链、提升产品价值链。核心在于不断根据市场需求去改革供给体系，即供给侧响应需求侧，通过粮食专用化，带动专业化、规模化、机械化和产业化，因而推进粮食供给侧结构性改革的"牛鼻子"是推进粮食生产专用化。[1]

其一，粮食专用化是生产衔接消费的关键，随着经济水平、生产技术和生活品质的不断提高，粮食生产的目的已经发生了根本性的变化，口粮生产上，消费

① 孙正东. 粮食供给侧结构性改革的新引擎？发展专用品牌粮食的思考和探索[J]. 中国科学院院刊，2017 年第 32 卷第 10 期，第 1091-1095 页。

者已不仅仅满足于吃得饱，更加追求吃得好、吃得健康、吃得安全、吃得有品位。工业用粮、饲料用粮上，生产技术工艺也对原粮提出了更高要求。其二，粮食专用化是推进粮食产业现代化的助力，粮食现代化产业体系包括"产购储加销"五个组成部分。发展粮食专用化，有利于在生产端促进粮食种植的分区、集中，充分发挥规模效应，有利于在收购端促进农业组织的发展，提高农民议价地位，更好地保护各方利益，有利于在加工端更好地满足下游产业加工要求，提高产品的生产效率和效益，有利于在销售端打造粮食品牌，更好地对接消费需求，提高产品附加价值。

3. 高端白酒酿造用粮市场的演变——普通粮食向专用粮食

当今，白酒食品行业已经在逐步发展为重要的绿色食品行业，不仅在全国人民不断追求美好幸福生活的道路上扮演了重要角色，而且在加快构建新的国民经济社会结构体系中也已经占据越来越重要的战略位置。

如图 6-5 所示，近年来白酒产业在波动中整体处于上升状态。2018 年白酒行业销售收入同比大幅增长 12.88%；利润总额增长 29.98%。产量数据上，截至 2019 年11 月，累计产量已经达到 698 万千升，比上年同期增长 0.5%。

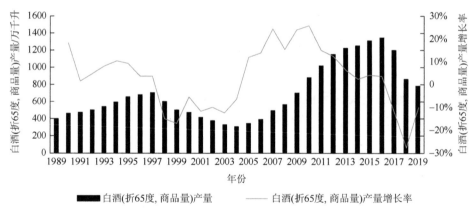

图 6-5　1989～2019 年中国白酒产量变动情况

资料来源：国家统计局统计数据

白酒行业是我国粮食消费的一个重要渠道。根据白酒行业的实际情况，粮食出酒率会受到多种影响因素的作用，包括粮食品种、含淀粉量、酿造工艺等。出酒率一般以 65 度计算，可以分为原粮出酒率和淀粉出酒率。此处按照白酒行业的一般酒粮比，即每酿出一斤白酒大约需要耗费粮食 3 斤。则 2018 年白酒产量折65 度为 871.20 万千升，即大约使用了 2606.34 万吨粮食，占粮食消费总量的 3.96%，如图 6-6 所示。

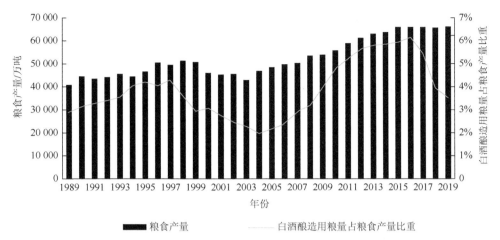

图 6-6　1989～2019 年我国粮食产量及白酒酿造用粮占比情况

可以看到，近年来，白酒产量增速放缓，2016 年后出现负增长，但白酒产量依然很大，而白酒酿造对粮食的需求导致白酒酿造用粮逐渐从通用粮食市场中分离出来，成为我国粮食消费的一个重要市场。

此外，"好粮酿好酒"，高端白酒的品质很大程度受到原粮品质的重要影响。因此，过去高端白酒生产企业历来均采用本地经过长时间检验的粮食来进行酿造。然而随着产量的扩大，本地粮食无法满足需求，故而必须建立专用的白酒酿造用粮生产基地，以种植生产最适宜该品牌风味和香型的专用粮食，以最大程度保障产品品质。

高端白酒生产企业已成为引导白酒酿造用粮产业链现代化升级的主要动力，其驱动因素有三：其一，实现规模效应。过去白酒产业生产规模较小，白酒酿造粮食用量在粮食消费中仅占很小的比重，专门生产白酒所需的粮食对于粮食生产者是不经济的，没有粮食生产者会根据白酒生产的需求去种植生产最适宜白酒产业的粮食，同时散落在全国各地的粮食生产者也无法实现与较小规模的白酒生产企业的对接，因而白酒生产企业无法按照自己的生产需要去定向收购到最适合自己使用的粮食，只能使用市场上的通用的食品用粮进行生产。其二，粮食品质支撑。白酒酿造产业属于农产品加工业，行业特性注定其产品的品质很大程度上受限于所用粮食的品质，粮食的品质决定了所生产出白酒的品味、调性之外还在很大程度上决定了酒粮比，从而决定了白酒的产量以及白酒的生产成本。其三，产业价值链提升。白酒产业已经从快速扩张期开始逐渐进入存量调整期，其中高端白酒生产企业正在产业链、价值链、产品链、供应链等方面加速进行产业升级，对白酒酿造用粮也提出了新的要求。

6.1.2　高端白酒酿造用粮的特殊性

形成高端白酒酿造专用粮食市场的过程是漫长的，它既受到酿造工艺水平、生产制造技术、经济发展速度、居民消费水平、政府宏观调控方向、农业及食品饮料加工业发展阶段等基础性和宏观因素的影响，也受到生产经营方式、产业连接方式、行业龙头企业战略、市场竞争状况等技术性和微观因素的影响，此外还会受到粮食市场价格水平、国际粮食商品价格波动、进出口政策及规模管控等偶然因素的影响。

从理论逻辑角度分析，高端白酒酿造用粮即用于生产高端白酒的粮食，本质上仍是粮食的一种；高端白酒酿造用粮市场也是高端白酒生产企业即粮食需求方同粮食生产商或贸易商等粮食供给方在市场交易中买卖交易而形成的粮食市场的一种。因而，高端白酒酿造用粮具备普通粮食的共性，高端白酒酿造用粮市场也具备普通粮食市场的共性。同时，高端白酒酿造用粮作为农产品由通用商品向专用商品方向发展的一个体现，它在物理属性、物资供应、生产模式、经营方式、市场结构、价格形成、产业发展方向等方面存在着特殊性。

1. 产前——物资供应端的专用性

高端白酒酿造用粮首先是从生产物资端开始发生专用化的。白酒产业过去一直是农余产业，即在传统生产条件下，只有在丰年粮食产量大增，在食用、饲用、种用、赋税等方面的粮食需求全部满足之后的剩余粮食才被用来酿造白酒。即使在一些时期出现成规模的白酒酿造产业或政府专营白酒产业之后，也都对白酒生产酿制采取抑制态度。这都是因为当时粮食生产能力较弱。因而，白酒专用粮食市场一直未曾被开辟出来，于是也就不存在专用于白酒酿造的粮食品种等的研发。

在传统生产过程中，酿酒师们已经从生产实践中发现用于酿造的粮食种类、品种、品质等方面的不同均会带来白酒口感、风味、品质等方面的巨大差异。根据酿造白酒使用粮食的不同，白酒行业内将生产出的白酒也分成了多种香型，包括主要使用高粱酿造的清香型和酱香型、主要使用大米酿造的米香型、使用多种粮食酿造的浓香型等，各种香型均有自己的代表性产品。

针对粮食生物特性与白酒品质关联性的实验数据显示，不同种类的粮食乃至同一种类粮食的不同品种均有其独立的物理属性，它们会在粮食制曲、发酵、蒸馏出酒的过程中产生迥然不同的气味和口感，同时在产酒品质、出酒率、优酒率等方面也存在很大差异。江东材等所进行的一项普通粮食与酿酒专用粮食的对比实验的结果显示，酿酒专用粮食的支链淀粉含量远远高于普通粮食，在还原糖利用率、出酒率和优级率等方面均优于普通粮食。同时具有更加丰富的风味物质含量，有利于最终酒体的风味表现。[①]

---

① 江东材，周瑞平，陈云宗，等. 酿酒专用粮食在多粮浓香型白酒生产中的应用[J]. 酿酒科技，2012 年第 11 期，第 61-64 页。

随着白酒产业由简单粗放式发展模式向高效集约式发展模式转变，白酒消费市场由迅速扩张向存量调整阶段转变，高端白酒市场竞争加剧，也迫切要求高端白酒酿造用粮走向专用化、规模化、技术化、稳定化。高端白酒酿造用粮专用品种的研发培育就是白酒酿造用粮专用化发展的基础。高端白酒酿造用粮专用品种的选育会在多个方面促进白酒产业的发展。

2. 产中——种植生产端的专用性

专门用于高端白酒酿造的粮食品种，其种植管理也有相应的要求。一方面它需要种植者考虑到最终白酒酿造的针对性需求，因地制宜、因时制宜地进行田间管理，这样的要求体现在播种、灌溉、施肥、除草、防虫、收割、整理、储存等多个环节。另一方面，对于这种专用性的粮食，粮食需求方也往往会在种植的第一时间参与其中，或直接供应专用品种的粮种或派驻工作人员提供种植管理技术指导或派出原料采购人员与种植者签订包含品种、种植、田间管理、收获存储、运输存储等方面要求的收购订单合同，从而在专用粮食的种植管理全过程进行专用性改造，以满足下游产业生产运作的需要。

阐述专用粮食种植管理过程中的特殊性的最佳方式是以某一专用品种的种植管理全过程为例对其进行分析和对比说明。在此，我们选择以酿酒专用高粱进行案例分析。这是基于以下原因：首先，从白酒生产实践来看，高粱是最适宜酿造白酒的粮食种类，使用高粱酿造出的白酒在口感、品质、风味等多方面受到了消费者的欢迎，在历史长河中也诞生了很多的名优白酒，如汾酒、茅台等；其次，从专用粮食市场发展情况来看，高粱市场相较于其他主粮市场而言，主要用途较狭窄，目前主要用于白酒酿造、食醋酿造、制帚、饲料等，其中用于白酒酿造的比重较高，从而酿酒专用高粱市场也发展得最为成熟，因而在品种研发选育、种植管理实践、市场收购交易、产业发展程度等方面均更加充分。

过去被用于白酒酿造的普通高粱，一方面，品种参差不齐，且多为老旧品种，很难满足现在的需求，另一方面，种植栽培、田间管理、灾害防治等技术落后，生产水平低，产量不高。依托大型白酒生产企业或科研院所的雄厚科研实力改良更新专用品种，同时加强对农户的培训，能够大幅提升生产水平，显著提高粮食产量。

3. 产后——流通交易端的专用性

经过对整个粮食生产过程的全流程、全方位、全情景的改造升级后生产出来的专用粮食，具有了更适用于高端白酒酿造的特性，它们在颗粒状态、淀粉含量、蛋白质含量、单宁含量、风味物质、蒸煮糊化特性等众多方面均有了更加突出的优势。同时，生产端全方位的升级也显著提高了高端白酒酿造用粮生产者的生产成本和经营风险。

若高端白酒酿造用粮专用品种生产出的粮食仍在传统的一般粮食市场上与普通粮食进行混合交易，就无法在交易中将其与普通粮食更好地进行区分，无法让对原粮品质有更高要求的高端白酒生产企业方便地与高端白酒酿造用粮专用品种的生产者进行有效对接，导致高昂的交易成本、搜寻成本和社会成本，不利于市场交易。同时，若受到低价低质的普通粮食的冲击导致价格受挫，高端白酒酿造用粮专用品种的生产者的生产投入就无法在市场中得到有效补偿，从而影响种植积极性。

因此，高端白酒酿造用粮专用品种在交易方式上会明显区别于普通粮食，它们因其富含的优异性质而受到高端白酒厂商的热烈欢迎和积极采购。大多数专用粮食由于量少质优，往往在生产的一开始就已经被高端白酒厂商提前预购。而存留到市场交易环节的少量优质高端白酒酿造专用粮食也会遭到厂商、贸易商等的抢购。

由于高端白酒酿造专用粮食的优异性质和市场供需状况等，高端白酒酿造专用粮食的市场交易结构也呈现出专用化的特征。

6.1.3　高端白酒酿造用粮价格及特点

1. 高端白酒酿造用粮的价格

按照马克思主义政治经济学的基本原理，高端白酒酿造用粮的价格由其价值决定。高端白酒酿造用粮的使用价值即其能用来酿造高端白酒，其价值是在田间种植高端白酒酿造用粮的农户在整个生产过程凝结的无差别人类劳动，其价值量由最终产品即高端白酒酿造用粮中包含的劳动的量来决定，劳动量的多少由生产高端白酒酿造用粮所耗费的劳动时间决定，它的价值中既包括农户种植栽培、田间管理、病虫防治、收割整理等可变劳动创造的可变价值，也包含着所使用的粮种、肥料、农机等生产资料所转移的不变价值。而高端白酒酿造用粮的价格是其价值的货币表现，始终围绕着价值上下波动，其波动会受到白酒酿造用粮市场上供求力量的影响。如图 6-7 所示。

2. 高端白酒酿造用粮价格决定的特殊性

高端白酒酿造用粮的价格由其生产所需的社会必要劳动时间决定。高端白酒酿造用粮与普通的粮食产品的区别在于，它是一种为特殊用途而针对性生产，包含有更多技术含量的特殊商品，因而，在生产中，并不属于大众产品，也并不在全体粮食市场上进行流通，故以高端白酒酿造用粮为代表的特殊商品，一般

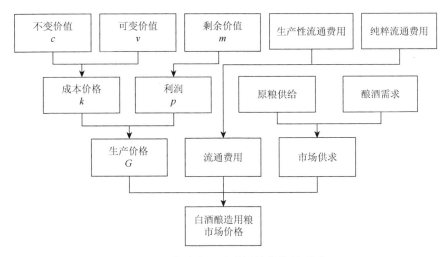

图 6-7　高端白酒酿造用粮价格的形成

不由生产普通粮食产品所需要的社会必要劳动时间来决定，而是由生产高端白酒酿造用粮的个别劳动时间决定，这正是由特殊商品的独创性特点决定的。因为在社会实践中，生产特殊商品的个别劳动耗费往往是高于其类似的普通商品的，特殊商品的市场在更高的前期投入之外，很大程度上还要承受更大的生产风险和市场风险。

3. 高端白酒酿造用粮价格构成的特殊性

高端白酒酿造用粮的价格构成是白酒酿造用粮价值构成的货币表现。高端白酒酿造用粮价格构成的特殊性，在于其成本构成中的各部分所占比重与普通粮食不同。其成本中，劳动报酬占据了更大的比重，这体现了高端白酒酿造用粮的开发、培育、生产过程中具有的独创性的劳动，这种劳动耗费的劳动量等于多倍的简单劳动，也创造了更多的劳动量。因而，在整体价格构成中，利润占据了更大比重，生产者在承担更大投入和风险后相应获得了较高的利润回报。而税费占据了较小的比重，也体现了社会对于创新的扶持和重视。

4. 高端白酒酿造用粮价格实现的特殊性

高端白酒酿造用粮价格的实现是在粮食交易市场上，买卖双方就其包含的较高价值达成一致认识，在交易过程中需求大于供给，从而提升了白酒酿造用粮的市场价格，使得生产者获得了较高的经济回报。在供少于求的市场中，白酒酿造用粮生产者获得了更优的交易地位，同时也呈现出易于普通粮食商品的交易方式，譬如获得更快捷的货款交付、提前签订具有保障性的交易合约、稳定高于市场的交易价格等。

6.2　白酒酿造用粮产业链构成及其对价格形成的影响

6.2.1　白酒酿造用粮产业发展现状

白酒行业在我国食品饮料工业中占有十分重要的地位，也是我国粮食消费的一个重要渠道。近年白酒行业发展逐渐加速，对白酒酿造用粮的需求量迅速提升。

白酒酿造用粮产业链包括产前的原粮品种、农药、肥料等农用物资的生产研发，产中的栽培种植、田间管理、病虫害防控，产后的粮食采购、贸易及物流、原料加工、酿造蒸馏等环节，涉及农户、合作社、中间商、批发市场、农业化龙头企业、粮食运输公司、白酒生产企业、地方政府等众多主体。从全产业链视角看，白酒酿造用粮产业链是白酒产业链的一部分，主要为白酒酿造提供高粱、小麦、大米、糯米、玉米、大麦等生产原料。如图 6-8 所示。

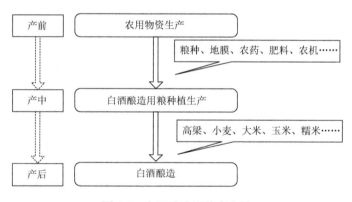

图 6-8　白酒酿造用粮产业链

认识白酒酿造用粮产业链必须从全产业链的角度对其进行考察，而白酒行业作为白酒酿造用粮产业链的终端部分，决定了白酒酿造用粮产业链的发展水平、组织形式、运动形态和发展方向。白酒酿造是我国特有的传统工艺，并在全世界范围内享有盛誉，被称为"世界八大烈酒"之一。[①]在数千年的白酒酿造历史中形成了丰富的种类、代表品牌和对应的知名产区。包括十二大香型[②]，以及在此逐渐形成的宜宾、

---

① 白酒与白兰地（Brandy）、琴酒（Gin）、龙舌兰酒（Tequila）、朗姆酒（Rum）、伏特加（Vodka）、威士忌（Whisky）、日本清酒（Sake）并列为"世界八大烈酒"。

② 于 1979 年第三届全国评酒会上按香型进行评比，分类为七种香型，后被广泛接受，并在其基础上发展至十二种香型。

泸州、遵义、吕梁等名优产区①和五粮液、泸州老窖、茅台、汾酒等著名品牌。

　　白酒酿造工业作为食品饮料工业，最为核心的环节为酿造环节，其中的关键在于微生物发酵过程，而微生物发酵过程目前仍主要依赖自然力的作用，人工技术在其中发挥的作用受到科学理论及技术水平的限制仍较为微弱。因而，微生物的菌落培育需要充分依赖于在过去白酒工业发展历史中对于优质地理自然环境的充分利用和历史过程中生产形成的优质窖池，以最大限度上提供微生物菌落发育的最好条件，才能够酿造出风味地道的优质白酒产品。

　　此外，白酒酿造工业同样也是一个技术富集产业。白酒生产过程较长，工艺精密，要求较高。白酒的产生必须要经过完整的生产酿造过程，即选料、制曲、蒸煮、糖化、发酵、蒸馏、陈酿、勾兑、灌装等九个核心环节，各环节还包含多个细分过程，如图 6-9 所示。同时，随着食品饮料工业的迅速现代化，很多白酒企业开始提高机械化和专业化生产水平，不仅投入大量资金、技术、设备提高生产效率，同时开办了众多科研机构，对白酒生产酿造的关键环节进行深入研究。此外，在生产环节中的制曲、勾调等关键环节，优秀老员工的丰富经验也是保证白酒品质和提高风味调性的重要基础。

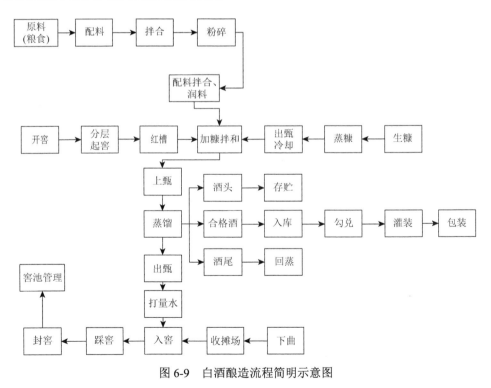

图 6-9　白酒酿造流程简明示意图

---

① 中国知名白酒产区知多少？[EB/OL]中国酒业协会，https://www.cada.cc/Item/151.aspx，2017 年 10 月 13 日。

　　因此，能否酿造出高品质的白酒，在满足一定的技术条件的基础上，仍很大程度上取决于所处地理位置的气候、土壤、水文等自然条件。同时，为了做好人工环节以让自然作用充分发挥，对于酿造原料，即白酒酿造用粮食和水质，提出了较高要求。因而，白酒工业天然上具有了较高的产业进入的技术、区位和历史方面的门槛限制。

　　从白酒行业统计数据来看，2018年四川省全年的白酒总产量为35.83亿升，占到了2018年全国总产量的约41%，排名首位；其后依次为江苏省和湖北省，它们的总产量分别为6.92亿升和5.6亿升，各自占比为8%和6%。图6-10中以饼状图的形式较为清晰地呈现了我国白酒产量的集中分布情况。从图6-10中所示数据可以很容易看出四川省在我国白酒产业中的突出地位。

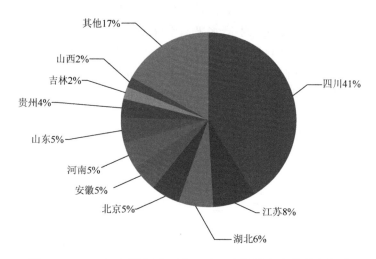

图6-10　2018年全国白酒（折65度）产量前十省份所占比重

　　四川省是我国西南地区的农业生产大省，依托省内适宜粮食作物生长的有利地理、水文、气候等自然条件，在粮食作物中水稻、小麦、玉米等白酒酿造用粮方面的生产种植优势突出，在各类粮食生产中均居于重要地位。凭借省内庞大的粮食产量、优越的自然水源环境以及独特的适于白酒酿造过程中微生物繁育的气候条件，四川省内白酒企业数量众多，涌现了众多白酒知名品牌，包括著名的白酒"六朵金花"和"十朵小金花"[①]。四川省在大量优质白酒生产企业的基础上，在发展成为国内最大的原酒产地的同时，也在销售端占据了白酒市场的主要部分，产销两端在全国市场上的占比维持在40%以上。

---

①"十朵小金花"是指绵阳丰谷酒业、四川文君、泸州三溪、古川酒业、远鸿小角楼酒业、宜宾叙府酒业、江口醇酒业、仙潭酒业、玉蝉集团、广汉金雁酒业。

同时,四川省内品牌的集中度与区域聚集特征较为显著。川内优质白酒企业集中分布在川中和川南地区,以成都、宜宾和泸州三地为支点,形成了国内知名的"中国白酒优质产区"。其中,尤以五粮液所在的宜宾在白酒产业中的实力最为突出,被称为"中国酒都"。从白酒行业销售数据来看,2018 年宜宾市和泸州市两地合计白酒产业收入达 1937 亿元以上,逼近两千亿大关,占全省白酒产业收入的 80%以上,表现出显著的集群发展的姿态。其中,宜宾市位居四川省内白酒行业销售收入第一,占比高达 48%。

从政府层面看,白酒产业也受到了四川省的大力支持。白酒产业已经被纳入四川省 16 个重点发展的产业领域。四川省提出,将会继续发挥四川省独特的自然条件、悠久的白酒酿造历史、强大的白酒产业生产能力和有利的政策扶持体系,着力打造"川酒"产业集群,让"川酒"获得更好的发展条件,不仅在国内获得更高的品牌美誉度和知名度,更要推动"川酒"迈出国门,走向市场,开拓更广阔的市场,传播中华文化。

6.2.2 白酒酿造用粮产业链对价格影响的机理分析

1. 白酒酿造用粮全产业链定价主体分析

在白酒酿造用粮产业链中,高粱、小麦、大米是消耗量最大的三个主要粮食种类,其中高粱整体市场规模最小,专用化发展速度最快;小麦、大米市场均为主要粮食市场,酒用小麦、大米市场占比较低,目前发展程度较慢。从全产业链角度,白酒酿造用粮产业链条包括产前农用物资(主要为粮种)的供应环节、产中的白酒酿造用粮种植生产(主要为原粮生产)环节和产后白酒酿造(主要为原粮交易)环节三个部分。因此,白酒酿造用粮全产业链条定价主体主要包括种子生产者、种子经销商、种植户、农民专业合作组织、农业产业化龙头企业、经销商、政策收储库和白酒生产企业。

1)产前端

(1)种子研发者。种子研发是白酒酿造用粮产业链的最上游。在我国,负责种子研发的主要包括两个部分,其一为政府性质的科研院所,其二为民营性质的种子企业。此外还有一些粮食加工企业也有设置种子研发部门。在种子研发中的主要力量是科研院所,由其负责大多数的种子研发;企业的研发部门仅进行小部分的新品种开发工作。

(2)种子生产者。目前种子的生产者除国家部署建立的制种基地,还存在大量的种业企业。我国种子产业自 2000 年《中华人民共和国种子法》出台后迅速转型,迈向市场化发展阶段,在发展过程中迅速涌现出一大批大型的如袁隆平农业高科技股份有限公司等种子生产企业,截至 2019 年,国家级种子生产企业已经达到 90 家，基本涵盖了主要的农作物和重要的经济作物的各类品种，初步实现了市场化。

（3）种子经销商。目前为止，我国种子使用量一直保持在 1250 万吨左右，2018 年我国种子市场的销售规模约为 1330.5 亿元，是目前世界上仅次于美国的第二大种子市场。[①]然而，当前种子企业市场秩序混乱的潜在问题较严重。在进行种子促销推广的工作过程中，由于一些经销商自身缺乏严密的种子销售和市场管理制度，以至于各个品种种子销售渠道杂乱不堪，经销商的管理水平参差不齐，同一个促销品种的同类种子在不同销售地区的营销渠道上的价格也有差异，导窜货现象严重，经销商恶意竞争，缩短了产品的生命周期。

2）产中端

（1）种植户。白酒酿造用粮种植户是从事白酒酿造用粮种植的直接生产主体。根据生产规模大小可以分为分散的农户和种植大户。分散农户是白酒酿造用粮的主要生产主体，占生产者的绝大部分。分散农户承包经营的土地规模较小、机械化水平较低、生产成本较高、加工能力较弱，所产粮食的储存、保质和运输都不方便，且由于信息不灵通导致种植行为盲目。可见分散的农户缺乏议价能力，在白酒酿造用粮产业链中处于显著弱势，既难以防范和抵御各类农业生产的自然风险，如恶劣天气等自然灾害，又无法承受农产品交易的市场风险，如丰年粮价大跌。农业种植大户一般是指在南方种植规模达 50 亩以上、北方达 100 亩以上的农户，[②]对于种植大户而言，具有了相当的粮食种植规模优势，土地相对集中连片，机械化水平较高，在农资的采购、病虫灾害防治、生产技术的提高、农业科技的推广应用等方面有一定优势，降低了生产成本，提高了生产效率，在白酒酿造用粮产业链上具备一定的定价和议价能力。

（2）农民专业合作组织。农民专业合作组织是当前推进农业现代化的重要载体。农户可以通过加入农民专业合作组织的方式联合起来进行统一规划，实现规模化、专业化、产业化，有效降低生产成本和经营风险、提高生产能力和市场地位。在白酒酿造用粮现代化产业链中，农民专业合作组织是酿酒专用粮食基地建设的载体，它所扮演的角色是将大量分散的小型种植户组织起来，代表他们与农业产业化龙头企业或者白酒生产企业进行谈判协商，签订白酒酿造用粮的种植、管理、收购等方面的订单或协议。同时代替白酒生产企业安排酿酒专用粮食品种的统一种植、进行一线田间地头的有效管理、组织农民栽培种植技术的培训、协调与对接种植收购双方的利益。通过这个形式，白酒企业不需要再面临大量、烦

---

① 张永强，单宇，高延雷，等. 粮食安全背景下我国种子产业发展现状研究[J]. 农业经济，2016 年第 6 期，第 12-14 页。

② 白世贞，詹帅，霍红. 农产品市场体系研究[M]. 北京：科学出版社，2016 年 3 月，第 233 页。

琐的农户，减少了庞大的交易费用和不确定性风险，同时可以把农户组织起来，稳定了作物生产和销售，提高了农户的种植效益，降低了市场风险。

（3）农业产业化龙头企业。农业产业化龙头企业是现代化农业的重要组成部分，在白酒酿造用粮现代化产业链中，它可以按照是否进行粮食生产分为两类，分别是大规模农垦集团和农业服务销售公司。前者拥有大型的农业生产基地、配套的技术、充实的资金，现代化程度高，是产供销一条龙的农业集团。在与白酒企业签订协议时，拥有更多的自主权和话语权，一般采取白酒企业间接主导型的方式与白酒生产企业合作。白酒企业可以对种植白酒酿造用粮的生产基地进行命名、监督等，在产出成品后，按照事前协议约定的质量标准对产品进行收购。而后者不拥有农业生产基地，更多的是充当白酒企业建设自有粮食基地的农业服务商角色，为一线生产端提供种子、肥料等农用物资，帮助农户提高种植技术和水平，提高病虫灾害防治服务等，在粮食收获季节，由白酒企业对粮食进行质量检测，对于检测达标的产品进行收购。

3）产后端

（1）经销商。在白酒酿造用粮产业链中的经销商，即贸易商或中间商，包括小型的粮食贩子、大型的粮食贸易商和专营购销业务的粮食购销企业等。小型的粮食贩子即在粮食流通领域，以个人或家庭等为单位进行组织运输的粮食贸易经销组织。他们通常从各个村落的分散农户手中收购一定量的粮食，随后将这些粮食运输售卖给收储库、加工厂、酒精厂等。大型的粮食贸易商同样属于个体性质，即并不是公司形式经营，它们中的部分配备有载重较大的大型运输车辆，能够进行"长途运输"，从而获取两种差价：一是区域差价，即从小型粮食贩子处收购粮食，通过远距离运输来获取利润，部分也坐地收购农户粮食，但不走街串户收购；二是时间差价，部分大型的粮食贸易商会配置有简易的仓库，在粮食大量上市初期低价大量囤积粮食，然后在市场价格上涨后再进行出售。专营粮食购销业务的粮食购销企业指在市场上专门从事粮食购销贸易业务的较大规模的粮食购销企业，它们规模大，实力强，覆盖范围广，服务客户多，是白酒酿造用粮市场上粮食交易的主要参与主体，包括三类，第一类为大型国有粮食生产贸易企业，第二类为各级地方政府下属的粮食贸易企业，第三类为大量的较大规模的私营粮食贸易企业。[①]

（2）政策收储库。根据目前我国现行的粮食收储政策，小麦、稻谷、玉米等种类的粮食市场中存在政府收储。因此，在白酒酿造用粮产业中，只有小麦、稻谷、玉米等种类的粮食产业链中政府收储机构的参与。我国政策性收储体系由三个部分组成，即中央政府储备、地方政府储备和临时托市收储。中央政府储备是国家物资储备的主体，其所需资金，由中央预算拨款解决，由中央物资储备部门

---

① 李圣军. 小麦全产业链价格形成机制及改革趋势研究[J]. 经济纵横，2018 年第 1 期，第 36-44 页。

归口管理；①地方政府储备由省、市、县三级政府部门进行内部分级管理监督和直接负责，其中绝大部分的地方省份都各自成立了专门的省级粮食投资集团，经营管理模式上主要还是财政补贴兜底或者财政定额实行补贴两种经营形式；中央托市储备主要是由中国储备粮管理集团有限公司统一负责管理，储存在首都北京以及其他全国数百个直属企业仓库中，由政府补贴仓库管理费及其他利息费后，由它负责进行仓库保管和存货轮换，中国储备粮管理集团有限公司自负盈亏和独立自主经营运作。②

（3）白酒生产企业。白酒生产企业是白酒酿造用粮产业链的最终环节，是白酒酿造用粮的需求方。2018年，中国白酒生产企业有2万多家，其中规模以上企业1436家，不足8%，规模较小的白酒生产企业数量占到企业总量的92%；从上市情况来看，目前白酒上市企业中，产量最大的前三家企业为贵州茅台、五粮液、洋河股份，这三家产量合计占白酒总产量的5%左右。目前，能够参与或主导构建白酒酿造用粮现代化产业链的白酒企业一般是白酒行业的优势企业，具有强大的资金和技术实力，能够对产业链上游的生产端进行控制和管理，同时对原粮供应量、品种、品质要求较高，在新的竞争形势下为了原料供应安全、原粮质量保障、产品品牌支撑、行业格局塑造需要与生产端对接构建现代化的产业链。

2. 定价主体在产业链中的利益协同

通过对白酒酿造用粮产业链及定价主体的分析，从表6-1可以看到从全产业链角度，白酒酿造用粮产业链条分为产前农用物资主要为粮种的供应环节、产中的原粮生产环节和产后原粮的交易环节三个部分，其定价主体包括种子研发者、种子生产者、种子经销商、种植户、农民专业合作组织、农业产业化龙头企业、经销商、政策收储库和白酒生产企业。

表 6-1　白酒酿造用粮全产业链中的定价主体

产业链	产业链角色	主体	业务流程	成本	收益	价值链地位
产前端	白酒酿造用粮种子的培育、生产和销售	种子研发者	研发培育优质粮种	研发成本	财政补贴、销售收益	附加价值较高，倾向研发优质粮种，提升价值水平
		种子生产者	生产粮种	土地、固定资产、劳动力成本	销售收益	附加价值较低，往往为研发环节的延伸
		种子经销商	向种植户提供粮种	交易成本	销售收益	附加价值较低，分散化

---

① "归口管理"是一种管理方式，一般是按照行业、系统分工管理，防止重复管理、多头管理。

② 李圣军. 小麦全产业链价格形成机制及改革趋势研究[J]. 经济纵横，2018年第1期，第36-44页。

续表

产业链	产业链角色	主体	业务流程	成本	收益	价值链地位
产中端	白酒酿造用粮的种植	种植户	栽种白酒酿造用粮,在成熟后整理包装并交易	土地、固定资产、劳动力成本	销售收益	附加价值水平最低,最希望提升产品价值水平以提升收益
		农民专业合作组织	组织农户统一进行粮食交易	交易成本	销售收益	附加价值水平较低,与农户利益大体重合,希望提升价值
		农业产业化龙头企业	收购粮食,进行粗加工	固定资产、加工成本、交易成本	销售收益	附加价值水平较低,希望产业链整合,提升价值
产后端	白酒酿造用粮从产地到销地	经销商	收购粮食,运输至销地并销售	运输成本、交易成本	销售收益	附加价值水平较低,在产业链中处于从属地位
	白酒酿造用粮中转	政策收储库	定期收储粮食,定期销售	交易成本	财政补贴、销售收益	附加价值较低,体现政府意志,公共属性强
	白酒酿造用粮最终消费者	白酒生产企业	采购所需粮食,进行白酒酿造,最后进行市场销售	交易成本、库存成本、运输成本、加工成本	销售收益	附加价值水平最高,既希望压低成本,同时希望提升产品价值

根据产业链价值链理论,产业链的产前、产中及产后部门,在价值链上包括战略规划、新技术研发、生产、加工、物流、营销和品牌等六个增值环节。①并且这六个环节在价值链中呈现"U"形的价值曲线,战略规划和新技术研发及营销和品牌的价值链地位较高,具有更多的附加价值;生产、加工和物流环节的价值链地位较低,附加价值较少。

从白酒酿造用粮产业发展现状来看,产业链的最核心的环节和主导力量为生产环节的农户和销售加工环节的白酒生产企业,同时二者也是决定产业链形态和价值链水平的关键环节。目前,生产环节多以分散式、小规模的农户生产模式为主,生产过程中技术含量较低、附加价值水平较低,农户在价值链中处于弱势地位。而销售环节中白酒生产企业是全产业链升级的主导力量,位于价值链强势地位,具备资金、技术、品牌等方面的显著优势。

从白酒酿造用粮价值链来看,处于价值链洼地的是生产环节,以农户为代表的生产者在价值链中地位较低、附加价值水平较低,迫切希望提升价值水平;处于价值链高地的是销售加工环节的白酒生产企业,在价值链中地位最高、附加价值水平最高,其利益诉求是希望压低成本、提升价值。当二者有所冲突时,显著提升价值同时保持成本可控是最优选择。因此,从提升价值水平角度看,各定价主体的利益一致。在白酒酿造用粮产业链中,每个环节均有该环节的附加价值,最后各环节附加价值累加便是整条产业链的总附加价值。而提升白酒酿造用粮产

① 迈克尔·波特. 竞争论[M]. 刘宁,高登第,李明轩,译. 北京:中信出版社,2009年7月。

业链的价值水平符合产业链中定价主体的个体利益和整体利益，因而在实际产业发展中，各定价主体的利益协同促使白酒酿造用粮产业中产业链整合、价值链提升在不断自动自觉地进行着，目前亟待对其主动进行管理，从而推进产品总附加价值的快速提升。

3. 产业链各环节对价格的影响

白酒酿造用粮产业链包括产前的原粮品种、农药、肥料等农用物资的生产研发，产中的栽培种植、田间管理、病虫害防控，产后的粮食采购、贸易及物流、原料加工、酿造蒸馏等环节，涉及农户、合作社、中间商、批发市场、农业化龙头企业、粮食运输公司、白酒生产企业、地方政府等众多主体。

1）产前环节及其对价格的影响

白酒酿造用粮产业链的前端环节主要包括粮种、农药、肥料、农具等农用物资的供应。白酒酿造用粮是白酒工业的主要原料，在白酒酿造蒸馏过程中，对于原料的品质要求是十分严格的，尤其是对于原料的品种。"好粮出好酒"，原料品质的好坏很大程度上决定了白酒的产量和质量，优质的粮食品种具有更高的出酒率和优酒率，是白酒风味的关键。同时，好的种子能够带来更高的粮食产量和品质，提高种植效率。因此，白酒酿造用粮粮种的选育、生产、供应是白酒产业链产前阶段的核心部分，同时也是白酒酿造用粮显著区别于普通粮食的关键，是未来进一步推进白酒酿造用粮专用化生产的重中之重。此外，化肥、农药、农机等农资的大量推广和使用共同促进了粮食产量的跃升，施用化肥提高了粮食单产、喷洒农药克服了病虫灾害、提高农业机械化水平提升了农业生产效率，这都是现代农业生产的必备条件。

现代农业生产方式在带来农业生产能力大幅提升的同时也使农业生产的成本逐渐升高。据《中国统计年鉴》数据，粮种、农药等农用物资的成本已经占到粮食生产总成本的 50%。粮食生产成本不断提高，必然会使得粮食价格持续上升。

2）产中环节及其对价格的影响

白酒酿造用粮产业链的中端环节主要包括栽培种植、田间管理、病虫害防控等部分。这个部分是白酒酿造用粮生产的主要部分，也是影响白酒酿造用粮价格的主要因素。产中环节中主要涉及生产投入的人力成本。我国的农业生产方式虽然在逐步走向现代化、机械化，但目前农业生产水平仍然较为落后。在大多数粮食产区的生产过程中均主要依靠农民人工进行翻地、施肥、播种、灌溉、收购等。农业劳作负担较重，农民劳动投入时间较多。仅在东北、新疆等地因其国有农场规模较大、实力较强等，实行大规模机械化农业生产。同时，农业组织的发展水平仍然不高，相关数据显示，目前全国有农业组织，农业组织对于农民的带动组织作用也不够明显。此外，土地流转还在试点阶段，受种种因素影响，小农户的生产组织方式还占据我国的 80% 以上。

因而，在粮食价格中，人工费用占据较大比重，达到 50%。粮食单产、总产量、人均产量等数据，这些因素作用下，导致了粮食价格的攀升。

3）产后环节及其对价格的影响

白酒酿造用粮产业链的后端环节主要包括粮食采购、整理分级、仓储包装、贸易物流、原料加工、酿造蒸馏等环节。环节长、流通模式多、参与主体复杂是这一环节的主要特征。白酒酿造用粮属于单价较低、运输规模较大的大宗商品，地域性较强。农户生产出的粮食或者由农民专业合作组织收购，或者自己销售。其中农民专业合作组织通常于粮食收获的两个星期内对粮食进行收购，然后由合作社在批发市场等渠道进行销售。农户自行销售受到个体仓储保存能力和运输能力的限制，一般规模较小，销售渠道多为本地批发市场或直接对接当地的酒厂。产后环节对价格形成也会产生重要影响，一方面运输仓储成本较高，影响到商品的销售半径和成本价格，包装处理能力影响商品品质和商品分级；另一方面市场交易成本和搜寻成本也影响了销售范围、销售渠道和销售对象，从而影响了市场价格。

6.2.3　白酒酿造用粮产业链对价格影响的实证分析

基于以上分析，对白酒酿造用粮产业链各个环节的价格纵向传递现象有了初步的判断，本小节选取我国粮食生产的产前、产中、产后环节的相关数据，建立计量模型，对白酒酿造用粮价格在产业链中的纵向传递进行探究。

1. 数据来源及处理

本小节此处使用的农业生产资料价格指数数据、农产品生产价格指数数据和农副产品类工业生产者购进价格指数数据均来自国家统计局和历年《中国统计年鉴》，搜集了自 1989 年至 2019 年的农业生产资料价格指数、农产品生产价格指数和农副产品类工业生产者购进价格指数共计 31 组数据，以 1989 年为基期 100，将环比价格指数数据转化为定基价格指数数据，以更符合实际价格运动情况。

2. 白酒酿造用粮产业链各环节价格走势的比较分析

白酒酿造用粮产业链中各个环节之间存在紧密的联系，产业链的前端环节会将产品或服务输送至产业链后端环节，产业链后端环节会将信息向产业链的前端反馈。

图 6-11 是粮食、小麦、稻谷、玉米在 1989 年至 2019 年间的生产价格指数，

以 1989 年为基期 100。从图 6-11 可以清晰看出，四类生产价格指数在 1989 年至 2019 年间的走势是基本一致的，四类生产价格指数均呈现波动上升趋势。根据增长趋势进一步可分为三个区间，第一个区间为 1989~1996 年，在这一区间，四类生产价格指数都呈现增长趋势，并在 1995~1996 年达到了第一个高点；第二个区间为 1997~2003 年，在此区间，四类生产价格指数均呈现下降趋势；第三个区间为 2004~2019 年，四类生产价格指数重新恢复增长。

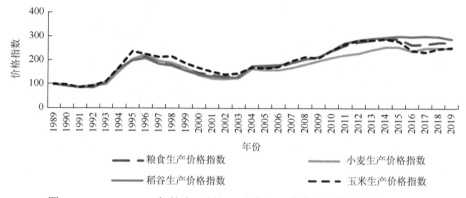

图 6-11　1989~2019 年粮食、稻谷、小麦和玉米生产价格指数走势情况

如图 6-12 所示，产前、产中、产后环节分别对应农业生产资料价格指数、粮食生产价格指数和农副产品类工业生产者购进价格指数。从图 6-12 可以看出，三条价格指数曲线的走势是基本一致的，总趋势都是上升。其中，1996 年至 2003 年，三条价格指数均出现下跌，其中农副产品类工业生产者购进价格指数跌幅最大，农业生产资料价格指数跌幅最小。农业生产资料价格指数在 1996 年后增幅超过了粮食生产价格指数，并在之后保持了一定幅度的差距，同期农副产品类工业生产者购进价格指数增幅与农业生产资料价格指数大体相当。可见生产资料成本上升挤压了产中环节种植者的利润空间。

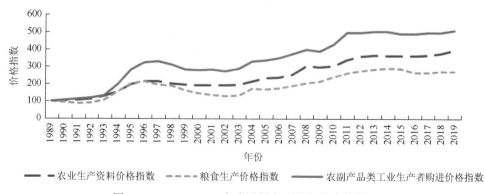

图 6-12　1989~2019 年产业链各环节指数走势情况

如图 6-13 所示，产前、产中、产后环节分别对应农业生产资料价格指数、小麦生产价格指数和农副产品类工业生产者购进价格指数。从图 6-13 可以看出，三条价格指数曲线的走势是基本一致的，总趋势都是上升。其中，增幅最大的是农副产品类工业生产者购进价格指数，增幅最小的是小麦生产价格指数。1996 年至 2003 年，三条价格指数均出现下跌，其中小麦生产价格指数跌幅最大，农业生产资料价格指数跌幅最小。农业生产资料价格指数在 1997 年后增幅超过小麦生产价格指数，之后两者差距逐渐扩大，代表生产资料成本上升挤压了产中环节小麦种植者的利润空间。

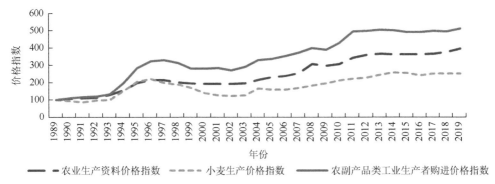

图 6-13　1989～2019 年小麦产业链各环节价格指数走势情况

如图 6-14 所示，产前、产中、产后环节分别对应农业生产资料价格指数、稻谷生产价格指数和农副产品类工业生产者购进价格指数。从图 6-14 可以看出，三条价格指数曲线的走势是基本一致的，总趋势都是上升。其中，1996 年至 2003 年，三条价格指数均出现下跌，其中农副产品类工业生产者购进价格指数跌幅最大，农业生产资料价格指数跌幅最小。农业生产资料价格指数在 1996 年后增幅超过了稻谷生产价格指数，并在之后保持了一定幅度的差距，同期农副产品类工业生产

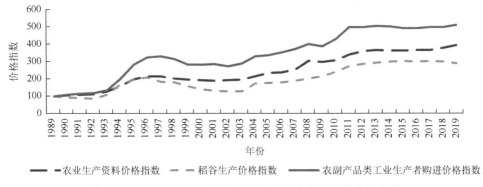

图 6-14　1989～2019 年稻谷产业链各环节价格指数走势情况

者购进价格指数增幅与农业生产资料价格指数大体相当。可见农业生产资料成本上升挤压了产中环节稻谷种植者的利润空间。

如图 6-15 所示，产前、产中、产后环节分别对应农业生产资料价格指数、玉米生产价格指数和农副产品类工业生产者购进价格指数。从图 6-15 可以看出，三条价格指数曲线的走势是基本一致的，总趋势都是上升。其中，1995 年至 2002 年，三条价格指数均出现下跌，其中玉米生产价格指数跌幅最大，农业生产资料价格指数跌幅最小。农业生产资料价格指数在 2000 年后增幅超过了玉米生产价格指数，并在之后保持了一定幅度的差距。另外，2014 年至 2018 年，农业生产资料价格指数和农副产品类工业生产者购进价格指数保持平稳，玉米生产价格指数大幅下降。

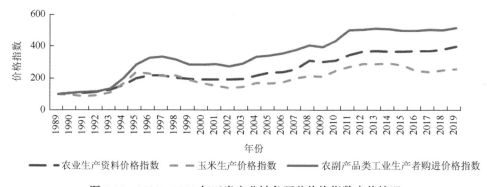

图 6-15　1989～2019 年玉米产业链各环节价格指数走势情况

经过分析可以发现，我国白酒酿造用粮产业链中农户和市场脱节的情况较为明显。白酒酿造用粮产业链的连接水平较弱、组织程度较低，作为白酒酿造用粮供应端的农户与下游的原粮需求端的白酒生产企业和上游农资供应端的农资生产企业之间基本上是市场交易形成的买卖关系，它们之间的联系并不紧密，同时在交易中市场地位、议价能力差异较大，没有真正形成现代化的联系紧密的白酒酿造用粮产业链条。产业链各参与主体之间未能建立有效的连接，白酒酿造用粮的市场价格对于市场参与主体、产业链各组成环节的引导作用并没有有效发挥，各环节的生产行为较为无序。白酒酿造用粮市场价格对产业链各个环节的信息传递、有效连接、利益分享机制尚未形成。

3. 白酒酿造用粮产业链各环节市场间价格相关性分析

上节对白酒酿造用粮产业链各环节价格走势的基本分析可以了解，白酒酿造用粮产业链各环节的价格总体走势基本相同，直观上反映了白酒酿造用粮产业链各环节市场间价格的相关性。

接下来，我们用相关系数方法来检验一下白酒酿造用粮产业链各环节价格的相关性。公式如下：

$$r = \frac{n\sum\limits_{i=1}^{n}X_iY_i - \sum\limits_{i=1}^{n}X_i\sum\limits_{i=1}^{n}Y_i}{\sqrt{\left[n\sum\limits_{i=1}^{n}X_i^2 - \left(\sum\limits_{i=1}^{n}X_i\right)^2\right]\left[n\sum\limits_{i=1}^{n}Y_i^2 - \left(\sum\limits_{i=1}^{n}Y_i\right)^2\right]}}$$

式中，X_i 和 Y_i 分别为各类白酒酿造用粮产业链不同环节的价格指数；n 为变量个数。通过 EViews10 软件计算，结果如表 6-2～表 6-4 所示。

表 6-2　白酒酿造用粮（小麦）产业链上中下游产品价格相关性分析结果

相关性	农业生产资料价格指数	小麦生产价格指数	白酒企业购进价格指数
农业生产资料价格指数	8 533.345（1.000）	/	/
小麦生产价格指数	4 629.123（0.917）	2 987.680（1.000）	/
白酒企业购进价格指数	11 972.600（0.983）	6 653.588（0.923）	17 394.580（1.000）

资料来源：根据 EViews10 相关性分析结果整理，括号中的数值为相关系数的值

表 6-3　白酒酿造用粮（稻谷）产业链上中下游产品价格相关性分析结果

相关性	农业生产资料价格指数	稻谷生产价格指数	白酒企业购进价格指数
农业生产资料价格指数	8 533.345（1.000）	/	/
稻谷生产价格指数	6 403.121（0.966）	5 148.254（1.000）	/
白酒企业购进价格指数	11 972.600（0.983）	9 014.436（0.953）	17 394.580（1.000）

资料来源：根据 EViews10 相关性分析结果整理，括号中的数值为相关系数的值

表 6-4　白酒酿造用粮（玉米）产业链上中下游产品价格相关性分析结果

相关性	农业生产资料价格指数	玉米生产价格指数	白酒企业购进价格指数
农业生产资料价格指数	8 533.345（1.000）	/	/
玉米生产价格指数	5 016.436（0.901）	3 630.856（1.000）	/
白酒企业购进价格指数	11 972.60（0.983）	7 346.068（0.924）	17 394.580（1.000）

资料来源：根据 EViews10 相关性分析结果整理，括号中的数值为相关系数的值

由表 6-2、表 6-3 和表 6-4 可知，白酒酿造用粮产业链各环节价格之间的相关性系数均大于 0.9，可知各环节价格两两之间存在着显著相关性。

4. 白酒酿造用粮产业链价格纵向传递效应的实证分析

本小节运用 EViews10 统计软件进行实证分析，首先对白酒酿造用粮产业链的相关价格指数数据进行 ADF 检验（Augmented Dickey-Fuller test），以确定变量的平稳性；然后对其进行协整检验；最后进行格兰杰因果检验，以分析白酒酿造用粮产业链各环节价格之间的关系。

1）数据的平稳性检验

将相关价格指数数据录入 EViews10 文件中，分别对农业生产资料价格指数（AMPI）、小麦生产价格指数（Wheat PPI）、稻谷生产价格指数（Paddy PPI）、玉米生产价格指数（Corn PPI）和农副产品类工业生产者购进价格指数（APPPI）进行 ADF 检验，检验结果如表 6-5 所示。

表 6-5　序列平稳性检验结果

变量	ADF 统计量值（t）		P 值		平稳性	
	原始变量	一阶差分变量	原始变量	一阶差分变量	原始变量	一阶差分变量
AMPI	−0.403	−3.706	0.896	0.009	不平稳	平稳
Wheat PPI	−2.025	−3.146	0.274	0.034	不平稳	平稳
Paddy PPI	−1.646	−3.015	0.446	0.045	不平稳	平稳
Corn PPI	−2.143	−3.236	0.230	0.027	不平稳	平稳
APPPI	−1.339	−3.175	0.597	0.032	不平稳	平稳

资料来源：根据 EViews10 中 ADF 检验结果整理

从表 6-5 可以看出农业生产资料价格指数（AMPI）、小麦生产价格指数（Wheat PPI）、稻谷生产价格指数（Paddy PPI）、玉米生产价格指数（Corn PPI）和农副产品类工业生产者购进价格指数（APPPI）的原始序列均为非平稳，但经过一阶差分处理后，均成为平稳序列。因此，可以对以上价格数据进行 Johansen 协整检验，以确定是否存在长期均衡关系。

2）Johansen 协整检验

本小节根据 LR、FPE、AIC、SC、HQ[①]等滞后阶数判断准则来确定滞后阶数，从表 6-6 中可以看到，小麦的滞后阶数为 7，稻谷的滞后阶数为 5，玉米的滞后阶数为 2。

---

① LR 检验（Likelihood ratio test）；FPE（Final prediction error）准则；AIC 准则（Akaike information criterion）；SC 准则（Schwarz criterion）；HQ 准则（Hannan-Quinn criterion）。

表 6-6　三种粮食最佳滞后阶数筛选表

	Lag	LR	FPE	AIC	SC	HQ
小麦	1		8 531 225	24.469	24.911	24.586
	2	14.450	8 327 052	24.416	25.300	24.651
	3	9.666	10 000 000	24.522	25.847	24.873
	4	9.224	12 000 000	24.503	26.270	24.972
	5	12.236	9 147 937	23.894	26.103	24.480
	6	15.284	3 019 092	22.096	24.747	22.800
	7	17.010*	102 421.1*	17.176*	20.268*	17.996*
稻谷	1		12 000 000	24.840	25.275	24.965
	2	18.931	9 793 629	24.586	25.457	24.836
	3	6.246	14 000 000	24.910	26.217	25.287
	4	10.848	15 000 000	24.828	26.570	25.330
	5	30.661*	2 432 784*	22.732*	24.910*	23.359*
玉米	0	NA	2 790 000 000	30.262	30.404	30.307
	1	142.857	17 000 000	25.169	25.735	25.346
	2	25.865*	10 111 294*	24.613*	25.603*	24.923*

*代表推荐滞后阶数

在平稳性检验和序列滞后阶数确定的基础上，分别对小麦、稻谷、玉米在白酒酿造用粮产业链上三个环节价格进行 Johansen 协整检验，检验结果如表 6-7 所示。

表 6-7　Johansen 协整检验结果

	协整秩	迹统计量	相伴概率	最大特征值	相伴概率
小麦	只存在一个协整关系	30.120	0.001	25.296	0.001
稻谷	只存在一个协整关系	34.379	0.014	27.301	0.006
玉米	只存在一个协整关系	32.466	0.024	24.854	0.014

结果表明，白酒酿造用粮产业链中，小麦、稻谷、玉米的产业链都只存在一个长期协整关系。可以初步判断，小麦、稻谷、玉米的产业链产前、产中、产后环节之间，价格传递关系较为明显，市场流通渠道较为顺畅，价格形成过程比较顺利。

3）格兰杰因果检验

经过前文的分析，我们知道在白酒酿造用粮产业链各环节之间确实存在价格传递关系。接下来通过格兰杰（Granger）因果检验进一步确定白酒酿造用粮产业链各环节市场价格之间传递方向。如表 6-8 所示。

表 6-8　白酒酿造用粮产业链中格兰杰因果关系检验

	格兰杰因果关系	滞后期	F 检验	P 值
小麦	AMPI 不是 Wheat PPI 的格兰杰原因	2	3.713	0.039
	Wheat PPI 不是 AMPI 的格兰杰原因	2	5.305	0.012
	APPPI 不是 Wheat PPI 的格兰杰原因	3	1.248	0.318
	Wheat PPI 不是 APPPI 的格兰杰原因	3	3.592	0.031
稻谷	AMPI 不是 Paddy PPI 的格兰杰原因	2	3.513	0.046
	Paddy PPI 不是 AMPI 的格兰杰原因	2	7.380	0.003
	APPPI 不是 Paddy PPI 的格兰杰原因	2	0.576	0.570
	Paddy PPI 不是 APPPI 的格兰杰原因	2	4.278	0.026
玉米	AMPI 不是 Corn PPI 的格兰杰原因	4	3.390	0.031
	Corn PPI 不是 AMPI 的格兰杰原因	4	9.833	0.001
	APPPI 不是 Corn PPI 的格兰杰原因	5	0.621	0.686
	Corn PPI 不是 APPPI 的格兰杰原因	5	2.356	0.091

格兰杰因果检验结果显示，在白酒酿造用粮产业链中，农业生产资料价格指数与小麦生产价格指数、稻谷生产价格指数、玉米生产价格指数互为因果关系，生产资料价格波动会导致白酒酿造用粮生产价格波动。小麦生产价格指数、稻谷生产价格指数、玉米生产价格指数是农副产品类工业生产者购进价格指数的原因，但农副产品类工业生产者购进价格指数不是白酒酿造用粮生产价格指数的原因，即白酒酿造用粮生产价格波动会导致农副产品类工业生产者购进价格指数波动。

综上所述，在白酒酿造用粮产业链的各环节中，存在着明显的价格传递现象，白酒酿造用粮产业链中各环节的价格变动会影响到其他环节，但是，分析中也发现在有的产业链中价格传递现象是单方向的，还需要对产业链进一步梳理打通。

6.3　白酒酿造用粮全产业链及价格形成机制

6.3.1　普通粮食市场中的白酒酿造用粮产业链及价格形成机制

1. 白酒酿造用粮传统产业链模式分析

目前，白酒酿造用粮传统产业链有三种供应模式，即产地批发市场交易模式、白酒生产企业招标模式和政策收储平台拍卖模式。在这三种原粮供应模式中，粮食的农资供应、种植生产环节是大致相同的。

对于没有与农业产业化龙头企业等签订粮食订单的农户会根据自身对于粮食市场行情的经验、当地的种植习惯以及当地的农业指导政策等因素确定下一年种植的粮食品种，自行在农资市场上购置粮种等生产资料，然后一般以家庭为单位在小规模自营地上进行粮食种植生产，这整个生产过程全部由农户自己提供生产资料、进行栽培种植、田间地头管理、病虫害防治、除草施肥，最后将成熟的粮食进行收获和整理。

在粮食收获整理之后，农户会面临一个选择，即是否将粮食卖给在收获时节来田间收购的粮食贸易公司。由于农户的生产规模较小、所生产的产品品质不一而且运输费用较高等原因，大部分农户所生产的粮食会被粮食贸易公司在这一环节中收购，形成初次收购价格。而对于生产规模较大的种植大户和以农民专业合作社等形式组织起来的农户一般会选择雇用运输工具将粮食运输至产地批发市场进行销售。与农业产业化龙头企业有生产订单的种植户往往会由农业产业化龙头企业提供专属的粮食品种，按照要求进行统一种植生产和管理，所产出的粮食会以订单价格供应给农业公司，这一环节形成了订单价格。

随后，白酒酿造用粮的交易主体会在市场上进行交易，出现了三种供应模式。在产地批发市场交易模式中，农民专业合作组织、种植大户、粮食经纪人、粮食贸易公司、农业产业化龙头企业、白酒企业等参与主体会以对手买卖形式在市场进行交易。首先各参与主体会在市场上搜寻交易对手，在找到交易的对手方后，会进行现场看货，对卖方的粮食品质进行检测，以质论价，随后双方开始讨价还价，经过数轮讨价还价后，最终确定市场采购价格[1]。在白酒生产企业招标模式中，白酒企业会根据生产储备需要，在公司官网、粮食交易网站等平台发布企业需粮信息，进行原粮的招标采购。随后粮食贸易公司、农业产业化龙头企业等供粮主体根据白酒企业的原粮采购规模、品种、质量等标准，提交各自的样本和报价，经过招投标后，会确定出招投标价格。在政策收储平台拍卖模式中，国家储备粮食会在国家粮食交易中心进行拍卖交易，出价最高者得。这种方式的粮食交易规模大、占压资金量大、具体的出库环节较为复杂，[2]因而往往只有大型白酒生产企业与大型粮食贸易商参与，确定储备粮拍卖价格，随后中小型白酒生产企业会从贸易商处以市场交易方式进行采购。

如图 6-16 所示，在白酒酿造用粮产业链的流通环节有四类粮食供应主体，即农民专业合作组织、粮食经纪人、粮食贸易公司和农业产业化龙头企业。它们与白酒生产企业在市场上通过市场交易和企业招标组成了两种交易模式，形成了两

① 严继超，程勤阳，李华，等. 农产品产地批发市场价格形成机制比较研究[J]. 商业经济研究，2018 年第 2 期，第 110-112 页。

② 李圣军. 小麦全产业链价格形成机制及改革趋势研究[J]. 经济纵横，2018 年第 1 期，第 36-44 页。

种价格形成机制，即市场采购价格和招投标价格。此外，由于有政策收储企业的参与，在粮食价格低于最低收购价时会被政策调控，从而形成了一种政府管理价格，即粮食最低收购价。这部分粮食会由政策粮交易平台以拍卖形式进行市场交易，从而形成政策收储粮拍卖价格。

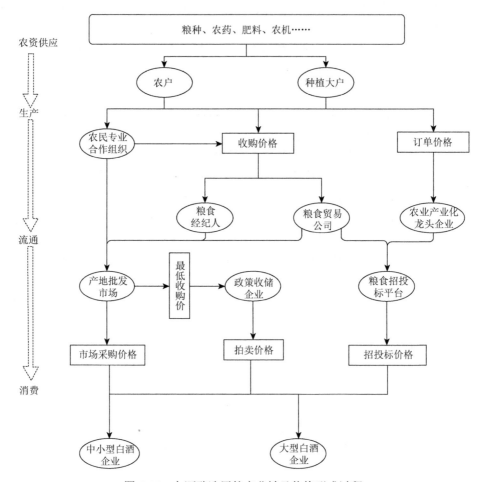

图 6-16　白酒酿造用粮产业链及价格形成过程

2. 产地批发市场交易价格形成机制

产地批发市场交易模式是白酒酿造用粮产业链的主要供应模式，相关统计数据显示，2018 年，中国白酒生产企业有 2 万多家，其中规模以上企业 1436 家，不足 8%，规模较小的白酒生产企业数量占到企业总量的 92%；从白酒产量上看，规模最大的 3 家白酒企业贵州茅台、五粮液和洋河股份产量合计占白酒总产量的 5%左右；而在收入和利润上，这三家企业的营业收入的占比高达 25.70%，较上年增加 2.9%；利润占比达 64.22%，较上年增加 0.81%。①

对应到白酒酿造用粮市场上，各白酒生产企业的酒粮比差异较小，因而白酒用粮的市场需求主要与各白酒生产企业的白酒产量相关。通过以上分析，可以看出，白酒酿造用粮市场上与白酒市场的市场结构差异较大，酒粮市场仍在很大程度上属于竞争型市场，白酒酿造用粮大部分市场份额由大量规模相对较小的白酒生产企业吸纳。而对于小规模的白酒生产企业而言，由于单个公司原粮采购规模较小，对于原粮的采购成本较为敏感，同时其产品主要属于白酒行业的中低端市场，对酒粮的品质要求不高，因而更多采购市场上的普通粮食作为原粮。因而其交易途径为产地批发市场交易模式。

小规模的白酒生产企业对于原粮的采购往往会就近选择当地的粮食市场，主要因为粮食商品的单价较低，远距离运输成本较高，若采用相对较为理想的铁路运输，则对运输数量要求较高，而采用公路运输成本高昂。此外，小规模酒厂生产的白酒多销往本地市场，受酿酒传统工艺及当地风俗习惯影响，往往会带有较强的地域性特征，因而对粮食存在一定要求，故也常常倾向于在本地采购原粮。

因而，白酒酿造用粮市场的大部分原粮交易都是在各产地批发市场为代表的市场化交易中完成的。

在产地批发市场交易模式中，农民专业合作组织、种粮大户、粮食经纪人、粮食贸易商、农业产业化龙头企业、白酒企业等参与主体会以对手买卖形式在市场进行交易。首先各参与主体会在市场上搜寻交易对手，在找到交易的对手方后，会进行现场看货，对卖方的粮食品质进行检测，以质论价，随后双方开始讨价还价，经过数轮讨价还价后，最终确定市场采购价格。如图 6-17 所示。

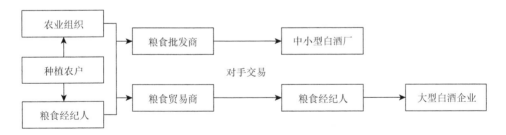

图 6-17　白酒酿造用粮产地批发市场交易图示

3. 白酒生产企业招标价格形成机制

白酒生产企业招标模式是目前大型白酒企业的一种重要的原粮采购模式，主要在白酒行业的头部企业的原粮采购中出现。

---

① 资料来源：国家统计局、《轻工业年鉴》，企业数据为相应公司年报测算。

白酒企业招投标交易的方式相较于产地批发市场交易、政策储备粮拍卖交易在市场交易方式、交易流程等方面都有不同。白酒企业招投标中，白酒企业作为唯一的市场需求方，对于粮食市场的需求规模相对有效，因此，这种交易模式属于小规模的市场交易，参与的主体数量较少，且往往有一定的交易历史。如图6-18所示。

图6-18　白酒酿造用粮企业市场招投标交易图示

在白酒生产企业招标模式中，白酒企业会根据生产储备需要，在公司官网、粮食交易网站等平台发布企业需粮信息，面对市场公开招标，从而进行原粮的招标采购。

在白酒企业公布原粮招标信息后，具有大量粮食储备的粮食中间商、粮食收储企业、农业产业化公司等供粮主体从市场上获知企业需粮情况，然后来按照企业确定的相关招投标程序参与到原粮竞标之中。各供粮主体根据白酒企业的原粮采购规模、品种、质量等标准，提交各自的样本和报价，进入招投标程序，经过数轮评标之后，会确定出最后的结果，然后开标公布招标成功的粮食企业和招投标价格。

白酒企业招投标产业链模式是大型白酒企业收购原粮的一种主要形式，这种模式是前种模式的变形形式。在这种模式中，产业链环节相对较短，一般为3～4个环节。同时，白酒酿造用粮的生产端、流通端和消费端虽仍然由分散的市场主体组成，但在流通端和消费端中形成了较为稳定的长期合作关系，即通过白酒企业招投标，在长期合作中，粮食贸易商和白酒企业之间形成了较为稳定的合作关系，在招标过后以相对稳定的价格达成交易。在此模式中，涉及的白酒酿造用粮价格包括田间收购价格、贸易价格、招投标价格等形式，在价格的形成过程中发挥主导作用的是招投标价格，招投标价格对上游价格形成起到了引导作用。而招投标价格的形成取决于市场竞争、生产成本、流通费用等因素。

4. 政策收储平台拍卖价格形成机制

白酒酿造用粮产业链中政策收储平台拍卖模式是特指国家临时储备粮食供应模式中形成的拍卖价格的形成过程、形成机理和影响因素。

根据国家政策，国家临时收储粮食需公开拍卖交易，包括最低收购价和国家临时收储政策收购的各类储备粮食。[①]白酒酿造用粮产业链中对国家临时收储范围

---

① 国家发展改革委、国家粮食局关于印发《国家政策性粮食出库管理暂行办法》的通知。

内的小麦、稻谷和玉米均有一定需求，因而国家储备粮拍卖成为白酒酿造用粮供应链中的一个补充环节，同时也是国家对于市场价调节产生影响的一个重要方面。

在政策收储平台拍卖模式中，各地储备的粮食及进口粮食，均会在专门的粮食批发市场竞价销售，出价最高者得。政策储备粮的拍卖有两类，一类为正常拍卖，另一类为超期存储粮食的定向拍卖。

政策储备粮进入白酒酿造用粮产业链的方式有两种，第一种是白酒企业直接参与政策储备粮的市场拍卖，第二种为粮食贸易商转手的方式，如图 6-19 所示。

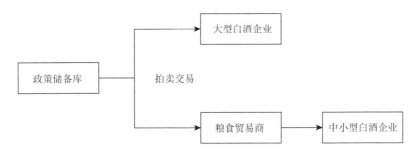

图 6-19　白酒酿造用粮政策收储平台拍卖交易图示

由于政策储备粮标的规模相当大，一般中小型白酒企业并没有那么大的原粮需求，无法消化；同时占压资金较大，资金成本压力较大，中小型白酒企业也无力承担。最后，政策储备粮的仓储地点在全国各地，部分区域在粮食出库时可能会出现出库难的问题，需要拍得方有较强的社会关系去疏通，以降低出库费用，提高出库速度和保障出口粮食的品质。

因而往往只有大型白酒生产企业与大型粮食贸易商能够参与到政策储备粮的拍卖当中，确定储备粮拍卖价格。随后中小型白酒生产企业会从贸易商处以市场交易方式进行采购。

6.3.2　高端白酒酿造用粮专用市场的现代产业链及价格形成机制

1. 高端白酒酿造用粮现代产业链的两种类型

在新时期形成的高端白酒酿造用粮产业链，笔者将其称为现代产业链。高端白酒酿造用粮现代产业链与传统产业链最大的不同在于白酒生产企业在全产业链中扮演角色的不同。在新的产业链中，白酒酿造用粮从产前的农资供应到产中的种植管理，再到产后的运输收购，都体现出以高端白酒生产企业需求为导向的特征，即从生产端开始选用由高端白酒企业指定的最符合高端白酒生产的高端白酒酿造专用粮食品种，按照统一科学的栽培技术进行生产种植，全流程对作物进行管理检测，确保最终产品最适宜酿酒的需要。

　　目前行业内的现代产业链模式可以按照是否由高端白酒企业直接与生产者进行对接分为两种类型，即由高端白酒企业与农户对接的"高端白酒企业直接主导模式"和由粮食企业与农户对接的"高端白酒企业间接主导模式"。

　　2. 高端白酒企业直接主导模式产业链价格形成机制

　　高端白酒企业直接主导模式是高端白酒生产企业直接与高端白酒酿造用粮的直接生产者如农民专业合作社、分散农户等通过签订一系列关于高端白酒酿造用粮的农资供应、种植生产、订单收购等方面的合同建立酿酒专用粮食基地，实现其对原粮品种、品质、供应、储存、运输、规模等方面要求的现代化高端白酒酿造用粮产业链模式。目前高端白酒行业现代产业链体系中采取这一模式的多为行业内实力雄厚的头部白酒生产企业。如图 6-20 所示。

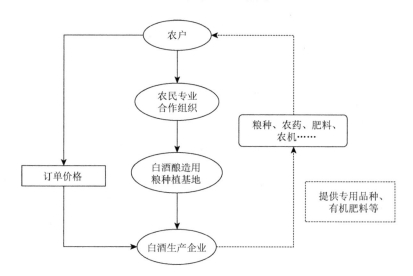

图 6-20　高端白酒企业直接主导模式原粮供应模式

　　通过自建高端白酒酿造用粮基地的方式，高端白酒生产企业达到了对产业链上游最大化的管理和控制。在高端白酒企业直接主导模式下，高端白酒企业负责指定或提供用来种植的特殊专用粮食品种，这种品种往往由高端白酒企业自主或与科研院所合作研发选育，能够与高端白酒企业的品质、风味等特殊要求达到最适宜的对接，如五粮液酿酒专用粮食基地所采取的"宜宾糯红高粱"品种，可提高出酒率 1.5%、提升优酒率 6.0%、增加香味物质 1.04g/L，被农业农村部评为国家地理标志保护产品和四川省首批特色农产品优势区。[①]此外，高

_____

① 宜宾市酿酒专用粮基地建设成效显著，宜宾市农业农村局，http://nynct.sc.gov.cn/nynct/c100632/2019/10/17/cca4d5093ca94f239a5c5af546eb988b.shtml，2019-10-17。

端白酒企业还会根据自身品牌战略诉求，从产业链的多方面对粮食基地的运作提出特殊要求，包括要求全产业链的生态有机无污染，进行统一集中育苗拌种、统一种植栽培、统一供应有机肥料、统一进行病虫防治。例如，泸州老窖酿酒高粱基地采用泸州老窖集团与西南大学、四川省农业科学院水稻高粱研究所等合作培育的国窖红、泸州红、金糯粱 1 号等品种；有机肥统供，由泸州老窖统一免费发放有机肥等。[1]

在高端白酒企业直接主导模式中，白酒生产企业本质上扮演了高端白酒酿造用粮生产的组织者和管理者角色。这一模式的优点是高端白酒企业通过对原粮品种、栽培技术、肥料农药供应等方面的管控，最大限度地保证了粮食基地供应的原粮质量，通过对基地规模、收购价格等方面与生产者达成的订单协议，规避了供应量不足、原料价格大幅波动等风险，实现了对原粮成本的有效控制。同时，由于是高端白酒企业自建粮食基地，能够最大程度服务于企业品牌运作目标，讲好品牌故事，有利于市场营销开展。这一模式的缺点是高端白酒企业需要面临大量的利益不同、特征各异的生产主体，交易谈判成本高，同时由于高端白酒企业负责了大量产业链上游的生产服务，运营费用高、运营效率低，面临产业链过长的风险。

3. 高端白酒企业间接主导模式产业链价格形成机制

高端白酒企业间接主导模式是高端白酒生产企业不与粮食生产一线的种植户、农民专业合作组织直接连接，而是与农业产业化龙头企业签订一系列高端白酒酿造用粮的收购协议，约定在该批粮食收获时按照事先协议的关于粮食品种、品质等方面的标准进行检验，合格后优先进行收购。农业产业化龙头企业负责按照高端白酒企业的要求组织农户、农民专业合作组织等进行高端白酒酿造专用粮食的种植、生产、收割、运输等。目前，这一模式开展的主体较为复杂，白酒行业内头部企业和中小型企业均有开展，如宜宾五粮液、山西汾酒、江苏洋河、古蔺郎酒、射洪沱牌舍得等。如图 6-21 所示。

高端白酒生产企业通过与农民专业合作组织签订协议，由农民专业合作组织组织粮食生产的方式，高端白酒生产企业能实现对于原粮品种、品质一定程度上的要求。同时，农民专业合作组织具有专业的生产技术和经验以及较为齐备的农业生产的机械设备等农资，在组织生产、管理和产品消化等方面都具备相当能力。

在高端白酒企业间接主导模式中，高端白酒生产企业本质上是仍然扮演着高端白酒酿造用粮的需求者角色，部分程度上对原粮生产产生了一定的干预。这一

---

[1] 泸州市龙马潭区推进高粱产业高质量发展助力乡村产业振兴，泸州市农业农村局，http://nynct.sc.gov. cn//nynct/c100700/2019/5/6/cb0ffc0a53804342b08c1a0e8f620ef7.shtml，2019-5-6。

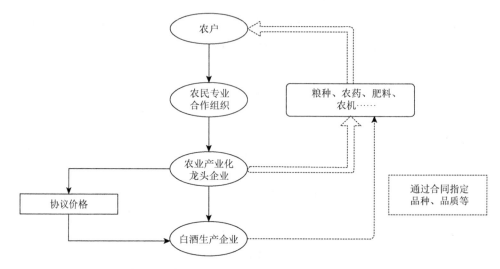

图 6-21　高端白酒企业间接主导模式原粮供应模式

模式的优点是，高端白酒企业最大限度上减少了与粮食生产端的一线环节的直接接触，有效避免陷入产业链过长、面临农户主体复杂、种植生产烦琐、交易谈判成本高、运营效率低等方面的弊端，既能够大幅提高白酒酿造用粮的品质和产量，满足高端白酒企业对于优质原粮的大批量要求，又能帮高端白酒生产企业消化可能存在的过剩的低端原粮产能，高端白酒企业"省心又省事"。这一模式的缺点是高端白酒企业对原粮生产未进行直接干预，对原粮的品质仅采用一定的标准收购，因此这种模式收购的原粮难以完全达到白酒企业直接主导模式收购原粮的质量标准。同时，以协议的方式与农业产业化龙头企业合作，无法完全保证原粮供应渠道的安全性和稳定性，存在违约风险。最后在品牌运作宣传方面较之高端白酒企业直接主导模式缺少灵活性和力度。

6.3.3　白酒酿造用粮产业链价格形成机制的比较分析

经过前文对白酒酿造用粮产业链的分析可知，现阶段我国白酒酿造用粮市场主要产业链模式包括批发市场主导模式、白酒生产企业招标模式、高端白酒企业直接主导模式，不同产业链模式的产业链环节、参与主体、连接方式等均有较大差异，使得不同白酒酿造用粮产业链模式下的白酒酿造用粮价格形成机制各有特点。

对前述批发市场主导模式、白酒企业招标模式、农户酒企连接模式这三种主要白酒酿造用粮产业链模式价格形成机制、特点进行归纳，如表 6-9 所示。

表 6-9　白酒酿造用粮主要产业链价格形成

产业链形态	基本特点	价格形成机制
产地批发市场交易模式	产业链环节较多，4~6 个环节；各环节主体均有加价，加价环节较多；交易主体之间以对手交易为主，交易关系最为松散	产业链模式较为复杂，环节较多，在市场价格形成过程中首先由粮食经纪人等到产地田间地头进行收购，形成收购价格，随后由粮食贸易商、批发商等交易形成批发价格，最后由各方主体在市场中交易形成市场交易价格
白酒生产企业招标模式	产业链环节较少，3~4 个环节；加价环节较少；交易主体之对手方式和契约方式混杂	产业链环节较少，参与主体的议价能力较强，交易商品有明确的标准，价格形成会在竞标过程中充分贴近实际的产业供应成本
农户酒企连接模式 高端白酒企业直接主导模式	产业链环节最少，1~3 个环节；加价环节最少；交易主体之间一般有稳定的契约关系，合作较为紧密	农企连接模式中，白酒酿造用粮的收购价格由农户、合作社和白酒企业的议价能力、农户机会成本、市场供需形势等因素决定

1. 产地批发市场交易模式下白酒酿造用粮价格形成的特点

在普通粮食市场中形成的白酒酿造用粮产业链中最主要的模式是产地批发市场交易模式。在此模式中，生产端、流通端、消费端均由不同的参与主体完成，在三种主要的产业链模式中，流通时间最长，产业链环节最多，一般需要 4 到 6 个环节，才能完成整个交易。参与产业链的主体最多，涉及农户、农民专业合作组织、粮食经纪人、经销商、批发商、白酒生产企业等。每个参与主体均是独立的定价主体，会付出成本，同时进行加价。上下游主体之间的交易关系最为松散，均以对手交易为主，是单纯的市场买卖关系。在该模式中，白酒酿造用粮价格经过田间收购价格、中间贸易价格、批发市场交易价格、白酒企业最终收购价格等价格形式，其中批发市场交易价格在白酒酿造用粮价格形成中占据主导地位，对价格形成起到引导作用，各级价格之间存在纵向联动关系。田间收购价格受整体粮食产能过剩的影响，价格较低，而由于中间环节较多、定价主体层层加价，导致市场交易价格高企，并向下游最终收购价格传递，导致白酒企业收购价格走高。

2. 白酒生产企业招标模式下白酒酿造用粮价格形成的特点

白酒生产企业招投标产业链模式是大型白酒企业收购原粮的一种主要形式，这种模式是前种模式的变形形式，也是产地批发市场交易模式和高端白酒企业直接主导模式的中间形式。在这种模式中，产业链环节相对较短，一般为 3~4 个环节。同时，白酒酿造用粮的生产端、流通端和消费端虽仍然由分散的市场主体组成，但在流通端和消费端中形成了较为稳定的长期合作关系，即通过白酒企业招投标，在长期合作中，粮食贸易商和白酒企业之间形成了较为稳定的合作关系，在招标过后以相对稳定的价格达成交易。在此模式中，涉及的白酒酿造用粮价格包括田间收购价格、贸易价格、招投标价格等形式，在价格的形成过程中发挥主导作用的是招投标价格，招投标价格对上游价格形成起到了引导作用。而招投标价格的形成取决于市场竞争、生产成本、流通费用等因素。

3. 高端白酒企业直接主导模式下白酒酿造用粮价格形成的特点

以高端白酒企业直接主导模式为代表的产业链模式中，白酒酿造用粮生产端的农户和消费端的白酒企业通过专用合作社或农业公司衔接，经过的产业链环节最少，一般为1~3个环节，流通渠道较为固定，参与定价主体包括农户、农业合作组织、农业公司和白酒企业，交易主体之间有稳定的契约合同关系，由白酒企业与农业公司或农业合作组织签订交易合同，然后农业公司或农业合作组织以订单形式向农户采购。在农户酒企对接模式中涉及的白酒酿造用粮价格为订单价格，其定价模式在成本加成定价之外，很大程度上取决于交易主体之间的议价能力，当白酒酿造用粮市场供给不足时或生产端整合较为充分时，最终收购价格较高。

4. 白酒酿造用粮主要产业链价格形成特点的比较

白酒酿造用粮产业链模式的不同，导致在各产业链模式中形成了不同的白酒酿造用粮价格形成机制。

从各产业链模式的构成来看，产地批发市场交易模式型白酒酿造用粮产业链涉及的产业链环节最多，白酒生产企业招标式白酒酿造用粮产业链涉及的产业链环节较少，高端白酒企业直接主导模式白酒酿造用粮产业链涉及的链环节最少；白酒酿造用粮产业链模式的不同形态下，各市场参与主体形成的市场交易关系也有很大不同，批发市场交易模式的交易主体之间以对手交易为主，交易关系最为松散；白酒生产企业招投标模式的交易主体，在消费端形成了较为稳定的契约关系，交易关系较为稳定；高端白酒企业直接主导模式的交易主体之间有稳定的契约关系，合作最为紧密。

产地批发市场交易模式涉及的白酒酿造用粮价格有田间收购价格、中间贸易价格、批发市场交易价格、白酒企业最终收购价格，流通成本最高，市场价格波动幅度最大、原粮品质最为混杂，流通效率较低、产业链价格传递效率较低，其中以批发市场交易价格为价格形成主导，当白酒酿造用粮价格受到冲击时，最终收购价格向批发市场交易价格靠拢；白酒生产企业招标模式是批发市场交易模式的发展形式，在白酒酿造用粮消费端通过招投标逐渐形成稳定的契约合作关系，从而一定程度上稳定了白酒酿造用粮的品质和供应，缩短了白酒酿造用粮产业链的流通环节、提高了流通效率，其价格形成的主导是白酒酿造用粮的招投标价格，供应商和白酒企业进行博弈达成较为稳定的合作；高端白酒企业直接主导模式中，产业链环节最短、流通成本最低，其价格是否失衡取决于以农户为代表的生产端和白酒企业之间的议价能力，农户与酒企的议价能力、农户生产白酒酿造专用粮的成本、农户生产白酒酿造用粮的机会成本、各方目标利润水平和市场竞争等要素共同决定了白酒酿造用粮订单价格。

6.4　相关政策建议

根据上述研究分析，目前高端白酒酿造用粮产业链发展尚不成熟，存在着生产经营分散、中间环节繁多、市场价格波动频繁、产品品质低劣、产业链附加值较低等问题，从而导致农户生产比较收益低、高端白酒企业收购成本高、市场交易混乱、产业链价值水平低。本节从政府、企业和农户三个层面提出以下政策建议。

6.4.1　政府层面

1. 完善白酒行业监督管理制度，规范高端白酒酿造用粮供求市场

高端白酒酿造用粮市场交易中间环节过多、价格形成过程复杂，导致原粮流通效率低、供求失衡、价格大幅波动。因而为了提升白酒产业现代化水平，必须强化行业管理，规范行业秩序。首先，要进一步提高白酒行业的准入门槛，加强对白酒企业生产许可管理制度的监督执行，严格审核白酒生产经营企业资质，避免大量资源受短期利益驱使无序涌入，造成市场乱象；其次，要加强白酒行业监督管理，加大市场清出力度，逐步淘汰规模小和技术落后的小型低效白酒生产企业；最后，要以市场为主导，鼓励白酒行业内部通过市场手段完成企业并购，减少无序竞争，提高产业整合水平。同时，建立和完善白酒产品安全管理体系，推出更加科学明确的技术标准和法律法规，严格保障白酒产品质量安全，以高质量、安全性、透明度赢得消费者对白酒行业的信赖。

2. 完善对白酒产业发展的扶持政策体系，推动高端白酒产业集群发展

高端白酒产业的发展方向是集群发展，而政府政策对于白酒产业的集群发展具有多方面影响，其中影响最大的是产业政策，涉及金融、土地、税收等政策。各地需积极推进高端白酒产业集群建设，系统考量，整体推进。白酒产业链环节众多，涉及种植业、加工业、运输业等众多行业，地区发展带动能力突出。要大力健全和完善扶持我国各地白酒产业发展的政策体系，省市县政府也要出台相关政策，以白酒产业链为基础和依托，通过金融政策、土地政策、税收政策等多种方式和手段，着力建设高端白酒产业集群、打造高端白酒产业基地。

6.4.2　企业层面

1. 以大型高端白酒企业为主导推进专用粮基地建设，推进白酒产业链现代化

随着白酒产业从快速扩张阶段转入存量调整阶段，白酒产业的增速已大幅下滑，利润水平也一再降低。从市场竞争情况看，白酒行业中端及低端市场均已进入市场竞争的红海，高端白酒成为行业的价值高地，亟待提升产业链整合水平。高端白酒生产企业是白酒酿造粮食产业链的终端，也是产品附加价值最高、行业影响带动力最强的部分，是这场高端白酒酿造用粮产业链变革的主体和价值提升的支撑。在高端白酒酿造用粮产业链中，粮食的流通环节对产业链上下游价格的影响最大，而在目前产业链中，流通环节繁多，产业链整合水平较差，影响了高端白酒酿造用粮产业链现代化水平的提升。大型高端白酒生产企业虽然在终端市场上占比较大，利润水平较高，但缺乏产业链整合，整体水平提升空间较大。应以大型高端白酒生产企业为主导，全面推进白酒产业链改造提升，提高信息化技术管理水平，重视产业链物联网建设与投入，把高端白酒龙头企业与产业链各环节连接起来，加快信息传输速度，从而更有效应对市场。

2. 紧跟市场需求，通过创新、技术、品质塑造品牌体系，提升白酒价值链

市场的变化在对白酒产业链水平提出更高要求的同时，也对白酒产业价值链水平提出了新要求。整合产业链是为了更好应对消费者需求提升、行业竞争加剧等市场变化，需要投入大量资源。因此，产业链的整合提升不仅是技术、管理、生产等方面的提升，最重要的是企业在发展战略、市场定位、营销方法、产品创新、品质管控等方面进行改进。通过对全产业链的管理和提升，提高整体生产技术水平，保证产品的优秀品质，为品牌注入核心价值。同时，依靠产品创新，形成产品差异化，满足消费者的不同需求，完善产品体系和结构，在原料、技术、风味等方面打造差异化优势，从而构建更多样全面的品牌体系，提升消费者品牌忠诚度，从而提升品牌价值，提升整体价值链水平。

6.4.3　农户层面

1. 引导农户组成专业生产合作组织，提高农民组织水平和议价地位

目前白酒酿造用粮行业仍处在分散化生产、结构性过剩的格局下，普通农户生产的大量低质粮食并不符合白酒酿造的特点，附加值较低，市场收购价格低，生产者获益较少。而高端白酒企业需要的优质原粮处于供不应求状态，价格大幅高于普通的粮食，但规模、产量均远远小于高端白酒产业的生产需求。因此，首先我们要因地制宜地鼓励和引导分散型个体农户以各种形式组建农业专业化生产合作组织，从而有效促进农业生产的产业化经营水平，一方面通过农民专业合作大力提升农户在高端白酒酿造用粮产业链中的议价地位，从而保护农民合法权益，另一方面，降低农户酒企连接型等订单农业的违约率，推动订单农业健康持续发展；其次，要加快建立和完善利益分配平衡机制，处理好农民专业合作内部农户间的利益分配关系；最后，要进一步加快建立和完善监管体系，确保组织为农民谋利。

2. 引导农民专业合作组织加入高端白酒酿造用粮现代产业链，提升生产技术和原粮品质

积极引导农民专业合作组织以多种形式加入高端白酒酿造用粮现代产业链中，依托高端白酒生产企业的先进技术水平、管理水平和资本实力，对原粮种植环节进行整合提升。首先，实现原粮种植环节的专用化生产、标准化管理、产业化经营，增强农户抗风险能力、提高种植生产水平、打通产品供需链条。其次，通过农户在种植端的大规模实验和高端白酒企业或科研院所的突出技术水平的连接，加大优质高端白酒酿造专用粮食品种的研发培育和推广，从而一方面提高高端白酒酿造专用粮食的酿造品质，提高出酒率和优酒率。另一方面，提高优良品种的推广力度，让更多区域种植更加适宜酿造的粮种，大幅增加优质酒粮的产量和供给。在满足下游需求的同时，提升优质原粮收购价格，让生产者从中获益，从而提高生产积极性，促进产业的良性发展。

6.5　本 章 小 结

高端白酒酿造用粮指用于生产酿造高端白酒的粮食。随着白酒产业已从快速扩张阶段转入存量调整阶段，提升产业链整合水平、提高产品价值链成为白酒产业，尤其是高端白酒产业发展的当然要求。由于白酒酿造用粮品质在很大程度上决定了白酒的品质，白酒品质高低决定了白酒价格，因而推动高端白酒酿造用粮产业快速发展是实现高端白酒产业高质量发展的重要内容。本章基于产业链视角，对高端白酒酿造用粮价格形成机制进行了系统研究。首先，对白酒酿造用粮市场进行了全面考察，分析了高端白酒酿造用粮的特性和共性，从而阐述了高端白酒酿造用粮价格的特殊性；其次，论述白酒酿造用粮产业链与价格形成，分析了产业整体情况、主要定价主体、产业链主要环节及价格的基本构成；再次，实证分析了白酒酿造用粮产业链对价格形成产生的影响，并对白酒酿造用粮产业链价格的纵向联动进行了论证；最后，分析了白酒酿造用粮产业中的各类产业链模式，分别对产地批发市场模式、白酒企业招标模式、政策收储平台拍卖模式、高端白酒企业直接主导模式和高端白酒企业间接主导模式等产业链模式中的价格形成机制进行了分析。

第7章 高端白酒价格运行机制

价格运行是价格的波动和传导，价格运行机制是价格运行所遵循的机理和规律，是市场价格运行的各个构成要素之间相互联系、相互作用的内在机理，具有调剂经济运行的功能。价格运行机制起着连接价格形成机制与价格管控机制的桥梁作用，是价格机制有机整体的重要组成部分。价格运行机制的构成要素主要包括供求机制、竞争机制、风险机制。价格运行机制是在遵循价值规律的前提下，由供求机制、竞争机制、风险机制等要素相互联系、相互作用，最后产生价格运动，进而调节经济的运行。本章通过对高端白酒供求机制、竞争机制、风险机制的分析，研究高端白酒的市场价格运行机理。

7.1 高端白酒价格运行的供求机制

商品的价格是商品价值的货币表现，价格水平的高低首先取决于价值量的大小，价值是市场价格形成的客观基础。马克思指出："一切种类的商品，平均说来总是按它们各自的价值或自然价格出售的。"[①]然而，在市场价格的具体运行过程中，不少因素都会对价格的波动产生影响，使得价格运行与价格形成产生偏离。影响市场价格运行的因素主要包括商品供求、竞争、风险三大机制。供求即供给与需求，供求机制是指价格运行过程中，关于供给与需求两个方面的要素相互联系、相互作用的内在机理及其对价格的调节作用。

7.1.1 供给影响因素

在经济活动中，生产具有决定性作用。马克思指出："不管生产过程的社会形式怎样，生产过程必须是连续不断的，或者说，必须周而复始地经过同样一些阶段。一个社会不能停止消费，同样，它也不能停止生产。"[②]生产决定供给。一种商品的供给是指生产者在一定时期内，在各种可能的价格下，愿意而且能够提供出售的该种商品的数量。[③]生产意愿与生产能力是供给的基本前提，商品的价格与商品的供给密切相关，供给与市场价格之间是相互影响、相互作用的。在市场化程度日益提高，机械化生产高度发达的情况下，高端白酒由于生产工艺以及对生

---

① 马克思，恩格斯. 马克思恩格斯选集（第二卷）[M]. 北京：人民出版社，1995年6月，第73页。

② 马克思. 资本论（第一卷）[M]. 北京：人民出版社，2018年3月，第653页。

③ 高鸿业主编. 西方经济学（微观部分·第六版）[M]. 北京：中国人民大学出版社，2014年7月，第18页。

产环境要求的特殊性，产量的增加相对有限，供给价格弹性相对较小。下面从五个维度对高端白酒的供给因素进行分析。

1. 商品价格

商品的价格与供给之间具有密切的关系。马克思指出："市场价格波动互相补偿的平均时期，因商品的种类不同而各不相同，因为，某些商品比另一些商品更容易使供给适合于需求。"[①]一般而言，当市场价格上涨、供不应求时，生产厂商会调高产量，实现更多利润；当市场价格下跌，商品生产商会选择减量保价。高端白酒的价格长期处于上涨状态，但是其供应量的增加却相对缓慢，主要有以下两个原因。

第一，高端白酒生产企业增产具有一定难度。我国高端白酒市场主要有两种香型产品：酱香型和浓香型。酱香型白酒的产量提升相对较为容易，但是由于生产周期较长，难以快速应对市场变化；浓香型白酒由于生产工艺问题，产量提升比较困难。无论是酱香型还是浓香型，对外部环境的要求都较为苛刻，只能在原产地进行生产，难以实现大幅度增产，这也在很大程度上制约了高端白酒产能的大幅提升。以五粮液为例，2014~2020 年，五粮液 500ml 装 52 度的出厂价格快速上涨，从 609 元上涨至 859 元，涨幅高达 41%；产量则从大约 20 000 吨上涨至大约 26 000 吨，涨幅高达 30%。[②]将数据代入供给价格弹性式（7-1）可得供给价格弹性约等于 0.77，表明五粮液的供给价格弹性较弱。

$$E_s = \frac{Q_2 - Q_1}{P_2 - P_1} \times \frac{(P_1 + P_2)/2}{(Q_1 + Q_2)/2} \tag{7-1}$$

第二，高端白酒的行业进入门槛较高。如果一种商品价格长期处于上涨状态，并且现有产能无法充分满足市场需求，高利润会吸引新的投资者进入该行业，从而增加该行业的产能。但高端白酒行业有着较高的进入门槛。一是生产条件较为苛刻，浓香型白酒的窖池需要长期使用才能具备生产高端白酒的条件，所有高端白酒对产地的外部环境都具有特殊要求，无法异地生产。二是品牌价值积累时间较长，我国的高端白酒均是历史悠久的名优产品，要在较短时间内打造新的高端白酒品牌是非常困难的。规模经济与自然资源、产品差异化、渠道掌控、资金需求等方面，共同构成了较高的壁垒，降低了新进入者的竞争优势。[③]正如一些业界人士所说，高端白酒的"入场券"已经被拿完了，高端白酒的供需失衡矛盾将会越来越突出。

---

① 马克思，恩格斯. 马克思恩格斯选集（第二卷）[M]. 北京：人民出版社，1995 年 6 月，第 73 页。

② 数据来自笔者对相关企业的调研。

③ 许杨. L 公司高端白酒四川区域 7 PS 营销策略研究[D]. 绵阳市：西南科技大学，2020 年。

2. 技术水平

根据西方经济学边际报酬递减规律，在技术水平不变的条件下，在连续等量地把某一种可变生产要素增加到其他一种或几种数量不变的生产要素上去的过程中，当这种可变生产要素的投入量小于某一特定值时，增加该要素投入所带来的边际产量是递增的；当这种可变要素的投入量连续增加并超过某个特定值时，增加该要素投入所带来的边际产量是递减的。[①]从技术上来看，白酒的生产主要有三种方式。

一是配制型白酒。由食用酒精经过降度和使用正常的勾兑技术进行调兑而成。该生产流程相对简单，成本较低，但高端白酒并不使用此类生产工艺。高端白酒虽然也有勾兑环节，但是其基酒的来源有严格的要求，必须是通过纯粮固态酿酒获得的。

二是酿造型白酒。酿造型白酒也就是纯粮固态酿酒，其原料标准也很高，必须是优质的高粱、玉米、小麦、大米、糯米、大麦、荞麦等谷物。生产过程也较为复杂：原料处理—泡粮—初蒸—闷水—复蒸—摊凉—下曲培菌—发酵—蒸馏……每个酒厂酿造规程不同，也有多次回沙、反复蒸馏的生产工艺应用。这种生产方式成本较高，还要受到温度、湿度等外界因素的影响，高端白酒均是通过这种生产方式提供基酒。

三是固液结合白酒。既吸收固态法白酒的丰富口感，又保持液态法白酒的纯净，扬长避短。

通过实地调研，酿造型白酒的生产流程经过长期的历史积淀，已经非常成熟，但是仍然主要依靠人工操作，机械化生产参与度有限。同时，还对产地的纬度、温度、湿度、微生物等外部环境有着较为苛刻的要求。因此，虽然高端白酒的产量能够保持一定的增长态势，但是增量相对有限。

3. 生产成本

马克思指出："商品出售价格的最低界限，是由商品的成本价格规定的。"[②]高端白酒的生产成本可以分为有形成本和无形成本。有形成本是指能够在会计上用货币计量的成本，无形成本是指难以在会计上用货币计量的成本。高端白酒的有形成本主要有四个部分：一是原材料成本，高端白酒均采用纯粮固态酿造工艺，原材料必须是高粱、玉米、小麦、大米、糯米、大麦、荞麦等谷物，颗粒均匀饱满、新鲜、无虫蛀、无霉变；二是人工成本，主要是生产车间酿酒师傅、包装工人的工资、福利开支等；三是营销成本，主要是指与营销活动有关的各项费用支出，包括直接营销费用、推广费用、仓储费用、运输费用等；四是防伪成本，由

---

① 高鸿业主编. 西方经济学（微观部分·第四版）[M]. 北京：中国人民大学出版社，2007 年 3 月，第 131 页。
② 马克思. 资本论（第三卷）[M]. 北京：人民出版社，2018 年 3 月，第 45 页。

于高端白酒供不应求，售价较高，因而仿冒产品层出不穷。高端白酒生产企业主要通过改进产品包装、信息技术应用、法律诉讼等手段打击仿冒，这也带来了成本上的增加。高端白酒生产企业的有形成本并不高，企业销售毛利率较高。作为高端白酒的代表性企业，贵州茅台 2017～2019 年的平均毛利率在 90% 以上，五粮液与泸州老窖也超过了 70%。2019 年，我国上市公司的全行业统计数据显示，食品饮料行业销售毛利率最高，达到 47.81%，该行业就包括了高端白酒生产企业。[①]总体上来讲，高端白酒的有形成本是比较低的。

　　无形成本是指难以在会计上用货币计量的成本。高端白酒的无形成本主要包括工艺成本和时间成本两个部分。高端白酒的工艺成本由两个方面构成：工人熟练程度和生产条件成本。高端白酒完全采用纯粮固态酿造，主要依靠工人手工劳动，生产细节的标准较难度量，往往依赖工人在长期实践操作中自我总结与提高，培养熟练工人的周期较长，而熟练工人又是提升产品质量的关键因素之一。由于生产处于高温高湿环境，工作强度大，年轻人对从事一线生产的积极性不高。生产高端白酒的工人，尤其是熟练工人，在整体上呈现年龄偏大、后继乏人的局面。笔者通过实地调研发现，高端白酒尤其是浓香型白酒，其生产必须依赖于窖池，而优质的窖池非常稀缺。窖池的选址对外部环境要求比较苛刻，同时还须连续使用较长时间，待其中的微生物培育到一定水平，才能具备酿造好酒的基本条件。这就可以解释了为什么我国高端白酒的核心产区主要位于川南与黔北毗邻的山区河谷地带。

　　高端白酒的生产过程需要大量的时间成本。以浓香型白酒为例，其窖池需要连续使用 25 年以上才具备生产高端酒的条件，而且连续生产的时间越长，窖池的价值越高。高端白酒中的浓香型代表五粮液与泸州老窖均拥有从明代以来就连续使用的窖池，使其在市场竞争中具备了拥有稀缺古窖池的资源优势。高端白酒的生产过程也需要时间的积淀，刚生产出来的新酒，味辛辣，不柔和，口感欠佳，只能算半成品，需要经过一段时间的贮存，让其自然老熟，使酒体绵软适口，醇厚香浓。以茅台酒为例，茅台酱香型白酒的生产工艺特点为"三高三长"。茅台酒从生产到出厂大约要经过六年时间，制曲贮存一年、制酒生产一年、新酒陈酿三年、勾兑贮存一年，茅台酒的实际供应会严格受限于其生产周期。[②]高端白酒的无形成本相对高于有形成本。

　　总之，高端白酒的生产成本中有形成本不高，但是无形成本较高，这在高端白酒的品牌价值上得到了体现。与多数能够批量化生产的产品不同，高端白酒的

　　① A 股盈利榜：三大行业霸屏百强榜毛利率超茅台公司曝光[EB/OL]. 中国经济网，https://baijiahao.baidu.com/s? id=1665651770559694605&wfr=spider&for=pc，2020-5-3.
　　② 马楠. 贵州茅台估值——基于消费性需求和投资性需求视角的案例研究[D]. 昆明：云南财经大学，2020 年.

品牌价值与生产企业具有直接的关系，无法通过授权、加盟的方式异地生产，以快速扩大生产规模，只有在满足原材料、产地、工艺流程等要素的前提下才能生产出质量优良的产品。

4. 相关价格

一般而言，一种商品或劳务的价格变动，会引起其替代品的需求同方向变动，并使互补品的需求按照相反的方向变动。[①]如前所述，白酒的替代品主要有啤酒、黄酒、葡萄酒与其他进口酒精饮品。其中，啤酒的生产标准化与自动化程度最高，产量增加也最为容易，但啤酒与高端白酒的消费场景不重合，没有替代性。高端黄酒与高端葡萄酒虽然对高端白酒具有一定的替代性，但是由于受制于生产工艺与品牌效应，上述两种高端酒自身的产量增加也相对有限。同时，黄酒与葡萄酒在消费群体与消费场景上还难以撼动高端白酒的主导地位。其他进口酒类的消费则与高端白酒的消费场景差异较大，受众群体的差异也较大。

5. 增产难易

近年来，我国高端白酒的价格呈现持续上涨的局面。按照经济学的有关原理，商品价格越高，企业的生产积极性也越高，企业会积极谋求增加产量，以获取更多的利润。事实上，高端白酒生产厂商也在不断增加市场供应量。以茅台为例，茅台酒采用酱香型工艺，生产的基酒可以大部分用于高端白酒的勾兑，使得茅台酒提升产量显得相对容易，但是茅台酒每年只能生产一季，而且成品酒上市是在新酒出产五年之后，难以快速适应市场的变化。

从图 7-1 可以看出，茅台酒 2011～2019 年的增产主要出现在 2016 年之后，但这批产品上市最早也要等到 2021 年。而高端白酒的另一类别——浓香型白酒的

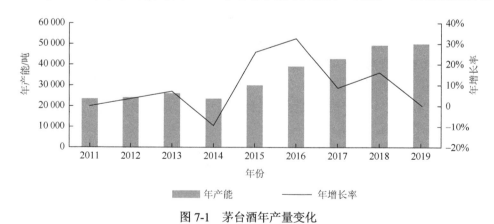

图 7-1　茅台酒年产量变化

---

① 张维达主编. 政治经济学（第二版）[M]. 北京：高等教育出版社，2004 年 12 月，第 177 页。

产量提升则更加困难。高端浓香型白酒的生产对窖池的依赖性很大。以五粮液为例，有 179 口明代开始使用的窖池，酿的酒 60%～70%可以用作高端酒的基酒，如果使用 30～50 年的窖池，只有 5%～8%的酒可以用作高端酒的基酒。高端浓香型白酒增产 1 瓶，就会带来 8 瓶系列酒，这也导致了五粮液系列酒的品牌较多，稀释了品牌价值。[①]而浓香型高端白酒的另一代表品牌——泸州老窖的高龄窖池相对于五粮液而言则更少，高端白酒的增产也显得更加困难。

7.1.2　需求影响因素

恩格斯指出，"供给总是紧跟着需求，然而从来没有达到过刚好满足需求的情况；供给不是太多，就是太少，它和需求永远不相适应，因为在人类的不自觉状态下，谁也不知道需求和供给究竟有多大"[②]。一种商品的需求是指消费者在一定时期内，在各种可能的价格水平上，愿意而且能够购买的该商品的数量。[③]购买意愿与支付能力是需求变为现实的两个前提。商品的价格与商品的需求量密切相关，需求与市场价格之间是相互影响、相互作用的。在人们的物质生活越来越丰富的情况下，白酒消费者的心理需求逐渐超越生理需求，开始转向追求情感认同和附加价值。虽然白酒具有生理、文化、艺术及社交等多方面的功能，但更多的是突出其内涵的社交价值，消费者希望通过饮酒来扩大自己的社交圈。[④]在金融市场高度发达的今天，就高端白酒的需求而言，除了传统的消费需求之外，投资需求也逐步增长。下面从五个方面对高端白酒的需求因素进行分析。

1. 商品价格水平

由于存在收入效应和替代效应，商品的需求量与其价格水平呈反方向变化。[⑤]价格是商品同货币交换比例的指数，是价值的货币表现，是商品的交换价值在流通过程中所取得的转化形式。商品价格与需求相互作用，互为影响。按照经济学相关原理，市场需求弱，会导致商品出现滞销，迫使商品价格下降；而市场需求强劲，则会导致市场供不应求，促使商品价格上涨。同理，在面对市场需求萧条时，商品通过降价刺激需求；在面对市场需求旺盛时，商品通过涨价抑制了部分需求。

现有的高端白酒生产企业由于受到技术与生产环境等因素的影响，相较于快速上升的市场需求，产品产量的提升速度相对较慢。同时，较高的进入壁垒又使得新资本进入这一市场的成本过大，行业内难以有新的企业加入并增加供应量，

---

① 数据来自笔者对相关企业的调研。
② 马克思，恩格斯. 马克思恩格斯选集（第一卷）[M]. 北京：人民出版社，2012 年 9 月，第 35 页。
③ 高鸿业主编. 西方经济学（微观部分·第四版）[M]. 北京：中国人民大学出版社，2007 年 3 月，第 21 页。
④ 赵凤琦. 我国白酒产业可持续发展研究[D]. 北京：中国社会科学院大学，2014 年。
⑤ 张维达主编. 政治经济学（第二版）[M]. 北京：高等教育出版社，2004 年 12 月，第 178 页。

使得整个市场的供给增加难度进一步加大，供给增速较慢。在酒类价格实现市场化之后，高端白酒价格在整体上呈现明显的上升趋势。以 53 度 500ml 飞天茅台出厂价为例（图 7-2）。

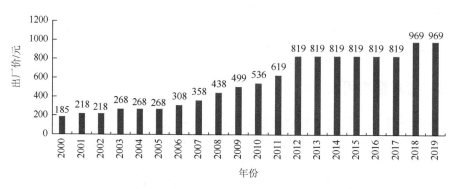

图 7-2　53 度 500ml 飞天茅台出厂价走势

从图 7-2 可以了解到，53 度飞天茅台出厂价从 2000 年到 2019 年一直处于上升态势，部分年份价格不变，大部分年份则出现上涨，从未出现过下降。高端白酒之所以价格不断上涨，主要是由市场需求的持续旺盛所导致的。

如果商品价格的上涨导致需求下降，就会对价格的上涨趋势形成抑制，而茅台酒能够保持持续的价格上涨趋势，是由强劲的市场需求引起的。从图 7-3 可以看到，从 2011 年到 2019 年，茅台酒的市场销售量每年均保持上升状态，呈现出价量齐升的局面。茅台酒作为高端白酒市场的代表性产品，强劲的市场需求促使其价格保持持续上涨状态，也带动了整个高端白酒市场价格的上升。

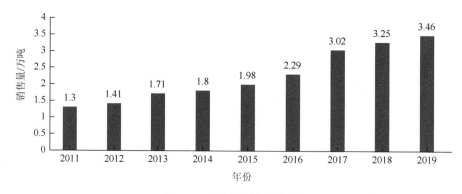

图 7-3　茅台酒历年销售量

2. 居民收入水平

通常情况下，居民的消费水平或者收入水平不同，对商品和服务的需求也会不同。随着收入水平的提高，食物花费在家庭开支中的比重将逐步减少；衣着与住房开支在家庭开支中的比重比较稳定；文化娱乐开支在家庭开支中的比重将迅速上升。[1]消费能力作为需求的基本条件之一，也是决定高端白酒市场接受能力的重要条件。2020 年，我国国内生产总值达到 1 015 986 亿元，预计人均国内生产总值 72 447 元。[2]近年来，我国人均可支配收入持续上升，如图 7-4 所示。

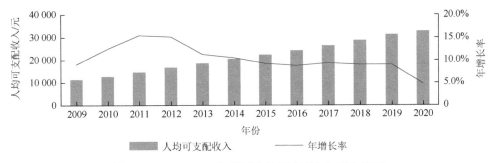

图 7-4　2009～2020 年我国人均可支配收入变化情况

2020 年，我国人均可支配收入达到 32 189 元人民币，是 2009 年的 2.88 倍，这 12 年的年均增长率达到 10%。消费者收入水平的持续上升使其购买能力得到了充分的保障，我国的社会分层结构也发生了巨大的变化，一个重大表现就是中产阶级规模逐渐扩大。[3]我国拥有世界规模最大的中等收入群体。中产阶级家庭与高净值人群数量持续保持增长，这为高端白酒的市场需求提供了必要的消费能力保障。

如图 7-5 所示，通过 2000 年到 2020 年 53 度飞天茅台的出厂价与同期人均可支配收入的变化对比，可以发现在 2000～2011 年，53 度 500ml 飞天茅台出厂价基本上与人均收入水平保持相同涨幅。2012 年 53 度 500ml 飞天茅台的出厂价涨幅较人均收入有所加快，但是由于受到政府限制三公消费的影响，在随后的 5 年中出厂价一直没有太大的变化，以至于人均收入的增长超过了价格的增长。2018 年，53 度 500ml 飞天茅台再次调高其出厂价。下面对两组数据进行相关性分析。

设定模型：$Y_t = \alpha + \beta X + u_t$

式中，Y 为人均可支配收入；X 为飞天茅台出厂价；u 为随机扰动项；α 为常数项；β 为回归系数。

如表 7-1 所示，t 检验值为 16.048，通过 t 检验，模型的拟合优度达到了 0.931，拟合良好。更重要的是，人均可支配收入对飞天茅台出厂价的估计值显著为正，

① 张维达主编. 政治经济学（第二版）[M]. 北京：高等教育出版社，2004 年 12 月，第 179 页。
② 中华人民共和国 2020 年国民经济和社会发展统计公报[N]. 人民日报，2021 年 3 月 1 日，第 10 版。
③ 朱斌. 当代中国的中产阶级研究[J]. 社会学评论，2017 年第 1 期，第 9-22 页。

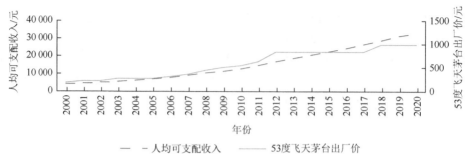

图 7-5　53 度飞天茅台出厂价与人均可支配收入增长对比

这说明 53 度 500ml 飞天茅台的出厂价与人均收入的变化之间存在较高的正相关性。尽管 53 度 500ml 飞天茅台出厂价与人均可支配收入的变化高度正相关，但是增长速度却有所不同。

表 7-1　人均可支配收入对飞天茅台出厂价格的回归结果

变量	飞天茅台出厂价
人均可支配收入	119.740*** （3.794）
常数项	0.031*** （16.048）
R^2_a	0.931
F	257.551

注：括号中的数据为 t 值
***表示在 1%水平下显著

通过 2000～2020 年的统计数据可以看到，53 度 500ml 飞天茅台的出厂价占年人均可支配收入的比重从 2000 年的 4.3%逐步下降到 2020 年的 3%。对于大多数人而言，高端白酒属于奢侈品，但占比的逐步下降也使得越来越多的消费者能够消费高端白酒。人均酒类消费量和经济发展水平有着明显的正相关关系。在一般情况下，经济发展水平越高、速度越快，人均酒类商品的消费量也就越高，戒酒人群的占比也会越低。高收入水平国家和中高收入水平国家的人均酒类商品消费量分别为 9.8 升和 7 升，远高于低收入国家 3.8 升和中低收入国家 4.7升的人均消费量。随着我国经济水平不断提高，有望进一步释放高端白酒的消费潜力。

3. 相关产品价格

相关产品是在用途上相互关联的不同产品。如果物品 A 的价格上升增加了替代品 B 的需求，那么，物品 A 和物品 B 就互为替代品。如果物品 A 的价格上升会降低 B 的需求，物品 A 和物品 B 就互为互补品。[①]在我国，高端白酒的消费场景带有极强的社交属性，各类高端宴请是主要的消费场景。因此，餐饮行业与白酒的消费具有互补性。

如图 7-6 所示，2010～2020 年我国餐饮行业的发展规模呈现稳步提升趋势。截至 2019 年，我国餐饮行业的规模已经突破 4.6 万亿元，年均增长率达到了11.94%，超过了同期 GDP 的增长速度。2020 年受疫情影响，人们外出聚餐有所减少，餐饮业收入规模较 2019 年有所收缩。餐饮行业的稳步发展为白酒提供了稳定的消费需求。

图 7-6　2010～2020 年我国餐饮业收入规模

如图 7-7 所示，2010～2020 年我国餐饮行业收入增速和同期社会消费品零售总额的增速呈现波动下降趋势。除去 2020 年特殊年份，近五年我国餐饮行业收入增速基本超过了同期社会消费品零售总额的增速，消费品零售总额增长乏力。而餐饮业的增长趋势则相对较好，说明消费者在诸多消费门类的选择中比较青睐餐饮行业，这也为白酒消费的增长提供了保障。

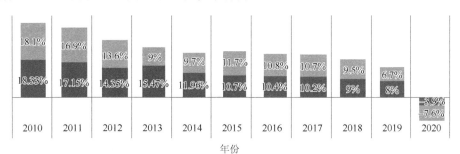

图 7-7　2010～2020 年我国社会消费品零售总额与餐饮业收入增速对比

① [美]保罗·萨缪尔森，威廉·诺德豪斯. 经济学（第 19 版：教材版）[M]. 萧琛主译. 北京：商务印书馆，2015 年 4 月，第 85 页。

　　替代品是指具有与该行业产品（或服务）相同或类似功能的产品（或服务）。一般来说，一种商品的可替代品越多，相近程度越高，则该商品的需求的价格弹性往往就越大；相反，该商品的需求的价格弹性往往就越小。[①]白酒作为酒精类饮品，替代品主要有啤酒、黄酒、葡萄酒以及其他国外进口酒类，白酒与这些替代品之间呈现出此消彼长的市场竞争关系。

　　第一，啤酒。2020 年，中国规模以上啤酒企业累计产量 3411.11 万千升，同比下降 7.04%。[②]其中，青岛、燕京、珠江、雪花、哈尔滨等品牌具有较大的市场影响力，也是目前我国市场上酒精类饮品中除白酒之外消费量最大的种类。啤酒的酒精度数较低，价格低廉，消费场景丰富，对低档白酒的冲击较大。但是啤酒与白酒的口感差异较大，与高端白酒的消费场景不大相同，对高端白酒没有太大的替代性。

　　第二，黄酒。黄酒作为世界三大古老酒类之一，与我国的传统文化相结合，文化底蕴较为深厚，具有一定营养保健作用。随着近年来人们消费观念的逐步改变，黄酒的市场价值正逐步得到消费者的认可，消费量逐步扩大。黄酒企业也在高端产品上逐步发力，对高端白酒市场产生了一定程度的替代性。但由于黄酒消费的区域性特征较为明显，市场消费总量相对较小，难以撼动高端白酒在高端酒类消费市场的牢固地位。

　　第三，葡萄酒。葡萄酒作为酒类消费市场的舶来品，其市场份额一直位居白酒与啤酒之下。随着人们消费观念的变化，葡萄酒的市场潜力得到逐步释放，在年轻人消费群体中拥有一定的影响力，市场份额逐年提升，对高端白酒产生了一定的替代性。但与白酒消费市场相比较而言，其消费市场相对狭隘，消费人群基数较小，在消费场景上也难以代替高端白酒的地位。

　　第四，其他进口酒类。其他进口酒类是指我国目前市场上除了进口的葡萄酒和啤酒之外，其他非原产于我国的酒类商品，主要包括威士忌、白兰地、朗姆酒、龙舌兰、日本清酒等。这类酒的消费场景一般与原产地的文化输出相关，在年轻人中有一定的消费市场，但市场规模较小，消费总量也不大，对高端白酒的替代性十分有限。

　　总体而言，白酒在酒类饮品中的市场统治地位十分稳固，尤其是高端白酒的消费市场和消费人群相对稳固，替代性较小。

4. 消费者偏好

　　消费者偏好是反映消费者对不同产品和服务喜好程度的个性化偏好，是影响

---

① 高鸿业主编. 西方经济学（微观部分·第四版）[M]. 北京：中国人民大学出版社，2007 年 3 月，第 49 页。

② 2020 年 1-12 月啤酒产量为 3411.11 万千升，同比下降 7.04%[EB/OL]. 食品资讯中心，http://news.foodmate. net/2021/01/583380.html，2021-1-22。

市场需求的一个重要因素，主要由当时当地的社会环境、风俗习惯、时尚变化等，对整个消费者群体或某个特定群体产生的影响所决定。[①]高端白酒的价格较高，这就决定了其消费主力主要是高净值人群[②]。胡润百富在 2020 年针对高净值人群做了白酒消费行为调查，结果显示，平均消费价格为 600 元，有五成集中在 500～1000 元，高净值人群对于白酒的消费主要集中在高端白酒领域。

在高端白酒的消费场景上，宴请和送礼为主要消费目的。宴请是高端白酒的首要消费场景。我国的白酒文化源远流长，现代酒文化主要体现在各类宴请中。就送礼而言，白酒是男士送礼的重要选项。送礼的对象在很大程度上影响酒类的选择，当对象为长辈或老人时，会选择送白酒，因为这类人群对于白酒更为熟知，而对于其他酒类（如葡萄酒和洋酒）的认知程度相对较低。第三大消费目的是收藏，这说明高端白酒已经开始受到投资和收藏界的广泛关注。

在高端白酒消费场景中，口感是最重要的因素。白酒的口感主要受到香型的影响，香型与白酒所含的化学成分密切相关，是由白酒的原料、制作工艺、储藏时间以及生产和储存环境等因素决定的。由于复杂的制酒流程，白酒之间的香型各异。根据中国酒业协会的统计资料，浓香型白酒是目前市场上最受欢迎的白酒种类，占比超过 50%；其次为酱香型和清香型。[③]品牌成为人们消费白酒的第二考虑因素。在白酒的品牌偏好上，五粮液、茅台既是最受青睐的，也是购买比例最高的两大品牌。大部分白酒消费者在购买产品时会考虑白酒的度数，比较受欢迎的高端白酒的度数大多为 52 度和 53 度。

在人们的收入和生活水平日益提高的情况下，人们的饮酒观念也发生变化，健康意识逐渐增强，降度[④]和低度白酒的需求会在未来逐步增多。此外，消费者在消费高端白酒时，还会考虑产品的年份。相对于新上市的高端白酒而言，年份酒的价格更高，收藏价值也更大，这也在一定程度上说明，高端白酒的投资需求和收藏需求正处于快速的形成和发展过程中。

5. 货币购买力

恩格斯曾经指出，"生产的极限并不取决于挨饿的肚子的数目，而取决于有购买力的有支付能力的钱袋的数目"[⑤]。价格的变化意味着货币购买力的变动。商品价格降低，在货币收入既定的条件下，意味着实际收入的增加，从而使商品需求

---

① 陆雄文主编. 管理学大辞典[M]. 上海：上海辞书出版社，2013 年 12 月。
②"高净值人群"一般是指资产净值在 1000 万人民币以上的个人，他们也是金融资产和投资性房产等可投资资产较高的社会群体。
③ 根据中国酒业协会统计公报数据整理。
④ 一般认为，50°以上属于高度白酒，40°～50°属于降度白酒（又称中度白酒），40°以下称为低度白酒。
⑤ 马克思，恩格斯. 马克思恩格斯选集（第四卷）[M]. 北京：人民出版社，2012 年 9 月，第 461 页。

量增加；反之，商品价格上升，既定的货币收入的购买力减小，从而使商品的需求量减少。[1]货币的本质是固定地充当一般等价物的商品。[2]"商品通过货币来估价的交换价值，也就称为商品的价格"[3]。在人类历史上，人们长期使用的是具有内在价值的实物货币。在布雷顿森林体系崩溃之后，各国均使用不具有内在价值的信用货币。信用货币具有两个基本特征：一是自身没有任何内在价值，是由发行主体（一般是主权国家）强制发行流通的价值符号；二是发行主体一般由主权国家机构垄断发行。

改革开放以来，我国主要依赖投资驱动的经济发展模式，取得了巨大的发展成就，这种模式要求货币量充足，保持充裕的流动性，并通过信贷渠道为经济注入资金。改革开放初期，我国 M2（广义货币）总量略低于同期 GDP 总量，但是从 20 世纪 90 年代末开始，M2 发行量逐步增加，其增速超过了同期 GDP 的增速，并且差距越来越大。截至 2020 年末，我国 M2 总量已经达到了同期 GDP 的 2.15 倍。[4]M2 的快速增长导致了通货膨胀压力的加大。

根据笔者的测算，1991～2019 年，我国平均通胀率达到了 4.14%。通胀率越高，货币贬值的速度就越快，货币的购买力就越弱，这就会推动商品价格的上涨。高端白酒价格的上涨，背后有通货膨胀的原因。随着我国经济发展速度减缓，同时货币存量逐步增加，货币保值增值的需求越来越大，逐步形成了房地产、艺术品、古董等投资性市场。高端白酒由于其自身的特点，也越来越受到投资者的青睐。

白酒具有适合储存的特征。高端白酒是一种特殊商品，不仅耐储存，而且随着储存时间的延长，口感更加醇厚芬芳，商业价值还会进一步提升。高价格、高质量、高利润是奢侈品的基本特征，高端白酒不仅具有一般奢侈品的基本特征，还具有更好的消费基础和市场前景，这也为高端白酒成为投资品打下了重要的基础。从整体来看，目前我国高端白酒的投资性市场尚处于发展初期，在行业标准制定、市场规模培育、交易流程规范等方面还有待进一步完善。

7.2　高端白酒价格运行的竞争机制

竞争是商品经济的必然产物和内在属性。马克思指出："竞争是强有力的发条，它一再促使我们的日益陈旧而衰退的社会秩序，或者更正确地说，无秩序状况活

① 张维达主编. 政治经济学（第二版）[M]. 北京：高等教育出版社，2004 年 12 月，第 177-178 页。
② 宋涛主编. 政治经济学教程（第九版）[M]. 北京：中国人民大学出版社，2011 年 7 月，第 36 页。
③ 马克思，恩格斯. 马克思恩格斯选集（第一卷）[M]. 北京：人民出版社，2012 年 9 月，第 330 页。
④ 中国人民银行数据显示，2020 年 12 月末，我国广义货币（M2）余额为 218.68 万亿元。2020 年我国 GDP 为 101.6 万亿元。

动起来"。[1]萨缪尔森说:"竞争制度是一架精巧的机构,通过一系列的价格和市场,发生无意识的协调作用。"[2]竞争机制对市场价格运行的影响是通过与供求机制共同作用来实现的。竞争、供求同市场价格变动之间相互联系、相互作用。竞争机制是市场价格变化赖以进行的基本环境状态。供求关系会引起商品价格围绕价值变化,但供求变动只为市场价格的变化提供动因,还需要来自竞争的压力促其实现。市场价格和市场价值的一致既是供求平衡而产生的结果,同时也是市场竞争所产生的结果。价值规律与供求机制调节经济的功能只有同竞争机制相结合才能得以实现。

7.2.1　市值规模竞争

经济学家萨伊认为,价格只是以货币估定的市值。在一定时间和地点,一种货物的价格,随着需求的增加与供给的减少而成比例地上升;反过来也是一样。换句话说,物价的上升和需求成正比例,但和供给成反比例。[3]在传统的规模分析中,主要采用财务指标,如资产总量、负债水平、所有者权益等。财务指标虽然准确,但仅仅是对过去一段时间企业财务状况的总结,是静态分析指标,难以反映市场的综合性动态变化。本书采用股票市值规模作为分析指标。股票市值也就是股票在市场上的交易价格,是通过买卖双方的议价而形成的。决定和影响股票市值高低的因素较多,能够较为充分地反映企业的动态发展变化。市值总量的大小能够在一定程度上反映企业市场竞争力水平,市值高的企业获取生产要素的成本更低,未来发展动力更强。同时,我国生产高端白酒的企业大部分已上市,这为利用股票市值进行规模分析提供了条件。我国上市白酒企业主要有三个类别:一是高端白酒生产企业,其销售收入主要来源于市场价高于 600 元/瓶的白酒产品;二是次高端白酒生产企业,其销售收入主要来源于市场价 300~600 元/瓶的白酒产品;三是区域性龙头企业,其产品价格虽然不高,但在特定区域的市场占有率较高。

如表 7-2 所示,截至 2020 年底,我国高端白酒的三强——贵州茅台、五粮液、泸州老窖的市值,分别占了白酒上市企业总市值的 48.28%、21.79%、6.37%,与其在高端白酒市场的占有率相对应。2020 年,我国高端白酒销量超过 7.9 万吨,是 2015 年 3.71 万吨的 2 倍多。[4]洋河股份的销售收入主要来自次高端产品,但凭借出色的市场运作与公司管理以及在经济发达地区的相对区域优势,获得了

---

① 马克思,恩格斯. 马克思恩格斯选集(第一卷)[M]. 北京:人民出版社,2012 年 9 月,第 46 页。

② [美]萨缪尔森. 经济学(上册)[M]. 高鸿业译. 北京:商务印书馆,1981 年版,第 61 页。

③ [法]萨伊. 政治经济学概论[M]. 陈福生,陈振骅译. 北京:商务印书馆,2010 年 11 月,第 356 页。

④ 资料来源:相关企业年报、国盛证券研究所。

6.84%的总市值份额,洋河股份也是高端白酒市场上除传统三强之外市场占有率最高的企业。山西汾酒与古井贡酒作为历史悠久的老牌名酒,在次高端市场占有较为稳定的份额,其市值分别占白酒板块总市值的 6.29%、2.64%,而其余企业占总市值的比重均未超过 2%,甚至有 11 家企业占总市值的比重低于 1%。[①]通过历史数据对比发现,高端白酒生产企业与次高端、中低端白酒生产企业的市值差异有进一步拉大的趋势,而且以中低端产品为主的企业市值占比呈现出快速缩小的局面。各大白酒企业都力求扩大产品的市场份额,但由于市场壁垒相对较高,高端市场与次高端市场的份额格局相对稳固。

表 7-2　部分白酒上市企业 2020 年市值排行榜

排名	企业名称	证券代码	市值/亿元
1	贵州茅台	SH：600519	25 098.83
2	五粮液	SZ：000858	11 328.47
3	洋河股份	SZ：002304	3 556.34
4	泸州老窖	SZ：000568	3 312.68
5	山西汾酒	SH：600809	3 270.76
6	古井贡酒	SZ：000596	1 369.79
7	今世缘	SH：603369	719.83
8	顺鑫农业	SZ：000860	538.08
9	酒鬼酒	SZ：000799	508.51
10	口子窖	SH：603589	413.40
11	水井坊	SH：600779	405.50
12	舍得酒业	SH：600702	287.23
13	老白干酒	SH：600559	282.47
14	迎驾贡酒	SH：603198	279.20
15	金徽酒	SH：603919	205.39
16	伊力特	SH：600197	132.17
17	金种子酒	SH：600199	127.68
18	青青稞酒	SZ：002646	90.41
19	皇台酒业	SZ：000995	56.59

资料来源:同花顺财经网站、东方财富 Choice 数据

---

① 数据来源:相关企业年报、国盛证券研究所。

7.2.2　市场份额竞争

市场份额指的是企业产品销售量在同类产品的市场销售总量中所占的比重。[①]衡量市场集中程度的直接指标是市场集中率，即一个部门中最大几家公司在部门生产或销售中所占的份额。[②]市场集中度是整个行业的市场结构集中的程度，用来衡量市场中企业的数目和相对规模的差异，本书采用行业集中度来分析高端白酒市场。茅台酒在高端白酒市场独占鳌头，占高端白酒市场 6 成左右的份额，其超强的竞争力也体现在其市值中。五粮液和泸州老窖凭借其产品的香型（浓香型）是目前我国白酒市场最受欢迎的消费品种，加在一起占了市场 3 成左右的份额，其中五粮液的市场份额占总份额的 2.5 成左右。

高端白酒市场行业壁垒极高，能进入这个市场的必须是历史悠久的名优产品。白酒价格市场化改革之后，经过市场竞争，高端白酒市场主要保留了两种香型的产品：浓香型和酱香型。其市场份额的竞争也主要在两种香型的代表产品——五粮液和茅台之间展开，茅台近年来逐步在竞争中占了上风，并且逐步巩固了市场优势。泸州老窖通过国窖 1573 高端品牌的运作，逐步在高端市场取得了相对稳定的份额，而其他品牌的生存空间则相对较小。

高端白酒市场的行业集中度非常高，已经形成了寡头垄断的市场格局。茅台酒由于占据较大份额，具有高端白酒价格的定价领导权。五粮液也具有较大的份额，具有一定的定价权，而其他企业只能是价格的跟随者。集中度高并不意味着市场的竞争不激烈，高端白酒市场虽然门槛较高，但由于我国地域面积广大，拥有悠久品牌和历史积淀的名酒数量不少，尤其是目前居于次高端市场的一些企业，拥有相对稳定的市场基础和品牌影响力，在不同区域各自具有较强的市场竞争力，许多品牌都推出了价格超过 600 元/瓶的高端产品，不断向高端市场进军。

7.2.3　销售区域竞争

销售区域是指产品能够通过经销渠道抵达消费者的市场空间。拥有市场势力的企业，不可能在任何地方都具有相同的市场势力。在不同地区生产销售相同产品的企业，由于空间距离，也不会具有竞争性。地理空间上产生的障碍将使产品的相互替代性受到限制，从而使竞争性产品生产者的成本增加，限制了产品之间

---

① 张卓元. 社会主义价格理论与价格改革[M]. 北京：中国社会科学出版社，1987 年 4 月，第 184 页。

② 朱方明，张街. 政治经济学（上册）[M]. 成都：四川大学出版社，2013 年 9 月，第 227 页。

的竞争。①高端白酒单价高、仿冒品较多、主要消费群体年龄相对较大等特点，决定了其主要销售渠道为线下销售。我国地域面积广大，各地的风土人情存在着一定的差异。营销网络越广，消费者的覆盖面就越大，越有利于提高产品的市场竞争力，但同时也会带来营销成本的上升。

表 7-3　部分品牌白酒销售区域

品牌	市场空间	销售区域
贵州茅台	第一梯队 全国性品牌	全国性
五粮液	第二梯队 全国性品牌	全国性
泸州老窖	第二梯队 全国性品牌	全国性
洋河股份	第二梯队 区域性品牌	江苏省、省外
古井贡酒	第二梯队 区域性品牌	安徽省、省外
口子窖	第二梯队 区域性品牌	安徽省、省外
山西汾酒	第三梯队 区域性品牌	山西省、省外
顺鑫农业	第三梯队 区域性品牌	北京市、华东地区
今世缘	第三梯队 区域性品牌	江苏省内为主
水井坊	第三梯队 区域性品牌	华东地区为主
伊力特	第三梯队 区域性品牌	新疆维吾尔自治区内为主
酒鬼酒	第三梯队 区域性品牌	华中与华北地区为主
老白干酒	第三梯队 区域性品牌	华北地区为主
舍得酒业	第三梯队 区域性品牌	四川省、华北地区
金种子酒	第四梯队 区域性品牌	安徽省
皇台酒业	第四梯队 区域性品牌	甘肃省

如表 7-3 所示，目前我国高端白酒市场的三大品牌——茅台酒、五粮液和泸州老窖，均已建立遍布全国的营销网络。茅台酒的营销网络最为完善，在全国所有地区，尤其是在经济发达地区的高端白酒市场，都具有较高的市场占有率。五粮液则仅次于茅台，在东北和华南地区，五粮液的市场占有率相对较低，营销网络需要进一步加强。泸州老窖相比前两名则要逊色一筹。其他品牌更多的是把营销精力放在自己的传统优势区域。

---

① 肖兴志. 产业经济学[M]. 北京：中国人民大学出版社，2012 年 9 月，第 233 页。

7.2.4　文化内涵竞争

　　白酒产品的同质化程度较高,因此实现产品差异化难度非常大。[①]通过寻找产品自身差异,实现错位竞争非常困难。如表 7-4 所示,我国的白酒文化源远流长,高端白酒的消费不仅是为了满足人们的物质需要,更多的是满足人们的精神追求。文化内涵成为酒类产品特别是高端白酒竞争的重要因素。白酒文化与白酒行业的形象息息相关,在品牌打造中发挥着十分重要的作用。随着行业竞争日益加剧,高端白酒企业必须持续发现、识别、打造或创新某种重要文化内涵,在此基础上将其升华为企业文化品牌和产品,并最终能与消费者的精神需求和文化需求相结合,提升产品的附加值和市场竞争力。

表 7-4　部分高端白酒塑造的文化内涵

品牌	文化内涵
茅台	国酒无双
五粮液	五粮精粹
剑南春	盛唐繁华
国窖 1573	年份悠长
洋河梦之蓝	海纳百川

　　文化价值定位主要是指在品牌塑造中与文化联系起来,赋予产品文化内涵,提高品牌和产品品位,使品牌更具人性化和个性化,能在某些方面与消费者产生文化共鸣或情感共鸣,以此牢牢抓住消费者的心理。品牌文化包含的内容较多,不同的群体认可不同的文化,不同文化也会有不同的群体认可。民族文化、地域文化、流行文化、名人文化、企业文化、质量文化、诚信文化等,都会影响到很大一部分人群,得到他们的共鸣。[②]不同的文化所表达的价值观、内涵是不同的,选择某类品牌也就是在表达消费者的文化认可方向,反映消费者的社会地位、价值取向,表达消费者的自我形象,满足消费者的特殊心理需求。[③]从心理学上来讲,当某种需要没有得到满足时,它会推动人们去寻找满足需要的对象,从而产生活动的动机。当需要推动人们去活动,并把活动引向某一目标时,需要就成为人的动机。[④]随着人们生活水平的提高,高端白酒企业越来越重视企业和产品文化价值

---

① 宋随军. 劲牌有限公司产品差异化战略研究[D]. 天津:天津大学,2015 年。

② 周鹏鹏. 品牌定位与品牌文化辨析[J]. 山东社会科学,2011 年第 1 期,第 117-120 页。

③ 强长梅. HGS 公司品牌定位研究[D]. 绵阳:西南科技大学,2018 年。

④ 彭聃龄. 普通心理学(修订版)[M]. 北京:北京师范大学出版社,2004 年 11 月,第 330-331 页。

的培育开发，通过满足人们更高层次的消费需求来提升竞争力。

7.3　高端白酒价格运行的风险机制

风险是指可能发生的危险。[①]在商品经济条件下，风险总是伴随着企业的经营活动，尤其是在销售环节更是如此。马克思在《资本论》中指出："商品价值从商品体跳到金体上，像我在别处说过的，是商品的惊险的跳跃。这个跳跃如果不成功，摔坏的不是商品，但一定是商品占有者。"[②]经济风险，是指经济主体参与市场竞争面临着盈利、亏损乃至破产的可能性。风险机制也就是指市场活动同盈利、亏损和破产之间的相互联系和作用的机制。一般来说，风险与收益成正比关系。风险机制对市场价格的影响同供求机制、竞争机制不同，它不能直接作用于市场价格运行，必须通过其他机制（主要是竞争机制）间接发挥作用。市场风险的大小主要取决于市场竞争的规模、激烈程度与竞争方式。如果竞争的规模越小、程度越低、方式越为合理，市场风险就越小；反之，市场风险就越大。按照风险的成因与来源划分，风险可分为两类：外部风险、内部风险。

7.3.1　外部风险

外部风险是指宏观经济环境变动、法规调整、消费习惯变化等原因引起高端白酒消费市场的变化给相关企业带来的风险。通常情况下，外部风险可分为三类：政策法规风险、市场需求风险和突发事件风险。

1. 政策法规风险

政策法规风险是指与白酒相关的政策法律及法规方面的调整与变动，导致白酒市场经营环境发生变化所带来的不确定性。主要包括以下三个方面。

第一，产业政策。1998 年，国家对于白酒行业实施生产许可证制度，限制白酒企业扩大生产规模。2006 年，国家质量监督检验检疫总局发布《关于工业产品生产许可工作中严格执行国家产业政策有关问题的通知》，对白酒和酒精生产企业申请生产许可证进行从严控制。2011 年，国家发改委出台了《产业结构调整指导目录（2011 年本）》（国家发改委令第 9 号）将白酒生产线、酒精生产线纳入国家限制范围。经历了十余年的发展，白酒行业的整体规模有所下降，集中度显著提高。2019 年 11 月 6 日，国家发改委发文，将"白酒生产线"从《产业结构调整指导目录（2019 年本）》"限制类"条目中删除。但是，考虑到白酒行业既非新兴产业，

① 《现代汉语辞海》编辑委员会编. 现代汉语辞海（上）[M]. 北京：中国书籍出版社，2011 年 8 月，第 302 页。
② 马克思. 资本论（第一卷）[M]. 北京：人民出版社，2018 年 3 月，第 127 页。

也非高新技术产业，而且对粮食消耗较大，白酒产业很难成为国家鼓励发展的产业。白酒企业应该充分把握限制性解除的契机，扩大市场份额，这也意味着高端白酒市场的竞争会进一步加剧。

第二，税收政策。税收政策往往是从所得税与消费税两个方面对白酒市场产生影响。1998 年财政部、国家税务总局《关于粮食类白酒广告宣传费不予在税前扣除问题的通知》规定，粮食类白酒（含薯类白酒）的广告宣传费一律不得在税前扣除。广告的减少一定程度上降低了产业内的竞争程度，意味着进入壁垒的降低，使产业内小厂商数量增加。[①]2001 年，该规定变更为白酒企业广告不得超过销售额的 2%，超过部分不能在所得税前扣除。该政策出台有利于规模化经营。2008 年 1 月 1 日开始实施的《中华人民共和国企业所得税法实施条例》，将所有企业的所得税统一调整为 25%。总体而言，所得税的变化相对较小，税负环境较为稳定。

1993 年出台的《中华人民共和国消费税暂行条例实施细则》规定，对白酒同时征收增值税和消费税。其中，粮食类白酒消费税税率为 25%，薯类白酒为 15%；增值税税率为 17%，实际税赋为 8%左右。2001 年财政部、国家税务总局《关于调整酒类产品消费税政策的通知》对白酒实行从价和从量结合的复合计税方法，粮食类白酒和薯类白酒维持按出厂价 25%和 15%的税率从价收消费税的办法，对每斤白酒按 0.5 元从量新征一道消费税。[②]新的税收方法提高了白酒行业的税负，助推了白酒整体价格的上涨。白酒企业为了保证利润，转移税负，加快向中高端市场发展，使得中高端市场在行业中所占的份额逐渐扩大。

2019 年国务院印发《实施更大规模减税降费后调整中央与地方收入划分改革推进方案》，提出消费税后移的重要举措。虽然目前所涉及的行业并不包括白酒行业，但是随着政策的不断推广，白酒行业实施消费税后移，已成为当前的重要趋势。[③]一旦该政策实施，势必会进一步加大白酒的消费成本，由于高端白酒市场的需求价格弹性相对较小，将会进一步刺激白酒行业向中高端领域的集中。

第三，其他政策法规。酒驾入刑、限价令、限制三公消费等政策，茅台酒、五粮液因为违反《反垄断法》而被价格监管部门查处等案例，都使得白酒市场的需求结构短期内发生了较大变化。但高端白酒市场凭借其强大的市场需求支撑，目前已经形成了以商务需求为主的较为稳定的市场需求结构。由于高端白酒的利润水平极高，市场价格存在一定泡沫，并不能排除国家后续出台的相关政策可能会对高端白酒市场带来影响，高端白酒企业应该适时对市场形势进行评估，并且进一步梳理市场价格体系，有效规避政策变化带来的风险。

---

① 李永平. 白酒产业税收政策变化的有效性分析[J]. 商场现代化，2007 年第 8 期，第 239-240 页。

② 中国白酒产业主要政策汇总[EB/OL]. 中国产业信息网，http://www.chyxx.com/industry/201310/222287. html，2013-10-28。

③ 杨春景. 消费税后移对白酒行业的影响分析[J]. 财会通信，2020 年第 6 期，第 109-112 页。

2. 市场需求风险

市场是买者和卖者相互作用并共同决定商品、劳务和资产的价格以及交易数量的机制，其核心作用是决定商品的价格。价格是物品的货币价值。从更深层次来讲，价格代表了不同商品可以被交换的条件。[①]一种商品的市场需求是指在一定时期内，在各种不同的价格下市场中所有消费者对某种商品的需求数量。[②]高端白酒市场虽然在短期内仍然具有较强的增长空间，但从长期来看依然存在极大的不确定性，主要有以下三个方面的原因。

第一，人口基数及结构的变化。由于我国人口高峰向中老年阶段平移，中老年人口比重上升，而中老年人口构成了高档白酒消费群体。因此，人口高峰向中老年阶段平移将会拉动白酒的市场需求。[③]2020年，我国大陆60岁及以上的老年人口总量为2.64亿人，已占到总人口的18.7%。自2000年步入老龄化社会以来的20年间，老年人口比例增长了8.4个百分点，其中，从2010年到2020年的10年间升高了5.4个百分点。而在"十四五"时期，20世纪60年代第二次出生高峰所形成的更大规模人口队列则会相继跨入老年期，使得我国的人口老龄化水平从最近几年短暂的相对缓速的演进状态扭转至增长的"快车道"，老年人口年净增量几乎是由21世纪的最低值（2021年出现）直接冲上最高值（2023年出现）。[④]预计到2050年，我国60岁及以上老年人口数量将达到4.83亿人，占全国总人口的比例将达34.1%。[⑤]随后，总人口以及中老年人口数量均会出现逐步下降。据彭博社统计，我国高端白酒市场的消费主力人群（40～60岁阶段）将在2025～2030年达到历史最高值，随后将逐步回落。从长期来看，消费人群基数的减少和中老年人口的增加使得未来高端白酒市场需求存在较大的不确定性。

第二，消费习惯变化。目前白酒的消费场所主要是家庭和餐厅，而大部分消费者的主动消费行为则在夜场、朋友聚会以及卖场等场合。据调查，在主动消费购买行动中，啤酒凭借其价廉物美、口味清淡以及看球文化等，成为消费者首选的酒类饮料，是白酒消费者数量的10倍，而选择红酒的也是白酒的两倍。[⑥]特别是在沿海发达的城市与某些大中型城市，年轻消费者消费形式多样化更为显著，

① [美]保罗·萨缪尔森，威廉·诺德豪斯. 经济学（第十九版：教材版）[M]. 萧琛主译. 北京：商务印书馆，2015年4月，第25页。

② 高鸿业. 西方经济学（微观部分·第四版）[M]. 北京：中国人民大学出版社，2007年3月，第105页。

③ 吴华. K公司高档白酒营销策略研究[D]. 合肥：安徽大学，2013年。

④ 翟振武. 新时代高质量发展的人口机遇和挑战——第七次全国人口普查主要数据公报解读[N]. 经济日报，2021年5月13日，第3版。

⑤ 2020～2050年中国老龄化趋势及人口老龄化的讨论和政策应对分析[EB/OL]. 中国产业信息网，https://www.chyxx.com/industry/202006/871403.html，2020-6-7.

⑥ 赵凤琦. 我国白酒产业可持续发展研究[D]. 北京：中国社会科学院大学，2014年。

夜场、酒吧等特定市场的白酒消费已经差不多全部淘汰。[①]如果忽视年轻消费群体，从长期来看，高端白酒面临着一定程度的替代风险。

第三，海外市场疲软。相对于进口酒类在国内市场的快速增长，我国白酒的国际市场则显得十分狭小。据新华社报道，从蒸馏酒国际化消费量来衡量，中国白酒仅占该类别的 0.76%，在国际烈酒大家庭中还没有获得对应的市场地位。[②]从国际市场来看，烈性酒依然是全球酒类消费的主要类型。从长期来看，国产高端白酒的国内市场需求存在缩小的风险，而在国际市场上又几乎没有竞争力，这就会进一步加剧市场需求的危机。

综上所述，高端白酒企业在保障现有市场需求与产品形象的前提下，应该在产品、渠道、营销、文化建设等方面逐步进行年轻化的尝试，培养年轻消费群体的饮用习惯。"江小白"的成功证明了白酒在年轻消费群体中具有一定的号召力。同时，在分析酒类贸易政策与壁垒的同时，针对海外市场的消费习惯与文化进行产品设计和营销。

3. 突发事件风险

白酒企业在经营过程中面对来自外部的人为因素，以及自然界不可抗因素的影响，从而对企业经营构成风险。"当不确定性复杂性增多时（即存在更多突发事件时），签订、监督和执行涵盖所有或有索取权合约的成本就更高"[③]。例如，1998 年爆发的山西朔州假酒案，全国对产自山西的白酒一片恐慌，市场反应极为强烈，导致所有无证的酒厂关闭，有证的酒厂也要停产接受检查。原本与假酒案毫无关联的汾酒也因产自山西，受到了严重的影响和冲击，市场份额急剧下降，以其为代表的清香型白酒的市场份额也出现大幅下降。受此打击，原本处于高端市场领先地位的汾酒错失了白酒市场化初期的有利发展契机。剑南春酒厂由于在 2008 年汶川地震中离震中直线距离较近，直接经济损失超过 10 个亿，尤其是损失了超过 40%的陈年基酒，使其扩大高端市场份额的计划严重受挫。[④]白酒企业应该对可能出现的突发性事件进行评估并设计应急预案，以降低突发性事件给企业带来的损失。

---

① 刘刚. 贵州白酒企业战略转型研究[D]. 贵阳：贵州财经大学，2018 年。

② 五粮液公开部分国际化成绩单　日本市场销售额涨近 2 倍[EB/OL]. 新浪财经网，https://finance.sina.com.cn/roll/2019-03-12/doc-ihrfqzkc3268510.shtml，2019-3-12。

③ [美]奥利弗·E. 威廉姆森，西德尼·G. 温特编.企业的性质——起源、演变和发展[M]. 姚海鑫，邢源源，译. 北京：商务印书馆，2010 年 9 月，第 160 页。

④ 剑南春开始复产损失超 10 亿元但未伤及其元气. http://www.hinews.cn/news/system/2008/06/10/010248699.shtml。

7.3.2　内部风险

内部风险是指企业自身由于战略失误、管理不善等引起的风险，主要有食品安全风险、价格调整风险、企业经营风险。

1. 食品安全风险

白酒作为一种食品饮料，食品安全是其基本底线，但是白酒行业的食品安全问题仍然时有发生。2012 年爆发的塑化剂事件更是对整个白酒行业形成较大冲击，在酒鬼酒爆出塑化剂问题的短短几天内，白酒上市公司市值损失高达 400 多亿元。[①]白酒的食品安全风险主要包括原料风险，如粮食、水源受到污染；生产过程风险，如违规使用食品添加剂、容器内有害物质迁移以及发酵过程中产生的有害微生物代谢物；包装储藏过程风险，如常用的存储设备——陶坛渗透、破碎等。

在企业层面，白酒生产企业一方面应在源头上把好关，保证原材料的质量；另一方面应加大研发投入，防范生产过程与储运过程可能存在的风险。同时，在国家层面，我国白酒标准体系还应根据白酒技术的发展和创新不断修订、发布和实施。我国白酒标准将为白酒产业的持续健康发展提供强大的制度保障，促进我国白酒产业快速、健康发展。[②]高端白酒企业在保证产品质量安全的同时，还应继续通过信息化技术、法律法规等手段提高产品的防伪辨识度，打击仿冒等不法经营行为。

2. 价格调整风险

企业的价格行为，包括两方面的内容，一方面是企业根据生产耗费、市场供求关系、国家政策等因素制订产品价格。另一方面是企业根据既定的市场价格调整生产和经营。[③]虽然目前高端白酒市场呈现出供需两旺、价格持续上涨的格局，但依然存在一定程度的价格风险。

如表 7-5 所示，近十年来，53 度 500ml 飞天茅台的出厂价调整次数较少，但市场零售价起伏较大，而且渠道加价的情况较为突出，除了 2013～2016 年由于国家严禁三公消费法规的出台，改变了高端白酒市场的消费结构而使得茅台的零售价相对低迷之外，其他年份零售价达到了出厂价的两倍以上。由于市场预期价格会进一步上涨，不仅中间环节加价较多，而且各级经销商也存在不同程度的囤积

---

① 白酒股市值 4 天蒸发 447 亿酒鬼酒被预估两个跌停. http://finance.people.com.cn/n/2012/1123/c1004-19669756. html.

② 牟兵. 完善的标准体系助推中国白酒发展[C]. 第十五届中国标准化论坛论文集, 2018 年, 第 343-346 页。

③ 张卓元. 社会主义价格理论与价格改革[M]. 北京：中国社会科学出版社, 1987 年 4 月, 第 185 页。

现象，零售市场上产品不仅价格高，还存在缺货的情况，从而产生资产价格泡沫，即供应链上信息传递的过程中由于信息扭曲而产生需求放大现象。

表 7-5　53 度 500ml 飞天茅台出厂价与零售价

年份	出厂价/元	零售价/元
2010	563	1800
2011	619	2000
2012	819	2300
2013	819	1500
2014	819	1000
2015	819	800~1000
2016	819	1100
2017	819	1800
2018	969	2000
2019	969	2600
2020	969	3000

高端白酒的另外两个主要品牌——五粮液和国窖 1573，尽管渠道加价和零售终端缺货的情况相对较少，但是存在价格调整过于频繁的问题。例如，2000~2020 年，53 度 500ml 飞天茅台出厂价调整了 10 次，从未降价，而 52 度 500ml 经典五粮液的出厂价调整了 16 次，其中 2014 年出现过降价的情况；国窖 1573 的价格调整则更为频繁，也出现过降价的情况。[①]厂商价格的调整，使得各级经销商的风险加大，品牌力对于价格的支撑作用有所下降。对于茅台而言，作为高端白酒市场价格的引领者，在梳理经销渠道的同时，还应把握好出厂价上涨的幅度与频率，减少产品价格的泡沫。其他高端白酒市场的企业则应稳定产品价格体系，加快培育新的市场渠道。

3. 企业经营风险

企业在投资、生产和销售等经营活动中，都会因为决策依据的信息不完全、决策手段不完善、决策执行不及时和不充分以及竞争的加剧等原因而受到经济损失，形成经营风险。自然或社会风险一般来说是可以运用概率方法进行预测的，是属于可保险的风险，能通过投保而节制和转移；经营风险与经营者的主观因素和市场运行状态相关，其可能的损失及程度无法测算，是不可保险的风险，从而

---

① 数据来自笔者对相关企业的调研。

不能通过投保而转移，只能通过改善经营决策和经营活动而降低损失的可能程度。^①白酒企业也会因为战略失误、管理水平不佳等原因导致经营水平下降，乃至出现经营困难的风险。例如，全兴大曲具有 200 余年的历史，在白酒市场化初期曾经连续多年位居市场规模前三，但在品牌高端化的运作过程中步伐过快，导致水井坊品牌被外资实际控制，传统名酒——全兴大曲也一蹶不振。西北酒王——皇台酒业，2000 年底就登陆 A 股资本市场，比目前白酒市场第一股——贵州茅台还早一年，一时间风光无限，但是企业在上市之后，由于发展战略不够明晰，盲目实施多元化战略，在经营受挫后又陷入股权更迭频繁、财务造假等危机，连续多年亏损，于 2019 年被终止上市资格。

7.4　本 章 小 结

高端白酒呈现出量价齐升的局面，从供给端来看，一是行业内部已有的企业受自然环境、传统技艺等条件限制，高端白酒的产量在短期内是有限的；二是高端白酒行业运营门槛较高，每一个高端品牌都是时间积淀的产物。外部资本进来容易，但是很难在较短时间内打造被市场认可的新品牌。从需求端来看，原因有主要因素和次要因素两个方面。主要因素有两点：一是通货膨胀，计划经济时代虽然没有名义上的通胀，但高度集中管理的价格体制使得高端白酒的市场稀缺性未能通过价格变化体现出来，属于隐性通胀；白酒价格市场化之后，我国逐步进入了经济快速增长时期，名义价格受到同期通货膨胀的影响，呈现上涨的局面。二是持续的经济增长在带来居民收入增加的同时，消费升级使得高端白酒的消费市场进一步扩大，需求量逐步增加。次要因素有三点：一是高端白酒的可替代性较低，而且互补行业——餐饮业发展势头强劲；二是高端白酒的消费偏好持续增加；三是高端白酒的投资需求稳步上升。

高端白酒市场的竞争已经逐步形成以茅台、五粮液为主，其他品牌参与的寡头垄断格局。市场主导型品牌——茅台和五粮液不仅在市场份额上处于领先地位，而且在销售渠道建设与品牌认可度上也领先于其他品牌，其竞争的范围是全国市场。而其他品牌则应首先巩固传统优势市场，再通过丰富产品的文化内涵，进一步提升品牌价值与市场认可度，从而提升产品的竞争力。高端白酒企业在生产经营中应积极通过加强内部管理，审慎经营，推动行业标准的形成与发展等手段，防范内部风险；不断完善风险监控机制，适时评估外部风险，制定应急预案，降低风险的发生给企业带来的损失。

---

① 张维达主编. 政治经济学（第二版）[M]. 北京：高等教育出版社，2004 年 12 月，第 190 页。

第8章 高端白酒价格管控机制

高端白酒一旦离开生产领域，进入流通领域并且形成价格之后，其价格运行就有了相对的独立性。根据第5章对高端白酒价格运行机制的分析，高端白酒的价格可能偏离其价值，形成垄断价格，甚至可能会对相关行业产生不利影响。因此，需要对高端白酒的价格进行有效的管控。高端白酒的价格管控涉及管控主体、管控依据、管控目标、管控原则、管控手段、效果评价等内容，本章在分析高端白酒价格管控的内涵、意义和特征的基础上，对这些问题进行详细分析。

8.1 高端白酒价格管控的内涵、意义及特征

8.1.1 高端白酒价格管控的内涵

管控就是管理和调控。管理指社会组织中为实现预期目标进行的以人为中心的协调活动。管理的目的是实现预期目标。管理的本质是协调，使个人的努力与集体的预期目标相一致。[1]管控也可以理解为管制，其主体主要是政府。政府管制是具有法律地位的、相对独立的政府管制者或机构，依照一定的法规对被管制者（包括个人和组织）所采取的一系列行政管理和监督行为。在一定意义上，政府管制是政府向社会提供的一种特殊公共产品。[2]从理论上来讲，根据马克思主义劳动价值论，商品具有使用价值和价值两个因素，具体劳动创造使用价值，抽象劳动形成价值；使用价值是价值的物质承担者，价值是交换价值的物质承担者；价值是由劳动量即社会必要劳动时间决定的，价格是价值的货币表现。在实际的经济运行中，价格偏离价值是普遍存在的，这就需要对价格进行必要的管控。

2017年，国家发改委《关于全面深化价格机制改革的意见》指出，"中国特色社会主义进入新时代"，"新时代对价格机制改革提出了新要求，必须牢牢抓住价格这一市场经济条件下资源配置效率的'牛鼻子'，加快价格市场化改革，健全价格监管体系"。[3]目前绝大多数商品和服务的价格已由市场定价，其比重已超过

---

① 夏征农，陈至立主编. 辞海（第六版彩图本）（第一卷）[M]. 上海：上海辞书出版社，2009年9月，第767页。

② 逄锦聚，林岗，刘灿主编. 现代经济学大典[政治经济学分册][M]. 北京：经济科学出版社，2016年7月，第308页。

③ 发展改革委贯彻落实十九大精神 出台全面深化价格机制改革的意见[EB/OL]. 中国政府网，http://www.gov.cn/xinwen/2017-11/11/content_5238854.htm，2017-11-11。

了 97%，政府定价和政府指导价的商品比重已经不足 3% 了。①但是价格形成与价格管控并非完全是对立的。商品和服务的价格即使是在市场交换中自主形成，也绝不意味着政府不应该进行必要的调控。

2021 年 2 月 19 日召开的中央全面深化改革委员会第十八次会议明确地提出，对于重要的民生商品价格，要"运用经济、法律、行政等多种手段，提升价格调控能力和水平，有力保障重要民生商品有效供给和价格总体平稳"。②因此，在完善市场决定价格机制的基础上，有目的地对特定商品和服务的价格进行一定程度的必要的管控，不仅是市场价格运行本身的客观要求，也是市场经济正常运行的前提条件。

供求决定价格，价格调节供求，这是价格机制的基本作用形式。③但是，市场价格调节资源配置既有及时、灵活和高效率的一面，也有滞后和盲目性的一面。④高端白酒价格管控机制包含两方面的含义：一是政府有目的性地采用各种调控价格的手段、策略和方法作用于高端白酒价格运动变化的过程，以保障高端白酒价格的科学合理，避免其异常波动；二是企业有预见性地实施高端白酒定价方略的自我约束、自我管理，建立一套完整、规范的价格管理体系和制度。在中国特色社会主义市场经济制度下，政府针对高端白酒价格调控的手段主要有经济手段、法律手段和行政手段。高端白酒企业价格内控是通过构建一套完整的价格管理制度体系，组建专门的价格管理机构、价格管理队伍和价格管理规章制度，实现高端白酒价格有效控制的一系列程序和活动，是增强白酒企业价格自我约束、自我管理的一种有效方式。

高端白酒价格管控的对象主要包括三个：一是调控高端白酒的市场总供求关系，持续优化高端白酒价格形成的经济环境；二是维护统一、公平、公正的市场竞争秩序，营造良好的高端白酒价格形成的市场环境；三是规范高端白酒企业的定价行为，提升定价主体自我管理、自我约束的能力。高端白酒价格管控的目的是保持高端白酒价格在科学合理基础上处于基本稳定的状态，维护消费者、生产者和经营者的正当利益，进而促进整个白酒产业健康、持续、高质量发展。

8.1.2　高端白酒价格管控的意义

1. 完善市场机制的客观需要

经济政策有两种类型：一种是计划类型，即通过行政命令手段予以执行；另

---

① 据国家发改委测算，2012~2016 年，我国价格市场化程度分别为 94.33%、94.68%、95.16%、96.45%和 97.01%。——郭锦辉. 我国价格市场化程度超过 97%[N]. 中国经济时报，2017 年 7 月 28 日，第 A06 版。
② 习近平主持召开中央全面深化改革委员会第十八次会议强调 完整准确全面贯彻新发展理念 发挥改革在构建新发展格局中关键作用[N]. 人民日报，2021 年 2 月 20 日，第 1 版。
③ 张忠根. 农业经济学[M]. 杭州：浙江大学出版社，2010 年 8 月，第 250 页。
④ 张维达主编. 政治经济学（第二版）[M]. 北京：高等教育出版社，2004 年 12 月，第 182 页。

一种是市场调控类型，即对市场机制进行干预并通过该机制的作用来达到政策目标。[①]价格是反映资源稀缺程度和市场供求状况的重要指示灯。在社会主义市场经济条件下，我国绝大多数商品和服务的价格决定权已回归市场，主要在市场价值规律、竞争规律、供求规律和风险机制的调节下自发形成。但是市场机制并不是完美无缺的，市场自身具有不可避免的弊端和弱点。市场机制的缺陷会显著影响市场配置资源的效果，影响社会经济活动的效率，因而需要进行调控。高端白酒因供不应求，市场需求较大，时常出现人为设置购买条件、强制搭配销售、捆绑销售、恶意哄抬价格等违法行为，严重地损害了消费者的合法权益。因此，有必要针对高端白酒市场实施有效的政府调控和企业内控双向结合的管控机制。

2. 保障市场秩序的必然要求

我国的高端白酒正逐步进入寡头垄断时代，高端白酒品牌集中度越来越高，主要集中在茅台、五粮液、泸州老窖、洋河、郎酒等大型白酒企业，其他企业进入高端白酒领域较为困难。2019 年，在高端白酒的市场销量份额中，茅台酒占 42%，五粮液占 31%，国窖 1573 占 9%，洋河梦之蓝占 9%。[②]这些一线高端白酒品牌竞争优势明显，其定价权越来越大。因此，需要对高端白酒价格实施有效的监管，这也是政府的职责所在。"政府的职责和作用主要是保持宏观经济稳定，加强和优化公共服务，保障公平竞争，加强市场监管，维护市场秩序，推动可持续发展，促进共同富裕，弥补市场失灵"[③]。我国价格监管的主体包括政府价格主管部门、消费者组织以及消费者、新闻媒体等。目前我国已经建立起以法律法规监督为核心，企业内部自我监督、群众监督和社会舆论监督相结合的监督体系。价格监管是高端白酒价格管控的重要手段之一，对保护消费者合法权益、打击价格违法行为、促进公平竞争、限制垄断、维护良好的市场秩序具有重要的意义。

3. 推进产业发展的重要手段

按照社会生产按比例发展规律的客观要求，工业、农业和第三产业的发展要相互促进、协调发展，推动国民经济健康发展和繁荣。[④]我国经济发展已进入由高速发展向高质量发展转变的新阶段，白酒产业的发展面临着挑战和机遇。我国高端白酒产业高速增长期已结束，目前最大的危机实际上不是销路不畅，而是随着80 后、90 后、00 后新生代消费主力军的崛起，高端白酒能否与这部分群体的消

---

① 高鸿业. 西方经济学（宏观部分·第四版）[M]. 北京：中国人民大学出版社，2007 年 3 月，第 540 页。

② 2020 年中国白酒行业细分市场现状及发展前景分析 高端白酒前景可观[EB/OL]. 前瞻经济学人，https://baijiahao.baidu.com/s? id=1668627348263072716&wfr=spider&for=pc，2020-6-5。

③ 中共中央宣传部. 习近平总书记系列重要讲话读本[M]. 北京：学习出版社、人民出版社，2014 年 6 月，第 63-64 页。

④ 张维达主编. 政治经济学（第二版）[M]. 北京：高等教育出版社，2004 年 12 月，第 315 页。

费理念和消费习惯相契合，存在不确定性。新生代消费主力军对商品和服务的品质、品牌个性化有更高的要求。加强企业内控，完善企业内部控制体系不仅可以提升企业的品牌形象和企业竞争力，而且能提升驾驭市场风险的能力。同时，建立和完善高端白酒价格管控机制，兼顾国家、企业、消费者、股东和经销商的利益，对于推进高端白酒市场健康可持续发展具有重要的意义。

8.1.3　高端白酒价格管控的特征

1. 坚持发挥市场的决定性作用

理论和实践都表明，市场经济存在着自发性、盲目性、投机性、短期性、滞后性、不完全性和容易导致垄断行为等弱点，这些弱点不仅会对社会主义的发展产生消极的影响，例如市场经济的自主性、逐利性、投机性会与社会主义的集体主义原则产生矛盾，市场的竞争性必然导致经济垄断并在一定程度和一定范围内造成贫富差距的扩大等。①2013 年中共十八届三中全会发布的《中共中央关于全面深化改革若干重大问题的决定》指出："完善主要由市场决定价格的机制。凡是能由市场形成价格的都交给市场，政府不进行不当干预。"②目前，我国已经初步形成了市场决定价格的机制，政府定价的商品和服务的比重已不到 3%，政府定价的范围也大幅度降低，主要集中在重要公用事业、公益性服务和自然垄断经营的商品和服务几个方面。由于高端白酒既不是民生必需产品，也不是公共产品，显然其价格的决定权并不在政府而在市场。因而，高端白酒价格的形成应坚持由市场竞争自发决定，即坚持市场决定价格的原则。

从 2015 年开始，我国高端白酒行业开启复苏之路。茅台、五粮液、泸州老窖、山西汾酒、洋河大曲等高端白酒接连涨价，高端白酒市场也屡次出现囤货惜售、捆绑销售、恶意炒作等变相抬高价格的行为。这些行为不仅严重扰乱高端白酒市场秩序，还损害了高端白酒企业的形象和消费者的合法权益。因而，高端白酒在坚持市场决定价格的同时，也要注重政府对价格乱象的监督和管理。政府对高端白酒价格的管控，一方面要坚持服务型政府的原则，赋予高端白酒企业应有的自主权；另一方面要加强对行业的监督和管理，特别是事后的监管，规制垄断和合谋定价行为，保护合法竞争，取缔不正当竞争，维护高端白酒市场良好秩序。

2. 坚持高端白酒的消费品属性

我国白酒历史悠久、酿造工艺独特、文化内涵丰富，与威士忌、朗姆酒、伏

---

① 习近平. 对发展社会主义市场经济的再认识[J]. 东南学术，2001 年第 4 期，第 26-38 页。

② 中共中央关于全面深化改革若干重大问题的决定（二〇一三年十一月十二日中国共产党第十八届中央委员会第三次全体会议通过）[N]. 人民日报，2013 年 11 月 16 日，第 1 版。

特加、白兰地、金酒并称为世界六大蒸馏酒。我国古代就有饮酒、品酒的习惯。在消费水平提升、大众消费崛起的背景下，我国高端白酒发展正呈现量价齐升的态势。高端白酒逐渐在商务宴请、馈赠亲友、大众消费等活动中发挥不可或缺的作用，市场需求不断扩大。2020年我国高端白酒销量超过7.9万吨，是2015年3.71万吨的2倍多。①但是我国高端白酒酿造工艺复杂，而且生产周期较长，目前还无法实现批量化生产。

我国高端白酒三大香型中，酱香型工艺较为复杂，生产周期也最长，至少需要5年时间，而生产周期相对较短的浓香型和清香型白酒也至少需要2~3年。较长的生产周期，使得高端白酒的产能十分有限。因而，高端白酒市场需求与日俱增，但产能却并未实现同步增长，供需不均衡的矛盾助推了高端白酒价格的持续上涨。2016~2020年，53度500ml飞天茅台在出厂价仅上涨150元的情况下，终端销售价格却从1100元上涨到3000元。2019年5月，五粮液公司宣布上调主销产品52度500ml八代五粮液出厂价100元，其零售指导价格也从1099元上调至1199元；同年9月，将该款产品的零售指导价格进一步上调至1399元；截至2020年底，该产品的市场批发价已全面突破1000元。②泸州老窖国窖1573和其他高端白酒品牌，如53度青花郎、古井贡酒等也紧随其后，相继涨价。

随着价格的不断上涨，高端白酒在消费属性之外，逐步演化出收藏属性和投资属性。因为高端白酒有一个存放越久越醇的共性，新酒酿好之初往往气味不正，刺激性强，而经过一段时间储存之后香味浓郁、酒味绵软，因而深受白酒爱好者和民间收藏者的追捧和喜爱，高端白酒也衍生出了收藏属性。经过存储和收藏之后的高端白酒价格也出现大幅度上涨，加之高端白酒市场长期供不应求，进一步使其价格逐年走高。高端白酒收藏者发现贮存白酒能带来高收益，因此，吸引越来越多的投资者加入这一领域，逐步产生了大规模、有组织、有目的的"囤酒"现象。高端白酒逐渐演变出新的属性，即投资属性。"囤酒"不是为了"饮酒"，而是"炒酒"，"炒酒"的行为从短期来看哄抬了高端白酒价格，从长期来看容易引发高端白酒的价格"泡沫"，损害白酒企业的品牌价值和消费者的利益。因此，政府应该适时加以调控，采取有针对性的经济手段、行政手段、法律手段等，引导社会树立"酒饮不炒"的理念，使高端白酒回归消费品的属性。

3. 坚持以稳定市场价格为目的

马克思曾明确指出："剧烈的价格波动，会在再生产过程中引起中断，巨大的冲突，甚至灾难。"③在中国特色社会主义市场经济条件下，我国价格宏观调控体

---

① 资料来源：相关企业年报、国盛证券研究所。

② 数据来自笔者对相关企业的调研。

③ 马克思. 资本论（第三卷）[M]. 北京：人民出版社，2018年3月，第134页。

系建立在保持价格总体水平基本稳定的情况下，实施有效的经济、法律和行政手段，高端白酒价格调控也应遵循这一思路。高端白酒不同于中低端白酒，其本身所具有的口感、香气和品质是其他层次酒无法比拟的。高端白酒的稀缺性、独特性使得消费者对其高价格的接受能力较强，特别是在商务宴请、社交送礼、聚会消费等场合，扩大了高端白酒的消费规模，使其具有了高价出售的基础。因此，高端白酒价格本身就与中低端白酒价格不可同日而语，加强高端白酒价格管控的目的是整治价格乱象，打击"炒酒"、囤货惜售等扰乱正常市场秩序的违法行为，让高端白酒价格回到正常的轨道，最终是稳定价格，而不是通过行政方式进行强制性的压制。

健康、有机、文化、高端是我国白酒行业未来发展不可逆转的趋势。[①]明确高端白酒价格调控的目的是稳定价格而非压制价格，是政府高效实施高端白酒价格调控的前提。调控目的明确之后，在选择高端白酒价格调控手段时，要体现"服务型"政府和"法治型"政府的特色，按照简政放权、放管结合、优化服务的要求，精准选择调控手段和调控策略。同时，高端白酒调控要注重发挥市场在资源配置中的决定性作用，激发高端白酒市场的活力和创造力，为高端白酒市场价格的形成营造良好的社会环境。

4. 坚持政府和企业的双重职责

宏观调控是市场经济条件下政府的一项重要经济职能，旨在利用经济、行政和法律手段对社会供求总量和结构进行调节和干预，弥补市场调节固有的自发性、盲目性、滞后性等弊端，实现经济协调稳定运行。[②]市场价格调节是在自发盲目的状态中实现社会总量资源配置的。完全凭借市场价格的自发调节，即便可以实现微观资源的有效利用，也会造成社会资源的浪费和社会资源使用效率的降低。[③]保持高端白酒价格稳定，避免高端白酒价格异常波动，除了实施政府调控之外，还应加强企业的内控。高端白酒企业价格内控是通过构建一套完整的价格管理制度体系，组建专门的价格管理机构、价格管理队伍和制订管理规章制度，实现高端白酒价格有效控制的一系列程序和活动，是增强企业价格自我约束、自我管理的一种有效方式。建立健全高端白酒价格内控体系，是高端白酒企业走向规范化运营的出发点，也是企业引入先进管理理念，提高管理能力的一种科学方式，有利于企业防范高端白酒经营过程中的各种风险，促进白酒产业健康有序发展。

高端白酒企业价格内控主要包括三个方面。一是控制企业内部环境。企业内部环境即白酒企业价格管理规章制度环境，包括价格管理机构、价格管理规定、

① 马光远. 中国经济与白酒行业未来向好[N]. 华夏酒报, 2019 年 4 月 9 日, 第 A02 版.

② 何自立. 构建适应高质量发展要求的宏观调控体系[N]. 经济日报, 2019 年 7 月 3 日, 第 15 版.

③ 张维达主编. 政治经济学（第二版）[M]. 北京：高等教育出版社, 2004 年 12 月, 第 182 页.

价格管理程序、价格管理专职专岗人员等方面。营造良好的高端白酒企业价格内部环境是建立健全企业价格内控的首要前提。企业内部环境决定了白酒企业价格管理规章制度能否有效执行。二是构建高端白酒价格风险预警。风险预警是企业内控的另一个重要环节，包括精准识别、科学评估和及时应对三个方面。精准识别高端白酒价格在批发和终端零售等环节的具体风险点，制定风险评估的参考标准，科学评估高端白酒的价格，进而形成评估结果。价格管理机构根据评估结果，制订相应的应对方案，防范各个环节可能存在的价格风险，确保终端指导价的有效执行。三是强化高端白酒的价格监管。价格监管是确保企业价格管理规章制度得到贯彻实施的有效手段。价格管理机构要定期或者不定期对高端白酒流通环节的价格进行专项检查，并形成专项价格评估报告。重点加强对商超卖场、烟酒店等零售终端的销售管理，不定期监督。监督结果将作为计划调剂、合同续签、评优评先的重要依据。

8.2　构建高端白酒价格管控机制的现实依据

8.2.1　高端白酒行业存在市场失灵现象

信息不完全的问题普遍存在。在信息不完全的情况下，经济主体难以做出最优选择，经济资源配置也就难以达到最优。而信息不完全问题的主要表现是信息不对称问题，即交易双方的信息拥有量不相等，一方的信息拥有量大于另一方的信息拥有量。[①]这样就会导致市场失灵。传统意义上的市场失灵与垄断、公共品以及外部性等因素相联系。新的市场失灵以不完全信息为基础。两种市场失灵存在区别。传统意义的市场失灵是容易确定的，如外部性带来的负效应的大小和范围是容易测度的，其范围也容易控制，政府对其进行管制比较容易。[②]高端白酒行业存在市场失灵现象，是指在高端白酒市场无法完全依靠市场自身实现资源的优化配置。导致高端白酒市场出现失灵现象的原因主要是寡头垄断和信息不完全。

1. 高端白酒市场具有垄断性

我国高端白酒的市场需求有进一步扩大的趋势。前瞻产业研究院发布的《2022—2027 年中国白酒行业市场需求与投资战略规划分析报告》显示，我国白酒分为高端白酒、中高端白酒（或次高端白酒）、中端白酒和低端白酒四个层次。高端白酒的市场价格在每瓶 600 元以上，次高端白酒的市场价格每瓶在 300～600 元，中端白酒的市场价格每瓶在 100～300 元，低端白酒的市场价格每瓶往往低于 100 元。

---

① 邹东涛. 社会主义市场经济学[M]. 北京：人民出版社，2004 年 3 月，第 218 页。
② 李秉龙，薛兴利主编. 农业经济学（第二版）[M]. 北京：中国农业大学出版社，2009 年 1 月，第 317 页。

其中，高端白酒的市场占有率达到 17%；中高端白酒的市场占有率最高，为 42.9%；中端白酒和低端白酒的市场占有率分别为 6.5%、33.6%。从这些数据可以看出，目前的白酒市场，高端白酒和中高端白酒的市场占有率超过了 50%。①随着中产阶级的扩大和消费者对白酒品质要求的不断提升，高端白酒的市场占有率还会进一步扩大。

此外，由于对窖池、酿造工艺、酿造环境等有严格的要求和限制，我国高端白酒行业的进入门槛较高，具有明显的寡头垄断特征。垄断是把一个或几个经济部门的大部分商品的生产和销售掌握在自己手中的极少数大企业，为了规定垄断价格、控制原料来源和销售市场，获取高额垄断利润，达成协议而实现同盟和联合。②有少数卖主而有大量买主的市场结构叫作寡头垄断。③在我国高端白酒市场，最有影响力、深受消费者喜爱的品牌，集中在以茅台、五粮液、泸州老窖、洋河等为代表的少数几家企业生产的产品，其他企业进入高端白酒行业是十分困难的，整个高端白酒市场的品牌集中度越来越高，呈现出挤压式的增长态势。从高端白酒市场的销量来看，2019 年，茅台占 42%，五粮液占 31%，国窖 1573 占 9%，洋河梦之蓝占 9%。④较高的进入壁垒使得高端白酒企业拥有明显的定价权，成为竞争性市场的卖方垄断者。

2. 高端白酒市场信息不完全

在市场经济条件下，企业作为重要的市场主体，在投资、生产和销售等经济活动中，都会因为决策依据的信息不完全、决策手段不完善、决策执行不及时和不充分以及竞争的加剧等原因而受到经济损失，形成经营风险。⑤高端白酒市场信息不完全主要体现在高端白酒消费者大多不具备鉴定白酒品质的知识储备，而白酒行业也没有出台让消费者能够直观判断白酒质量的评价标准，导致消费者往往只能借助于品牌、价格和口碑等信息综合判断白酒品质的优劣。随着经济的发展，人们开始追求更加美好的生活，更加关注品质化和品牌化的商品和服务，高端和中高端白酒的地位愈发突出。然而我国高端白酒、次高端白酒、中端白酒和低端白酒四个层次，是以价格而不是完全以品质来进行划分的。

我国目前还没有专门的白酒品质衡量标准。在缺乏专业知识的前提下，消费者只能将价格的高低、品牌的知名度作为白酒品质好坏的评价标准。部分白酒厂

---

① 数据来自笔者对相关企业的调研。

② 宋涛主编. 政治经济学教程（第九版）[M]. 北京：中国人民大学出版社，2011 年 7 月，第 133 页。

③ 邹东涛. 社会主义市场经济学[M]. 北京：人民出版社，2004 年 3 月，第 141 页。

④ 2020 年中国白酒行业细分市场现状及发展前景分析高端白酒前景可观[EB/OL]. 前瞻经济学人，https://baijiahao.baidu.com/s? id=1668627348263072716&wfr=spider&for=pc，2020-6-5。

⑤ 张维达主编. 政治经济学（第二版）[M]. 北京：高等教育出版社，2004 年 12 月，第 190 页。

商利用这一心理开展营销:一是不断提高白酒的出厂价格,销售高价白酒来充当高端白酒,甚至以次充好,不惜以牺牲消费者利益来获取高额利润。二是不少企业选择加大广告、包装和营销投入的方式,增加白酒产品的知名度和影响力。随着营销投入规模的不断扩大,销售费用也急剧增加,这部分销售费用最终演变为销售成本转嫁到高端白酒的价格上来,进一步推高了高端白酒的价格。但高端白酒缺乏需求价格弹性,市场刚性需求十分旺盛,各大高端白酒厂商频繁提价,最终将上涨的营销费用转嫁给消费者,由消费者承担。三是高端白酒市场存在着制假贩假现象。马克思在《资本论》中引用过托·约·邓宁在《工联和罢工》中关于资本逐利的论述:"资本害怕没有利润或利润太少,就像自然界害怕真空一样。一旦有适当的利润,资本就胆大起来。如果有 10%的利润,它就保证到处被使用;有 20%的利润,它就活跃起来;有 50%的利润,它就铤而走险;为了 100%的利润,它就敢践踏一切人间法律;有 300%的利润,它就敢犯任何罪行,甚至冒绞首的危险"。①在高额利润的驱使下,制假酒和贩假酒的行为屡禁不止,扰乱正常的高端白酒市场秩序。随着造假手段越来越隐蔽和技术越来越高超,市场监管人员和消费者的辨认成本逐渐加大,白酒厂商的防伪成本也在增加。

8.2.2　高端白酒市场存在价格垄断现象

价格垄断行为是指具有市场势力的垄断企业高于边际成本定价,企业间通过公开、暗地里的协调,以垄断高价获取高额利润,或者以垄断低价购买其他企业原材料的行为。②根据中华全国商业信息中心发布的《2019 前三季度消费者对白酒消费行为及偏好调查分析》提供的数据,在消费者购物的影响因素中,对品牌知名度的重视程度已经超过价格因素,比重达到 31%,而价格重视程度占到 24%。这意味着消费者对白酒品质、品牌个性、品牌文化更为重视。我国高端白酒市场的品牌集中度越来越高,主要集中在以酱香型为代表的贵州茅台和四川郎酒,以浓香型为代表的宜宾五粮液、泸州老窖、洋河股份、剑南春、水井坊、舍得酒业等,以清香型为代表的山西汾酒。很明显,白酒名企在高端白酒市场形成了一定的垄断地位。

垄断会使某些商品的生产和供给停留在垄断组织可以获取高额利润的水平,而这种高额利润的供给水平可能是非充分供给水平。由于垄断具有弱化市场的作用,政府对垄断一般采取限制政策。③白酒名企的寡头垄断地位,意味着白酒名企

---

① 马克思. 资本论(第一卷)[M]. 北京:人民出版社,2018 年 3 月,第 871 页。
② 张维达主编. 政治经济学(第二版)[M]. 北京:高等教育出版社,2004 年 12 月,第 189 页。
③ 张维达主编. 政治经济学(第二版)[M]. 北京:高等教育出版社,2004 年 12 月,第 190 页。

对其所销售的白酒产品有较高的定价权,而消费者的议价权相对降低,容易诱发价格垄断、价格合谋等违法行为。茅台和五粮液曾经就因为存在纵向价格垄断行为,受到监管部门的处罚。茅台、五粮液为了谋求高额收益,以网络、书面等形式与合作的经销商达成协议,限定经销商向第三人转售茅台酒、五粮液酒的最低价格,并通过停止供货、罚款、业务限制、扣除保证金和市场支持费用、扣减合同计划等方式对不遵守公司指导价、不执行最低限价的经销商进行处罚。这一行为在事实上构成了白酒销售纵向价格垄断,违反了《反垄断法》。2013 年,茅台和五粮液分别被当地物价部门处以 2.47 亿元和 2.02 亿元的罚款。①茅台、五粮液的价格垄断行为,不仅让消费者高价购买产品,损害了消费者的利益,而且扰乱了正常的市场秩序,不利于同一品牌内部的各个经销商或者不同品牌经销商之间的公平竞争,更为严重的是在业内起到了负面示范效应,引起其他白酒品牌的效仿,进一步破坏了高端白酒市场的正常秩序。

8.2.3　高端白酒市场主体定价行为不规范

市场主体是在市场中从事商品和服务交易活动的组织或者个人。市场价格形成机制成立的两个条件:一是市场主体即卖者和买者有自主决策权,能根据自身利益最大化的要求来决定价格或选择购买;二是价格的形成方式是在市场竞争中自发形成的,即由价格形成主体在市场竞争中按照竞争的结果自发决定商品价格。②高端白酒的市场主体包括高端白酒厂商、经销商以及电商平台等。由于缺乏有效的高端白酒价格管控机制,我国高端白酒市场主体存在诸多不规范行为,包括白酒厂商通过控制供给影响价格、经销商通过囤货惜售哄抬价格、电商和商超卖场通过设置购买门槛捆绑销售等。

1. 通过控制供给主导价格

从酿造原理看,我国白酒制作过程并不复杂,白酒行业的技术准入门槛不高。但我国高端白酒由于对窖池、酿造工艺、酿造环境等有严格的要求和限制,加上生产工艺复杂、生产条件苛刻以及品牌效应等,高端白酒市场存在较高的进入壁垒,使得高端白酒厂商拥有强势的定价权,成为竞争性市场的卖方垄断者。高端白酒生产厂商可以通过控制供给来影响价格。比如部分高端白酒厂商通过停货、控货,人为制造稀缺来提高产品价格。这种行为严重损害了消费者的利益,需要对此进行必要的管制。

① 茅台五粮液被罚 4.49 亿,罚酒三杯?[EB/OL]. 人民网:http://opinion.people.com.cn/n/2013/0220/c159301-20540468.html, 2020-28-27。

② 朱方明,蒋永穆. 政治经济学(下册)(第三版)[M]. 成都:四川大学出版社,2014 年 3 月,第 40 页。

2. 通过囤货惜售哄抬价格

近年来，在高端白酒经销渠道发生过多起囤货惜售、转移销售、搭配销售、哄抬物价、收货不明、虚假交易等恶意扰乱高端白酒市场秩序，损害白酒企业形象的行为。[①]例如，茅台部分经销商只将少量产品按照零售指导价格出售，而将更多的产品在加价之后再次进入流通市场销售，从而形成二元零售市场结构。另外，"黄牛"现象也是助推高端白酒价格上涨的一个重要原因，甚至部分白酒企业直销平台也充斥着"黄牛"现象。所谓"黄牛"，既不是高端白酒的最终饮用者，也不是收藏爱好者，而是低买高卖的商业"投机者"，其目的是通过炒高价格而获取经济利益。针对高端白酒销售渠道的种种不规范行为，应加强价格管控。

3. 通过设置门槛影响价格

部分电商平台、商超卖场，利用从生产厂商获得的高端白酒配额的稀缺性，设置购买门槛，通过捆绑销售，人为地抬高高端白酒的价格。例如，茅台成立的几家线上线下直销平台，要求购买者必须成为其会员才有可能购买到 53 度 500ml 飞天茅台；有的直接将飞天茅台与其他产品搭配销售或者设置各种附加条件。一些商超卖场要求顾客必须办理会员卡，购买其他商品的金额达到 5000 元后，才有资格以 1499 元的零售指导价购买 53 度 500ml 飞天茅台。[②]白酒电商平台和商超卖场人为设置高门槛的行为，不仅加重了消费者的负担，而且损害了高端白酒企业的市场形象，对企业的长期发展造成不良影响。

8.3 高端白酒价格管控的目标和原则

8.3.1 高端白酒价格管控的目标

2020 年 3 月 30 日颁布的《中共中央 国务院关于构建更加完善的要素市场化配置体制机制的意见》指出："引导市场主体依法合理行使要素定价自主权，推动政府定价机制由制定具体价格水平向制定定价规则转变。""加强要素领域价格反垄断工作，维护要素市场价格秩序"[③]。尽管这是针对要素价格而言的，但是对于高端白酒的价格管控仍然具有指导意义。高端白酒价格管控的总体目标是调节市场供需，以达到基本均衡，保持高端白酒价格基本稳定，回归白酒消费属性，坚

---

① 向永东，李勋，沈仕卫. 茅台酒市场工作会发出强烈信号 全力维护茅台酒市场健康有序发展[N]. 贵州日报，2019 年 8 月 9 日，第 7 版。

② 数据来自笔者对相关企业的调研。

③ 中共中央国务院关于构建更加完善的要素市场化配置体制机制的意见[N]. 人民日报，2020 年 4 月 10 日，第 1 版。

持高端白酒是拿来"饮"的，不是拿来"炒"的原则，以满足人们的合理消费需求，保护企业和消费者的合法利益，促进整个高端白酒行业高质量健康发展。

改革开放以来，我国白酒行业发展迅速，白酒价格尤其是高端白酒价格不断上涨。高端白酒在自身的商品属性，即主要用于饮用之外，衍生出收藏属性、金融属性等新的属性。适度对高端白酒进行收藏和投资，对于提高价格、增加销量，促进高端白酒的生产和流通，以及引导生产和消费都具有一定的积极作用。但是，过度"炒酒"容易引起高端白酒价格的异常波动，影响正常的市场运行秩序。因此，建立健全高端白酒价格管控机制，按照市场机制、以人为本、稳定市场预期、精准调控的原则，实施政府价格调控和企业内控相结合的调控措施，克服市场失灵、规制价格垄断，规范高端白酒市场主体行为，对于稳定高端白酒市场价格，统筹兼顾国家、企业、消费者、股东和经销商的利益，保障高端白酒行业健康有序发展，具有重要作用。

8.3.2　高端白酒价格管控的原则

1. 坚持市场为主

习近平指出："经济发展就是要提高资源尤其是稀缺资源的配置效率，以尽可能少的资源投入生产尽可能多的产品、获得尽可能大的效益。理论和实践都证明，市场配置资源是最有效率的形式。市场决定资源配置是市场经济的一般规律，市场经济本质上就是市场决定资源配置的经济。"[①]但是，要使市场机制成为经济运行和资源配置的基础机制，一方面要求各经济主体成为自主的和自利的主体，能自主地从事生产、销售等经济活动；另一方面要求全部经济资源包括人力资源都商品化，以商品的形式进入市场，通过市场交易实现流动和配置。[②]市场机制是价值规律的实现形式，是通过在市场上进行自由竞争、自由贸易来实现资源配置的机制，包括价格机制、供求机制、竞争机制和风险机制四个方面。市场机制对于调节商品的价格，促进资源合理配置，激发生产者改进生产管理技术，实现优胜劣汰等，具有重要作用。因此，政府对高端白酒的价格管控必须充分尊重市场机制在白酒价格形成过程中的关键性作用。所谓管制就是政府对垄断行业的经营企业向市场提供的产品产量和价格进行规范，其目的是保障公众得到有效和高质量的服务，同时支付合理的价格。[③]运用市场价格机制来调节高端白酒市场供求关系，允许价格合理地上涨和下跌。政府对高端白酒价格管控的目的是稳定高端白酒价

---

① 中共中央文献研究室. 习近平关于社会主义经济建设论述摘编[M]. 北京：中央文献出版社，2017 年 6 月，第 52 页。

② 张维达主编. 政治经济学（第二版）[M]. 北京：高等教育出版社，2004 年 12 月，第 192 页。

③ 邹东海. 社会主义市场经济学[M]. 北京：人民出版社，2004 年 3 月，第 218 页。

格，避免价格虚高，以防止高端白酒价格出现泡沫问题，维护高端白酒市场健康有序发展。

2. 秉持以人为本

习近平指出："坚持以人民为中心的发展思想，这是马克思主义政治经济学的根本立场。"[①]马克思、恩格斯在《共产党宣言》中指出："无产阶级的运动是绝大多数人的、为绝大多数人谋利益的独立的运动。"[②]马克思指出：在未来的社会主义制度中，"社会生产力的发展将如此迅速，……生产将以所有的人富裕为目的"。[③]邓小平指出："社会主义的目的就是要全国人民共同富裕，不是两极分化。"[④]社会主义的生产目的，就是满足全体劳动人民的物质文化生活需要，实现共同富裕。[⑤]社会主义生产，必须以满足人的需求为根本方向。坚持以人为本，就是坚持以人民群众的根本利益为出发点和落脚点。

高端白酒因其稀缺性和优质性，深受消费者的喜爱，其价格长期居高不下。随着高端白酒市场价格屡创新高和出厂价格不断上升，高端白酒逐渐衍生出了收藏属性和金融属性。部分消费者购买高端白酒是为了满足其消费需求，但是也有相当一部分消费者是为了满足投资需求。投资需求（又称投资支出）是指整个社会在一定时期内通过货币资金的支出所形成的对投资品的需求。[⑥]对高端白酒的投资需求反过来作用于高端白酒价格，推动价格进一步上涨。还有不少的消费者购买高端白酒，实际上是为了"囤酒"，而不是为了饮用，这就违背了白酒酿造的初衷，也使得高端白酒背离了其消费属性。因而在进行高端白酒价格管控时，必须坚持以人为本，把保障消费者利益作为出发点。一方面，要鼓励厂商在保障高端白酒品质的基础上，积极扩大生产，增加市场供应量，促进高端白酒行业高质量发展；另一方面，对高端白酒价格进行调控的目标和手段要体现以人为本的原则，稳定高端白酒价格，满足消费者正常的消费需求。

3. 稳定价格预期

一般而言，价格预期越高，实际的价格上涨幅度就越高；价格预期越低，实际的价格上涨幅度就越低。[①]稳定高端白酒生产者和消费者的价格预期是实现其价

① 习近平在中共中央政治局第二十八次集体学习时强调 立足我国国情和我国发展实践 发展当代中国马克思主义政治经济学[N]. 人民日报，2015年11月25日，第1版。

② 马克思，恩格斯. 共产党宣言[M]. 北京：人民出版社，2017年3月，第39页。

③ 马克思，恩格斯. 马克思恩格斯全集（第四十六卷·下册）[M]. 北京：人民出版社，1980年版，第222页。

④ 邓小平文选（第三卷）[M]. 北京：人民出版社，1994年10月，第111页。

⑤ 叶祥松主编. 政治经济学（社会主义部分）（第二版）[M]. 大连：东北财经大学出版社，2013年9月，第9页。

⑥ 张维达主编. 政治经济学（第二版）[M]. 北京：高等教育出版社，2004年12月，第280页。

① 许光建. 论价格总水平调控[M]. 北京：中国物价出版社，2003年11月，第169页。

格稳定的重要保障。如果消费者对高端白酒的价格预期持乐观态度，认为价格会持续上涨，就会增强购买欲望，市场需求就会大幅上升。反之，如果消费者对高端白酒的价格预期悲观，认为其继续上涨的可能性不太大，就会降低其投资需求，市场需求就会显著下降。同理，高端白酒生产厂商的价格预期也十分重要。高端白酒生产厂商如果认为高端白酒需求稳定或上升，就会增加高端白酒的投资和生产，致使市场上高端白酒的供给增加，反之，供给就会减少。因此，稳定的高端白酒价格预期，会影响生产者、消费者的生产与消费行为，对于稳定高端白酒价格具有重要作用。

4. 注重精准调控

高端白酒价格精准调控原则，就是通过"靶向治疗"实施价格调控，即找准各个高端白酒企业产品价格暴涨的原因，综合运用经济手段、法律手段和必要的行政手段加以干预。价格调控的经济手段主要是国家运用财政、税收、信贷、投资等工具来调节市场供给和需求，其目的是增加或者减少供给水平，改善市场供需结构，从而实现社会供求平衡。[1]法律手段是指通过国家制定价格法律法规等形式，对高端白酒的价格进行必要的管理，主要是调整价格中的经济关系，其目的是规范价格管理的原则和程序，以确保所有环节都有法可依。行政手段是指国家依靠行政组织，运用命令、指令和事后监管等方式来管理高端白酒价格，规范各层级行政机关执行程序，确保执行措施顺利有效推进。精准选择合理的调控方式对高端白酒价格进行调控，有利于稳定高端白酒价格总水平，避免价格异常波动。

8.4　高端白酒价格管控机制的构建

8.4.1　加快构建政府调控高端白酒价格长效机制

1. 建立和完善白酒价格的法律法规

党的十九大报告明确提出：经济体制改革要"实现产权有效激励、要素自由流动、价格反应灵活、竞争公平有序、企业优胜劣汰"。[2]我国市场价格形成机制正在不断发展完善。2015 年 10 月 12 日，中共中央、国务院印发《关于推进价格机制改革的若干意见》。到 2017 年底，我国 97%以上的商品和服务价格已实现市场调节。[1]但是，这并不意味着政府应该对价格放任不管，而是要在有法可依的前

　　① 周春，蒋和胜，毛道维. 社会主义价格管理学[M]. 北京：中国物价出版社，1990 年 3 月，第 67 页。
　　② 习近平. 决胜全面建成小康社会 夺取新时代中国特色社会主义伟大胜利——在中国共产党第十九次全国代表大会上的报告[A]. 党的十九大报告辅导读本[M]. 北京：人民出版社，2017 年 10 月，第 33 页。
　　① 改革开放四十年大事记[N]. 人民日报，2018 年 12 月 17 日，第 5 版。

提下，实施更加积极有效的监管措施，促进市场竞争公平有序。目前针对我国白酒行业的专属法律法规数量并不多，主要包括商务部制定的《酒类流通管理办法》和一些地方性法规。《食品安全法》《反垄断法》《价格法》《消费者权益保护法》也只是对特定的行为进行约束，我国还没有形成完整的法律体系来规范白酒行业的持续健康发展。

构建我国白酒行业法律法规体系。首先，可以制定专门的《白酒法》，同时尽快修订《价格法》和《反垄断法》中与当前经济社会不相适应的部分。实现高端白酒市场价格执法有法可依，价格主体有法可循，维护我国白酒行业市场公平竞争秩序，保障各类市场主体的合法权益，同时确保执法在阳光下进行，实现整个白酒市场依法管控。对在市场监测中发现的涉嫌价格垄断、价格欺诈等高端白酒市场价格违规违法行为，政府相关部门应当积极主动开展价格调查，对查实的情况，如私下达成价格垄断协议、组建价格联盟，以及相关部门滥用行政权力限制市场竞争等行为，依法予以严厉惩处。其次，可以设立专业化的白酒管理机构。要有明确的执法主体，避免白酒行业出现无人管理或者多头管理的现象。白酒管理机构主要负责高端白酒企业定价行为的监管、高端白酒市场秩序的维护、市场违法的督查和惩罚等。

2. 改善高端白酒价格运行市场环境

坚持和完善社会主义基本经济制度，要营造各种所有制主体依法平等使用资源要素、公开公平公正参与竞争、同等受到法律保护的市场环境。[①]完善高端白酒市场价格运行的市场环境，主要包括两个方面。一是规范高端白酒生产的准入条件。目前我国白酒生产的准入条件较为宽松，仅需要取得生产许可证即可进行生产。这一规定源于 1998 年出台的《关于批准酒类产品生产许可证实施细则的通知》，这则通知的发布时间已经很早，需要进行更新。尽管如此，仍然有部分白酒生产厂家在尚未获得生产许可证的情况下，甚至生产设备和生产条件不达标的情况下私自进行生产，导致产品质量参差不齐、以次充好，严重扰乱白酒的市场秩序。因此，要尽快规范和完善高端白酒生产准入条件。二是规范高端白酒流通的市场准入条件。我国白酒流通市场实行的是备案登记制度，是一种后置程序，不能在事前、事中较好地监控白酒流通市场。要进一步规范高端白酒流通的市场准入条件，以避免流通环节出现假酒、劣酒，"劣币驱逐良币"等情况。

3. 健全高端白酒品牌价值认证标准

通过出台高端白酒的国家标准和建立高端白酒溯源机制，稳步提升高端白酒

---

① 刘鹤. 坚持和完善社会主义基本经济制度(深入学习贯彻党的十九届四中全会精神)[N]. 人民日报,2019 年 11 月 22 日,第 6 版。

品质。一是尽快出台高端白酒的国家标准。白酒国家标准应包括基础标准、产品标准、分类标准、卫生标准、试验方法标准和相关规范、原辅材料标准、地理标志产品标准等方面的内容，用以明确白酒如何分级，如何鉴定品质等，以提供给各级白酒产品质量监督检验机构、卫生监督检验机构、白酒生产厂商、白酒消费者等群体使用，避免消费者因不清楚高端白酒品质鉴定标准而出现盲目消费。二是建立高端白酒溯源机制，避免出现以次充好的现象。高端白酒的溯源是综合运用现代化的网络信息技术、条码识别技术等，对高端白酒的产地环境、生产日期、质量指标、流通过程等进行追溯管理。尽快完善高端白酒溯源机制，提高溯源机制的可操作性，以使白酒质量监管部门、白酒生产企业和消费者可以通过二维码或者追溯码等，对高端白酒进行溯源，避免假酒、劣质酒的出现。

4. 完善高端白酒市场价格监管机制

政府层面需要尽快构建高端白酒市场价格长效监管机制。要形成政府主导管理、生产商自律自控、经销商协同配合、消费者广泛参与的多维度监管格局。政府在高端白酒价格监管中起主导作用，主要对价格垄断、囤货惜售、哄抬物价、以次充好等违法行为进行处罚和管理。高端白酒企业在遵守国家政策规定、维护市场秩序的前提下主动作为，在企业内部设置高端白酒产品定价管理制度、高端白酒产品销售督察制度等，对产品的定价行为和销售价格加以规范和约束。各级经销商要严格遵守国家法律和白酒生产厂商的相关规定，拒绝成为充当"黄牛"哄抬高端白酒价格的帮手，切实做到销售行为有约束。消费者应密切关注高端白酒流通价格，一旦出现价格暴涨，应该及时向相关部门反映，确保自己的合法权益得到保护。要利用现代化互联网信息技术和大数据手段加强监测，强化数据信息分析、汇总，实现由人工监测向智能监测的转变，提高监管信息化水平。

8.4.2　建立健全白酒企业内部价格管理长效机制

1. 完善制度体系

制度有三层含义：一是指在一定历史条件下形成的政治、经济、文化等方面的体系；二是指要求大家共同遵守的办事规程或行动准则；三是指规格或者格局。[①]高端白酒企业价格内控首先需要构建一套完整的价格管理制度体系，以增强高端白酒企业价格自我约束、自我管理。价格管理制度体系包括制定专门的高端白酒价格管理规章制度，组建专门的企业内部价格管理机构，设置专门的价格管理岗位等。价格管理制度包括高端白酒产品定价管理制度、高端白酒产品销

---

① 夏征农，陈至立主编. 辞海（第六版彩图本）（第五卷）[M]. 上海：上海辞书出版社，2009年9月，第2949页。

售督察制度。其中，高端白酒产品定价管理制度主要是成立专门的机构，重点研究、科学论证高端白酒产品如何定价，如何规定市场终端指导价等。建立高端白酒产品销售督察制度，按制度规定建立企业内部专门的督查组织，通过制度约束各级经销商和终端商。

2. 保障市场供给

高端白酒价格上涨的一个重要原因是产品供不应求，需求存在一定的缺口。因此，厂商应该加大市场投放量，平衡市场供需矛盾。首先，厂商需要不断提高生产效率，改进生产技术，提高产量。其次，高端白酒企业应该科学规划，合理安排产品的市场投放量、投放时间和投放平台，加大销售旺季的市场投放量，更加精准地满足消费者在旺季、节假日对高端白酒的需求；适时加大在厂商自营的电商平台、新零售平台的投放数量，有效遏制经销商恶意哄抬产品价格。再次，可以将白酒企业投放计划和经销商销售结果进行挂钩。督促经销商严格遵守销售至少 80% 的年内累计到货量，批发和团购的高端白酒销售量不得高于年度内累计到货量的 20%，各个经营场所库存比例不得高于年度累计到货量的 20%，杜绝囤货惜售、高价销售等违规行为。①鼓励经销商，特别是大市场、大卖场拆箱销售，以惠及更多的普通消费者。

3. 严控终端价格

高端白酒市场终端指导价，即白酒企业通过书面或口头的形式与经销商达成协议，限定经销商向第三人转售该企业高端白酒的价格。我国《反垄断法》第十八条规定："禁止经营者与交易相对人达成下列垄断协议：（一）固定向第三人转售商品的价格；（二）限定向第三人转售商品的最低价格；（三）国务院反垄断执法机构认定的其他垄断协议"。《反垄断法》并未限制企业设置最高转售价格。我国高端白酒价格近年来的非理性上涨，主要体现在市场流通环节。因而在企业内控环节，可以通过实施严格的市场终端指导价，并通过相应的停供、减供、业务限制等方式对不予配合的经销商进行约束，从而达到从源头管控价格的目的。

4. 强化市场约束

高端白酒企业的市场督查首先需要在企业内部组建专门的督查工作组织。由企业督查工作组织定期或者不定期地对高端白酒销售市场进行常规检查、暗访调查、突击抽查。督查组织的督查内容应该主要包括：企业制定的市场终端指导价是否得到了贯彻实施；经销渠道是否存在囤货惜售、转移销售、虚假交易、哄抬

---

① 向永东，李勋，沈仕卫. 茅台酒市场工作会发出强烈信号 全力维护茅台酒市场健康有序发展[N]. 贵州日报，2019 年 8 月 9 日，第 7 版。

物价、捆绑销售等违法行为，一旦发现问题，要采取扣减甚至取消合同计划、扣减市场支持费用、没收保证金、按约处以现金罚款等方式来实施相应的惩罚；产品经销场所的日常管理、团队管理、价格管理、场所维护等是否符合合同的约定。企业督察组织的督查结果将作为经销场所评优评奖的重要参考，并与合同的续签、后续投放量等相挂钩。

8.5　本 章 小 结

随着消费不断升级，我国高端白酒行业正呈现出蓬勃发展的态势，但与此同时也具有一定的隐患。一是价格上涨带来了高额收益，使得高端白酒在商品属性之外，衍生出收藏属性和金融属性。由于资本的天然逐利性，具有投机性质的"炒酒"行为时有发生，最终损害消费者的利益。二是随着高端白酒品牌集中度越来越高，高端白酒市场逐渐凸显出寡头垄断和信息不完全的市场失灵现象。价格垄断的隐患容易引发市场主体做出诸多不规范行为，如生产厂商通过控制供给影响价格、经销商通过囤货惜售哄抬价格、电商和卖场通过设置购买门槛捆绑销售等。为了有效打击价格违法行为，遏制垄断和维护良好的市场秩序，推动白酒产业和国民经济高质量发展，对高端白酒进行必要的价格管控，具有重要的现实意义。

对高端白酒价格进行管控的主体有两个，即政府和企业。高端白酒价格管控应该坚持市场导向、以人为本、稳定预期、精准调控等原则，以使高端白酒供需达到基本均衡，保持高端白酒价格基本稳定。应坚持"酒饮不炒"的理念，回归白酒的消费品本质，兼顾国家、企业、消费者、股东和经销商的利益，保障高端白酒市场健康有序发展。高端白酒市场价格的政府调控长效机制包括四个方面：建立和完善白酒价格的法律法规、改善高端白酒价格运行市场环境、健全高端白酒品牌价值认证标准和完善高端白酒市场价格监管机制。构建高端白酒企业价格内控长效机制，需要构建企业内部价格管理制度体系、有序加大市场投放数量、严格管控终端价格、加大市场监管力度。

第9章 高端白酒定价方略综论

不同的学科对价格的定义有所差异。马克思主义政治经济学认为价格是价值的货币表现，市场营销学认为价格是顾客购买商品及服务所愿意支付的经济成本，西方经济学则认为价格是物品的效用价值或者货币价值。从生产者的角度来看，价格制定得科学与否直接关系到自身的生存和发展；从消费者的角度来看，商品的价格影响其购买行为，关系其需求是否能够得到满足。本章主要从理论上探讨高端白酒的定价方略。

9.1 高端白酒定价的理论依据

（1）劳动价值论。马克思主义政治经济学关于价格的阐述主要集中在劳动价值论。马克思劳动价值理论的主要内容概括地说是三句话：劳动创造价值、具体劳动创造商品的使用价值、抽象劳动形成商品的价值。[①]劳动二重性揭示了生产商品的劳动分为具体劳动和抽象劳动。具体劳动生产出具有一定使用价值的商品，抽象劳动形成商品的价值。商品二因素理论认为，用于交换的劳动产品本身具备使用价值与价值双重属性，二者是对立统一的。使用价值表现的是商品的自然属性，"是人类劳动力在特殊的有一定目的的形式上的耗费"。[②]简而言之，就是对人们日常生活需求能够进行满足的一种能力属性；而价值表现的是商品的社会属性，"是人类劳动力在生理学意义上的耗费"[③]，是凝结在商品中的无差别的一般人类劳动。马克思指出："生产使用价值的社会必要劳动时间，决定该使用价值的价值量"。[④]商品交换要按照商品本身具有的价值进行等价交换。商品的价格受到市场需求和生产供给的影响，使得商品的价格围绕价值上下波动。商品价格的波动对于生产者进行生产技术的改进起到一定的促进作用，使得商品的劳动生产率有所提升。遵循价值规律有利于经济资源的合理配置。生产者之间将会产生优胜劣汰，效益不好的生产者被淘汰，效益好的生产者得到进一步的发展，从而提高社会整体经济效益。

（2）效用价值论。经济学家萨缪尔森认为："最大满足或效用最大化的基本条

---

① 梅金平.《资本论》与社会主义市场经济问题研究[M]. 北京：经济科学出版社，2017年12月，第53页。
② 马克思. 资本论（第一卷）[M]. 北京：人民出版社，2014年1月，第60页。
③ 马克思. 资本论（第一卷）[M]. 北京：人民出版社，2014年1月，第60页。
④ 马克思. 资本论（第一卷）[M]. 北京：人民出版社，2014年1月，第52页。

件是要符合等边际法则，当花费在任何一种物品上的最后 1 美元所得到的边际效用正好等于花费在其他任何一种物品上的最后 1 美元所得到的边际效用的时候，该消费者就会得到最大的满足或效用。"①按照高鸿业教授主编的西方经济学（微观部分）中对效用概念的解释，"效用是指商品满足人的欲望的能力评价，或者说，效用是指消费者在消费商品时所感受到的满足程度。一种商品对消费者是否具有效用，取决于消费者是否有消费这种商品的欲望，以及这种商品是否具有满足消费者欲望的能力。效用这一概念与人的欲望是联系在一起的，是消费者对商品满足自己欲望的能力的一种主观心理评价"②。简而言之，商品满足人的某种需要的能力是使用价值或有用性；人们从商品的消费过程中获得的满足是价值。效用价值论认为，商品的价值由商品的边际效用决定。商品的边际效用大，商品的价值就高；商品的边际效用小，商品的价值就低。边际效用论是一种主观价值论，认为价值完全取决于边际效用。这种主观性否定了生产在价值决定中的作用，将价值的形成与决定同劳动生产完全割裂，难以解释一些物品效用和价值的矛盾。边际效用论主要是从需求的角度解释价值的决定，而劳动价值论则主要是从生产的角度来解释价值的决定，两者对于价值的来源和衡量标准的认识有所不同。

（3）需求供给论。在西方经济学中，需求是指消费者在一定时期内，在各种可能的价格水平上，愿意而且能够购买的该商品的数量。供给是指生产者在一定时期内，在各种可能的价格下愿意而且能够提供出售的该种商品的数量。一种商品的均衡价格是指能够使商品市场上需求量与供给量相等的价格。在均衡价格水平下的相等的供求数量被称为均衡数量，均衡价格是在市场机制的作用下自发形成的。需求的变化会引起均衡价格同方向的变化，供给变化会引起均衡价格反方向的变化。③西方经济学认为，通过供求关系，市场能以最有效率的方式或接近于最有效率的方式来配置资源，使得整个社会得到最大的福利，这就是亚当·斯密所说的"看不见的手"的原理："他们被一只看不见的手引导着去进行生活必需品的分配，这种分配差不多同假设土地在其所有居民中分割成相等的部分时所能有的分配一样；这样，没有打算去作，没有真正去作，却促进了社会的利益，为人类的繁衍提供了生活资料"。④假定在具有完全弹性的价格的自动调节下，各种市场总是可以实现需求量与其供给量相等，既不存在持续过剩也不存在持续短缺，即所有的市场都是可以出清的；这个价格（一组价格）称作市场出清价格或均衡

① [美]保罗·萨缪尔森，威廉·诺德豪斯. 经济学（第 19 版：教材版）[M]. 萧琛主译. 北京：商务印书馆，2015 年，第 81 页。

② 高鸿业主编. 西方经济学（微观部分·第六版）[M]. 北京：中国人民大学出版社，2014 年 7 月，第 57 页。

③ 高鸿业主编. 西方经济学（微观部分·第六版）[M]. 北京：中国人民大学出版社，2014 年 7 月，第 52 页。

④ [英]亚当·斯密. 道德情操论[M]. 蒋自强，钦北愚，朱钟棣，等译. 北京：商务印书馆，1997 年 10 月，第 304-305 页。

价格。^①这是西方古典经济学基本假设之一的市场出清假设。这一假设在一定程度上表明了供求和价格之间的关系。市场决定资源配置是市场经济的一般规律，市场经济本质上就是市场决定资源配置的经济。^②在市场经济条件下，供求关系是配置资源和决定价格的一个重要因素。

9.2　高端白酒定价行为和目标

对于高端白酒企业来讲，科学制定产品价格的重要性主要体现在三个方面。一是价格直接影响消费者的购买意愿和购买行为。高端白酒价格反映其高度的稀缺性和较高的社交价值，是消费者购买高端白酒的主要动因。二是产品价格决定了企业的市场竞争力。具备较强定价能力和提价能力的企业具备更强的市场竞争力，而竞争能力强的企业能够进一步巩固其市场定价的主导地位。三是产品价格最终决定企业的盈利能力。高端白酒的高价格为企业带来了丰厚的利润，也是企业盈利能力的重要保证。因此，定价方略对于高端白酒企业的经营和发展具有重要意义。

在市场经济中，"独立的商品生产者互相对立，他们不承认任何别的权威，只承认竞争的权威，只承认他们互相利益的压力加在他们身上的强制"^③。人们的经济行为与其所处的市场环境有着密切关系，不同市场环境下企业的定价行为是不同的。企业所处的市场环境主要可以划分为四种类型：一是完全竞争市场。该市场没有人为干扰因素，也没有垄断情形，市场参与者众多、市场信息对称、商品同质化、企业进入与退出该市场的门槛低。在该市场环境下，商品与服务的价格完全是由市场供需关系决定，企业作为价格的接受者不具备对商品与服务的定价权。二是完全垄断市场。该市场内只有一个垄断经营者，流通的商品是独一无二的，行业壁垒高，新企业很难进入该市场，市场价格在法律允许范围内由垄断者来制定。在该市场环境下，垄断者具有商品与服务的最终定价权，但是出于长期经营的考量，市场价格制定不会过高，因为过高的价格以及利润率会吸引潜在竞争者进入该市场，从而影响垄断企业的盈利水平。三是寡头垄断市场。该市场由少数几家大规模的厂商共同控制某类商品的生产制造，对市场供给和价格水平有较强的影响力，企业进出该市场的壁垒较高。在该市场环境下，供需关系并不直接决定商品价格，在为商品定价时垄断者必须把竞争对手会做出何种反应考虑在内，企业既不是完全意义上的价格的制定者，也不是价格接受者，而是价格探索

---

① 方福前. 当代西方经济学主要流派（第二版）[M]. 北京：中国人民大学出版社，2014 年 8 月，第 16 页。

② 中共中央文献研究室. 习近平关于社会主义经济建设论述摘编[M]. 北京：中央文献出版社，2017 年 6 月，第 52 页。

③ 马克思，恩格斯. 马克思恩格斯文集（第五卷）[M]. 北京：人民出版社，2009 年 12 月，第 412 页。

者。四是垄断竞争市场。该市场参与者较多，既有垄断的特征又有市场化的激烈竞争。参与市场竞争的垄断者所提供的产品既存在差异性，又有较高的替代性；行业壁垒较低，但并不能完全自由进入或退出，市场信息也较为公开透明。由于在该市场环境下企业所提供的产品品牌、品质等方面存在一定的差异，各个垄断者对其提供的产品都有定价权，都是价格的制定者。

我国高端白酒的市场主要参与者包括以酱香型为代表的茅台和郎酒，以及以浓香型为代表的五粮液、泸州老窖、洋河、剑南春、水井坊、舍得酒业，以清香型为代表的山西汾酒等。除洋河位于我国江浙一带、山西汾酒地处我国华北地区外，其他高端白酒企业主要集中在我国西南地区的四川省和贵州省。目前仅有茅台和五粮液依托更高的品牌价值，具备较强的全国化营销能力，其他高端白酒的营销则主要集中于企业的所在区域及其周边省份，例如，洋河股份 2020 年度财务报表显示，其省内营业收入为 95.6 亿元，占比 47.01%，省外营业收入为 107.74 亿元，占比 52.99%。[①]山西汾酒财务数据显示，其省内营业收入占比高于省外。高端白酒的区域性营销优势以及自身品牌影响力和口感差异，在一定程度上强化了高端白酒企业的垄断地位。基于高端白酒市场参与者众多、酒类产品既具备差异化属性，又有一定可替代性等市场特征，高端白酒市场是较为典型的垄断竞争市场，这就意味着高端白酒企业对其产品都有一定的价格制定权。高端白酒市场也兼具一定寡头垄断市场结构特征，这主要表现为基于高端白酒品牌影响力的差异。高端白酒企业在制定价格时也要充分考虑到竞争对手的竞争行为，其产品定价也必须与竞争对手相匹配。

合理的商品价格既可以满足消费者的需求，还可以帮助企业赢得市场竞争，并为企业带来更高的市场占有率以及更高的利润。总体而言，企业的市场定位决定其产品定位，进而决定其价格定位。高端白酒的定价目标必须能够有力地维护企业的形象以及高端白酒的品牌价值。高端白酒的稀缺性、特殊的酿造工艺、难以复制的酿造环境以及深厚的历史文化内涵等，赋予了其极高的价值。长期以来，我国高端白酒供不应求的供需关系反映了高端白酒的消费群体较为注重口感、品牌、度数、年份以及产地等要素，对价格及包装相对不太敏感。消费者对高端白酒的产品认知，也为高端白酒企业奠定了独特的企业形象。高端白酒的价格制定也必须同高端白酒的品牌形象与价值内涵相适应。

高端白酒企业应该根据企业所处的市场格局、竞争环境以及自身的发展战略、经营状况、资源禀赋、品牌价值、产品差异性等要素来确定其定价目标。高端白酒定价的核心目标应该是为企业获取更高的利润、为企业所有者创造更多的收益。高端白酒极为稀缺的要素禀赋特征，以及高端白酒企业具备一定的垄断地位优势，

---

① 数据来自笔者对相关企业的调研。

为高端白酒企业合理的溢价提供了基础，也为企业提升盈利能力提供了保障。高端白酒的定价目标还应该包括提升其市场占有率。市场占有率在很大程度上体现了企业的经营能力以及市场竞争力。市场占有率的提升，进一步强化了高端白酒的品牌价值，保障了企业的规模经济，减少了企业的经营成本，提升了企业的盈利能力。

9.3　高端白酒定价的基本取向

9.3.1　体现产品的丰富内涵

中国白酒与白兰地、威士忌、伏特加、朗姆酒和金酒并列为世界六大蒸馏酒。高端白酒具有悠久的历史传承、独特的酿造工艺、良好的酿造环境。尤其是以茅台、五粮液、泸州老窖、山西汾酒、江苏洋河大曲等为代表的高端白酒，以其丰富的内涵造就了我国独特的白酒文化。对于高端白酒的定价，不能仅仅从生产成本的角度进行考量，还要考虑其内在的无形价值。

1. 资源禀赋的稀缺性

白酒是我国主要的传统酒类饮品，其总产量从 2004 年到 2011 年经历了较为快速的增长。2012 年后，受反腐政策、禁酒令、塑化剂事件、居民健康意识提高等因素的影响，白酒产量增速逐渐放缓，2016 年达到 1358.36 万千升的产量顶峰，2020 年下降到 740.73 万千升。但是高端白酒在消费升级等因素的带动下，依靠品牌、口感等优势，其市场空间反而更加开阔。2019 年 4 月 24 日，中国酒业协会理事长王延才，在中国酒业协会第五届理事会第九次（扩大）会议上透露，从客观现状看，高品质白酒仍是极度稀缺资源，不足我国白酒产量的 1%。白酒消费仍处于一个"长期不缺酒，但长期缺好酒"的时代。[①]受到基础产能的限制，在白酒产量预期逐渐降低的背景下，高端白酒基于复杂的生产流程和独特的酿造环境，其稀缺性的要素禀赋还会得到进一步的强化。

2. 酿造工艺的独特性

根据生产工艺的不同，白酒酿造方法可以分为固态法、液态法、固液法，而高端白酒均采用固态法酿造。在我国三大香型白酒中，浓香型白酒选用中偏高温大曲作为糖化发酵剂，采用泥窖进行固态发酵；酱香型白酒使用高温大曲作为糖化发酵剂，用石窖进行固态发酵，在一个周期中需要两次投粮、多轮次蒸煮、多轮次发酵、多轮次取酒；清香型白酒选用低温大曲作为糖化发酵剂，用陶瓷地缸

---

① 何可. 高品质白酒市场供给不足 1%[N]. 中国质量报，2019 年 5 月 9 日，第 7 版。

进行发酵，清蒸清烧馏酒。原材料和工艺的选择也决定了白酒的生产周期长短各异。在三大香型白酒中，酱香型白酒的工艺十分复杂，从投粮开始到产酒完成至少需要一年，从陈放、勾兑、再陈放，到最后装瓶出厂，全程至少需要五年左右时间；浓香型白酒和清香型白酒表面上看生产周期相对较短，但浓香型白酒单次发酵时间最长可达 70 天，从投粮到装瓶出厂，全过程最少也需要两至三年。高端白酒独特的酿造工艺以及较长的酿造周期在很大程度上限制了其产能，进一步强化了其稀缺性。

3. 自然环境的优越性

除基本原辅料外，酿造过程中所选用的工艺用水也对白酒的品质和口感起到了至关重要的作用。优质的水源是酿造好酒，尤其是酿造高端白酒最为基础和重要的条件之一。我国的高端白酒企业所在地区，大多数都具备优质的水源，所谓"名酒必有佳泉"。例如，茅台酒的水源来自赤水河，五粮液的水源来自岷江深处。土壤这一生态要素对白酒风味的影响也非常重要。茅台酒产地特有的土壤环境和土质条件，尤其是岩土剖面产生的磷、钼等微量元素，对酿酒原料——高粱的种植与生长具有重要作用，进而影响到茅台酒的质量和口感；五粮液产地特有的弱酸性黄黏土，为酿酒过程所需要的微生物提供了良好的繁殖与生长栖息环境，是五粮液酿造过程中筑窖和封窖的专用泥土。气候因素主要是通过温度、湿度、降水量这几个方面作用于白酒酿造过程。其中，温度和湿度与酿造过程中微生物的繁殖和生长高度相关，而这一过程中微生物群落的特有作用会直接影响到白酒的品质。我国白酒产区分布于各个不同的地区，各地不同的水质、土壤、气候环境等综合作用，最终造就了各个地区白酒的独特风味和口感，是酿造过程中无法复制、模拟、还原的要素和变量，这一特有的差异也为高端白酒定价带来一定的优势。

4. 历史文化的传承性

中华民族具有五千多年的历史文化，白酒在历史的发展中具有重要地位。例如，水井坊作为保存最完整、最古老、最全面的古代酿酒坊，是目前最具民族特性的酒坊，被誉为"中国白酒第一坊"；五粮液所使用的 179 口老窖池始建于明代初期，至今已有六百多年的历史，是连续使用时间最长的"活窖"，被列为全国重点文物保护单位，其窖泥被中国国家博物馆永久收藏；泸州老窖拥有的始建于公元 1573 年的明代古窖池群，被列为全国重点文物保护单位。因此，对于商品的价值衡量，不能仅仅基于其会计上的计量，还必须认识到物质商品所蕴含的无形价值和深刻的文化内涵。高端白酒生产过程中的物质劳动和自然力的作用，是其价值的源泉。高端白酒的稀缺性、酿造过程的特殊性、酿造环境的唯一性以及深厚的历史文化传承性是其重要的价值所在。

9.3.2　契合人们的消费目的

不同于中低端白酒，高端白酒的价格、溢价能力与消费者的需求水平高度相关，这一相关性是基于高端白酒能更好满足消费者更高层次的需求、带来更愉悦的体验。按照经济学的相关原理，商品的边际效用是消费者购买商品时最为重要的影响因素。边际通常是指新增或额外的意思，边际效用是指多消费 1 单位商品所带来的新增的或额外的效用。①消费者对商品价格的接受意愿、接受程度、愿意为之付出的代价，取决于该商品是否能够满足消费者的某种需求。相较于中低端白酒消费者在消费过程中主要获取的是生理需求，高端白酒除自饮需求外，作为社交性消费和礼品性消费属性更强，与社交及经济活动的相关性也更为紧密。高端白酒精益求精的品质、特有的香气及口感、品牌效应、消费黏性、替代品的稀缺性等，所带来的较高的边际效用是中低端白酒无法企及的，因而高端白酒能够更好地满足消费者社交、送礼、宴请、接待、聚会、收藏、投资等更高层次的需求，这也为高端白酒获取高溢价奠定了坚实的基础。

供需关系是决定商品价格的重要因素。高端白酒基于其生产流程及生产环境的制约，其供给量总体上是比较低的。随着我国居民收入水平和生活水平的提高，人们对更高品质、更为健康生活的向往，也必将提升对高端白酒的需求，高端白酒的边际效用会得到进一步的体现，这也为高端白酒的定价打下了坚实的基础。而如何提升高端白酒的边际效用、突出高端白酒的口感特点、利用好自身的品牌优势，是其能否满足消费者更高消费需求、为消费者带来更高价值体验的决定性因素。

除了满足消费者更高需求、提升高端白酒边际效用外，高端白酒消费群体变化也是在定价过程中需要考虑的重要因素。近年来受三公消费下降的影响，高端白酒政务消费和商务消费的比重有所降低，个体消费者的比重大幅上升，已经成为我国白酒最为重要的消费群体。《2019 中国酒类消费行为白皮书》显示，白酒的口感和品牌是消费者在白酒消费过程中最主要的考虑因素。消费者选择白酒产品，首要的考虑因素是产品的口感；其次是品牌因素；酒精度数是第三个考虑因素，其中最受欢迎的高端白酒度数大多为 52 或 53 度；然后是年份、产地因素。高收入消费者对白酒的价格及包装要素不太敏感，这一消费特性也基本符合高端白酒的高边际效用属性。针对上述特点，高端白酒企业在给产品定价时应该突出其口感和品牌优势，以其特有的口感和强劲的品牌筑牢企业的定价能力。

---

① [美]保罗·萨缪尔森，威廉·诺德豪斯. 经济学（第十九版：教材版）[M]. 萧琛主译. 北京：商务印书馆，2015 年 4 月，第 79 页。

9.3.3 　适应市场的消费能力

高端白酒特殊的消费场景和高层次的消费需求为其带来了稳定的消费群体，该群体的规模随着我国居民收入的持续增长，还有较大的增长空间。此外，高端白酒的品质优势、口感特点和品牌效应，也为其带来较高的消费黏性。这些要素的综合作用，形成了高端白酒企业的定价优势。从实际情况来看，高端白酒的价格基本上都能维持在较高的价格区间和较高的增幅水平。以茅台酒为例，其主销产品飞天茅台 2001 年的出厂价仅为 218 元，但是 2019 年，其出厂价已经达到了969 元，年均复合增长率接近 8.2%[①]。五粮液也是如此，其财务报表显示，自 2001 年以来，其净利润在多数年份均保持了较高的增长速度，主要也是得益于其高端产品出厂价的持续提升。

高端白酒除销量增加带来的收益外，强势的定价权也是高端白酒企业净利润高速增长的重要原因。高端白酒这一定价优势有利于生产商将上游原材料的成本压力转移给下游消费者，从而保证其稳定的盈利能力。但是无论茅台、五粮液等如何定价、如何提价，都不能违反基本的经济规律。从长期来看，过高的、超出消费者承受能力的价格必将使其产生价格泡沫，也会减少市场需求，而这一定价策略也不利于企业的长远发展。高端白酒的价格制定必须与消费者的消费能力相适应。

从对历年高端白酒价格和我国城镇居民人均可支配收入来看，高端白酒价格的提升与我国居民整体消费能力的增长是较为吻合的，并没有违背基本的经济规律。未来高端白酒的价格制定也应该充分考虑我国居民的收入水平及增长趋势，以此作为制定价格的重要依据，合理地对高端白酒进行定价。将飞天茅台的出厂价格和我国人均可支配收入变化情况进行对比，可以发现二者的增速基本上是高度匹配的。例如，2002～2008 年，飞天茅台出厂价格的复合增长率为 11.9%，同期人均可支配收入的复合增长率为 11.9%，和同期飞天茅台的价格提升水平持平。受三公消费的影响，2009～2012 年，飞天茅台出厂价格的年均复合增长率达14.8%，而同期人均可支配收入的年均复合增长率为 10.7%，茅台价格的提升水平略高于同期人均可支配收入的增长水平。从 2009～2018 年的数据来看，剔除经济周期波动的影响，2009～2018 年飞天茅台出厂价的年均复合增速为 9.1%，同期人均可支配收入的增速为 9.9%，二者的增长幅度是高度契合的。[②]近年来，五粮液、国窖 1573、洋河梦之蓝等高端白酒充分受益于飞天茅台的价格提升，相继进行价格调整。高端白酒的价格提升与我国城镇居民可支配收入的增长存在高度正相关

---

① 数据来自笔者对相关企业的调研。
② 数据来自笔者对相关企业的调研。

关系。因此，从长期来看，高端白酒的定价必须以我国居民整体收入增速为重要基础。

9.3.4　展现产品的品牌价值

高端白酒特有的酿造环境和精益求精的酿造工艺，保证了其优良品质、独特口感及特殊香气，是高端白酒立足高端、保障其定价能力的重要基础。此外，高端白酒的品牌价值在一定程度上较高端白酒品质和口感而言，对价格具有更为深远的影响力。品牌价值是企业提供给顾客的、符合顾客实际需要的具体的产品或服务价值，是品牌名称之所以成为顾客评价产品的一种有效代理物的先决条件。[①]高端白酒的品牌影响力是其定价能力的核心要素，而产品品质又是品牌影响力的基础保障。消费者购买高端白酒在很大程度上是在购买高端白酒的品牌影响力，而高端白酒的品牌影响力在送礼、宴请、聚会、接待等社交活动中发挥着重要的作用。高端白酒的品牌影响力并非一朝一夕可以形成的，品牌影响力是一个日积月累的过程，是企业发展战略的体现，是高端白酒企业相互竞争的结果，也是高端白酒品牌价值的表现。

我国高端白酒的发展历程，基本上可以划分为三个时代。20 世纪 80 年代至 90 年代末，清香型白酒的代表产品——山西汾酒一枝独秀，利用改革开放的有利时机，产量在 1985 年突破了 8000 吨，占到当时我国高端白酒产量的一半，并连续多年蝉联我国白酒行业第一的位置。20 世纪 90 年代末至 2013 年，受白酒产业结构调整及流通体制改革等因素的影响，白酒产业经历了较长时间的产业整合期。五粮液、茅台、泸州老窖、洋河、古井贡酒等名酒逐渐崛起，奠定了现今高端白酒的品牌格局。在这一时期，浓香型的典型代表——五粮液力压其他高端白酒品牌，无论是市场占有率还是产品终端价格，均领先于同期的竞争对手。2013 年以来，高端白酒行业受到反腐、限制三公消费、部队禁酒令等因素的影响，行业格局又有了较大的变化。在这一时期，酱香型的代表——贵州茅台抓住了时机，充分发挥其战略思路清晰、品牌聚焦、酱香型白酒品牌竞争对手缺乏等优势，一举超越五粮液，成为高端白酒领域的第一品牌。茅台酒以飞天茅台为核心产品，以王子酒、迎宾酒、华茅、汉酱等系列酒为补充，形成了行业领先的局面。

从价格形成机理来看，高端白酒的品牌价值决定其市场价格。而高端白酒的品牌影响力是其品牌价值的集中体现，与品牌的历史积淀和文化传承息息相关，更是企业长期精心维护和打造的结果。品牌影响力是影响高端白酒终端价格的核

---

① 陈佳贵. 企业管理学大辞典[M]. 北京：经济科学出版社，2000 年 9 月，第 356 页。

心要素，终端价格也是其品牌影响力的最终表现，品牌影响力越强，在消费者心目中的地位越高，给消费者带来的消费体验越好。品牌影响力是决定高端白酒定价能力、溢价能力、提价能力的核心要素。高端白酒品牌竞争的历史表明，品牌影响力是高端白酒的生命力，是其定价能力的重要支撑，也是高端白酒企业之间互相区别的显著标识。高端白酒的品牌影响力与终端价格有着相互影响的关系：稀缺性为高端白酒的品牌效应奠定了基础，品牌影响力进一步提升了高端白酒的出厂价和终端价，而高溢价又强化了品牌价值。

9.3.5　坚持产品的消费属性

近年来，高端白酒得益于稀缺性和良好的品质，受到消费市场的竞相追逐。一是体现在高端白酒出厂价格和最终零售价格的大幅价差上；二是高端白酒拍卖市场连续拍出高昂价格。比如 2019 年中国酒业协会在五粮液公司组织了一场"老酒回家"暨"五粮液传世浓香·溯源之旅"活动，三瓶 1978 年产的长江大桥牌五粮液拍出了 130 万的高价。[①]高端白酒的稀缺性刺激了消费者对高端白酒的收藏需求，而高端白酒乃至白酒，都有一个共同的品质特征：受制于自身属性，在刚酿造完成时口感较为粗糙，酒品在陈放之后，乙醇和水分子的分子键结合更加紧密，乙醇分子的游离性受到抑制，同时伴随着氧化、还原和酯化等化学反应，口感更为柔和、酒香更为绵延，能够为消费者带来更加愉悦的消费体验。高端白酒这一优良品质和高度稀缺的属性，造就了深厚的藏酒文化。而陈年的高端白酒，如五粮液、茅台等更是在白酒收藏界备受藏家喜爱。

高端白酒这一通过收藏、陈放从而导致价格大幅上升的特征，使其有了明显的投资属性。现在白酒收藏已经不仅仅是基于白酒陈放后获取产品自身品质提升这一目的，而是衍生出了很强的资本化特征。许多收藏者收藏高端白酒，已经不仅仅是为了满足其更高的消费需求和更好的饮用体验，而是为了追求纯粹的投资收益。高端白酒已经在一定程度上呈现了弱化消费品属性、增强投资品属性的趋势。这一趋势短期内有利于增强高端白酒的稀缺性，从而提升高端白酒的终端价格，最终也可使高端白酒的品牌价值进一步得到强化，使高端白酒的生产企业受益。但是，从长期来看，投资属性的增强也必定会导致炒作，这一行为与其说推高了高端白酒的终端售价和品牌价值，不如说最终会导致高端白酒的价格泡沫化。价格和高端白酒的高端属性高度相关，甚至是高端白酒的生命线，一旦价格崩溃，自身的品牌价值也会受到极大的负面影响，对企业的长远发展是不利的。

---

① 五粮液老酒是块待挖金矿？三瓶 1978 年产"长江大桥"五粮液 130 万被山东实力大商许大同先生拍下！[EB/OL]. 搜狐网，https://www.sohu.com/a/339326265_697146，2019-9-6。

消费属性是商品的本质属性。历史上荷兰的郁金香、我国的君子兰等商品都是因为脱离了本身所具有的商品属性进而演变为投资品，最终催生了资产泡沫，使商品价格大幅下跌，最终重创了相关行业的发展。近年来，由于我国投资品稀缺，民众争相投资房地产，加大杠杆购买房产，导致房地产企业负债高企、房价暴涨，也大幅挤压了民众的消费能力。高端白酒，尤其是近年来提出的"老酒"概念和相关产品，无论其如何包装，总归还是消费品，是用来"饮"的，而不是用来"炒"的。对于高端白酒未来的定价也应该牢牢秉承这一理念，从消费品的角度为其合理定价，从而促进白酒行业的健康发展。

9.4　高端白酒定价基本依据

9.4.1　产品价值属性

商品的价值是其价格的基础。[①]价格以价值为基础，并且反映价值的变化。价格是以商品与货币进行交换的比例来反映商品价值，所以商品的供求关系必然会对价格产生影响。这使得商品的价格受到供求关系的影响有可能偏离价值。[②]马克思指出："随着价值量转化为价格，这种必然的关系就表现为商品同在它之外存在的货币商品的交换比例。这种交换比例既可以表现商品的价值量，也可以表现比它大或小的量，在一定条件下，商品就是按这种较大或较小的量来让渡的。可见，价格和价值量之间的量的不一致的可能性，或者价格偏离价值量的可能性，已经包含在价格形式本身中。"[③]虽然价格受到供求关系、消费者偏好、突发事件（如自然灾害、公共卫生事件等）的影响，但是从长期来看，价格都是围绕价值在波动，高于或低于价值的价格终将向价值回归。

价格以价值为中心上下波动不仅不是对价值规律的否定，而且正是价值规律存在和发生作用的表现形式。马克思指出："但这并不是这种形式的缺点，相反地，却使这种形式成为这样一种生产方式的适当形式，在这种生产方式下，规则只能作为没有规则性的盲目起作用的平均数规律来为自己开辟道路。"[④]高端白酒的价值是其价格的依据。高端白酒主要有以下价值：一是高度的稀缺性。高端白酒受制于酿造工艺和酿造环境、窖池数量等因素，其产能和供应量受到了极大的限制。二是卓越的品质。高端白酒，无论是浓香型、酱香型还是清香型，都是在特定环

① 刘树成主编. 现代经济词典[M]. 南京：凤凰出版社，2005 年 1 月，第 626 页。
② 逄锦聚，林岗，刘灿主编. 现代经济学大典[政治经济学分册][M]. 北京：经济科学出版社，2016 年 7 月，第 81 页。
③ 马克思. 资本论（第一卷）[M]. 北京：人民出版社，2018 年 3 月，第 122-123 页。
④ 马克思. 资本论（第一卷）[M]. 北京：人民出版社，2018 年 3 月，第 123 页。

境下生产出来的。高端白酒浓郁的芳香、醇厚的口感造就了良好的品质。三是时间价值。高端白酒在存放之后，无论是口感还是香味，都比刚酿造时更加香醇，其价值会进一步提升，一般认为存放时间越久，价值就越高。四是高端白酒所蕴含的历史文化价值。高端白酒是在不可复制的酿造环境和独特的酿造工艺中生产出来的，同时又具有社交功能，经过时间的积淀后，就具有了较为深厚的文化价值。

9.4.2　生产经营成本

生产经营成本是商品价格制定的最低经济界限。从理论上来讲，商品的生产价格是其成本和平均利润之和，垄断价格是成本、平均利润和超额利润之和。[1]高端白酒的生产成本主要包括原材料成本、人工成本、制造费用成本和燃料动力成本。除了生产成本外，高端白酒的营业总成本还包括了管理费用、销售费用、财务费用、研发费用、税金及其他费用。各高端白酒企业的成本构成及占比存在差异。以五粮液和泸州老窖两家企业 2020 年度财务报表的数据为例，二者均是我国浓香型高端白酒企业，均在四川境内，五粮液的原材料成本占比为 55.9%，是市值排名前五的白酒企业中原材料成本占比最低的；泸州老窖的该项指标高达87.17%，是市值排名前五位的白酒企业中原材料成本的占比最高的；从人工成本来看，五粮液占比高达 29.22%，而泸州老窖仅为 5.80%。[2]由于高端白酒企业经营战略及资源要素的不同，其成本差异较大，而成本差异为企业定价提供了相应的依据。

9.4.3　需求价格弹性

需求价格弹性是当某种商品的价格变化 1% 时，其需求量变化的百分数，反映的是商品价格变化对需求量所造成的影响。[3]需求价格弹性有五类——完全无弹性、完全有弹性、单位弹性、富有弹性、缺乏弹性。通常而言，对于富有弹性的商品，可以从低定价，以求通过薄利多销来达到增加盈利的目的。对于缺乏弹性的商品，可以通过适当提高价格，以增加盈利。高端白酒具有高度的稀缺性、更高的边际效用，为其社交属性和经济属性增加了更高的附加值，能够满足消费者更高品质的消费需求。从总体上来看，高端白酒是缺乏需求价格弹性的，有效的消费需求对高端白酒的价格不太敏感，这为高端白酒企业提升其溢价能力创造了坚实的基础和有利的条件。

① 张熏华. 资本论脉络（第二版）[M]. 上海：复旦大学出版社，2006 年 3 月，第 175 页。

② 数据来自笔者对相关企业的调研。

③ 刘树成. 现代经济词典[M]. 南京：凤凰出版社，2005 年 1 月，第 1123 页。

9.4.4　竞争对手价格

马克思强调，竞争是商品经济中的一条强制规律："独立的商品生产者互相对立，他们不承认任何别的权威，只承认竞争的权威，只承认他们互相利益的压力加在他们身上的强制。"①除生产经营成本以及需求价格弹性以外，高端白酒企业的竞争对手以及相应产品的价格，也是产品定价的重要依据。虽然总体而言高端白酒企业处于寡头垄断的市场环境，各高端白酒企业都具备一定的垄断优势。但高端白酒的品牌影响力、品质、口感、消费体验是不尽相同的，这也导致不同高端白酒品牌对消费者的影响力有所不同，最终体现在高端白酒的竞争能力以及定价能力上。市场竞争能力更强、品牌价值越高、边际效用越好的高端白酒，定价能力也就越强。如果企业的产品不及竞争对手，就只能以低于竞争对手的价格进行定价。高端白酒企业在为其产品定价时，要深入研究市场竞争格局和竞争对手的定价策略，结合自身产品的综合竞争力来进行。

9.5　高端白酒定价主要方法

9.5.1　价值导向定价法

1. 稀缺价值定价法

产品的稀缺性源于市场供求状况。企业作为重要的市场主体，必须实现有限资源的合理配置。资源的稀缺性可以分为绝对稀缺和相对稀缺。绝对稀缺说明产品数量的供给是有限的，而人的需求是无限的。在市场经济条件下，需求更强烈的市场参与者愿意支付更高的价格。相对稀缺就是资源在空间上分布不均，产品在某些地区是富有的，而在另一些地区是稀缺的。由于资本天然的逐利性，市场的解决方法就是产品的流动，从富有地区转移到稀缺地区。在稀缺地区，消费者愿意以更高的价格去购买商品，最终使得供求关系逐渐走向平衡，实现资源合理配置。资源配置是指在经济运行过程中，各种现实的资源（如资本、劳动力、技术、自然资源等）在社会不同部门之间的分配和不同方向上的使用。②马克思将经济资源归结为社会劳动时间，相应地，资源配置也就是社会总劳动时间的配置。马克思指出："时间的节约，以及劳动时间在不同的生产部门之间有计划的分配，

---

① 马克思，恩格斯. 马克思恩格斯文集（第五卷）[M]. 北京：人民出版社，2009 年 12 月，第 412 页。

② 逄锦聚，林岗，刘灿主编. 现代经济学大典[政治经济学分册][M]. 北京：经济科学出版社，2016 年 7 月，第 78 页。

在共同的基础上仍然是首要的经济规律。这甚至在更高的程度上成为规律。"[1]就资源配置而言,当经济活动处于或接近充分就业时,资源变得稀缺;一种资源越稀缺,其价格越高。[2]同时,拥有较多资源的人群更加容易获得更多资源,并在拥有资源后扩大资源的稀缺性。

高端白酒具有稀缺性。第一,酿造环境具有独特性。离开了原来的环境,即使是按照同样的配方、使用原窖池的窖泥,酿造出来的酒的风格、口感等都会发生改变。从历史上来看,茅台和五粮液都有过类似的实验尝试,在异地无法进行产品的复制。第二,酿造技艺的复杂性。无论是浓香型、酱香型还是清香型白酒,都凝聚了一代又一代酿酒师的钻研和辛劳。复杂的生产工艺需要酿酒师来代代传承,而不是简单地运用大规模的机械化生产来代替。第三,产能的有限性。由于受到企业所在产区的土地、水源、窖池等多方面因素的制约,白酒生产难以大规模地扩充产能,而高端白酒的产能则更低。以五粮液公司为例,其 3.2 万余口窖池中,仅有 179 口明代古窖池,数量极为稀缺,而基酒中能酿造高端白酒的,只有不到 20%,产能十分有限。[3]因此,高端白酒在制定价格时,应该充分考虑稀缺性价值。高端白酒如果定价过低,市场上可能会出现供不应求的情况,这会导致更高的市场价格,以及出现黑市交易、囤积居奇等现象,使消费者的利益受到损害。

2. 时间价值定价法

学者本杰明·弗兰克说:钱生钱,并且所生之钱会生出更多的钱。因时间的变化而引起的货币资金价值量的变化是货币时间价值的本质。[4]货币的时间价值指的是今天一笔给定数量的钱要比将来同样数量的钱更值钱。[5]其理由至少有三条:一是持有者可以投资赚取利息,结果是未来获得更多;二是由于通货膨胀,资金的购买力可能随时间发生变化;三是未来预期所获资金通常是不确定的。从经济学角度看,当前不消费而改在未来消费,则在未来消费时,应该有适当的利益作为延迟消费的弥补。

高端白酒的酿造,除了得天独厚的地理环境之外,最重要的是古窖池酿造出基酒后,还需要用陈年的基酒进行组合勾调,最后还要对产品进行一定时期的存储。这里面充分体现了时间的沉淀带来的价值。罗曼尼康帝是勃艮第产区顶级的

① 马克思, 恩格斯. 马克思恩格斯文集(第八卷)[M]. 北京: 人民出版社, 2009 年 12 月, 第 67 页。
② 胡代光, 高鸿业主编. 西方经济学大辞典[M]. 北京: 经济科学出版社, 2000 年 5 月, 第 46 页。
③ 数据来自笔者对相关企业的调研。
④ 黄达, 刘鸿儒, 张肖主编. 中国金融百科全书(上)[M]. 北京: 经济管理出版社, 1990 年 11 月, 第 190-192 页。
⑤ [美]兹维·博迪, 罗伯特·C. 莫顿. 金融学[M]. 欧阳颖, 贺书捷, 李振坤, 等. 北京: 中国人民大学出版社, 2000 年 10 月, 第 446 页。

葡萄酒庄园，普通年份的酒销售价格都是十几万人民币/瓶，除了其严格的酿造工艺，平均树龄 40 年的老藤是酒庄宣传其稀缺性和品质的关键。随着时间的沉淀，窖池同样会升值。"千年老窖万年糟，酒好还得窖池老"，窖池连续不断地使用的时间越久，酿造出来的白酒的品质也就越好。

尽管一些人士抨击茅台、五粮液等高端白酒企业过高的毛利率，但是报表上的成本是按照会计准则确认的，其他诸如古老窖池的投入使用，基酒的储存年限等并没有显示出成本。窖池的价值难以估量，尤其是上百年连续不断地使用的老窖池，更是弥足珍贵。高端白酒吸收了岁月的精华，这就是时间价值。高端白酒企业，特别是浓香型白酒企业，在制定产品价格体系时，要形成对不同年代窖池酿造的酒、不同年份储存的酒具有不同时间价值的认识，这样也有利于企业的长远发展。

3. 文化价值定价法

产品的价值大致可以分为实用、稀缺、文化三种类型。文化价值可以认为是产品除去实用性、稀缺性之外的价值，也就是经济价值以外的其他价值。[①]高端白酒在历史发展中，形成了丰富的文化内涵。以五粮液为例，作为"和"文化的集大成者，形成了"以和为美"的价值观，具体表现为美美与共、和而不同、开放合作、和谐包容、互利共赢、共荣共通、和谐统一等理念。在中华悠久历史文化的长河里，流淌着"和"这个中华民族极为珍贵的文化基因，并由此引发出以和为贵、与人和善、和谐共生等文化内涵。五粮液独有的自然生态、明代古窖、五粮配方、酿造工艺、中庸品质、"十里酒城"、道学思想、和美机制，构成了独有的文化优势。[②]五粮液以其"各味谐调，恰到好处"品质与中庸文化融合一体。我国上千年的酿酒史，充分说明了白酒具有一定的文化价值。

随着我国经济的快速发展和人们生活水平的逐步提高，人们的消费不再仅仅满足于生理需求，而是越来越追求更高的精神享受。越来越多的消费者在购买商品，尤其是购买高端商品时，更加注重商品的文化内涵。高端白酒企业在定价时，对于具有区域特色、民族特色等文化特色的产品，应考虑其丰富的、特有的文化内涵，体现其蕴含的文化价值。

9.5.2　成本导向定价法

成本是商品定价的基础，决定了商品价格的下限。成本导向定价法是以商品

---

① 刘海藩主编. 现代领导百科全书（科技与文化卷）[M]. 北京：中共中央党校出版社，2008 年 5 月，第 229 页。
② 李后强. 五粮液文化之道[Z]. 五粮液文化传承论坛暨五粮液文化研究院成立仪式上的主题演讲，2019 年 12 月 16 日。

固定成本和可变成本为基本依据，加上预期利润来确定商品价格的定价方法，主要包括边际成本定价法、成本加成定价法、目标收益定价法。

1. 边际成本定价法

边际成本定价法又称边际贡献定价法，边际贡献是产品销售收入与产品变动成本之间的差额，可以表述为

$$边际贡献 = 销售收入 - 变动成本$$

当商品的边际贡献大于固定成本时，企业盈利；等于固定成本时，盈亏持平；小于固定成本时，企业亏损。该方法的核心目的在于弥补变动成本和获取一定的边际贡献。[①]其公式为

$$单位产品价格 = 单位变动成本 + \left(\frac{边际贡献}{产量} \right)$$

通常情况下，当企业的产品需求疲软、产品处于生命周期末期、为保证企业开工率以维持基本经营时，往往会采用此种定价方法。边际成本定价法是一种较为短期和临时性的定价方法。

2. 成本加成定价法

成本加成定价法以企业营业总成本（不包括期间费用）为基础，其计算公式为

$$单位产品价格 = 单位产品成本 \times (1 + 成本加成率)$$

在成本加成定价法的运用过程中，最为重要的是估计出产品的成本加成率。产品的成本加成率主要是由市场竞争的激烈程度、产品的需求价格弹性、产品的差异化程度以及市场势力来决定的。[②]基于高端白酒既有一定垄断性又有一定竞争性、需求价格弹性较小、产品具有一定的差异性等特点，成本加成率设定得比较高。此外，高端白酒企业还根据其自身实力、市场竞争力、品牌影响力等进行综合考量，从而制定较为合理的成本加成率。具体而言，高端白酒企业使用以下公式来计算成本利润率：

$$成本利润率 = \left(\frac{营业收入}{营业成本} \right) \times 100\%$$

成本加成定价法所需数据容易获取、计算较为简单，而且产品单位定价能够帮助企业覆盖其总成本，进而取得较为稳定的利润，是运用较为广泛的一种定价方法。该方法主要的缺陷是以生产经营者为导向，对产品需求变化的反应灵敏度

① Marshall R，Jacobs F. Cost-Plus Pricing[R]. Social Science Electronic Publishing，2018-03-26。

② 钱学锋，范冬梅. 国际贸易与企业成本加成：一个文献综述[J]. 经济研究，2015 年第 50 卷第 2 期，第 174-187 页。

较弱。以茅台酒为例，贵州茅台 2020 年度财务数据显示，茅台酒的营业收入为 848 亿元，营业成本为 51 亿元，毛利率为 93.99%。[①]基于以上数据可以计算出茅台酒的成本利润率：

$$茅台酒的成本利润率 = 848/51 \times 100\% = 1663\%$$

根据茅台酒的毛利率可知，其营业总成本约占总营收的 6%，以其主销产品 53 度 500ml 飞天茅台的出厂价 969 元为例，可以大致估算：

$$53 \text{ 度 } 500ml \text{ 飞天茅台的成本} = 969 \times 6\% = 58$$

$$53 \text{ 度 } 500ml \text{ 飞天茅台的价格} = 58 \times (1 + 16.63) = 1022.54$$

依据成本加成定价法计算出的 53 度 500ml 飞天茅台价格，比现实中的出厂价格（969 元）高 53.54 元。根据五粮液 2020 年度财务数据，其五粮液产品的营业收入为 440.6 亿元，营业成本为 66.3 亿元，毛利润率为 84.95%。[②]据此可以计算其成本及利润率：

$$五粮液产品的成本利润率 = 440.6/66.3 \times 100\% = 665\%$$

$$五粮液产品的成本 = 889 \times 15.05\% = 134$$

$$五粮液产品的价格 = 134 \times (1 + 6.65) = 1025$$

上述计算结果显示，茅台酒与五粮液的理论价格基本上与各自的现实价格相吻合。成本加成定价法所使用的成本加成幅度和水平是高端白酒市场地位、品质、品牌价值、盈利能力的综合表现。高端白酒的综合生产成本并不高，但高端白酒本身所蕴含的价值能够为其较高的加成幅度提供强大的支撑，体现了高端白酒除自饮外具有更高的商务需求、收藏需求与投资需求。

使用成本加成定价法为高端白酒定价，还需要注意各高端白酒的品牌价值、市场地位、受众群体、成本水平等因素存在较大的差异，需要结合自身情况进行综合评判，进而设定合理的成本加成率。成本加成法虽然定价逻辑简明、使用方法简单，但是该方法是基于成本进行定价，难以反映消费者的需求与市场竞争情况，高端白酒企业可以将成本加成定价法作为定价的重要参考方法，但不应该仅仅局限于此方法。

3. 目标收益定价法

目标收益定价法是企业根据总成本（包括制造成本和期间费用）和预估的未来销售量，以期望达到的目标收益来制定产品的价格。目标收益定价法公式可表述为

---

① 资料来源：贵州茅台 2020 年度财务报表。需要说明的是，此处引用的数据是茅台高端酒的毛利率，而摘要中引用的数据是包括茅台系列酒在内的整个茅台酒股份公司的毛利率。

② 资料来源：根据五粮液 2020 年度财务报表及公开资料整理。

$$售价 = \frac{总成本 + 目标利润}{预计销售量}$$

其中，目标利润的计算方法是

$$目标利润 = 销售收入 \times 目标销售利润率$$

目标销售利润率的计算方法为

$$目标销售利润率 = \frac{利润总额}{营业收入} \times 100\%$$

影响销售利润率的主要因素是销售额与销售成本，销售额高而销售成本低，则销售利润率高，反之亦然。目标收益定价法在运用过程中预测目标销售利润率尤为关键，该数据的获取可以参考企业自身以及竞争对手以往的销售利润率，也可以以行业均值作为计算的基准，在上述基础之上再结合宏观经济状况、企业经营战略、市场格局和竞争形势来予以调整。此外，使用该方法还需要企业预测未来的销售量。目标收益定价法适用于市场占有率较高、垄断属性较强的企业为其产品进行定价，是高端白酒企业较为常用的定价方法。

9.5.3　需求导向定价法

传统经济学理论在价格制定过程中更为关注成本与收益之间的关系，而现代营销学理念更为注重对消费者需求的研究，进而以此为依据进行产品定价。需求导向定价法对企业实现更高的利润、维护企业的形象、提升品牌的价值、保持价格的稳定、履行社会责任等，都有积极的作用。具体的定价方法主要包括认知价值定价法、逆向路径定价法、区分需求定价法。

1. 认知价值定价法

认知价值定价法的基本依据是消费者对商品价值的主观认知。对于认知价值，Zeithaml 认为是顾客在所得与所失的感知基础上对某一产品效用的总体评价。[1]Sweeney 和 Soutar 则把认知价值视为顾客对其所购产品获得的各种利益的总体评价。[1]在运用过程中，认知价值定价法要求企业通过各种营销手段和方法使消费者形成、加深、强化对企业正面、积极的感知，从而在这种良好的认知基础上制定价格。及时获取消费者对产品价值认知的真实、准确的反馈信息，是认知价值定价法的关键，也是认知价值定价法的难点所在。如果消费者认知价

---

[1] Zeithaml V A. Consumer perceptions of price, quality, and value: a means-end model and synthesis of evidence[J]. Journal of Marketing, 1988, 52（3）: 2-22.

[1] Sweeney J C, Soutar G N. Consumer perceived value: the development of a multiple item scale[J]. Journal of Retailing, 2001, 77（2）: 203-220.

值被高估，企业因此而制定的过高价格会影响相关产品的销量，最终不利于企业取得更高的盈利，反之亦然。

对于高端白酒企业而言，其产品的口感、品牌、口碑、酒精度数、年份、产地、价格、包装等是决定消费者认知价值的主要因素。高端白酒企业可以利用各种营销手段提升消费者对高端白酒的认知，同时充分开展各种市场调研活动了解各个层次消费者对上述影响认知价值要素的偏好，进而以此为依据对高端白酒进行定价。认知价值定价法是依托商品价值进行定价的方法，高端白酒所蕴含的价值是对其定价的基础，也是高端白酒价格制定的重要依托和价格优势来源。高端白酒企业应该高度重视这一定价方法，并将其作为产品定价的重要方法。

采用认知价值定价法为高端白酒定价，必须做好两个方面的工作。一是打造高价值的高端白酒；二是向消费者有效传递并最终使消费者认可高端白酒所蕴含的高价值。这就要求高端白酒企业提升自身的管理能力、有效控制生产经营成本、对高端白酒酿造工艺精益求精、深挖高端白酒的经济价值和历史文化底蕴，从而打造品质卓越、口碑良好的产品；同时要求高端白酒企业做好产品的宣传工作，利用传统媒体与新媒体、线上与线下等各种手段，打造现代化、立体化的高端白酒价值传递渠道，以及消费者的培育和互动平台，利用高端白酒特有的历史文化价值，满足消费转型升级和民众对更高品质生活的追求。

2. 逆向路径定价法

经济学家王东京教授认为，市场之所以出现"逆选择"，并不是因为信息不对称，而是因为价格被锁定。[①]与成本导向定价法"企业—中间商—消费者"的定价路径相反，逆向路径定价法的价格制定路径是"消费者—中间商—企业"。逆向路径定价法的核心思想是探索消费者对商品能够接受的最终价格，再以此为基础倒推商品的中间商价格和企业出厂价格。[②]与认知价值定价法相似，逆向路径定价法也要求企业做好相应的营销宣传活动以及开展广泛的市场调研，从而明确消费者愿意为商品所支付的价格。逆向路径定价法在实践过程中，要求企业对相关商品的供需状况以及未来的发展趋势具有深入的认识，对市场容量以及相关商品的需求价格弹性具有较为准确的评估。在制定价格时可以依据企业销售部门对市场的综合认知进行定价，也可以邀请终端、消费者基于商品的品质等要素进行评估后确定价格，同时还可以参考同类型的商品进行定价。高端白酒的销售链条比较长，

① 王东京. 王东京经济学讲义：写给领导干部与企业管理者的经济学[M]. 北京：中信出版社，2021 年 1 月，第 122 页。

② Chernev A. Reverse pricing and online price elicitation strategies in consumer choice[J]. Journal of Consumer Psychology，2003，13（1/2）：51-62.

企业与经销商的联系比较紧密，逆向路径定价法有助于企业制定消费者、中间商都能接受的"满意价格"，是高端白酒企业较为常用的定价方法。

3. 区分需求定价法

区分需求定价法是基于消费者、时间、地点、产品、交易条件等差异进行区别化定价，从而实现利润最大化的定价方法。高端白酒企业如果针对不同消费者区别定价，会损害高端白酒的品牌价值与口碑。我国的高端白酒市场并不是割裂的，高端白酒可以畅通无阻地从低价地区流动到高价地区从而实现套利，基于区域差异进行定价是不太可行的。但是销往国外的高端白酒，可以依据海外市场的供需状况，以及消费者对我国高端白酒的价值认知等，进行区别定价。元旦、春节等节庆假日都是高端白酒消费的高峰期，需求量大，高端白酒企业往往利用这一有利时期调整售价。此外，不同酒精度数的同一种高端白酒往往采用区分需求定价法，例如高度白酒价格更高、低度白酒价格更低。就交易条件而言，高端白酒企业往往会考虑"量大从优"，以较低的价格进行销售，如开展团购等。区分需求定价法的运用不能生搬硬套，企业应该结合实际情况，在消费者能够接受的情况下使用。

9.5.4 竞争导向定价法

1. 随行就市定价法

随行就市定价法是一种要求企业以行业平均价格水平为基准制定相应产品价格的定价方法，其目标是保证企业与竞争对手的价格保持一致，从而获取更为稳定的利润。[1]随行就市定价法是完全竞争与寡头垄断市场条件下较为常用的一种定价方法，是符合高端白酒企业所处市场环境的，因而是高端白酒企业经常采用的一种定价方法。在该定价方法下，由于市场参与者面对的价格较为一致，企业无须积极应对消费者对不同价位的反应，且市场均衡价格通常被视为一种"合理价格"，容易被消费者所接受，同时也有利于行业的整体稳定，减少市场参与者的恶性竞争。采用此方法定价，企业需要密切关注行业格局和竞争环境的变化，即使是在相关产品的市场供需关系没有发生变化的情况下，仍要根据竞争对手的价格策略进行相应的调整。

2. 追随对手定价法

追随对手定价法是高端白酒企业经常采用的一种方法，指的是企业追随行业领军品牌进行价格调整，一旦行业领军品牌涨价则跟随涨价，反之亦然。在高端

---

① 马莉，付同青. 产品定价方法及其运用[J]. 价格月刊，2004 年第 7 期，第 41-42 页。

白酒行业，茅台是当之无愧的第一品牌，是价格的领导者。当茅台酒提价时，其他高端白酒企业如五粮液、泸州老窖、洋河股份、山西汾酒等也会积极跟随，纷纷提高其产品价格。在使用此方法为高端白酒定价时，企业通常会考虑其产品的品质、品牌价值与其价格相匹配，也就是要保障产品能够支撑其价格，否则消费者有可能会选择竞争对手的同类产品，从而造成客户的流失。

3. 主动竞争定价法

主动竞争定价法是企业为了实现扩大市场份额、提升盈利水平等目标，主动降低其产品的价格。这一定价方法曾经为不少次高端、中端白酒企业跻身高端行列做出了一定贡献，但当前高端白酒的整体竞争格局更为强调品牌价值和品牌影响力。消费者购买高端白酒的主要目的是满足社交、送礼、宴请、接待、聚会、收藏等需求，价格通常不是其首要考虑因素，往往消费者认为更高的价格反而能为其带来更高的附加价值。

高端白酒企业通过降低价格吸引更多消费者可能会适得其反，也不利于维护高端白酒高价值、高品质、高享受的定位与形象。例如，2014 年 5 月，五粮液公司为了应对行业调整，主动将其主销产品 52 度 500ml 五粮液的出厂价从729 元降至 609 元，结果不仅没有带来产品销量的明显提升，反而与茅台的差距越拉越大。此外，主动竞争定价法对企业的成本控制能力要求较高，如果企业无法有效降低成本，降价必然导致企业盈利水平降低，也不符合企业创造更高价值的经营目标。

9.6　本章小结

高端白酒资源禀赋的稀缺性、酿造工艺的独特性、自然环境的优越性以及深厚的历史文化传承性是其真正的价值所在。随着我国全面建成小康社会并向社会主义现代化国家迈进，人民群众对美好生活更加向往。高端白酒的高边际效用是中低端白酒无法比拟的，高端白酒能更好地满足消费者更高层次与更高品质的需求，这为高端白酒的高溢价奠定了坚实的基础。高端白酒出厂价的涨幅与我国城镇居民可支配收入增幅高度吻合，其价格的提升是我国经济水平发展与居民收入提升的必然结果。

高端白酒的品牌影响力是高端白酒的生命线，品牌价值决定了定价收益最大化所带来的高利润，两者相辅相成。任何有损高端品牌价值的行为都会削弱高端白酒的定价能力，乃至进一步降低其品牌价值。密切关注竞争对手的定价策略，进而合理地制定价格，对维护高端白酒品牌形象、提升品牌价值至关重要。除五粮液与茅台具有较强的全国营销能力，我国高端白酒市场呈现出高度的区域性特征。高端白酒自身所蕴含的高价值是高端白酒定价最为核心、最为重要的依据，也是其品牌价值的基础。高端白酒成本与需求价格弹性也是制定价格的重要依据。

从价值角度出发为高端白酒定价，包括稀缺价值定价法、时间价值定价法、文化价值定价法；从成本角度出发为高端白酒定价，包括边际成本定价法、成本加成定价法、目标收益定价法；从需求角度为高端白酒定价，包括认知价值定价法、逆向路径定价法、区分需求定价法；从竞争角度出发为高端白酒定价，包括随行就市定价法、追随对手定价法、主动竞争定价法。高端白酒的价格并不是单纯由价值、成本、需求或竞争中的某一项因素决定，需要根据实际情况，综合施策。

第10章　高端白酒定价方法的实证研究

自 1988 年名酒价格放开以来，价格竞争便成为市场竞争的常规手段，高端白酒市场也得到了迅速发展，为我国经济增长做出了比较大的贡献。2004~2011 年，我国白酒行业进入黄金发展期，高端白酒价格开始连续大幅上涨。2012 年，53 度 500ml 飞天茅台的市场零售价一度突破 2000 元/瓶，高端白酒市场的繁荣发展推动了整个行业的快速发展，但也给社会带来了一些负面影响。2012 年下半年后，我国相继出台了一系列政策，如"禁止公款消费""中央八项规定"和"禁酒令"，加之白酒行业安全事故和质量问题等负面报道，行业外部环境发生变化，高端白酒价格在 2013 年至 2015 年间出现了短暂下跌。近年来，随着消费升级，市场中又出现了密集涨价潮，并保持着持续上涨的趋势。在市场竞争中，合理的定价对企业实现盈利增长起着至关重要的作用。那么，到底是什么因素在不断推高着高端白酒的市场价格？高端白酒生产企业在定价时的主要考虑因素又是什么？企业如何提升自身的定价能力，进而提高市场份额，持续发展？本章以成本导向定价法、需求导向定价法、竞争导向定价法及综合定价法为理论导向，并利用现有公开资料及面板数据，对我国高端白酒的定价方法进行实证检验，以打开高端白酒定价的"黑箱"，确定更为科学合理的定价方式。

10.1　关于高端白酒定价的文献回顾

由于中国白酒并非西方国家的主要酒类消费产品，国外少有学者对高端白酒价格进行研究，较为相关的定价研究主要集中在快消品与葡萄酒方面，并且研究范围聚焦于需求因素对市场价格的影响。快消品的快速决策、高频消费、生命周期短等特性，使得品牌成为企业的主要竞争优势。[1]鉴于品牌对快消品销售的重要性，大量学者研究了品牌对消费者购买决策及企业定价的影响。Tolba 认为品牌资产与企业定价的溢价能力正相关，而消费者满意度、感知质量以及企业分销强度显著影响品牌偏好。[2]Dhurup 等调查发现包装、定价和品牌知名度与品牌忠诚度有着显著的积极关系，企业的营销成功取决于它们能否通过有

---

① Muramalla V S S R. Brand management of FMCG goods: a comparative study of brand loyalty among the urban and rural consumers [J]. Asian Journal of Research in Marketing, 2013, 2（2）: 40-52.

② Tolba A H. The impact of distribution intensity on brand preference and brand loyalty[J]. International Journal of Marketing Studies, 2011, 3（3）: 56-66.

竞争力的定价和品牌策略提高品牌忠诚度。[①]更多的关于酒类价格的研究则是针对葡萄酒价格。Barreiro-Hurlé 等认为葡萄酒的功能属性会影响消费者的购买决策，消费者对带有功能属性的葡萄酒的支付意愿更高。[②]Keown 和 Casey、McCutcheon 等发现原产地信息会对消费者的购买决策产生重要影响，原因可能在于葡萄酒原产地是消费者评价葡萄酒质量的重要信息之一，会直接影响消费者对葡萄酒经济价值的判断。[③④]由于顶级葡萄酒的收藏与投资价值，也有学者研究了投资价值对葡萄酒价格的影响。Masset 和 Henderson 利用 1996～2007 年葡萄酒拍卖的交易价格分析了高端葡萄酒价格的演变。研究发现，优质葡萄酒比劣质葡萄酒的收益更高，并且葡萄酒收益与其他资产的相关性很小，因此投资葡萄酒可以降低股票投资组合的风险。[⑤] Correia 等运用特征价格模型发现葡萄酒价格的年增长率大约为 5%，因而投资者可以将葡萄酒纳入资产投资组合，但葡萄酒的投资收益存在最高点，如果投资者目标为投资收益最大化，那么其需要谨慎考虑持有葡萄酒的时间。[⑥]

　　国内关于定价的文献较多，但大多集中在金融资产定价方面，如股票[⑦]、债券[⑧]、衍生品[⑨]等。也有部分学者研究了实体商品定价，如机票价格[⑩]、药价[⑪]、房地产定价[⑫]等。研究高端白酒价格的相关文献则极为少见，并且大多研究侧重于供给端。唐明哲等运用价格检验法研究了高端白酒市场中的垄断界定问题。[⑬]刘丰波和吴绪亮通过实证研究指出高端白酒的价格上涨幅度不能完全用市场需求和成本变化来解释，在市场中存在价格领导制，领导者为贵州茅台，其提价行为会影

① Dhurup M，Mafini C，Dumasi T. The impact of packaging，price and brand awareness on brand loyalty: evidence from the paint retailing industry[J]. Acta Commercii，2014，14（1）：1-9.

② Barreiro-Hurlé J，Colombo S，Cantos-Villar E. Is there a market for functional wines？ Consumer preferences and willingness to pay for resveratrol-enriched red wine[J]. Food Quality and Preference，2008，19（4）：360-371.

③ Keown C，Casey M. Purchasing behaviour in the Northern Ireland wine market[J]. British Food Journal，1995，97（1）：17-20.

④ McCutcheon E，Bruwer J，Li E. Region of origin and its importance among choice factors in the wine-buying decision making of consumers[J]. International Journal of Wine Business Research，2009，21（3）：212-234.

⑤ Masset P，Henderson C. Wine as an alternative asset class[J]. Journal of Wine Economics，2010，5（1）：87-118.

⑥ Correia L，Rebelo J，Caldas J . Production and trade of port wine: temporal dynamics and pricing[J]. Agricultural Economics Review，2015，16（1）：5-19.

⑦ 周芳，张维，周兵. 基于流动性风险的资本资产定价模型[J]. 中国管理科学，2013 年第 21 卷第 5 期，第 1-7 页。

⑧ 高强，邹恒甫. 企业债与公司债二级市场定价比较研究[J]. 金融研究，2015 年第 1 期，第 84-100 页。

⑨ 郑振龙，刘杨树. 衍生品定价：模型风险及其影响[J]. 金融研究，2010 年第 2 期，第 112-131 页。

⑩ 徐舒，李涵，甘犁. 市场竞争与中国民航机票定价[J]. 经济学（季刊），2011 年第 10 卷第 2 期，第 635-652 页。

⑪ 朱恒鹏. 医疗体制弊端与药品定价扭曲[J]. 中国社会科学，2007 年第 4 期，第 89-103，206 页。

⑫ 李方. 我国房地产定价的困境和出路——兼论跨境资本流动条件下的房地产定价[J]. 经济学家，2009 年第 12 期，第 42-47 页。

⑬ 唐明哲，刘丰波，林平. 价格检验在相关市场界定中的实证运用——对茅台、五粮液断案的再思考[J]. 中国工业经济，2015 年第 4 期，第 135-148 页。

响其他白酒企业的价格决策。[①]此外，部分学者从需求端出发对高端白酒价格进行探讨。赵亮等通过实证研究指出基于消费者收入基础上的公关需要是消费者购买高端白酒时的主要驱动因素，中国经济的快速发展带动白酒消费逐步升级，高端白酒价格得以不断上延。[②]王霞和王竞达认为 2012 年以前"三公消费"的巨额需求促使高档白酒价格节节攀升，白酒企业收入增幅与白酒档次密切相关，越是高端增幅越大，而"中央八项规定"出台后，高端白酒生产企业的收入及利润受到明显影响。[③]

通过对国内外相关文献的简要回顾，可以发现鲜有文献考察高端白酒价格的影响因素，并且现有研究基本都较为零碎分散，尚缺乏一个分析高端白酒价格的整体框架。为弥补现有研究的不足，本节尝试在以下两方面实现创新：一是突破现有研究视角，将价格理论的应用领域延伸到高端白酒产业；二是基于成本导向定价法、需求导向定价法、竞争导向定价法和综合定价法，同时结合高端白酒市场发展现状，建立有关高端白酒价格的面板回归模型，着重探讨成本因素、市场需求和市场竞争对高端白酒价格的影响，从而为我国高端白酒生产企业的价格战略制定及调整提供理论支撑。

具体而言，首先，由于成本加成定价法适合于卖方市场，高端白酒市场具有一定垄断能力，而且历年来高端白酒企业均以原材料、工人工资等成本的普遍上涨作为提价的主要理由，因此，高端白酒定价有适用成本加成定价法的可能，本章首先将从成本加成定价法出发，探讨生产成本与高端白酒定价之间的关系。其次，与其他快速消费品相比，高端白酒较为独特，其消费群体较为稳定，具有较强的需求刚性，生产成本难以在短期内对白酒价格产生很大影响，而消费者的偏好、个性化需求及其对产品价值的理解会直接作用于市场价格，进而影响企业的市场绩效，因此，为了验证需求因素对高端白酒企业定价的影响，本节还将利用需求导向定价法来构建我国高端白酒定价模型。再次，在市场经济中，商品和服务的价格不仅受成本和市场供求关系的制约，还会受到市场竞争程度的影响，没有哪个厂家在市场竞争中能我行我素，忽视竞争对手的反应。因此，本章还将从竞争角度出发，探讨市场竞争状况对高端白酒企业定价的影响。最后，成本、需求及竞争导向定价法都仅仅侧重于某一个方面的因素，但在实际定价过程中，高端白酒企业往往要综合考虑成本、市场需求及竞争情况的影响。因此，本章将基于综合定价法，引入生产成本、消费需求及市场竞争因素，检验三者对高端白酒价格的影响。

① 刘丰波，吴绪亮. 基于价格领导制的默契合谋与反垄断规制——来自中国白酒市场的证据[J]. 中国工业经济，2016 年第 4 期，第 75-92 页。
② 赵亮，郑子杰，黄翔. 高端白酒消费者购买行为影响的实证研究[J]. 统计与决策，2012 年第 24 期，第 109-112 页。
③ 王霞，王竞达. "八项规定"对酒类上市公司财务绩效的影响研究[J]. 经济与管理研究，2015 年第 36 卷第 1 期，第 139-144 页。

此外，在实证分析中，考虑到数据的连续性、可获得性及消费者对品牌的认可度，根据研究需要，本章采用了 2010～2019 年我国 7 个高端白酒生产企业的面板数据为研究样本，并选取了 7 个企业的代表性高端产品：53 度飞天茅台、52 度五粮液、52 度国窖 1573、52 度水井坊、52 度剑南春、53 度青花郎 20 年、50 度古井贡酒年份原浆，规格均为 500ml。高端白酒的出厂价数据主要来源于东方财富 Choice 数据，由日频数据加权平均得到年度数据，少量数据由编者从新闻网页中查找进行补充。

10.2　基于成本加成定价法的高端白酒定价实证

10.2.1　理论分析

成本加成定价法以成本为基础，产品价格由生产成本和基于成本的加成幅度决定，以成本为基础的价格是企业为了补偿生产而有目标设置的价格。[①]由于高端白酒生产的周期较长，并且生产基酒的工艺或窖池等短期内难以发生巨大改变，当期生产的成品酒数量受到前几期的基酒产量的影响，因此，高端白酒的成本加成定价模型可以表示为

$$P_t = C_{t-1} \cdot (1 + \mu_t) \tag{10-1}$$

式中，P_t 为当期设置的价格水平；C_{t-1} 为上一期的生产成本；μ_t 为当期的成本加成幅度，完全竞争市场中，企业是价格接受者，$1 + \mu_t = 1$；在不完全竞争市场中，$1 + \mu_t > 1$，厂商可以获得额外的利润。

假设企业追求利润最大化，则高端白酒厂商的利润函数为

$$\max \Pi_t = Q_t^d \cdot P_t - Q_{t-1}^s \cdot C_{t-1} \tag{10-2}$$

$$\text{s.t.} \quad 0 \leqslant Q_t^d \leqslant cap_{t-1} \tag{10-3}$$

式中，Q_t^d 为市场对高端白酒的需求量；Q_{t-1}^s 为厂商对高端白酒的供给量；cap_{t-1} 为厂商产能。

考虑到均衡时，有

$$Q_t^d = Q_{t-1}^s = Q_t \tag{10-4}$$

所以，均衡条件下高端白酒厂商的利润最大化问题可以转化为

$$\begin{aligned} \max \Pi_t &= Q_t^d \cdot P_t - Q_{t-1}^s \cdot C_{t-1} \\ &= Q_t \cdot (P_t - C_{t-1}) \\ &= \mu_t \cdot Q_t \cdot C_{t-1} \end{aligned} \tag{10-5}$$

$$\text{s.t.} \quad 0 \leqslant Q_t \leqslant cap_{t-1} \tag{10-6}$$

---

① 王珏. 后凯恩斯主义的企业定价模型——成本加成定价原理[J]. 兰州大学学报，2003 年第 3 期，第 99-102 页。

式中，Π_t 为当期的利润；Q_t 为当期消费者对高端白酒厂的需求量；cap_{t-1} 为上一期高端白酒厂商生产的最大产品数量。

根据上述推导，由于单位产品的成本在上一期已经决定，因此，在单位产品成本不变的情况下，为了实现利润最大化，厂商只有不断提高当期产品加成幅度 μ_t，使得厂商的利润率上升。通过查阅上市高端白酒企业的年报，近年高端白酒的毛利率不断上升，这可以佐证高端白酒厂商为了提升利润，从而提高了高端白酒的加成幅度的猜想。此外，该定价方式还可以解释高端白酒的"控量提价"现象，高端白酒厂商为了提高利润，与其他高端白酒价格拉开差距，因此控制高端白酒的供给量，营造缺货现象，从而拉高产品价格，当产品的成本 C_{t-1} 不变时，会提升厂商的利润和市场势力，使产品的成本加成幅度 μ 上升。厂商的最优供货量为 $Q^* = cap_{t-1}$，最优价格为 $P^* = C_{t-1} \cdot (1 + \mu^*)$，其中 μ^* 为最优的加成幅度。

10.2.2　研究设计

1. 实证模型构建

通过以上分析，高端白酒定价取决于成本和成本加成幅度，采用七种高端白酒 2010 年至 2019 年的年度出厂价、成本的面板数据，对高端白酒的出厂价进行面板回归，建立固定效应模型。将成本加成定价模型两边取对数可得

$$\ln P_t = \ln C_{t-1} + \ln(1 + \mu_t) \tag{10-7}$$

因此建立固定效应模型如下：

$$\ln P_{i,t} = \_cons + \beta \ln C_{i,t-1} + \mu_i + QUOTE_{i,t} + \varepsilon \tag{10-8}$$

式中，$\_cons$ 为常数项，对应于成本加成的 $\ln(1+\mu_t)$；β 为回归系数，预期其大小约等于 1；μ_i 为不同品牌高端白酒固定效应；ε 为扰动项。

2. 数据说明

表 10-1 为变量定义和数据来源。由各个高端白酒厂商的年报可知，高端白酒厂商的毛利率大都在 70% 以上，说明高端白酒厂商不仅具有较高的利润率，还具有很强的市场势力，高端白酒厂商的成本加成幅度较高。

表 10-1　主要变量定义及数据来源

变量	观测值	定义	数据来源
P	70	出厂价/元	东方财富 Choice 数据及新闻
C	70	生产成本/元	上市公司年报计算得出
ts	70	时间趋势	作者设置

10.2.3 结果分析

表 10-2 为 4 种估计模型的估计结果，模型（1）至模型（4）分别为混合回归模型、固定效应模型、随机效应模型和带有时间趋势项的双向固定效应模型，从估计结果可以得出以下三点启示。

表 10-2 回归结果

变量	（1）	（2）	（3）	（4）
$\ln C$	0.820** (0.296)	0.317*** (0.077)	0.274*** (0.078)	0.266* (0.133)
ts				0.030** (0.011)
_cons	2.625 (1.376)	4.769*** (0.379)	4.950*** (0.333)	4.823*** (0.579)
N	70	70	70	70

注：括号中为稳健标准误

*表示 $p < 0.1$，**表示 $p < 0.05$，***表示 $p < 0.01$

混合回归的常数项不显著，说明各个高端白酒企业的成本加成幅度存在显著的差别，不能将各个高端白酒的出厂价构建为统一的成本加成定价模型，这与各高端白酒的利润率有较大差别的事实一致。固定效应模型和随机效应模型的估计结果中，成本及常数项均显著，然而，成本项的系数与期望的结果差别较大，这可以解释为，虽然各个高端白酒企业定价可以采用成本加成定价法，但是由于各个高端白酒企业的需求弹性、产品竞争力等其他决定定价的因素有较大差别，因此，简单地采用统一的成本加成定价法并不适用于其他高端白酒的定价，还需要综合考虑其他定价因素。

成本加成定价法比较简单，但是不能反映顾客的需求弹性以及市场竞争状况；同时，考虑到高端白酒价格高昂，以贵州茅台为代表的高端白酒被纳入到了标普全球奢侈品指数中，高端白酒还具有奢侈品属性，奢侈品可以为消费者带来额外的效应；由于高端白酒的供给量有限，近些年出现了名酒收藏热，高端白酒逐渐衍生出了金融产品的投资属性，而成本加成定价法并不能反映高端白酒的这些特征。因此，后续可以将以上因素纳入到高端白酒的定价模型中，以期得出解释力更强的结论。

10.2.4 结论与启示

本节从成本加成定价角度，在理论上给出了高端白酒的出厂价定价模型，并且说明了高端白酒企业具有不断提升其成本加成幅度的倾向，以此达到利润最大化。随后利用飞天茅台等七种高端白酒的面板数据，对高端白酒的出厂价进行实证，估计结果显示，虽然成本加成定价法具有简单、灵活等优势，但是不能体现是什么因素造成了高端白酒的成本加成幅度的不同，且各个高端白酒企业不遵从同一套出厂价定价模型，需要考虑各个高端白酒厂商市场势力的差异性、消费者对不同高端白酒的需求差异以及高端白酒的奢侈品属性和衍生出的投资品属性等定价因素。

以上研究结果对高端白酒生产厂商有两点启示：第一，如果以成本加成定价法为高端白酒定价，较为简单，有利于产销合作，当生产成本发生变动时，企业可以合理地进行提价，也方便各个厂商进行提价；第二，成本加成定价法没有考虑到消费者的价值需求，没有考虑高端白酒对消费者的价值，当高端白酒衍生出对客户的新价值时，企业不能将其加入到高端白酒的定价中。如果大量消费者对高端白酒的需求都增加时，厂商不及时对高端白酒的出厂价进行调整，会加大高端白酒的供给缺口，不利于高端白酒市场的良性发展。

对政府而言，第一，如果高端白酒企业采用成本加成定价法，当高端白酒的出厂价不断上升时，需要辨别出厂价的上升是否是高端白酒的成本上升引起的，因为高端白酒厂商为了达到利润最大化，有提升其成本加成幅度的倾向；第二，由成本加成幅度可以判断高端白酒的市场势力，可以精准施策，防止市场垄断程度的提升。

10.3 基于需求导向定价法的高端白酒定价实证

10.3.1 理论分析

1. 高端白酒的金融属性与价格形成

虽然我国白酒行业属于竞争性市场，但就高端白酒市场而言，由于白酒品质对自然资源的高要求，加上长期以来历史文化底蕴积淀形成的品牌声誉难以打破，高端白酒市场存在较高的进入壁垒，从而使高端白酒生产商拥有一定的定价权，成为竞争性市场的卖方垄断者，厂商可以通过控制供给来影响价格。但高端白酒同时具有消费品和投资品双重属性的特点，使得其价格决定比一般商品更为复杂。

与其他快速消费品相比，高端白酒的特殊性在于它的稀缺性和时间价值性。白酒酿造本质上是在微生物作用下的粮食发酵过程，其品质与水、土、微生物等自然资源密切相关，因此，高端白酒产量有限，短期供给弹性小，加上其随时间增值的特性，使得高端白酒可以成为一种价值储备的稀缺手段。高端白酒具有了类似股票、黄金、房地产等商品一样的保值增值和抵抗通货膨胀的功能，从而在价格上产生上涨空间。从这个意义而言，高端白酒的特殊性是其商品属性向金融属性转化的根源。由于高端白酒的金融属性，投资者的未来预期就成为价格涨跌的主要推动力。在预期收益的驱动下，资本逐渐涌入高端白酒市场，推动了高端白酒价格上涨；资本获利后会刺激原有投资者继续大量囤积，又会吸引新的投资者进入，加剧了市场的供不应求现象；而需求大增会刺激厂商投资扩产，厂商提价也顺理成章。如此循环，高端白酒投资价格的不断膨胀也推动了其消费价格的持续上涨。

2. 高端白酒价格形成的市场机制

在上面诠释的高端白酒价格形成过程中，有一个重要基础，即投资者的投机行为会推动高端白酒价格的不断上涨。为了验证这个基础的科学性，本节通过建立高端白酒市场的一般均衡模型给出回答。

由于房地产与高端白酒都同时具有商品属性和金融属性的类似特性，因此，为了求解高端白酒市场的供求均衡，本节在 Carey 的地产模型的基础上进行扩展，讨论高端白酒的价格形成机理。[①]

1）高端白酒市场的需求函数

假定高端白酒市场中产品无差异，存在两类需求者，同种类型的消费者同质。对高端白酒的需求既有用于实际消费的真实需求，也有通过价格上涨以期获得收益的投资需求。潜在投资者人数为 M，每个投资者拥有不同的信息，因此，投资者对购买高端白酒预期支付的最低价格，即保留价格 P 的看法也不一致。假设保留价格 P 连续均匀分布于区间 $[P^* + h, P^* - h]$ 内，即 $P = F(P^*, h)$。其中，P^* 为基准价格，表示高端白酒市场上投资者的平均保留价格，h 代表投资者的意见分歧程度。所有保留价格高于市场价格的投资者会购买产品，其概率分布为 $(1 - F(P^*, h))$。设 L 为每个投资者能用于购买高端白酒的货币总量。为简便分析，设出于实际需求的每个消费者只购买一单位的产品，其人数是投资者人数的 n 倍。那么此时市场需求货币总量函数为

$$D = (1 - F(P))ML + nMP \qquad (10\text{-}9)$$

又因为保留价格 P 服从均匀分布，则

$$1 - F(P_0) = \frac{P^* + h - P}{2h} \qquad (10\text{-}10)$$

2）高端白酒市场的供给函数

由于我国的高端白酒的市场结构为寡头垄断结构，加上白酒品质与自然生态

---

① Carey M S. Feeding the fad: the Federal Land Banks, land market efficiency, and the farm credit crisis[D]. Berkly: University of California at Berkly, 1990.

资源息息相关，在短期内高端白酒供给有限。出于简化，假设高端白酒的市场总供给固定为 Y，函数为一条垂直的直线，则给定市场价格 P 时，市场总供给的货币价值为 PY。

3）高端白酒市场均衡

将式（10-10）带入式（10-9），并将 PY 代入，当市场供求相等时，即可得到均衡时的价格水平：

$$P = \frac{(P^* + h)ML}{2h(Y - nM) + ML} \tag{10-11}$$

令 $Q = (Y - nM)$，由于总供给固定，则 Q 为提供给投资者的产品总数量。

$$P = \frac{(P^* + h)ML}{2hQ + ML} \tag{10-12}$$

由这一市场均衡价格，可得

$$\frac{\partial P}{\partial L} = \frac{2h(P^* + h)MQ}{(2hQ + ML)^2} > 0 \tag{10-13}$$

$$\frac{\partial P}{\partial h} = \frac{2ML\left(\dfrac{ML}{2} - QP^*\right)}{(2hQ + ML)^2} \tag{10-14}$$

由式（10-12）、式（10-13）和式（10-14）可知，在供给固定时，高端白酒的市场均衡价格将随着投资者人数、投资者可运用的货币资金、基准价格的增加而增加；当 $(ML/2 - QP^*) > 0$，即拥有一半以上货币资源投资者的保留价值高于平均水平，意见分歧程度加大，会导致价格上涨。市场中普遍存在乐观情绪时，市场价格将趋于上升，反之普遍悲观时，价格将会下跌。此外，还可以看出，当提供给投资者的产品量增加时，市场价格将趋于下降。但受高端白酒的实际消费属性的制约，其价格不可能无限降低。

10.3.2　研究设计

1. 实证模型构建

为了检验消费者需求与高端白酒价格之间的关系，根据以上理论分析，构建了如下基本模型：

$$\ln P_{it} = \alpha_0 + \alpha_1 DC_{it} + \alpha_2 DI_{it} + \alpha_3 em_t + u_i + \varepsilon_{it} \tag{10-15}$$

式中，i、t 分别为公司、年份；$\ln P$ 为市场价格，本节采用高端白酒的年度平均市场售价的对数值作为被解释变量；DC 和 DI 为解释变量，分别代表消费需求和投资需求；em 为控制变量，表示行业发展空间；u 为固定效应；ε、α_i 分别为随机扰动项和待估参数。

2. 变量说明

1）解释变量

a. 消费需求

在现实经济生活中，虽然影响高端白酒消费需求的因素有很多，但主要影响因素可归结为两个方面：一是家庭消费，经济社会的发展促使国民收入水平不断提高，消费者对优质产品的需求与日俱增，高端白酒也成为一种更为"大众化"的商品；二是政商消费，受社会风俗习惯的影响，白酒特殊的社交、礼品的功能属性使白酒具有相对独特的需求"刚性"，固定资产投资增加使得商务活动及餐饮消费愈加频繁，给高端白酒带来了大量的需求。因此，本节选用城镇居民人均可支配收入的对数值 lncr 和固定资产投资增速 gd 作为消费需求 DC 的解释变量。

b. 投资需求

由于目前我国高端白酒投资市场尚未完善，我国没有能直接反映高端白酒投资需求的统计数据。因此，本节选择了间接指标来反映消费者的投资需求。"消费剩余"是投资需求的产生前提，在满足了一定时期内的消费需求后，随着收入水平的不断增加，信用货币逐渐贬值，人们的投资需求也会增加。"消费剩余"是指城镇居民人均可支配收入减去城镇居民人均消费性支出后的剩余部分，其能有效反映消费者对投资品的潜在需求。[①]此外，品牌价值对于高端白酒企业尤为重要，传统名优白酒品牌不仅包含着历史和人文底蕴，同时也体现了代代传承的香型和品质。一般而言，品牌越知名，市场影响力越大，更容易实现快速套现，投资者会根据品牌价值作为产品投资的购买依据。据此，本节选取品牌价值占比 r 和"消费剩余"占比 FS 作为自变量，用以反映消费者对高端白酒的投资需求 DI，其中，品牌价值占比为企业品牌价值与研究样本品牌价值总额的比值，"消费剩余"占比为"消费剩余"与城镇居民人均可支配收入的比值。

2）控制变量

资产是企业赖以生存与持续发展的重要基础，是企业获益的重要源泉，通常而言，行业总资产越多，意味着该行业市场规模越大，而白酒产业作为传统食品加工制造业，资本密集程度较高。因此，本节主要采用行业总资产增长率 v 来衡量行业发展空间 S，它在很大程度上可以反映出行业的运营效益及未来发展能力；同时，出于稳健性考虑，本节也利用了行业资本积累率 m 和行业资产保值增值率 z 进行比较分析，其中，行业总资产增长率 v 为行业年末资产总额增量与年初总资产的比值，行业资本积累率 m 为行业年末所有者权益的增加值与年初所有者权益总额的比值，行业资产保值增值率 z 为行业年末所有者权益与年初所有者权益的比值。

---

① 张海洋，袁小丽，陈卓，等. 投资性需求对我国房价影响程度的实证分析[J]. 软科学，2011 年第 25 卷第 3 期，第 24-30 页。

3. 数据说明

高端白酒的年度平均市场售价主要由东方财富 Choice 数据计算得出；城镇居民人均可支配收入、固定资产投资增速均来源于国家统计局官网；品牌价值占比、"消费剩余"占比分别由世界品牌实验室和国家统计局官网的相关数据计算得出；行业总资产增长率、行业资本积累率和行业资产保值增值率均来源于 Wind 数据库。变量的描述性统计如表 10-3 所示。

表 10-3　变量描述性统计

变量	均值	标准差	最小值	最大值
$\ln P$	6.4890	0.7130	4.9950	7.8250
lncr	10.2920	0.2470	9.8580	10.6540
gd	13.9900	7.1400	5.4000	23.8000
r	0.6270	0.5610	0.0505	2.0110
FS	0.3910	0.0877	0.2950	0.5000
v	7.5500	0.9700	5.9000	8.9000
m	11.8100	2.4500	9.2000	16.7000
z	109.8000	2.6420	106.1000	114.1000

10.3.3　结果分析

本节利用固定效应模型进行回归分析，估计结果如表 10-4 所示，其中，模型（1）和模型（2）分别为加入消费需求变量和投资需求变量后的回归结果，模型（3）、模型（4）和模型（5）则是在解释变量的基础上，加入了控制变量。

表 10-4　回归结果

变量	（1）	（2）	（3）	（4）	（5）
lncr	2.3000*** (0.4220)	2.0070*** (0.3950)	1.4950*** (0.4000)	2.0030*** (0.3770)	2.0630*** (0.4060)
gd	0.0822*** (0.0115)	0.0779*** (0.0110)	0.0626*** (0.0113)	0.0779** (0.0112)	0.0842*** (0.0121)
r		0.3960*** (0.0879)	0.4160*** (0.0784)	0.3950*** (0.0950)	0.3890*** (0.0877)
FS		−0.7890 (0.4060)	−0.6390 (0.4220)	−0.7730 (0.4120)	−0.5290 (0.3560)
v			0.0787*** (0.0206)		

续表

变量	（1）	（2）	（3）	（4）	（5）
m				0.0009 (0.0123)	
z					0.0185*** (0.0044)
_cons	−18.3300*** (4.5000)	−15.2000*** (4.0710)	−10.3800** (4.0950)	−15.1700*** (3.9560)	−17.9900*** (4.6060)
N	70	70	70	70	70
R^2	0.4110	0.5400	0.6290	0.5400	0.5610

注：括号中为稳健标准误

表示 $p < 0.05$，*表示 $p < 0.01$

所有模型中，城镇居民人均可支配收入和固定资产投资增速的回归系数均为正，且通过了显著性检验，表明消费需求与高端白酒的市场价格之间存在正相关关系，人均收入水平的提高，中产阶级的不断扩大，使居民从之前的"温饱型"消费转向"享受型"消费。此外，全社会固定资产投资的不断增加，势必会带来商务往来和一般公务活动等社交活动频率的增加，进而推动白酒实际消费的增长。

代表投资需求的品牌价值占比均通过了 1% 的显著性水平检验，表明品牌影响力对高端白酒的价格上涨起着促进作用。高端白酒的投资价值主要来源于其稀缺性，只有部分高品质白酒才具有陈年潜力，而品牌声誉作为白酒品质的外在表现，投资者会根据品牌价值来评估高端白酒的未来收益，因而，强势品牌有更高的认知品质，从而具有更强的溢价能力；"消费剩余"占比的回归系数不显著，且作用方向与预期不符，究其原因，可能在于：虽然高端白酒的收藏投资市场正在不断兴起，但相比于股票、债券和房地产等市场，目前高端白酒投资市场不公开、不透明，行业内还存在诸多痛点，如产品价值量化、真伪辨别、产品储存等问题，而我国家庭的资产配置组合中，金融资产的配置占比较低，投资实物资产的比重较高，其中，房地产占据了绝对优势，故"消费剩余"对高端白酒价格的作用并不明显。

从控制变量的估计结果来看，行业总资产增长率的回归系数在 1% 的水平上显著为正，说明总资产增长率的提高有利于高端白酒价格的提升。这意味着随着行业资本不断扩大，企业持续发展能力越来越强，有利于企业提高产品价格，这一结果符合我国高端白酒市场发展的实际情况。

为了保证回归结果的可信度，分别以行业资本积累率和行业资产保值增值率作为行业总资产增长率的替代变量进行稳健性检验。稳健性检验的结果显示，代表消费需求的解释变量（城镇居民人均可支配收入和固定资产投资增速）和代表投资需求的解释变量（品牌价值占比和"消费剩余"占比）的显著性及作用方向一致，表明本节的实证研究结果可靠。

10.3.4　结论与启示

在市场竞争下，价格的形成是市场供求力量共同作用的结果。高端白酒的供给弹性较小，价格的不断上涨主要是由于需求的增加。除了自身的商品属性外，高端白酒的稀缺性和时间增值性使其金融属性逐渐凸显。从商品属性看，高端白酒的价格取决于消费者的实际消费需求；从金融属性看，市场价格直接受投资者期望收益率的影响，价格预期一旦形成就会影响市场供求关系。高端白酒的需求包含了消费需求和投资需求，而高端白酒市场的不完全竞争，使企业有提高价格的内在倾向。通过实证发现，消费需求的增长来自我国家庭收入的不断提高和固定资产投资增速的增长；虽然投资性需求源自家庭"消费剩余"，但目前高端白酒投资市场尚未健全可能是导致"消费剩余"占比回归结果不显著的主要原因。同时，基于品牌价值的投资需求显著地促进了高端白酒价格的提高；此外，行业总资产增速对高端白酒价格的提高也起到积极作用，而市场竞争程度对高端白酒价格的影响并不显著。

上述的理论和实证分析结论对我国政府及企业均具有重要意义。一方面，白酒投资市场作为新兴的消费热点，政府应推动白酒投资市场的标准化、专业化运作，规范白酒投资市场秩序，引导市场主体形成稳定、理性的预期格局，形成白酒产业新的增长点；同时，应该制定全国统一的白酒法律，加强市场价格监管，严厉打击捏造散布虚假涨价信息、制假售假、变相涨价、价格垄断等扰乱市场价格秩序的行为。另一方面，白酒企业应注重白酒品牌的高端化建设，塑造品牌在消费者心目中的形象感知，加强品牌的精细化管理，注重主品牌建设，梳理公司产品线，根据不同市场合理制定营销策略，满足消费者的不同情感需求。

10.4　基于竞争导向定价法的高端白酒定价实证

10.4.1　理论分析

我国白酒生产企业众多，市场竞争十分激烈，2019 年，共有规模以上企业1176 家。虽然行业总体属于竞争性市场，但高端白酒通常仅由十多家大型知名企业生产，且市场份额主要被茅台、五粮液、泸州老窖占据，其中，茅台的市场占有率超过一半，优势地位明显。目前我国高端白酒市场高度集中，呈寡头垄断结构。据上市公司年报，茅台、五粮液和泸州老窖以累计不到行业 5% 的总产量，实现了六成以上的利润。可以看出，虽然我国高端白酒生产企业的产能较少，但却赚取了绝大部分市场利润。

贝恩曾经指出，进入壁垒的存在是少数企业能够占据绝大部分市场份额的前提条件，从理论上讲，如果不存在长期进入或退出壁垒，跨行业收益率应大致相等，这意味着高集中度本身并不会导致价格上涨，但在明显存在长期进入壁垒的产业中，产品价格可能会远远超过竞争水平，从而引起行业的高利润率。整体来看，进入白酒产业的技术门槛和资金门槛偏低，企业进入市场较为容易，然而对想要进入高端市场的企业而言，则面临着巨大的阻力。由于白酒品质对自然资源的高要求、技术经验和品牌影响力等因素，高端白酒市场存在较高的进入壁垒，从而使高端白酒生产商拥有较强的定价权，成为竞争性市场的卖方垄断者。在寡头垄断市场中，竞争和垄断因素并存，任一高端白酒生产企业都对价格有一定的影响力，但进行价格决策时，同时必须考虑竞争者的反应。实际上，企业的定价决策是一种价格博弈行为，因而，我们利用一个简单的博弈模型来说明市场竞争强度对高端白酒企业定价的影响。

1. 对称条件下的市场均衡

实际上，我国白酒行业属于竞争性市场，但就高端白酒市场而言，由于白酒品质对自然资源的高要求和品牌影响力等因素，高端白酒市场存在较高的进入壁垒，从而使高端白酒生产商拥有一定的定价权，成为竞争性市场的卖方垄断者。假定企业在高端白酒市场中生产同一种产品，目标均为利润最大化，企业彼此之间的行为决策会互相影响。因此，可用传统的寡头模型来解释高端白酒市场的竞争情况。考虑一个有 n 家参与企业的古诺模型，则企业 i 的利润函数为

$$\pi_i(Q) = q_i p(Q) - C_i(q_i) \tag{10-16}$$

式中，π_i 为企业 i 的利润，是总产量 Q 的函数；q_i 为企业 i 的产量；$p(Q)$ 为市场均衡价格，由总产量 Q 决定；C_i 为企业 i 的生产成本，取决于产量 q_i。

由利润最大化的一阶条件可得

$$\frac{\partial \pi_i(Q)}{\partial q_i} = p(Q) + q_i \frac{\partial p(Q)}{\partial q_i} - \frac{\partial C_i(q_i)}{\partial q_i} = 0 \tag{10-17}$$

为方便分析，假设反需求函数 $p(Q)$ 为线性函数，即 $p(Q) = \alpha - \beta Q$，且各企业生产的边际成本均为常数 c，即成本函数 $C_i(q_i) = cq_i$，可解得

$$q_i = \frac{\alpha - c}{\beta} - Q \tag{10-18}$$

若企业对称，即各企业产量相等，$Q = nq$，此时，市场均衡产量 q、均衡价格 p 和企业利润 π 分别为

$$q = \frac{\alpha - c}{(n+1)\beta}; \quad p = c + \frac{\alpha - c}{n+1}; \quad \pi = \frac{(\alpha - c)^2}{(n+1)^2 \beta} \tag{10-19}$$

显然可以看出，随着企业数量 n 的增加，市场均衡产量 q、均衡价格 p 和企业利润 π 均会减少，且当 $n \to \infty$ 时，此时 $p = c$，$\pi = 0$，为完全竞争市场的均衡结果。

2. 非对称条件下的市场均衡

在现实经济中，白酒企业的产量并不相等，为此，放松企业对称的前提假设，假定企业的边际成本仍为常数，但并不相等，即 $C_i(q_i) = c_i q_i$，则市场总利润 L 为

$$L = \sum_{i=1}^{n}(p - c_i)q_i = \sum_{i=1}^{n}\frac{(p - c_i)}{p}pq_i \tag{10-20}$$

由式（10-17）可知，$p - c_i = -q_i\frac{\partial p(Q)}{\partial q_i}$，又 $\frac{\partial p(Q)}{\partial q_i} = \frac{\partial p(Q)}{\partial Q}$，将其代入式（10-20），可得

$$L = \sum_{i=1}^{n}\frac{-q_i}{Q}\frac{\partial p(Q)}{\partial Q}\frac{Q}{p}pq_i = \sum_{i=1}^{n}\frac{\theta_i}{\varepsilon}pq_i = \frac{pQ}{\varepsilon}\sum_{i=1}^{n}\theta_i^2 \tag{10-21}$$

式中，$\theta_i = q_i / Q$ 为企业 i 所占的市场份额；$\sum_{i=1}^{n}\theta_i^2$ 为市场份额的平方和，即赫芬达尔–赫希曼指数（HHI），HHI 代表市场竞争程度，$HHI \in [0,1]$，其值越低，越接近于零，表明市场竞争越充分，反之，该行业的市场集中度越高，当 $HHI = 1$ 时，该市场被一家企业所垄断。

对高端白酒市场而言，其生产成本主要为工人工资和原料成本，高端白酒的毛利率可以达到 70% 以上，其中，飞天茅台的毛利率一直名列榜首，基本保持在 90% 以上，这意味着其生产成本不足市场零售价的 1/10。为简化分析，假设相对于高端白酒的市场价格，各生产企业的边际成本均可忽略不计，即 $c_i = 0$，此时：

$$L = \sum_{i=1}^{n}(p + c_i)q_i = \sum_{i=1}^{n}pq_i = pQ \tag{10-22}$$

将式（10-22）代入式（10-21），且根据需求价格弹性 ε 的定义可得

$$p = -\frac{\partial p(Q)}{\partial Q}Q\sum_{i=1}^{n}\theta_i^2 = k\sum_{i=1}^{n}\theta_i^2 \tag{10-23}$$

式中，$k = -(\partial p / \partial Q)Q > 0$。

基于以上模型，可以得知，市场竞争程度是影响市场价格的重要因素，随着企业市场力量的增强，其溢价能力也越发明显。

10.4.2　研究设计

1. 模型构建

除了市场结构之外，在经济活动中还有一些其他因素会影响企业定价，因此，为了检验市场竞争对高端白酒价格的影响，本节在前述理论分析的基础上，结合高端白酒的行业特点，引入部分控制变量，建立了以下的面板回归模型：

$$\ln P_{it} = \alpha + \beta_1 \text{HHI}_t + \beta_2 \text{MS}_{it} + \beta_3 S_t + \beta_4 v_t + \beta_5 d + u_i + \varepsilon_{it} \qquad (10\text{-}24)$$

式中，$\ln P$ 为市场价格，本节采用高端白酒的年度平均市场价格的对数值作为被解释变量；HHI 和 MS 为解释变量，分别表示市场集中度和市场份额；i 为不同企业；t 为年份；S、v 和 d 为控制变量，分别表示宏观经济环境、行业总资产增长率和政策效应；u 用于控制不同企业的固定效应对市场价格的影响；ε、β_i 分别为随机扰动项和待估参数。

2. 变量说明

变量的具体设定和说明如下。

1）解释变量

（1）市场集中度 HHI。HHI 作为集中度的测量指标，可以反映特定市场的竞争程度和垄断性，具体计算方法为行业内所有企业或至少全部大企业的市场份额平方和的加总，本节沿用多数文献的做法[1][2]，以销售收入指标为基础计算市场份额，并利用所选取的大企业的市场份额的平方和来衡量市场集中度。

（2）市场份额 MS。市场份额 MS 是衡量企业竞争力的重要指标，可以用其衡量企业市场势力的强弱。一般而言，企业的市场力量越强，其对自身产品价格的加成能力也越高。

2）控制变量

（1）宏观经济环境 S。通常而言，经济发展形势越好越有利于国民收入水平的提高，居民商业活动和外出就餐也会愈加频繁，对白酒的需求也随之增长，因此外部环境对市场价格会产生一定的影响。常见的用来衡量宏观经济环境的指标是 GDP 增长率 g，它在很大程度上可以反映宏观经济环境对企业生产经营的影响，因此本节主要采用 GDP 增长率来度量行业外部环境，同时出于稳健性考虑，本节也利用了城镇居民可支配收入增长率 gz 和固定资产投资增速 gd 进行比较分析。

① 刘亚健，高伟，李成海. 市场结构、效率与企业绩效：对我国风电产业的一项实证[J]. 产经评论，2018年第9卷第2期，第37-48页。

② 陈艳莹，程鹏. 市场结构、效率与中国装备制造企业盈利能力[J]. 产业经济评论（山东大学），2017年第16卷第1期，第103-119页。

（2）行业总资产增长率 v。资产是企业生存与持续经营发展的物质基础，是企业获取收益的重要源泉，行业总资产增长率是行业当年资产总额增量与期初总资产的比值，反映了行业的后续发展能力及未来发展空间，因此引入行业资产增长变量是有必要的。

（3）政策效应 d。2013 年，在"禁酒令""中央八项规定""六项禁令"等政策的冲击下，高端白酒销售遭遇寒冬，为了说明政策效应的影响，引入政策虚拟变量，2013 年取值为 1，其余年份为 0。

3. 数据说明

HHI 和市场份额主要由各公司年报、《中国轻工业年鉴》及国家统计局官网中的相关数据计算得出；GDP 增长率、城镇居民可支配收入增长率和固定资产增长率均来源于国家统计局官网；行业总资产增长率数据来源于 Wind 数据库。表 10-5 为各变量的描述性统计。

表 10-5　变量描述性统计（一）

变量	均值	标准差	最小值	最大值
ln$P$	6.489	0.713	4.995	7.825
HHI	11.830	9.300	5.290	33.200
MS	0.169	0.384	0.001	2.308
g	7.580	1.270	6.100	10.40
gz	6.890	1.340	5.000	9.600
gd	13.990	7.140	5.400	23.800
v	7.550	0.970	5.900	8.900
d	0.1	0.3	0	1

10.4.3　结果分析

根据所构建的回归模型，本节使用固定效应模型进行分析，结果见表 10-6，第（1）列和第（2）列为分别加入市场集中度和市场份额后的估计结果，第（3）列至第（5）列则加入了全部的控制变量。

表 10-6　面板回归结果

变量	（1）	（2）	（3）	（4）	（5）
HHI	0.0076 （0.0046）	0.0022 （0.0022）	0.0044** （0.0017）	0.0113*** （0.0019）	0.0085*** （0.0017）
MS		0.3780*** （0.0619）	0.3780*** （0.0470）	0.3780*** （0.0390）	0.3780*** （0.0386）

变量	（1）	（2）	（3）	（4）	（5）
g			0.0534*** （0.0118）		
gz				0.1020*** （0.0196）	
gd					0.0170*** （0.0033）
v			0.1080*** （0.0250）	0.0397* （0.0202）	0.1030*** （0.0243）
d			0.1450 （0.0829）	0.2710*** （0.0709）	0.0743 （0.0919）
_cons	6.3990*** （0.0543）	6.3990*** （0.0219）	5.1390*** （0.2460）	5.2590*** （0.2220）	5.3010*** （0.2150）
N	70	70	70	70	70
R^2	0.0959	0.2660	0.5940	0.7360	0.7000

注：括号中为稳健标准误

*表示 $p<0.1$，**表示 $p<0.05$，***表示 $p<0.01$

  对比回归结果可以看出：市场集中度的系数仅在后三栏中显著，并且市场集中度的系数估计值很小，因此，市场集中度对市场价格的影响可能不大，原因可能在于：鉴于数据的可获得性，本节仅计算了行业整体的市场集中度，但我国幅员辽阔，受气候环境、文化历史、消费习惯、收入水平等因素的影响，不同地区的消费者对白酒品牌、香型和口感的偏好存在差异，使得不同档次的产品各自都有相对独特的消费受众；而白酒企业发展不均衡，产业内部分化趋势明显，不同的细分市场呈现出不同的市场结构，高端白酒市场的集中度与整个行业的集中度差异较大，故市场集中度的大幅变化并不能对高端白酒的定价产生明显作用。

  市场份额在所有模型中均通过了1%的显著性水平检验，表明其对高端白酒价格具有显著的正向影响，即差异化的竞争优势能为高端白酒企业的产品和服务带来更高的售价。酿酒产业的产品差异通常与产品品质、品牌相关[1]，且高端白酒消费具有较强的社交刚性，与普通白酒相比缺乏替代性，作为一种身份和地位的体现，兼具精神消费和物质消费的双重性质，消费者的价格敏感度低，历史文化积淀形成的品牌影响力构成了高端白酒生产企业的主要竞争优势。相比于新品牌，在购买时消费者往往更加偏好选择传统品牌，在消费者眼中品牌集中代表了白酒品质的高低。凭借品牌声誉，企业可以实现产品差异化，将其

---

① [美]贝恩 J S. 新竞争者的壁垒[M]. 徐国兴，邱中虎，张明等译. 北京：人民出版社，2012年12月。

产品价格提高到远超其成本线之上的水平,从而占领市场,扩大市场影响力,而且高端白酒企业还可以凭借巨额的广告营销投入,进一步塑造品牌形象,扩大产品差异化。

在控制变量中,宏观经济环境和行业总资产增长率都与高端白酒价格呈显著的正相关关系,表明宏观经济环境越好,行业未来发展空间越大,越有利于企业对外扩张,提高产品价格,这与经济直觉相符;除了第(4)列中政策因素的影响是显著的,第(3)列和第(5)列并不显著,因此,整体来看,政策因素对高端白酒价格的作用并不明显,这可能是由于在市场竞争中,受行业特性的影响,企业始终存在提高价格的内在冲动,并且某些地区的社会和经济发展依赖于白酒产业的发展,加上政府作为管理者和被管理者的双重身份,面对市场经济的复杂波动,政府会做出弹性决策,因而政策调控只能在一段时间内发挥作用。

从稳健性检验的结果来看,无论是用 GDP 增长率、城镇居民可支配收入增长率,还是用固定资产投资增长率来衡量宏观经济环境,回归结果类似,这表明本节的估计结果是稳健的,结论也较为可靠。

10.4.4　结论与启示

本节从市场集中度和市场势力两个层面考察了市场竞争与高端白酒企业定价之间的关系,并利用了 2010~2019 年的 7 家白酒企业的面板数据进行实证检验。结果表明,企业的竞争力是影响高端白酒价格的主要因素,高端白酒价格的提高并非垄断的结果,企业可以通过长时间形成的品牌声誉,强化顾客忠诚度,实现产品差异化,扩大市场占有率,从而获得市场势力。此外,宏观经济环境、行业总资产增速对高端白酒价格的提高具有显著的积极影响,而政策效应对高端白酒价格的冲击并不显著。

基于本节的研究结果可以得到如下启示:对政府而言,尽管近几年随着消费升级和市场的逐步放开,市场资源进一步向大企业倾斜,集中度也随之提高,但我国高端白酒市场上的竞争依然是有效的,市场集中度的提高并不能导致高端白酒企业溢价能力的增强,因此,政府不必过分关注市场结构,应进一步放松管制,完善市场竞争机制,为企业的公平竞争创造良好的外部环境;对企业而言,面对竞争对手的不断追赶,要想避免“价格战”,持续发展壮大,需要依靠产品差异化,提升消费者的品牌忠诚度,形成企业的核心竞争力。具体而言,对内可以加大研发投入,推陈出新,在原料、技术、风味等方面形成自己的特有优势,对外可以紧抓消费者需求,根据不同市场合理制定营销策略,提高产品的市场占有率。

10.5　基于综合定价法的高端白酒定价实证

10.5.1　理论分析

作为反映市场波动的综合指标,企业的定价不仅直接影响着顾客的购买决策,也成为与竞争对手之间夺取市场份额的重要手段,企业与消费者、竞争对手三者之间的相互关系最终会体现在价格变化上。从理论上讲,价格以价值为基础,是买卖双方力量动态均衡的结果。价格的制定是建立在成本核算及对市场的深入调研的基础之上的,企业对其生产的产品所愿意接受的最低价格取决于生产规模、技术水平和投入要素价格等决定的企业成本函数,消费者对一定数量的产品所愿意支付的最高价格则取决于消费者偏好及收入水平。而在最低价格和最高价格之间,市场均衡价格的形成还取决于竞争者所提供的同种产品的价格水平,即在市场经济中商品价格主要会受生产成本、供求关系、市场竞争等因素的影响。由此产生了三大基本定价方法,即成本导向定价法、需求导向定价法、竞争导向定价法。由于产品成本、消费需求及市场竞争状况是影响和制约企业定价的主要因素,因此,在高端白酒市场中,为了实现既定的经营目标,高端白酒生产企业必须充分考虑这些因素的影响,制定合理的定价策略。

1. 生产成本

高端白酒的生产成本主要由两部分构成,即有形成本和无形成本。有形成本主要是指原材料和人工成本。一方面,高端白酒作为纯粮酿造而成的酒,酿酒原料主要为高粱、玉米、小麦、大米、糯米、大麦等粮谷类作物,白酒行业素有"三斤粮食一斤酒"之说,但在实际酿造过程中,由于生产工艺、酒曲、发酵期及香型的不同,企业之间的粮耗和出酒率也存在差别。此外,并不是所有基酒都可以用来制作高端白酒,以五粮液为例,其生产工艺为"分段摘酒",即掐头去尾只取其中部分顶级的优质白酒作为高端白酒的基酒,因而高端白酒的出酒率更低,粮食损耗率大;另一方面,高端白酒的酿造工艺复杂,虽然许多大型白酒企业的机械化程度越来越高,但在制曲、勾调等关键步骤,往往依赖操作员工的经验判断,而个人判断能力的提高往往需要长时间的学习实践和经验累积。在当前国民经济发展环境发生转变的背景下,"人口红利"逐渐消失抬高了劳动力成本。无形成本是指时间成本,高端白酒的生产是日积月累的结果,连续使用多年以上的窖池是生产高端白酒的前提条件,窖池连续生产时间越长,价值也越高。此外,新酒必须经过一段时间的存贮,让其自然老熟,然后才能作为高端白酒成品投放到市场中。随着企业生产成本的不断上涨,其提价的内在倾向也会增强，这也是历来高端白酒企业提价的主要理由。

2. 消费需求

高端白酒的生产工艺流程复杂，离不开当地特殊的自然地理环境，且生产周期长，使得高端白酒供给受限。此外，不同于一般的快速消费品，高端白酒不具有时效性，反而越陈越香，存在增值空间，年代越久远，价格越高昂。高端白酒的稀缺性及随时间增值的特性导致了高端白酒逐渐具有了价值储备的功能属性，因而其同时具有了消费品和投资品的双重属性，从而使得消费者对高端白酒的需求既包含了实际的消费需求（以下简称实际需求），也包含了期望通过价格上涨获得收益的投资需求。一方面，中国对于白酒有很大的市场需求，并且有很深的群众基础[①]。受社会风俗习惯的影响，高端白酒消费是一种具有身份和地位象征意义的文化消费，随着居民收入水平的持续提高，居民的消费能力的不断增强，居民消费观念也随之转变，从以往的"温饱型"消费转向"享受型"消费，高端白酒将更加受到消费者的青睐，从而提高消费者对高端白酒的实际需求；另一方面，在解决了温饱问题以后，随着收入水平的增加和信用货币的逐渐贬值，在房地产市场低迷的情况下，人们对高端白酒的投资意愿也逐渐增强。可以预计，实际需求和投资需求的双重作用会推动价格上升，因而消费需求对高端白酒生产企业提价的影响是正向的。

3. 市场竞争

虽然白酒行业特别是低端白酒市场的进入门槛相对较低，对资金、技术、工艺等要求不高，但是白酒品质对自然资源以及酿造工艺的高要求，加上深厚的历史文化传统形成的品牌影响力，使得高端白酒市场的进入壁垒很高，其他企业想要进入较为艰难。目前，我国高端白酒市场呈寡头垄断结构，90%以上的市场份额被茅台、五粮液和泸州老窖三家企业所占据，其中，茅台具有绝对优势，但这并不意味着现阶段高端白酒企业之间的竞争并不激烈。事实上，在我国高端白酒市场中垄断和竞争因素并存，一方面，高端白酒的消费需求主要来源于商务、公务、礼品、投资及收藏等方面，消费者价格敏感度较低，在短期内具有较强的需求刚性，加上高端白酒供给受限，高端白酒因而产生了价格上涨空间，企业拥有较强的定价权；另一方面，随着白酒消费逐渐升级，产品结构日益高端化，行业集中度不断提升，现存企业的市场竞争也越发激烈，在定价时企业同时也要考虑竞争对手的反应。

---

① 蒋玉石，骆婕茹，赵丽娟. 新常态下的中国白酒行业发展趋势及应对策略研究[J]. 四川理工学院学报（社会科学版），2015年第30卷第6期，第46-55页。

10.5.2　研究设计

1. 实证模型构建

综合以上理论分析及变量选择，构建如下模型：

$$\begin{cases} P_{it} = F(C_{it}, \mathrm{DC}_{it}, \mathrm{DI}_{it}, M_{it}) \\ \mathrm{DC}_{it} = f_1(\mathrm{cr}_t, v_t) \\ M_{it} = f_2(\mathrm{HHI}_t, S_{it}) \end{cases} \tag{10-25}$$

式中，i、t 分别为企业和年份；P 为高端白酒的市场价格；C 为生产高端白酒的有形成本；DC 为对高端白酒的实际需求；DI 为对高端白酒的投资需求；M 为市场竞争程度；cr 为城镇居民人均可支配收入；v 为全社会固定资产投资增速；HHI 为市场集中度；S 为高端白酒企业的品牌竞争力。

据此，可得到以下回归方程：

$$P_{it} = F\left\{ C_{it}, f_1(\mathrm{cr}_t, v_t), \mathrm{DI}_{it}, f_2(\mathrm{HHI}_t, S_{it}) \right\} + \varepsilon_{it} \tag{10-26}$$

将方程中市场价格和有形成本取对数，即可得到以下面板回归模型：

$$\ln P_{it} = \alpha_0 + \alpha_1 \ln C_{it} + \alpha_2 \ln \mathrm{cr}_t + \alpha_3 v_t + \alpha_4 \mathrm{DI}_{it} + \alpha_5 \mathrm{HHI}_t + \alpha_6 S_{it} + \varepsilon_{it} \tag{10-27}$$

式中，ε、α_i 分别为随机干扰项和待估参数。

2. 变量说明

基于上述理论解释，本节拟选择高端白酒的平均市场零售价作为被解释变量。解释变量分为成本解释变量、需求解释变量和竞争解释变量，其中需求解释变量又可分为实际需求解释变量和投资需求解释变量。

高端白酒的生产成本虽然可分为有形成本和无形成本，但是无形成本即时间成本难以衡量，因此，本节选用毛利率和出厂价计算得出的有形成本 C 作为成本解释变量。计算公式为

$$有形成本 = 出厂价/（1 + 毛利率） \tag{10-28}$$

高端白酒的消费需求结构较为复杂，一方面，实际需求主要来源于个人消费和政商消费。我国经济迅速发展使得大众消费的经济基础获得了很大提升，当下中产阶级消费群体不断扩大，大众消费意识也逐渐发生转变，对更高品质及更高价位的酒的需求不断增加。同时，白酒作为社交的基本构成元素，社会固定资产投资增加使得商务往来更加密切，餐饮消费也愈加频繁，提升了对高端白酒的需求。因此，本节选用城镇居民人均可支配收入 cr、全社会固定资产投资增速 v 分别代表个人消费需求和政商消费需求；另一方面，投资需求主要来源于保值增值的目的，由于目前我国高端白酒收藏投资市场仍处于起步阶段，市场尚未成熟，难以获取到消费者的投资需求信息，而只有在满足了一定的消费需求后，市场中

才会出现投资需求，即存在"消费剩余"是产生投资需求的先决条件。据此，本节选择了"消费剩余"占比 FS 来间接反映消费者对高端白酒的投资需求。"消费剩余"占比为"消费剩余"占城镇居民人均可支配收入的比重。

根据产业组织理论[①]，特定市场的垄断程度与市场集中度成正比，市场集中度越高，企业的市场力量越大，其对价格的控制能力也越强，市场集中度的衡量指标主要有 CR_n、基尼系数和 HHI 等，本节以 HHI 代表市场集中度，其计算方法为所选取的大企业市场份额的平方和的加总，其中市场份额的计算以销售收入为基础。此外，企业的产品差异化能力是衡量企业竞争力的重要指标，通常而言，企业的产品差异化能力越强，其溢价能力也越高。由于我国白酒产业起源早、生产工艺较为成熟，实际上除了香型以外，不同企业生产的高端白酒之间的实际差异较小，白酒企业的竞争力集中体现为品牌影响力，特别是对高端白酒而言，优质的品牌形象是消费者购买时的主要考虑依据。因此，本节选择 HHI 和品牌价值占比 r 作为竞争解释变量。

3. 数据说明

城镇居民人均可支配收入和全社会固定资产投资增速均来自国家统计局官网；"消费剩余"占比由国家统计局官网中的相关数据计算得出；HHI 主要由各公司年报和《中国轻工业年鉴》中的相关数据计算得出；品牌价值占比由世界品牌实验室中的相关数据计算得出。表 10-7 为变量的描述性统计。

表 10-7　变量描述性统计（二）

变量	均值	标准差	最小值	最大值
$\ln P$	6.489	0.713	4.995	7.825
$\ln C$	4.246	0.682	2.354	5.544
lncr	10.292	0.247	9.858	10.654
v	13.990	7.140	5.400	23.800
FS	0.391	0.088	0.295	0.500
HHI	11.830	9.300	5.290	33.200
r	0.627	0.561	0.0505	2.011

10.5.3　结果分析

本节选用固定效应模型进行估计，表 10-8 为回归结果，第（1）列至第（3）列分别为仅考虑生产成本、消费需求和市场竞争因素后的估计结果，第（4）列至

---

① 苏东水. 产业经济学[M]. 北京：高等教育出版社，2010 年，第三版。

第（6）列为考虑其中两个影响因素后的回归结果，第（7）列则是将上述三个因素都考虑进来。

表 10-8　回归结果

变量	（1）	（2）	（3）	（4）	（5）	（6）	（7）
ln$C$	0.1570 (0.0944)			0.2020 (0.105)	0.2350 (0.195)		0.1570* (0.0770)
lncr		2.2910*** (0.4220)		2.1580*** (0.4000)		2.0910*** (0.4180)	1.8930*** (0.4070)
v		0.0803*** (0.0109)		0.0763*** (0.0106)		0.0795*** (0.0115)	0.0741*** (0.0109)
FS		−0.7290* (0.3490)		−0.9220* (0.3990)		−0.8730 (0.4880)	−0.8720 (0.4730)
HHI			0.0074 (0.0048)		0.0098 (0.0055)	−0.0010 (0.0042)	0.0010 (0.0043)
S			0.0123 (0.0513)		−0.1370 (0.1370)	0.4020*** (0.0950)	0.3260** (0.0920)
_cons	5.8240*** (0.4010)	−17.9300*** (4.3930)	6.3930*** (0.0498)	−17.2900*** (4.4520)	5.4610*** (0.8000)	−16.0400*** (4.2820)	−14.5800** (4.3240)
N	70	70	70	70	70	70	70
R^2	0.0270	0.4880	0.0960	0.5260	0.1440	0.5400	0.5600

注：括号中为稳健标准误

*表示 $p<0.1$，**表示 $p<0.05$，***表示 $p<0.01$

从第（1）列至第（3）列的结果来看，在仅考虑一项影响因素时，生产成本和竞争程度中的相关变量的回归系数均不显著，代表消费需求的解释变量大部分都通过了 1% 的显著性水平检验，而且第（2）列的准 R^2 最大，为 0.488，说明第（2）列的拟合优度最佳，模型在总体上显著，这表明相对而言有形成本和市场竞争对市场价格的影响可能不高，市场需求的作用较为突出。

第（4）列至第（6）列分别给出了成本和需求因素、成本和竞争因素、需求和竞争因素作用下的回归结果，代表需求的大部分解释变量在第（4）列和第（6）列中仍然显著，进一步证实了需求增加对高端白酒企业涨价存在积极影响；代表成本的解释变量的系数在第（4）列和第（6）列中均不显著，表明成本上涨并不会对企业的提价行为产生明显影响；代表竞争的解释变量仅在第（6）列中显著，表明只有在消费者的需求价格高于企业的供给价格时，才会产生购买行为，在产品市场形成的基础上，需求增加会刺激企业涨价，但在具体的提价过程中，高端白酒企业也必须考虑竞争企业的现行价格水平及提价倾向。

第（7）列为综合考虑成本、需求和竞争因素后的估计结果，具体来看，虽然有形成本的系数显著, 与前面结果有所差异, 但仅在 10%的水平上显著, 且从回归系数中可以看出, 有形成本对高端白酒价格的影响程度很低, 上市白酒公司中的相关数据也证明了这一现象, 高端白酒企业的毛利率很高, 其中, 2017~2019年贵州茅台的毛利率均保持在 90%以上, 而五粮液和泸州老窖也超过了 70%。可见有形成本在高端白酒价格中的占比极低; 代表消费需求的解释变量中, 实际消费变量均在 1%的水平上显著, 表明消费需求对高端白酒生产企业提价的影响是正向的; 投资需求解释变量并不显著, 且回归系数与预期不符, 可能是由于个人投资选择的涵盖范围过广, 如各类股票、有价证券、贵金属和房地产等, 因而不能有效反映出高端白酒投资需求的变动; 代表竞争的解释变量中, HHI 在经济意义和统计意义上均不显著, 原因可能在于受限于数据, 本节仅计算了整个白酒市场的 HHI, 但不同细分市场的集中度差异较大, 若能利用高端白酒市场的集中度进行分析, 结果可能会与理论预期一致; 表示市场竞争力的品牌价值占比的回归系数显著为正, 从回归系数中可以看出, 相较于有形成本、城镇居民人均可支配收入的增加和全社会固定资产投资等因素, 品牌价值占比对高端白酒价格的影响幅度更大, 表明品牌竞争力对企业提价影响程度较大。在高端白酒市场中, 品牌是企业竞争力的主要体现, 品牌影响力越大, 企业的产品溢价能力也越强。

10.5.4　结论与启示

　　企业的定价直接关系到企业的市场份额和收益状况, 在日益激烈的市场竞争中, 如何合理制定及调整产品价格, 实现利润的最大化, 成为企业生存和发展的关键。影响产品价格的因素主要包括生产成本、市场需求及市场竞争状况, 故本节建立了一个包括上述影响因素的高端白酒价格模型, 并利用 2010~2019 年 7家高端白酒生产企业的面板数据进行检验, 得到以下结论: ①原材料、劳动力等有形成本上涨对高端白酒价格的影响不明显, 高端白酒生产企业以成本上涨作为其屡次提价的理由并不充分; ②需求上涨是高端白酒生产企业提价的重要推动力, 实际消费需求的增长来源于我国经济的快速发展, 一方面, 居民生活水平不断提升, 消费理念与结构逐渐转变与优化, 提高了对高端白酒的需求, 另一方面, 社交的需要也增加了对高端白酒的需求。在市场需求的推动下, 由于高端白酒供给受限, 企业可以不断抬高价格; ③虽然需求上涨是企业上调价格的前提条件, 但在具体实施过程中, 涨价需要品牌力的支撑, 一般而言, 在消费者对高端白酒的认知价值高于其实际价值时, 消费者才会接受企业的涨价行为, 而消费者的认知价值主要表现为对品牌的认可度, 因此, 品牌价值越高, 企业的提价能力也越强。
　　基于以上结论, 结合我国高端白酒企业的发展现状, 提出以下启示: ①消费升级为白酒产业的转型升级带来了新的发展机遇, 市场资源将进一步向优质企业和名优品牌集中，市场竞争也越发激烈，政府应建立高端白酒统一认证标准，培育、保护品牌，鼓励名优企业做大做强，增加高端白酒供给量，形成市场竞争和适度集中的动态均衡，促进市场形成良性竞争；②高端白酒企业的较强定价权保证了其稳定的盈利能力，但白酒本质上属于消费品，过高的价格必定会产生价格泡沫，不利于企业的稳健经营，因而高端白酒企业在制定及调整价格时，应与消费者的消费能力相匹配；③品牌声誉是影响高端白酒企业定价能力的核心要素，也是高端白酒企业竞争力的主要表现，如何提升其品牌影响力从而强化自身竞争力对高端白酒企业尤为重要。高端白酒企业应在保证及改善产品品质的基础上，通过文化赋能，强化品牌定位，最大限度地满足消费者除自饮外的精神文化需求，同时通过产品营销及广告宣传，不断扩大品牌影响力，占领市场。

10.6　本 章 小 结

本章主要以成本导向定价法、需求导向定价法、竞争导向定价法及综合定价法为指导，建立了高端白酒的定价模型，在此基础上，利用2010～2019年我国主要高端白酒企业的面板数据，实证分析了生产成本、市场需求及市场竞争因素对高端白酒价格的不同影响。

价格作为反映市场经济运行状况的重要指标，价格的高低不仅与生产者、消费者的福利息息相关，合理的价格变动还会促进资源在个人、企业及地区之间的流动与重组，最终实现资源的优化配置。与一般的快速消费品相比，高端白酒价格波动较大，近年来，随着消费升级和市场不断开放，高端白酒价格回升，频频上涨，在市场上出现茅台"越限价越涨价、越涨价越抢手"的异象，而茅台提价也刺激了五粮液、泸州老窖等依次涨价。从理论上来看，目前关于高端白酒定价方面的研究几乎是一片空白。从实践上来看，长期以来，高端白酒企业定价随意，凭经验定价，跟随竞争对手定价，没有科学的定价方法和模型。因此，为了打开高端白酒定价的神秘"黑箱"，本章结合高端白酒市场的实际发展状况，从成本、需求、竞争及综合角度构建了高端白酒的定价模型，以期为高端白酒企业定价提供理论及实践上的指导，并填补相关研究领域的空白。

通过实证分析发现：一是虽然成本加成定价法较为方便简单，但高端白酒价格的上涨幅度难以用成本因素来解释。根据上市白酒公司年报，高端白酒的毛利率高达70%以上，可以看出生产成本的占比很低，原材料、劳动力等成本变动与高端白酒的价格变动没有直接联系。二是不同于一般的快速消费品，高端白酒的稀缺性和随时间增值的特性，使其逐渐具备了价值储备和增值保值的功能，因而消费者对高端白酒的市场需求，除了用于实际饮用的消费需求，还有期望投资获利的投资需求，两种需求的增长刺激了高端白酒价格的上涨。三是高端白酒市场的寡头垄断结构使得企业具有一定的定价能力，但同时，同区域及不同区域的高端白酒企业之间的竞争也十分激烈。高端白酒企业的定价主要是基于自然生态价值，凭借产品差异化能力和投资价值不断强化其溢价能力，其中，品牌价值是高端白酒企业的产品定价能力和投资价值的主要支撑。四是消费是一切生产经营活动的最终目的，在高端白酒供给受限的背景下，需求增加使得高端白酒企业存在提价的内在倾向，而在具体提价过程中，还要考虑竞争对手的定价行为。在高端白酒市场中，品牌价值作为企业竞争力的主要体现，品牌声誉与企业的溢价能力之间呈正相关关系。

第 11 章　高端白酒定价策略的实证分析

定价策略是定价方法的具体运用。一般而言，高端白酒企业的定价策略主要有降价促销策略、撇脂定价策略、渗透定价策略、高价定价策略。具体而言，国内高端白酒企业的定价策略主要有筑牢价值根基、做好价值沟通、坚持合理定价。国外高端蒸馏酒的定价策略主要有树立产区化的定价理念、强化标准化的定价元素、按照酒龄分等级定价、体现产品的文化内涵。本章在前面章节对高端白酒定价方略进行一般分析和对定价方法进行实证分析的基础上，对高端白酒的定价策略进行实证分析，最后从理论联系实际的维度，对五粮液的定价策略进行案例分析。

11.1　定价策略概述

11.1.1　定价策略的内涵

策略即计策谋略，指的是适合具体情况的做事原则和方式方法。[①]定价策略是协调整合原本较为独立的行为以达到一个共同目标而进行的行动的总和，是市场主体为了实现其经营目标——利润最大化，所实施的与定价方法相适应的价格策划、定价技巧和艺术的总称，是定价方法的具体化和延伸。[②]高端白酒企业为了获取高额利润，不仅需要提升价格管理能力，更为重要的是产品与服务中一定要包含消费者愿意为之支付的特有价值，从而使产品与服务的差异化与卓越品质转化为消费者能够感知与接受的合理溢价，最终让顾客愿意为之付出更高的价格，得到更高品质的消费体验。不同的企业所处的行业不同，所面临的竞争格局也不一样，所具备的资源禀赋也存在着差异，但成功的定价策略都包含了三大基本原则——基于价值、利润驱动、灵活应变。

基于价值，是指通常情况下价格的变动应该反映消费者所获取产品与服务价值的变化，或者说价格是相关产品与服务价值的体现。除了商品所具备的使用价值，商品所蕴含的价值更多的是体现在其具备的品质、品牌影响力以及无形价值上。影响商品与服务价格的因素很多。在经济衰退时，市场需求下降，消费者从

---

① 夏征农，陈至立主编. 辞海（第六版彩图本）（第一卷）[M]. 上海：上海辞书出版社，2009 年 9 月，第 231 页。

② [美]托马斯·内格尔，[美]约瑟夫·萨莱，陈兆丰. 定价战略与战术——通向利润增长之路[M]. 龚强，陈兆丰译. 北京：华夏出版社，2012 年版。

商品与服务中所获取的价值如果伴随经济衰退而变小，则企业应该降低价格来适应这一情况；如果消费者并没有因为经济衰退而获取更低的无形价值，则没有必要降价。在制定定价策略时，企业应该自始至终都贯彻好这一基本原则，确保商品与服务的价格和价值相匹配，防止价格过度偏离价值。

利润驱动，是指企业存在的重要意义在于盈利，或者盈利水平最大化。这一要求意味着，企业评估其价格管理成功与否的重要标准，应该是将其获得的投资回报与可替代的投资机会所带来的投资回报进行对比，而不是简单地与竞争对手的营收和利润进行对比；意味着企业在价格制定过程中一定要在市场占有率或者销量之间取得平衡，同时要兼顾企业的盈利水平，一味为提升市场占有率和销量而牺牲盈利能力，不是价格策略的意义所在；一味追求高额利润而不择手段也是不可取的。从一般意义上讲，好的定价策略一定是利润驱动的，偏离了这一目标的定价策略不是有效的定价策略。

灵活应变，是指企业要预测经营过程中的不确定性事件，如经济衰退、政策变化、技术革新、竞争格局改变等，并提前制定好策略予以应对。企业所处的宏观环境、行业环境、微观环境是一个动态的变化过程，各个变量不是一成不变的。例如，国际贸易环境的恶化、原材料价格的波动、用工成本的增加、科学技术的进步、消费者喜好的变化、突发公共卫生事件等，都会影响企业的经营活动。价格策略、价格管理活动，应该与各种难以预见的事件相适应，而不是在最后时刻被迫接受各种负面情况所带来的影响。有效的定价策略一定是动态调整、灵活应变的。

11.1.2　定价策略的框架

如图 11-1 所示，有效的定价策略通常包括五个紧密联系、层层递进的要素，分别是价值创造、价格结构、价值沟通、定价政策、价格水平。处于"金字塔"底部的要素为其他处于上部的要素奠定了必要的基础和重要的支撑，只有当每个层级的要素都得到充分的发挥，从而为其他要素提供相应的支持时，合理的价格水平才能有效确定，有效的定价策略才能最终形成，进而发挥其应有的作用。不同类型的商品与服务、不同的市场格局与竞争环境，其特性是不同的。[①]在运用这一框架制定产品定价策略时，要因地制宜、有的放矢，对相应的产品、服务与市场，有极为准确的认识和充分的了解，为商品与服务的价格制定提供有力的支持。

---

① Nagle T T，Müller G. The Strategy and Tactics of Pricing：A Guide to Growing More Profitably[M]. 6th ed. New York：Routledge，2017.

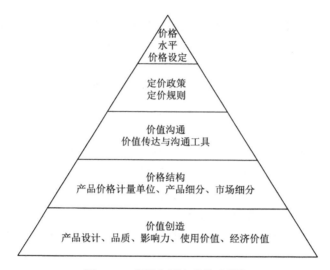

图 11-1　高端白酒定价策略框架

1. 价值创造

商品的价值是其价格的基础，价格会伴随市场行情、供需关系、突发事件等因素不断变化，但商品与服务的价格最终会向其价值回归，使价格与价值相匹配。马克思指出，"商品生产的一般规律是：劳动生产率和劳动的价值创造成反比"[①]。如果商品价格远高于其价值，必将产生泡沫，最终导致高昂的价格难以支撑其价值而下跌；如果商品的价格远低于其价值，必将刺激该商品的需求，从而推高该商品的价格，最终达成"价值发现"和"价格发现"，使价格与价值相适应。定价策略的基础就在于企业能够以合理的成本，为顾客创造具有高价值的商品与服务。对于企业而言，深刻理解产品与服务是如何为客户创造价值的，是制定产品定价策略的第一步，也是企业提高产品定价能力的关键所在。

2. 价格结构

在企业设计开发出创造价值的产品与服务之后，采用合理的价格结构就是通过定价策略以及价格管理，以实现利润和销量的合理平衡，是获取最大利润的关键。[②]对于企业来说，同一产品定价所采用的单位，如每件 X 元、每 500ml X 元等；同一产品在不同区域的售价，如国内价格、国际价格等；同一产品在不同时期的价格，如淡季、旺季等；同一类产品不同规格、品质，如特级产品、一级产品、二级产品等，其定价策略是不尽相同的。

---

① 马克思. 资本论（第二卷）[M]. 北京：人民出版社，2018 年 3 月，第 168 页。

② [美]托马斯·内格尔，[美]约瑟夫·萨莱，陈兆丰.定价战略与战术——通向利润增长之路[M]. 龚强，陈兆丰译. 北京：华夏出版社，2012 年版。

对于消费者而言，支付能力、心理偏好、使用计划、需求的时间节点、支付速度等要素，也存在很大的差异。如果企业向客户确定统一价格，或者向经销商要求统一的销售利润率，则企业必须在销售量和利润之间做出权衡。因为一旦定价过高，消费者面临以高于其支付意愿的价格购买某件商品，必然会放弃购买行为；如果定价过低，一些客户会以远低于其心理支付意愿的价格获得该商品。这两种情况都会对企业利润造成损失，不利于企业利润最大化。但是对于某些特殊商品，例如奢侈品、稀缺产品、高度差异化的产品、具备特有竞争力的产品等，其自身特殊的品牌价值及稀缺效应赋予了它们极强的定价权，采用统一售价反而较为合理，有利于增强其品牌价值、实现利润最大化。

3. 价值沟通

即使研发、生产出了能够为客户创造价值的商品，并为相应产品设计了有效的价格结构，除非客户能够充分认识到他们所获取产品的真正价值，否则仍有可能会产生不太理想的销售业绩和较低的利润水平。有效的定价策略必须能够同客户沟通并传达商品与服务所蕴含的价值，以激励客户的购买行为。

西方经济学认为，供给和需求是市场上决定价格的两种基本力量。需求来自消费者，是指消费者在某个价格水平下，愿意并且能够购买的商品或劳务的数量。需求不同于需要，需要是指人们想要获得的商品或劳务，但不一定有支付能力做保证。只有有支付能力做保证的需要才能成为需求。需要只是一种潜在的需求，潜在的需求要变为现实的需求必须有货币做保证。[①]如果潜在客户不能真正认识到产品与服务所具有的价值以及和竞争对手之间的差异及优势等，即使是最精心设计的、基于价值定价的、价格结构合理的定价策略最终也会失效。有效的价值沟通活动首先需要对客户价值、客户为什么以及如何购买，进行深入的了解，进而设计并传递影响客户购买行为的信息，最终使产品的价值能够被客户所理解，并提高支付意愿及购买可能性。

4. 定价政策

政策是指国家或政党为实现一定历史时期的路线而制定的行动准则。[②]定价政策是基于价值创造、价格结构、价值沟通而制定的定价规则或形成的定价惯例，是企业进行价格管理、实现销售目标、提升利润水平的关键。有效的定价政策能够为企业和客户创造源源不断的价值，为确定最终的价格水平提供有效支撑，为企业创造更高的利润；能够帮助企业实现其短期目标，从长远来看也能促使销售

---

① 张维达主编. 政治经济学（第二版）[M]. 北京：高等教育出版社，2004 年 12 月，第 37 页。
② 《现代汉语辞海》编辑委员会编. 现代汉语辞海（下）[M]. 北京：中国书籍出版社，2011 年 8 月，第 1368 页。

端和企业形成利益共同体，从而避免导致销售代表或经销商做出损害未来销售和影响客户支付意愿的行为。从理论上来讲，有效的定价政策使价格沿着需求曲线移动，而不会产生未来需求曲线"负向"位移，无效的定价政策会使价格的改变转向负面，从而影响客户未来的支付意愿与购买意愿。[①]好的定价政策会让客户认识到产品价格与价值相匹配，而不是必然会有一方发生损失的博弈。

5. 价格水平

根据经济学原理，价格应该设定在需求曲线上边际收益等于边际成本的那个点上，但是在现实经济生活中，价格的设定并非如此简单。原因在于：一是消费者和竞争者行为的不确定性等因素，导致很难预测销售收入会如何随着价格的变化而变化；二是大多数企业的会计系统一般来讲都很难全面地辨识相关成本，从而难以为定价决策提供有效的支持。这种边际成本和边际收益的不确定性，为价格管理者制定最大化利润的价格策略带来了很大的困扰，即使学术界提供了相应的解决方案，如联合分析、最优化模型等，仍然存在着错误估计其准确性和精准性的风险。在定价时，管理者的经验和主观判断仍然是难以忽略和替代的。

商品价格水平的高低，是不以人的主观意志为转移的。一些客观的因素决定着商品的价格水平和它的变化。同价格有联系的因素很多，但是，能够直接对它起决定作用的，主要是商品的价值、市场上的供求关系和投入流通中的货币数量。这三个因素体现着价值规律、供求规律和纸币流通规律，表明了价格水平是由客观存在的经济规律所制约的。[②]尽管如此，给商品确定合理的价格水平是较为复杂的，需要收集分析大量信息，包括企业的经营目标、成本结构、客户需求及偏好、竞争对手的定价策略等，是价格管理者集合企业各运营单位跨职能、跨部门、反复研究和斟酌的过程。这一过程要求企业首先基于销售和利润的平衡来确定适当的价格水平，其次还要评估客户对于这一价格水平可能会形成的与价值无关的、影响客户价格敏感度的驱动因素。

11.1.3　定价策略的模式

定价策略是基于价值创造进而确定价格结构，并通过价值传递确定价格水平的过程，其目的是获取经营利益的最大化。定价策略既要考虑对产品成本的补偿，又要考虑消费者对价格的接受能力。定价策略模式可以从产品品质、产品属性、

---

① Nagle T T，Müller G. The Strategy and Tactics of Pricing：A Guide to Growing More Profitably[M]. 6th ed. New York：Routledge，2017.

② 周春. 周春文集[M]. 成都：四川大学出版社，2015 年 6 月，第 73 页。

产品价格、市场规模、价格敏感度等多个维度进行分析和设计。定价策略模式主要有降价促销策略、撇脂定价策略、渗透定价策略和高价定价策略四种类型。

1. 降价促销策略

当产品缺乏竞争力和质量优势，或者当企业的营销推广费用不足时，降价就成为经常使用的定价策略。这一定价策略往往利用打折、促销、更为低廉的价格等吸引消费者。例如，廉价航空公司会想尽各种办法节约日常开支，以便为客户提供一个更便宜的机票价格；超市也会通过各种促销和折扣活动为消费者提供价格低廉、临近过期的商品。这一定价策略在产能严重过剩、供给远远高于需求的情况下，是较为合适的。这种定价策略往往会为企业带来更多的销售额，适用于经济萧条期、生命周期末期或者市场需求疲软的产品。

2. 撇脂定价策略

撇脂定价又称吸脂定价，是指在产品刚刚进入市场时将价格定位在较高水平，在竞争者研制出相似的产品以前，尽快地收回投资，并且获得较高的利润。撇脂定价策略所设定的价格通常会高于消费者愿意为之付出的价格，希望获得更高的销售毛利率以弥补销量上的损失。撇脂定价策略的基本内涵是，在某一细分市场所获得的销售利润，必须高于通过低价获得更高市场份额而取得的利润。[1]对于某些具有差异化优势和独特价值的产品，尤其是对于创新型的产品，往往会通过制定更高的价格，以实现在短期内取得更高的收益。撇脂定价策略对市场条件的要求较高，一是该市场消费者的价格敏感度较低；二是产品的品质、形象、差异化程度、价值等，能够支撑这一较高的溢价；三是生产成本不能太高，否则会抵消高售价取得的优势；四是进入壁垒较高，竞争者无法轻易进入该领域，从而无法通过竞争增加供给而降低商品价格。通常情况下，高科技产品企业经常运用这一定价策略，在市场上一层层赚取收益，尽可能将定价收益最大化。

3. 渗透定价策略

渗透定价策略是指企业通过较低的价格，提供同质化的产品或服务，以迅速地抢占市场；而一旦市场占有率达到了预期的水平，价格又会逐渐上涨。这一定价策略要求价格要远远低于其价值，以此来吸引消费者。渗透定价策略所定义的便宜并不是绝对意义上的便宜，更为准确的定义应该是价格低于消费者所感知到的价值。不同于撇脂定价策略对价格敏感度要求较低，采用渗透定价策略的市场对价格高度敏感，从而利用低价带来更高的销量和市场占有率。这一定价策略对市场规模有较高的要求，产品的生产与营销等成本必须能够伴随销量的增加而降

---

[1] Kotler P，Armstrong G. Principles of Marketing[M]. 17th ed . New York：Pearson，2017.

低。电子商务企业是采用渗透定价策略的典范。不同于传统商务模式对盈利的要求，电子商务企业更为追求"流量"这一概念，即使企业早期不盈利，但只要能够获取"流量"，从而最终成为市场占有率最高的垄断者或者寡头之一，即可最终获取定价权。

4. 高价定价策略

高价定价策略适用于具有独特品牌价值、差异化程度高、品质卓越、需求旺盛的产品。当产品在市场上具备了强有力的竞争力、建立了难以被模仿和复制的核心竞争力、产品稀缺程度较高时，就可以采取高价定价策略，为产品设定一个较高的价格。这一定价策略与成本的相关性不大，不能简单地依据成本来为商品定价，成本也很难解释其高昂的产品溢价。同时，更高的价格也并不意味着一定会牺牲销量，现实的情况可能恰恰相反，商品的高价格在很大程度上也是高品质的反映，高价格对需求反而会形成促进作用。

高价定价策略着重强调的是企业能够为消费者创造多大的价值，通常采用此定价策略的产品要满足较高的条件。产品性能与品质需要长期保持较高的水平，包括原料、产品质量、服务与分销等。产品的品牌价值和品牌声望要足够高，能够向消费者传达并让其认知、认可产品的价值。对价值链有较高的掌控度，企业要尽可能掌控产品价值的创造活动，包括研发、设计、生产、营销、分销等。消费者的购买意愿是决定性因素，而消费者的购买意愿与上述要素又是相互依存的关系——高品质、高价值、高度差异化、高影响力又会进一步刺激消费者的购买意愿，形成正反馈效应，生产和经营奢侈品的企业常常采用高价定价策略。

11.2　国内高端白酒定价策略

11.2.1　筑牢价值根基

1. 建立高端白酒优质产区

我国幅员辽阔，各个地区都有独特的气候、土壤、温度、湿度、日照、水质等酿造条件。一旦高端白酒脱离了其酿造的生态环境，即使其酿造流程和工艺不变，高端白酒的品质、口感、香味也会发生极大的变化，从而影响高端白酒的价值。正是这些难以复制的自然生态环境，奠定了高端白酒的差异化属性，是高端白酒相互区别的重要条件。我国高端白酒企业可以适度借鉴国外高端蒸馏酒如白兰地、威士忌"产区化"的生产经营理念，打造高端白酒自己的"产区"，通过"产区"这一理念为高端白酒品牌价值注入新的内涵，从而进一步提升我国高端白酒的品牌影响力。通过对高端白酒"产区"的打造和传播，有助于提升消费者对高端白酒的认知，可以为未来高端白酒定价提供更多的依据。

2. 完善高端白酒品质标准

通过多年的努力，我国白酒行业的标准化建设取得了显著的成效，对各种香型白酒的酿造都进行了相应的规定。这些标准的出台也进一步保证了白酒的质量，铸就了白酒的品质。但是与国外蒸馏酒相比较，我国白酒行业标准制定仍然还有很多可以提升与借鉴的方面。国外蒸馏酒对品质、酿造工艺与流程的规定较国内更为细化。除了酿造流程、原材料产地、品质等级等在我国也较为常见的标准外，甚至对蒸馏酒陈放的容器、容器的材料、容器的工艺都进行了详细的规定。此外，我国白酒标准相较于国外蒸馏酒的标准，其清晰度、明确性还有较大差距。白酒的标准化建设有利于整个白酒行业提升产品品质，这对于消费者认识白酒、对于企业宣传产品都是大有裨益的。国外高端蒸馏酒标准制定经验表明，标准越是细化、越是清晰，越有利于提升品牌价值，也会对其价格产生积极的影响。

3. 确保高端白酒产品品质

2012 年底，酒鬼酒塑化剂事件对其经营产生了严重的负面影响，对整个白酒行业也造成了极大的冲击，导致各白酒企业相关产品纷纷大幅度降价，即使是当时高端白酒行业的领军者——五粮液、茅台酒，也受到了较大的影响。2018 年底，陕西西凤酒再次爆出塑化剂超标事件，导致西凤酒在上市前夜撤回 IPO 申报材料，在一定程度上也影响了整个白酒行业的发展。高端白酒乃至任何商品，品质都是其生命线，也是消费者购买该商品的意义所在。品质是价格的基础，如果商品没有卓越的品质，是无法支撑其价格的，最终会被消费者所抛弃。高端白酒企业应该始终对产品品质做到精益求精，不断夯实价格根基。

4. 提升高端白酒品牌价值

居民对某种商品的消费偏好加强或者减弱，即使这种商品的价格不变，也会影响这种商品的消费需求量。[①]对于高端白酒而言，品牌是其产量稀缺性、酿造工艺复杂性、酿造环境独特性、历史文化内涵丰富性的重要载体，蕴含了巨大的无形价值，是高端白酒企业区别于其竞争对手的重要标识，更是其产品价格的重要支撑。品牌与高端白酒品质密切相关——高端白酒的品质是其品牌的依托，品牌则是高端白酒品质的标识，二者相辅相成，密不可分。高端白酒的品牌不是一朝

---

① 叶祥松主编. 政治经济学（社会主义部分）（第二版）[M]. 大连：东北财经大学出版社，2013 年 9 月，第 128 页。

一夕能够建立起来的，而是一代代白酒从业者共同努力、精心培育才树立起来的，是高端白酒企业的核心竞争力所在。除了要维护好高端白酒的品牌价值以外，企业还应进一步拓展、提升高端白酒品牌的内涵和文化属性，赋予高端白酒品牌更多的意义，进一步增强高端白酒的品牌价值。高端白酒企业还应积极利用各类营销和传播手段，加深消费者对高端白酒品牌价值的认知。

11.2.2　做好价值沟通

价值沟通是定价策略的重要构成部分。高端白酒除了要打造更高品质、更高价值外，还要用好渠道建设和各类营销手段，做好价值沟通。

1. 打造高端白酒卓越口碑

好的口碑代表消费者对产品的高度认可。口碑对于高端白酒的品牌价值有着难以比拟的宣传作用，是提升消费者认知、扩大品牌知名度的重要媒介。口碑这一"营销"手段主要是在消费者之间进行传播，是消费者的一种自发行为，比企业花费大量资金进行营销效果更好，而且不需要企业付出太大成本，是传统营销手段难以企及的。高端白酒良好的品质以及品牌影响力能够为消费者带来更高的消费体验与满意度，有利于在消费者之间形成良好的口碑。高端白酒一旦拥有了良好的口碑，无形中就将消费者转变成了"营销者"，消费者不但自身购买高端白酒产品，还能自发地为高端白酒进行宣传，让更多的消费者认识到高端白酒的品牌价值，有利于提升潜在消费者对高端白酒品牌的价值认知度。

2. 建设共享价值传递网络

价值传递网络是厂商、供应商、经销商和终端客户共同构成的价值链体系。高效的价值传递网络并非一个个独立的个体，而是通力合作使整个价值创造系统得到提升和改进的"伙伴式"关系。白酒企业一般不会将其产品直接卖给最终的消费者，这一过程是由经销商来实现的。相较于上游供应链体系，高端白酒企业的下游营销渠道（或称为分销渠道）连接了制造商和消费者，在价值传递过程中发挥了重要作用。经销商承担了信息收集、联系并匹配消费者、进行促销分销等职能。经销商通过履行这些职能为制造商降低了综合成本，同时以更高的价格来补偿其成本。白酒企业虽然放弃了一部分对销售行为的控制权，但经销商利用其渠道、经验、专业知识和规模效应等优势，能够在价值传递过程中创造更好的绩效。此外，正是基于经销商的工作，白酒企业的经营风险也会更小，即通过与经销商的紧密合作，白酒企业能够锁定其利润，减小市场波动的影响。牢固、高效、目标一致、利益共享的经销商体系对高端白酒价格的稳定性与连续性也起到了至关重要的作用。当经销商与白酒企业的经营目标和经济利益高度一致时，能够为高端白酒价格提升创造更高的价值，也能够在市场不景气时和白酒企业共同承担压力、分担风险，从而稳定高端白酒的价格，避免因为价格波动而削弱其价值。

3. 充分用好用活营销手段

开展有效的营销沟通活动可以帮助白酒企业确定受众、明确沟通目标、实现价值沟通与价值传递，从而使消费者从知晓、了解高端白酒转变为喜好高端白酒这一价值认知过程，进而最终激发消费者的购买欲望、刺激消费者的购买行为。有效的营销沟通活动主要依托于良好的信息设计与高效的营销媒介。高端白酒的理想营销信息应该能够引起消费者的注意、使消费者对高端白酒产生兴趣。具体而言，可以利用消费者对高端白酒良好品质带来的体验感设计营销理念，从而让消费者与高端白酒的良好品质形成共鸣，强化其购买意愿。通过产品包装上独特的设计、突出的造型、鲜明的色彩、具有吸引力的文字等形式，优化信息表现形式，强化高端白酒的等级性和品牌辨识度。在媒体选择方面，除了传统营销媒介，如印刷媒体（报纸、杂志）、广电媒体（广播、电视）、陈列媒体（广告牌、标志、海报）外，还可以利用网络媒体做好高端白酒价值的宣传、沟通与传递。企业还可以通过赞助高端赛事、重要活动，举办高端白酒品鉴会、交流会、论坛等形式，做好高端白酒的营销工作，向消费者传递高端白酒的价值。

4. 培育高端白酒消费理念

市场对于高端白酒的消费除了自饮外，更多的是体现在商务活动的需求上，如聚会、接待、宴请、送礼等。消费者对于高端白酒需求的功利性特征较为明显，培育高端白酒更丰富、更高层次的消费理念，有助于提升消费者对高端白酒历史文化等价值的深层次认知。良性、可持续的消费理念一旦形成，高端白酒消费者的忠诚度、用户黏性都会得到大幅的提升，能够帮助高端白酒强化其品牌价值，突出价格的品牌价值。高端白酒的酿造对环境、原料、工艺等要求较高，几乎都是在山清水秀、风景优美、生态条件优良的地区生产出来的。高端白酒企业应该打造生态价值理念，强调高端白酒酿造区域的生态环境特色，突显"生态"白酒价值，吸引、发展更多的消费者，突显产品价格的生态价值。

11.2.3　坚持合理定价

高端白酒的良好品质是其定价的基础。高端白酒的价格在很大程度上反映了其良好的品质和较高的价值。高端白酒企业应基于卓越的产品品质，采取合理的定价策略。

1. 设立专业价格管理组织

目前学术界对于高端白酒定价的研究较为有限，高端白酒企业自身也面临定价较为随意，缺乏系统性、科学性等问题。定价策略的有效实施，对于高端白酒企业经营管理而言，是一个现实的挑战。一些白酒企业虽然投入了大量精力对产品价值、价格结构、市场环境等进行分析，但实际效果并不太理想。导致这一问题的原因主要有三个方面：一是定价活动内生性的"跨职能"特性所导致的目标冲突与利益冲突，如财务部门更为关心目标利润率，因而反对降价促销行为；而销售部门更为关注保持或增加市场份额，因而有更大的价格促销动机。二是价格管理者通常较为缺少定价策略所需要的必要信息和工具，导致定价缺乏科学的依据及针对性，从而增加了定价失误的风险。三是定价策略最终的执行和贯彻效果存在问题。如果价格策略无法得到有效的贯彻实施，再好的定价策略也难以产生应有的作用。

对于高端白酒企业而言，建立专业高效的价格管理组织是其定价策略得以实施的重要基础，关系到定价策略的质量水平。高端白酒企业应该建立专门价格决策管理部门，并赋予其价格制定、调整、监管等权力，使其成为价格制定的责任人，扮演好部门协调者的角色，从而使企业各职能部门能够在定价过程中保持目标与利益的一致性；同时应该具备收集、整理、分析有关价格管理信息的专业能力，为价格策略制定提供科学的决策依据。价格管理部门还应及时收集整理市场对价格策略的反馈，从而提出修改意见、完善价格策略。

2. 灵活应对市场竞争变化

高端白酒的市场格局是企业之间反复博弈的结果，每一次博弈都会淘汰一批高端白酒品牌与企业。20 世纪 80 年代，山西汾酒以其高出酒率的优质酒占据了高端白酒引领者的地位；90 年代产能成为高端白酒跻身行业翘楚最为重要的因素，五粮液因此崛起；进入 21 世纪，洋河股份利用其渠道优势实现了十年百倍的增长；2013 年后，品牌又成为企业制胜的法宝。截至 2021 年 4 月，贵州茅台的股票总市值已经高于五粮液两倍还多。贵州茅台最近一次超过五粮液就是利用价格这一手段——在高端白酒行业面临各种不可控因素的情况下，茅台坚持不降价，从而奠定了高端白酒第一品牌的地位。根据热力学的熵增定律，封闭系统因为缺少与外界交换"负熵"的条件，致使内部系统混乱加剧。面对瞬息万变而又十分微妙的竞争形势，高端白酒企业要有开放的精神，充分利用其产品定价权灵活应对各种类型的挑战。

3. 坚守高端白酒合理价格

我国高端白酒产量的稀缺性、酿造工艺的独特性、酿造环境的唯一性以及丰富的历史文化内涵等，奠定了高端白酒的高品质和高价值。高端白酒除了能够为消费者提供饮用需求外，还满足了大量的商务需求、社交需求，是消费者进行接待、宴请、送礼的重要选项。高端白酒存放的时间越长，酒香就越浓、口感就越纯，品质就越好，这一性质为高端白酒价值的进一步提升奠定了坚实的基础，也刺激了消费者对高端白酒的投资和收藏需求。高端白酒企业在制定产品价格时，应该立足产品价值，坚守合理的价格，使用合理的定价策略。

11.3　国外高端蒸馏酒定价策略

我国高端白酒和国外烈酒如白兰地、威士忌等有很多相似之处，都是高度酒、蒸馏酒，但二者在酿造工艺、酒品香气、饮用口感方面却大相径庭，二者的消费体验、消费群体与定价理念也有很大差异。国外高端蒸馏酒在制定价格时也主要基于价值、成本、需求价格弹性、竞争环境等因素，定价方法也主要是使用成本加成法、目标收益法、认知价值法、需求差异法、竞争导向法等定价方法。因此，国内外高端蒸馏酒在定价目标、定价依据、定价方法等方面大同小异，我国高端白酒企业可以适当借鉴国外高端蒸馏酒的一些定价理念、思路、策略和方法。

11.3.1　树立产区化定价理念

国外高端蒸馏酒在定价时非常强调"产区"这一理念，不同的"产区"所生产出来的酒不但原材料不同、品质不一、口感香气不一样，甚至在叫法上也有很大的差异。以法国白兰地产区为例，白兰地分为干邑产区和非干邑产区，而非干邑产区又可以细分为雅文邑产区和其他产区。其中，干邑产区包括大香槟区、小香槟区、边林区、优质林区、良质林区以及普通林区。[①]其中，利用大香槟区白垩土壤生长出来的葡萄所酿制的白兰地品质最好，也最为著名，价格也更为昂贵。政府为了保护干邑产区的声誉及其专营权，对干邑产区所酿造的白兰地实施了严格的原产地命名法规——规定在酒标上要标注"干邑白兰地"，所采用的葡萄也必须全部采自上述产区之内。在法国，白兰地产区不仅仅是单纯的品质象征，更是一个明确的法律概念，而这一法律上的强制性进一步保证了白兰地的品质、提升了该地区白兰地的品牌效应，也间接增强了该地区所产白兰地较其他地区的价格优势。我国高端白酒的酿造遍布全国不同地区，各个地区的气候、土壤、水质等酿酒要素与法国白兰地"产区"理念异曲同工。高端白酒企业可通过突出唯一性的酿造环境这一优势，打造高端白酒"产区"理念，为我国高端白酒定价提供更为明确、清晰的依据。

---

① [英]尼古拉斯·费尔. 干邑白兰地：燃烧 500 年的传奇[M]. 古炜耀译. 广州：南方日报出版社，2009 年.

11.3.2　强化标准化定价元素

相较于我国高端白酒酿造过程中更为依赖经验丰富的酿酒师，国外蒸馏酒更讲究酿造过程中的标准化程序。标准化的酿造流程大大减少了酿造过程中的不确定性因素，有利于酒品的稳定，也可以利用酿造流程的不同，为产品进行差异化定价，理清产品的不同定价层次，满足不同消费者的需求。以威士忌为例，除了传统的产区理念以外，威士忌还可以依据其口感、原料分为单一麦芽威士忌、调和威士忌、波本威士忌（又称波旁威士忌）。其中，苏格兰产的单一麦芽威士忌必须由一个蒸馏厂且只使用发芽大麦酿制，此外还必须在罐式蒸馏器中蒸馏两次，直到酒精度少于 94.8%ABV 的水准。[①]之后再将其装入容量不超过 700 升的橡木桶，在苏格兰本土陈放至少 3 年。而美国产的波本威士忌根据 1964 年国会法案规定，必须使用 51%以上的玉米作为原材料，经蒸馏后酒精度不得超过 80%ABV，且必须使用全新但经过烤桶处理的美国白橡木桶陈年。[②]对比国外蒸馏酒标准化的酿造流程——甚至很多酿造工艺是以法律形式进行规定的，我国高端白酒在标准化建设方面还存在着不足。标准化酿造流程的确立和制定，有利于我国高端白酒品质的统一性，使消费者能够消费得更加明白放心，对于我国高端白酒的品质提升是有很大帮助的，而品质的提升可以巩固高端白酒的定价能力。

11.3.3　按照酒龄分等级定价

国外主要蒸馏酒的酿造不但形成了"产区"和酿造工艺流程的明确规定，还对同一酒类的品质进行了明确的划分。这一划分对同一酒类的不同等级的销售价格也进行了区分，形成了高品质酒的价格更高、低品质酒的价格相对较低的定价体系。以法国白兰地为例，法国国家干邑酒行业管理局规定 X.O.级别的干邑白兰地所含的基酒要在木桶陈年至少 10 年。[①]除 X.O.级别的干邑白兰地外，还可以细分为 V.S.级，即三星级。法国的相关法律规定，V.S.级干邑白兰地勾调时，其基酒的最低酒龄要在两年以上；以及 "V.O." "V.O.P." "V.S.O.P." 三个等级，这三个等级的干邑白兰地，法律规定其勾调时基酒的最低酒龄为四年以上。[②]法国白兰地以法律的形式对白兰地品质的详细规定，为白兰地基于品质进行定价提供了依据，也为高品质干邑白兰地的定价行为提供了法律解释，使高品质干邑白兰地的定价有法可依。我国在白酒的

---

① ABV 即 alcohol by volume，是酒精含量的计量方式，指酒精含量的体积百分比，即酒的"度数"。

② 祥剑. 美国波旁威士忌[J]. 酿酒科技，1985 年第 1 期，第 38-39 页。

① 资料来源：中华人民共和国商务部贸易救济调查局官方网站，http://gpj.mofcom.gov.cn/article/zuixindt/201801/20180102702703.shtml。

② [英]尼古拉斯·费尔. 干邑白兰地：燃烧 500 年的传奇[M]. 古炜耀译. 广州：南方日报出版社，2009 年。

等级划分方面，现今还没有明确的解释和准则，只有"老酒"等概念。我国一些高端白酒企业推出的"老酒"系列高端产品，在定价理念上与法国干邑白兰地依据原酒酒龄的方法从根本上讲是一致的。未来我国高端白酒酿造企业也可以借鉴国外蒸馏酒尤其是法国干邑白兰地的等级制度，使高端白酒的定价体系更为完善。

11.3.4　体现产品的文化内涵

国外高端蒸馏酒与我国高端白酒在消费理念、产品的文化属性等方面也不尽相同。我国高端白酒所承载的社交属性和经济属性更强，高端白酒的消费需求主要体现在社交、送礼、宴请、接待、聚会、收藏等方面，用于自饮的需求较为弱化。而国外的蒸馏酒，尤其是高档白兰地和威士忌，消费内涵中更为强调的是一种生活理念、生活品质、生活方式等更为高层次的精神满足。白兰地、威士忌等国外烈酒作为消费品，其自饮的需求也更为普遍，消费和饮用场景更多的是出现在家庭聚会、平时的自斟自饮场景中。我国高端白酒在上述领域给消费者带来的消费体验还比较欠缺，高端白酒功利化的社交属性在其消费量中占比仍然较高。我国高端白酒的定价体系，相较国外高度蒸馏酒而言，还不够完善。但是我国高端白酒资源禀赋的稀缺性、独特的酿造工艺、特殊的酿造环境，以及丰富的历史文化内涵，为未来高端白酒定价的系统化、标准化奠定了良好的基础。通过进一步营造更为健康、积极向上的白酒文化，丰富高端白酒的历史文化内涵、拓宽高端白酒的受众群体，使消费者获得更好的消费体验，将是我国高端白酒走入更多家庭、吸引更多消费者的重要突破口。

11.4　高端白酒定价策略案例分析

11.4.1　四川高端白酒定价策略分析

1. 理论概述

习近平在中共中央政治局第二十九次集体学习时强调："要建立健全生态产品价值实现机制，让保护修复生态环境获得合理回报，让破坏生态环境付出相应代价。"[1]高端白酒的价格，应该体现其生态价值。本书利用生态位理论对四川高端白酒定价策略进行实证分析。生态位理论包括生态位重叠和分离、生态位扩充与压缩、生态位态势等。[2]生态位重叠是指两个物种由于彼此之间的生态特性相似度，

---

① 习近平在中共中央政治局第二十九次集体学习时强调 保持生态文明建设战略定力 努力建设人与自然和谐共生的现代化[N]. 人民日报，2021 年 5 月 2 日，第 1 版。

② 彭文俊，王晓鸣. 生态位概念和内涵的发展及其在生态学中的定位[J]. 应用生态学报，2016 年第 27 卷第 1 期，第 327-334 页.

特别是资源利用的相似度，导致物种之间在时空、营养、天敌等方面占用同一资源范畴。根据生态位的重叠程度不同，生态位重叠可分为完全分离、部分重叠、基本重叠三种类型。生态位分离是指由于生态位重叠导致物种之间的竞争关系，根据竞争排斥原理，必然导致一种物种被淘汰或者两种物种的生态位分离。[①]通常情况下，生态位分离的可能性更大，从而形成了物种的多样性。生态位扩充是指由于生物单元体能增加、占据的物理空间增大和适应能力增强，从而引致其生态位增加。生态位压缩是在资源一定的情况下，由于一种物种生态位的增加导致原物种对生态位空间利用的压缩。生态位取决于主体与环境的物质、能量、信息的交换状态，以及主体自身的新陈代谢，任何生物单元均具有"态"与"势"的属性。[②]生态位态势可以用生态位宽度、生态位适宜度等指标进行测量。

2. 分析框架

高端白酒的定价受到原料品质、生产地区、酿造工艺、香气口感、市场定位、品牌价值等多种因素的影响。就高端白酒酿造环境而言，温度、湿度、风力、日照、海拔、土壤、水质等地理气候和自然条件要求较高，一旦离开了特定的环境，就无法酿造出口味醇正的好酒。从高端白酒品质来看，其原料来源、生产工艺、窖池年代、文化内涵等因素都对高端白酒的品质产生直接或间接的影响，这些因素的综合作用共同决定了产品的竞争力强弱和定价策略的选择。从高端白酒市场情况来看，众多高端白酒企业共生于同一市场，企业和企业之间在产品定位、销售市场、产品品牌、专业人才等诸多方面展开激烈的竞争，同时彼此之间又形成集约集群发展的竞合关系。

上述特征正好与生态位理论相契合，可以利用生态位理论中的生态位重叠、分离、扩充等概念来分析高端白酒的价值结构和定价策略。原料来源、白酒产区、生产工艺、产品定位、销售市场、品牌影响等因素共同决定了高端白酒的生态位重叠程度。高端白酒生态位重叠度直接影响高端白酒生态位的分离程度，高端白酒生态位的分离程度直接影响高端白酒生态位的扩充程度，高端白酒生态位的扩充程度直接影响到高端白酒生态位的发展态势，生态位扩充和生态位态势共同决定高端白酒的定价策略。

3. 定价策略

在四川白酒"六朵金花"中，除酱香型的郎酒外，其余的五粮液、泸州老窖、剑南春、舍得、水井坊均为浓香型白酒，生态位重叠度比较高。尽管成立了以川

---

① Gause G F. About the processes of destruction of one species by another in the populations of ciliates[J]. Zoological Journal，1934，（1）：16-27.

② 朱春全. 生态位态势理论与扩充假说[J]. 生态学报，1997 年第 3 期，第 324-332 页。

酒"六朵金花"为创始成员单位的四川名优白酒联盟、四川中国白酒金三角酒业协会等行业组织，且连续多年举办"川酒全国行"等各类抱团发展活动，但客观上存在着的生态位重叠问题，必然导致"六朵金花"之间的相互竞争。

市场经济条件下必然存在着竞争关系，激烈的市场竞争能够使企业不断加大技术研发投入和创新产品特色，从而有助于市场的培育、技术的进步和企业的成长。但是由于生态位重叠引致的过度竞争，可能在一定程度上损害川酒产业高质量发展，不利于川酒与贵州茅台、洋河大曲等名酒之间的良性竞争。对此，可以从以下几个方面着手进行定价，以推进四川白酒高质量发展。

第一，降低生态位重叠度，提升定价刚性。相关部门可以进一步加大对高端白酒产业发展的政策支持力度，支持五粮液等川酒高质量发展，缩小与贵州茅台在产品出厂价、终端零售价、A 股股价等方面的差距，形成"一超两高三次"的高端白酒生态群落。"一超"即将五粮液培育成市场超高端品牌；"两高"即形成泸州老窖和郎酒（青花郎）两个市场高端品牌；"三次"即维持剑南春、舍得、水井坊三个品牌的次高端市场地位，不断提升在次高端白酒领域的市场份额。同时加大白酒企业技术创新、产品开发、文化传承、品牌宣传力度，形成同档次的白酒品牌之间的差异性、特色化。通过降低品牌生态位的重叠度，实现川酒"六朵金花"的错位发展，在不同的品牌生态位彼此相互依存、错落发展，从而降低行业内部的过度竞争和无序竞争，避免川酒内部企业之间的产品战、广告战和价格战，依赖错位竞争策略赢得市场定价的主动权，引导白酒价格良性运行。

第二，扩大生态位的宽度，提升定价韧性。一般而言，对于富有弹性的商品，降低价格会增加厂商的销售收入，相反，提高价格会减少厂商的销售收入，即厂商的销售收入与商品的价格成反方向的变动。其原因在于，厂商降价所引起的需求量的增加率大于价格的下降率。对于缺乏弹性的商品，降低价格会使厂商的销售收入减少，相反，提高价格会使厂商的销售收入增加，即销售收入与商品的价格呈同方向的变动。其原因在于，厂商降价所引起的需求量的增加率小于价格的下降率。[①]例如，法国波尔多地区因盛产优质葡萄酒而闻名于世，一般消费者在购买葡萄酒时很少会看其产品品牌，而是重点关注其产地到底是否为波尔多。"中国白酒金三角"是一个跨区域的概念，而且由于文化差异，"金三角"会给国外消费者带来一定的困惑或误解，不利于四川高端白酒进入国际消费市场。因此，川酒应抱团发展，加大产区宣传力度，面向全球市场共同打造高端白酒"四川盆地产区"或者"北纬 30 度四川高端白酒产区"概念。当高端白酒"四川盆地产区"或"北纬 30 度四川高端白酒产区"的概念深入人心，被全球消费者接受和认可，就

---

① 高鸿业主编. 西方经济学（微观部分·第四版）[M]. 北京：中国人民大学出版社，2007 年 3 月，第 46-47 页。

会拓展四川白酒生态位的宽度，增强四川高端白酒定价的韧性，使其价格体现出产品的生态价值。

第三，引领生态位的态势，提升定价弹性。虽然高端白酒的消费具有特定的消费群体，也就是具有较强消费能力的中年消费群体。但是随着"千禧一代"的长大成人，预示着中国新生代消费群体的壮大。这一群体具有崇尚消费方式的多元化、消费理性较强、购买决策受到互联网影响等鲜明特点。四川高端白酒产业要赢得发展的制高点，就应该针对新生代消费群体的特点，深入研究市场新的消费特点和发展趋势，提前布局，潜心于产品的开发。只有这样才能引领高端白酒生态位态势，在未来高端白酒市场定价中赢得主动，提升定价弹性。

11.4.2　五粮液公司的定价策略分析

1. 研究方法

扎根理论研究法（grounded theory method）是一种相对成熟的质化研究方法，最早于 1967 年由格拉斯（Glaser）和斯特劳斯（Strauss）提出，后经考宾（Crobin）、迈尔斯（Miles）、休伯曼（Hubeman）等学者的共同努力，进一步予以发展和完善。[①]扎根理论研究法更加关注"自然呈现和发现"，也就是在研究开始之前，对所要研究的问题不作理论假设，而是直接对从访谈、观察等途径获得的原始材料进行开放性编码（open coding），来提炼相关概念，通过主轴性编码（axial coding）和选择性编码（selective coding）进行深入聚类，最终得到理论模型。[②]该方法本质上是一种自下而上的归纳式研究方法，宗旨是从经验资料中建构理论，适合于经济社会问题研究。[①]本书利用该方法对五粮液的定价策略进行实证分析。

2. 研究对象

四川省宜宾五粮液集团有限公司是以酒业为核心主业，多元化发展的特大型国有企业集团。五粮液以独有的自然生态环境、600 多年明代古窖、五种粮食配方、古传秘方工艺、和谐品质、"十里酒城"宏大规模等六大优势，成为当今酒类产品中出类拔萃的珍品。从 1915 年巴拿马万国博览会扬名世界至今，先后荣获国家名酒、国家质量管理奖、中国最佳诚信企业、百年世博·百年金奖等上百项荣誉。2008 年，五粮液传统酿造技艺被列入国家级非物质文化遗产。2020 年，五粮液品牌位居"2020 中国 500 最具价值品牌"第 19 位、"亚洲品牌

① 冯生尧，谢瑶妮. 扎根理论：一种新颖的质化研究方法[J]. 现代教育论丛，2001 年第 6 期，第 51-53 页。
② 张敬伟，马东俊. 扎根理论研究法与管理学研究[J]. 现代管理科学，2009 年第 2 期，第 115-117 页。
① Strauss A L. Qualitative Analysis for Social Scientists[M].Cambridge：Cambridge University Press，1987.

"500 强"第 37 名、"中国品牌价值 100 强"第三位。[①]

　　选择五粮液作为案例研究对象，以揭示高端白酒价格形成的内在机理，主要有两大原因：一是业内人士一般将白酒分为高端（含超高端和次高端）、中端、低端层级。其中，贵州茅台被看作唯一的超高端白酒，五粮液、国窖 1573、洋河梦之蓝被看作高端白酒，剑南春、舍得等被看作次高端白酒。二是五粮液先后荣获"巴拿马万国博览会"金奖、"中国酒业大王"、首届中国"十大驰名商标"等殊荣，2020 年五粮液在上市公司市值 500 强中位列第 9 位，利润总额位居四川食品工业之首，是我国高端白酒的典型代表，更是浓香型高端白酒的代表。

　　3. 模型构建

　　首先从获取的原始资料中，整理出 78 个原始资料语句，即赋予 78 条标签，分别编号为 a1, a2, a3, …, a78；再对这 78 条标签逐条进行抽象性归纳，形成 58 个概念，分别编号为 A1, A2, A3, …, A58，在这个过程中，结合实地考察、期刊文献等途径所得到的资料，反复斟酌，对概念进行不断地丰富和完善；进一步对 58 个概念进行分类和归纳，在此基础上提炼出 23 个副范畴，分别编为 AA1, AA2, AA3, …, AA23。具体内容见表 11-1。

表 11-1　五粮液开放性编码例证

原始资料语句（赋予标签）	开放性编码	
	概念化	范畴化
a1：在 2019 年上市公司市值 500 强榜单中，五粮液排名第 16 位	A1：A 股市值排位	AA1：市场地位
a2：五粮液发展目标为重夺行业第一	A2：企业发展目标	
a3：以茅台、五粮液、国窖 1573、洋河梦之蓝等为龙头，高端白酒市场向优势企业、优势品牌、优势产区集中趋势正在形成	A3：行业集中度	
a4：基于产品定位，五粮液高端酒定价要突破千元，在战略上一定要站上这个位置	A4：价格定位	AA2：定价能力
a5：五粮液零售价格不是厂家定的，它是完全基于市场，核心来源于市场供求状况	A5：市场定价	
a6：企业指导价是为了引导市场而制定，但市场不一定遵循，往往没有实质性意义	A6：指导价格	
a7：五粮液贡献了上市股份公司利润的七成，且还呈现出进一步上升的趋势	A7：利润贡献	AA3：盈利能力
a8：五粮液单一品牌的毛利率为 93%，综合品牌毛利率是 70%多	A8：毛利润率	
a9：从会计成本构成来看高端白酒价格是有失公允的	A9：会计成本	AA4：成本控制
a10：按出厂价比例进行成本分摊，这个比例不是固定的		

　　① 资料来源：五粮液集团公司官网：https://www.wuliangye.com.cn/zh/main/main.html#/g=BRAND&id=12，2020-5-2。

原始资料语句（赋予标签）	开放性编码	
	概念化	范畴化
a11：把成本多分摊到高端酒，让系列酒盈利	A10：成本分摊	AA4：成本控制
a12：五粮液定价时主要考虑的因素是品牌自身的定位	A11：品牌定位	AA5：品牌管理
a13：高端酒不是为了量，而是为形象	A12：品牌形象	
a14：公司近年来在大面积地梳理，砍掉一些子品牌，因其可能会蚕食主品牌	A13：品牌聚焦	
a15：品牌规模越来越大，精力有限，需要把核心品牌五粮液单独分离出来		
a16：一个品牌内最多覆盖 2 个价格带	A14：产品精简	
a17：五粮液高端品牌形象	A15：品牌重塑	
a18：抖音、公众号等新媒体宣传		
a19：五粮液"5＋1"渠道体系中，核心还是经销商加烟酒店	A16：销售渠道	AA6：渠道控制
a20：电商渠道占比小的原因是高端白酒具有社交属性		
a21：未来哪个电商平台能活下来，我们就和谁合作		
a22：重点将专卖店体系抓好		
a23：其他 OEM 模式品牌要达到一定标准才能进入		
a24：茅台出厂价 969 元，一级批发约 2150 元，零售价 2500～2800 元	A17：渠道利润	
a25：五粮液先后赞助了全国性的马术、高尔夫、商务会展、论坛等高端性的活动	A18：促销活动	
a26：考量行业竞争对手的定价策略	A19：竞争策略	
a27：品鉴酒用得好可以培养消费氛围	A20：培养消费氛围	AA7：市场培育
a28：酒的高关税导致企业没有出口动力	A21：关税壁垒	AA8：国际化
a29：白酒国际化弱的问题不在营销上，很多源于贸易制度、协议、准则等	A22：贸易规则	
a30：为什么卖那么贵？外国人是不懂的，要让他们接受，得给他们讲历史和文化	A23：文化输出	
a31：四川轻化工大学有个五粮液白酒学院，应该让这里的留学生了解五粮液		
a32：白酒国际化缺乏有效媒介，因此组织力量编辑了一部《中华白酒文化汉英双解词典》		
a33：消费税改革对中小企业、弱势品牌的打击是摧毁性的，但对我们名优酒企反而是有利的	A24：消费税改革	AA9：税费改革
a34：建立原料检测的理化标准，以保证原料安全	A25：原料安全	AA10：原料品质
a35：与宜宾本地区县国有粮食平台公司建立合作关系	A26：合作模式	
a36：在原粮供应方面与安徽农垦集团、安徽机械化粮库、江苏农垦集团等大型农垦集团建立合作关系		

续表

原始资料语句（赋予标签）	开放性编码	
	概念化	范畴化
a37：粮食生产的田间管控交给专业公司中现代化农业有限公司在统一负责	A27：田间管控	AA10：原料品质
a38：五粮液为代表的多粮浓香比单粮好喝，现在很多酒厂从单粮逐渐变成多粮酿造	A28：多粮酿造	AA11：生产工艺
a39：五粮液的发酵周期一般长达 70 天，双轮发酵技术长达 140 天	A29：发酵周期较长	
a40：机械化替代传统生产，虽然确实也能酿造白酒，但酒的品质明显下降	A30：传统工艺	
a41：公司有个八八原则，即出酒时必须有 80%的评委到场，到场评委中必须 80%的人通过才能出厂	A31：八八原则	AA12：质量控制
a42：基酒的等级，光车间说了不算，首先要班组说，然后车间要同意，同意以后再上报到 506 车间考核，506 车间技术专家品尝以后同意了才会入库，入库勾调出成品酒后出厂还得经过层层检验	A32：质量控制体系	
a43：公司有一套标准的工艺，通过各个环节的工艺参数，将理化指标控制在一个合理范围内	A33：理化指标	
a44：高端白酒的感官检测实际上比理化指标还重要	A34：检测手段	
a45：五粮液从一开始就把质量、品质放在第一位，一直这样潜移默化形成企业文化	A35：质量文化	
a46：蒸馏出来的原酒中最好的一段做成了五粮液	A36：优中选优	AA13：品质保障
a47：20 斤粮食能生产出 1 斤五粮液		
a48：通过技术革新，提升产品的优品率	A37：技术创新	AA14：技术创新
a49：由于工艺的要求，五粮液的一级品率仅有 20%左右，酱香型酒能够达到 90%以上	A38：优品率低	
a50：现在还基本上依靠手工，员工的素质跟上酿造工艺很关键	A39：人才培养	AA15：员工素质
a51：酿酒工人正常每年有 20 万～30 万的收入	A40：酿酒工人收入	
a52：明代窖池的价值本质上就是生产要素的一部分	A41：明代窖池	AA16：窖池年代
a53：我们的窖池从明代开始就一直连续使用，这种不可逆转的时间，酿酒微生物的进化、筛选，很多价值实际上都是无形的		
a54：大批生产出来的酒，都需要放一点古典高雅浓香的古窖酒，如果不放，将会缺失独特的五粮浓香风格	A42：古窖基酒	
a55：五粮液仅有 179 口明代窖池，产量就只有两百多吨基酒，和我们其他十万吨基酒比起来太少了		
a56：501 五粮液就是 501 车间即明代窖池生产出来的，大家品鉴都说好		
a57：20 年以上的年份酒，没有一个定价标准	A43：年份类酒	AA17：产能限制
a58：高端白酒每年的产量基本上是稳定的	A44：产量稳定	

原始资料语句（赋予标签）	开放性编码	
	概念化	范畴化
a59：工艺都是通的，但其他地方产不出来五粮液，还有水源、气候、土壤、微生物菌群等这种环境的因素	A45：环境因素	AA18：白酒产区
a60：即使窖泥被窃取了，也酿不出五粮液，因为只是单一的微生物群落，但缺乏滋养微生物的环境		
a61：现在更要强调这个产区，以站在品质的制高点	A46：产区概念	
a62：中国酒业协会之所以一直在强调产区概念，是因为产区是核心竞争力，是不可复制的		
a63：宜宾年平均气温大概在 17.6℃～18.3℃，刚好与酿酒微生物生长最适合的温度差不多	A47：温度条件	AA19：外部条件
a64：宜宾特有的黄黏土、红壤、赤岩等，黏性大，保水性强，不渗水，不走水，用于筑造窖池是非常好的	A48：泥土条件	
a65：宜宾这里有金沙江、岷江等，这都是长江的上游支流，水质清澈甘甜非常好。好水出好酒，对于酿酒的水质，是很难有地方能与我们争雄的	A49：水源条件	
a66：生产好酒的地方，都是夏天很闷热的地方，相当于是个大蒸锅	A50：气候条件	
a67：宜宾大概在新石器时代晚期的时候就已经开始酿酒了	A51：历史悠久	AA20：历史文化
a68：五粮液工业园区是 4A 景区，本身就是宜宾旅游中不可错过的精品旅游景点	A52：工业旅游	
a69：在五粮液定价中，勾调技术占 70%都不为过，因为技术是没法复制的	A53：技术专利	AA21：传统工艺
a70：高端白酒一定是工艺品，而不是工业品	A54：工艺产品	
a71：我们技术中心有一条试用的自动化生产线，但是一直很难生产出好酒来	A55：传统技术	
a72：现在确实无法实现酿酒生产线的自动化、智能化，如果能真的实现，将会导致白酒价格体系的崩溃		
a73：我们现在最头疼的是酿造工艺传承问题，因为营销人才可以市场上外聘，而生产人才只能代代相传	A56：人才传承	AA22：人才稀缺
a74：把陶坛储酒库扩容后，可以实现产品有序投放市场，同时也进一步提高基酒的时间价值	A57：时间价值	AA23：投资属性
a75：一些品牌出酒即可售卖，但五粮液是很难做到的		
a76：十年以上叫老酒，它的时间价值就开始充分发挥了		
a77：实际上让消费者相信购酒即使不饮用，储存也会升值		
a78：很多所谓的老酒的买家，本质不是买酒，而是把老酒作为一个金融的投资品	A58：金融投资品	
共计 78 个标签	共计 58 个概念	共计 23 个范畴

在完成开放性编码后进行主轴性编码和选择性编码。主轴性编码也就是将开

放性编码所形成的 58 个概念和 23 个范畴进一步聚类，形成主范畴，最后通过识别核心范畴进行选择性编码，从而使主范畴与副范畴之间建立关联。

根据扎根理论的典范模型（paradigm model），即"条件/原因—行动/策略—结果"逻辑关系，将表 11-1 中的市场地位、定价能力、盈利能力、成本控制、品牌管理、渠道控制、市场培育、国际化、税费改革这 9 个副范畴，聚类为"领导力"主范畴；将表 11-1 中的原料品质、生产工艺、质量控制、品质保障、技术创新、员工素质这 6 个副范畴，聚类为"品质力"主范畴；将表 11-1 中的窖池年代、产能限制、白酒产区、外部条件、历史文化、传统工艺、人才稀缺、投资属性这 8 个副范畴，聚类为"稀缺力"主范畴（表 11-2），从而将原始材料有机地统一起来。

表 11-2　五粮液主轴性编码形成的主范畴与对应的副范畴

主范畴	对应概念与范畴		
	条件/原因	行动策略	结果
领导力	市场地位、市场培育、税费改革	成本控制、渠道控制、品牌管理、国际化	定价能力、盈利能力
品质力	原料品质、生产工艺、员工素质	质量控制、技术创新	品质保障
稀缺力	白酒产区、外部条件、窖池年代、历史文化、人才稀缺	传统工艺	产能限制、投资属性

表 11-2 所涉及的"领导力"主要反映产品的市场地位，即五粮液抓住消费升级的市场契机，凭借浓香型高端白酒的市场优势地位，采取成本控制、渠道控制、品牌管理、国际化等手段或策略，不断提高市场定价话语权。"品质力"主范畴主要反映产品自身的品质，是指五粮液依托优质的原料来源、独特的生产工艺和高素质员工等因素，大力推动技术创新和产品质量控制，不断为市场提供高品质的高端白酒。"稀缺力"主范畴重在反映产品在市场中的稀缺程度，是指五粮液充分发挥其优质产区、酿造工艺、历史文化内涵、稀缺的人才等优势，坚守初心，致力于传统工艺酿造。其结果是由于产能有限，只能为市场提供有限的高品质白酒，从而具有升值潜力。三个主范畴之间存在着密切的逻辑联系，产品的品质力和稀缺力是基础，二者直接决定着产品是否具有市场领导力及其强弱，而产品的市场领导力又反过来对产品的品质力和稀缺力产生影响，即产品的市场领导力越强，越有实力控制产品的品质及市场供给，反之亦然。

4. 理论分析

根据领导力、品质力、稀缺力三个主范畴以及强、弱两个维度，理论上可以将白酒企业定价策略划分为八种情况（表 11-3），从而构建高端白酒定价"三力"模型。在所有的定价类型中，类型①属于领导力、品质力、稀缺力皆强的情况，对应的是超高端白酒市场，如贵州茅台，企业往往采取领导定价策略。类型②、③、⑤属于"二强一弱"情况，对应的可能是高端白酒市场，也可能是次高端白酒市场，企业往往采取跟随定价策略，即参照行业中的龙头企业制定自己产品的价格。但是由于其中某些企业具有很好的成长性，可以通过提升其市场领导力，从而成为行业领军企业，从战略角度看，此类企业的定价策略应该从跟随定价转向领导定价。类型⑥、⑦属于"两弱一强"情况，其中类型⑥对应的是中端白酒，类型⑦由于其产品具有稀缺性，如果能够将产品的品质提上去，就有可能进入次高端白酒市场，这两种类型的企业应采取成本定价或跟随定价策略。类型⑧属于领导力、品质力、稀缺力皆弱的情况，对应的是低端白酒市场，企业往往采取成本领先策略，为产品制定低价格。类型④属于"强领导力—弱品质力—弱稀缺力"的情况，这种情况在现实中几乎不存在，但是为了保证分析框架的完整性，在此将其从理论上划分为一类。

表 11-3　高端白酒定价"三力"模型

类型	主范畴			市场类型
	领导力	品质力	稀缺力	
①	强	强	强	超高端
②	强	强	弱	高端或次高端
③	强	弱	强	高端或次高端
④	强	弱	弱	理论上不存在
⑤	弱	强	强	高端或次高端
⑥	弱	强	弱	中端酒
⑦	弱	弱	强	中端或次高端
⑧	弱	弱	弱	低端酒

建构理论模型的意义在于可以为检视某个问题提供一套分析范式或基准，也就是构建高端白酒定价策略模型，能为人们揭示高端白酒定价的深层机理及其应对策略提供帮助。从上述所建构的高端白酒定价"三力"模型来看，在适用于高端白酒定价的三种情况中，类型②③表明高端白酒要么品质力不足，要么稀缺力不够。但从表 11-1、表 11-2、表 11-3 所反馈的信息来看，五粮液属于我国浓香型白酒的典范，为酒中珍品，其稀缺力和品质力自然不弱，显然此两种情况与五粮液的实际情况不符。但是，与贵州茅台比较，无论是从公司财务状况，还是从 A 股市值来看，五粮液都相对处于弱势，即市场领导力相对较弱。因此，适用于五粮液定价的情况是类型⑤。五粮液属于"弱领导力—强品质力—强稀缺力"类型，这意味着五粮液要提高市场定价权，成为白酒行业的定价领导者，就必须在保证

产品品质力和稀缺力的基础上，进一步提升其产品的市场领导力。

一是大力推进五粮液主品牌"聚焦发展"战略，提升与五粮液系列酒在市场定位、价格定位、产品口感、包装设计等各方面的区分度，提高主、副品牌之间的辨识度，防止系列酒对五粮液高端品牌价值的稀释，重塑五粮液从"高端"到"超高端"的品牌形象。二是大力推进高端白酒市场"竞合发展"战略，通过战略性重组、收购、并购、控股等多种手段，进一步做大做强五粮液的市场规模，力争在浓香型白酒市场中拉开与洋河梦之蓝、国窖 1573 等高端白酒竞争的生态位。三是大力推进国际化发展战略，通过文化引领、市场培育、贸易规则适应等多种手段，讲好五粮液品牌故事，清晰传达五粮液价值，不断提高国外市场特别是欧美市场对五粮液的品牌认可度和消费接受度。

11.5　本 章 小 结

价值是价格的基础和依据，商品价格围绕价值波动，最终向价值回归。高端白酒企业需要正确认识其产品价值，为其定价提供有效支撑。定价策略是定价方法的具体化和延伸，是高端白酒企业为实现定价利益最大化所进行的各种活动的总和。基于产品品质、产品属性、产品价格、市场规模、价格敏感度等要素，可以将定价策略划分为降价促销策略、撇脂定价策略、渗透定价策略、高价定价策略，其中合理的高价定价策略与高端白酒高度稀缺、优良品质相适应，是高端白酒定价应该采用的定价模式。成功的定价策略以产品价值为基础，通过设定价格结构、传递产品价值与价值沟通、对自身及竞争对手进行深入研判、确立定价政策，最终形成合理的、与产品相适应的价格水平，从而在价格和销量之间找到一个收益最大化的平衡点。同时，对于难以预测的突发性、破坏性事件，要贯彻灵活应变原则，及时调整定价策略以适应新的市场形势和竞争格局。

本章从筑牢价值根基、做好价值沟通、坚持合理定价三个维度对完善高端白酒定价策略的配套举措进行了分析，总结归纳了国外高端蒸馏酒定价策略，为我国高端白酒定价提供一定的借鉴。同时，利用生态位理论和扎根理论对四川高端白酒及五粮液进行了分析。对四川高端白酒提出了降低生态位重叠度、提升定价刚性，扩大生态位宽度、提升定价韧性，引领生态位态势，提升定价弹性的定价策略。对五粮液，通过设定开放性编码、主轴编码和选择性编码对 58 个概念、23 个范畴进行了分析，最后形成了领导力、品质力、稀缺力三个主范畴以及以强弱进行划分的八个维度。研究发现，五粮液品质力、稀缺力两个范畴处于强层次，而市场领导力相对较弱，属于"弱领导力—强品质力—强稀缺力"类型。基于这一结论，提出大力推进五粮液主品牌"聚焦发展"、大力推进高端白酒市场"竞合发展"、大力推进"国际化发展"三大定价策略。

第12章 研究结论与对策建议

本章从高端白酒的价格决定因素、价格变化、价格弹性、利润来源、价格结构的成因等几个方面，对本书的主要研究发现进行归纳总结，并在此基础上从宏观、中观、微观层面提出对策建议，从五个方面提出有针对性的具体措施，最后对于有待进一步研究的问题，提出研究展望。

12.1 研 究 结 论

本书在学术界已有研究成果的基础上，以习近平新时代中国特色社会主义思想为指导，以高端白酒价格为主题，以高端白酒、价格机制、定价方略等为关键词，以马克思主义政治经济学为理论基础，借鉴西方经济学价格理论，采取理论与实际相结合、历史与逻辑相结合、规范与实证相结合、定性与定量相结合等研究方法和"总—分—总"的逻辑结构，重点研究了高端白酒的价格形成机制、运行机制、管控机制、定价方略，并提出了高端白酒的定价方法、定价策略以及促进高端白酒产业高质量发展的对策建议。本书的主要研究发现如下。

12.1.1 高端白酒的价值对价格的决定作用不充分

马克思主义政治经济学表明，价格是由价值决定的。高端白酒作为用于交换的劳动产品，其生产过程是劳动过程和价值形成过程的统一，同样具有使用价值和价值两个因素。高端白酒的生产过程，包含了制曲、发酵、勾调等直接生产过程和打造生态概念、赋予文化内涵、塑造品牌形象等间接生产过程。生产过程中的具体劳动，通过复杂的生产工艺和特殊的生产环境，创造了高端白酒独特的使用价值。生产过程中的抽象劳动，是撇开具体形式的无差别的人类劳动，形成了高端白酒的价值。但是，高端白酒的实际价格远远高于由社会必要劳动时间决定的价值所反映出来的价格，高端白酒的价值对价格的决定性作用未能得到充分体现，价格存在"脱离价值"的泡沫化倾向。主要原因在于：一是高端白酒企业的利润率远远高于社会平均利润率；二是高端白酒价格相比一般商品价格上涨更快；三是高端白酒价格的上涨速度远远高于成本的上涨速度，价格和成本之间的差距越来越大。

12.1.2　高端白酒的品牌价值是其价格的支撑因素

　　高端白酒价格的决定因素是品牌价值，主导因素是生产厂商的实力。高端白酒的品牌价值是其品牌影响力在市场上的经济表现，高端白酒的市场价格是其品牌价值的市场表现。高端白酒价格的形成机理可以大致归纳为：生产过程创造产品价值，流通过程增加产品价值，产品价值支撑品牌价值，认知价值影响品牌价值，品牌价值决定市场价格。高端白酒企业巨大的品牌价值，是其制定产品价格体系并控制价格变动的"底气"和保障。高端白酒定价的市场逻辑可以大致归纳为：市场定位决定产品定位，产品定位主导品质定位，品质定位支撑价格水平，价格水平影响利润水平，利润水平造就盈利能力，盈利能力铸就市场实力，市场实力成就市场定位。高端白酒的出厂价格是生产厂商对经销商的产品销售价格，建议零售价格是生产厂商对零售商提供的产品建议价格。生产厂商通过决定产品的出厂价格和建议产品的零售价格两个方面来控制和影响下游企业，以充分发挥其在产品价值链中的主导作用。

12.1.3　市场主体助推高端白酒市场价格大幅波动

　　商品的价格由价值决定并受供求关系的影响。高端白酒的价格变化尽管离不开市场的供求关系，但是在很大程度上是由交易控制、恶性竞争、利益博弈等人为因素造成的。在生产环节，由于高端白酒受到严格的生产条件限制，产量增长缓慢，导致供需矛盾较为突出。而在流通环节，由于部分资本竞相逐利、投机炒作、饥饿营销，又有部分经销商囤积居奇、惜售捂售、待价而沽，使得产品在市场上被不断地转手、倒卖、炒作等，人为制造了虚假需求和加剧了供需矛盾。随着资本市场的快速发展，我国高端白酒的金融属性越来越突出，相较而言，消费属性却越来越淡化，因而高端白酒亦如金融产品一样价格变动更加频繁。不同品牌的高端白酒之间具有较强的替代关系，存在着激烈的竞争关系。产品的高价格是产品高端性的外在表现，如果高端白酒企业被竞争对手从价格上拉开了较大差距，其品牌形象和市场地位就有可能受到较大的损害。为了维护品牌形象、守住市场地位、保持竞争实力，高端白酒企业在制定产品价格时往往采取跟随策略，也就是紧跟行业领军企业同类产品的价格变化而变化，尽量保证产品价格在同一区间。因此，高端白酒价格刚性上涨的一个重要原因，就是高端白酒企业之间竞相涨价的恶性竞争。

12.1.4　高端白酒的需求异化使其缺乏价格弹性

　　根据西方经济学的有关原理，生活必需品对价格波动不太敏感，缺乏需求弹性，而非生活必需品则是富有弹性的。但是从实际情况来看，高端白酒作为非生活必需品，其价格往往是只涨不跌，价格越高，越是"一瓶难求"。高端白酒缺乏需求价格弹性的重要原因是产品供给有限性、奢侈品属性和市场投机性。高端白酒受生产条件的限制，供给量十分有限，在"物以稀为贵"消费观念及消费价格预期的影响下，人们反而是买涨不买跌。高收入人群作为高端白酒的主要消费者，价格承受能力较强，其消费目的不仅仅是饮用，更多的是通过消费高端白酒之类的奢侈品来体现身份地位，因而对高端白酒价格的变化不太敏感。在特定的场合和用途上，高端白酒与其他商品相比具有特定的社会意义，例如在喜庆宴席、商务往来、送礼馈赠等特殊场合，高端白酒往往成为必需品。在这种情况下，高价格并不会阻止人们消费行为的发生，反而会对消费起到促进作用。受投资渠道有限、资本盲目扩张、通货膨胀加剧等因素的影响，高端白酒的投资增值、投机炒作、收藏保值等非消费需求功能越来越突出，这就进一步推动了其价格的上涨。

12.1.5　高端白酒的利润是对社会总利润的再分配

高端白酒的高额利润，实质上是来自对社会总利润的垄断性再分配。马克思主义政治经济学认为，所有资本家的利润都来源于剩余价值，是其基于资本所有权对剩余价值的分割。高端白酒行业的资本有机构成高于其他行业，利润率也远远高于其他行业，这并没有违背价值规律。在白酒行业，理论上存在着一个行业平均利润率，但是由于社会资本转移受到限制，实际的平均利润率并未形成，利润也未被平均化，因而等量资本并未获得等量利润。对于高端白酒企业恰好相反，等量资本不仅能够获得正常利润，而且能够获得超额利润。根据马克思主义基本原理，生产关系决定分配关系。高端白酒的价值是由高端白酒企业的劳动者创造的。从表面上看，高端白酒企业的丰厚利润是由产品的高价格带来的，但实际上是生产条件的稀缺性和资本转移的限制性，导致企业在生产和经营上都具有了垄断性，正是这种垄断性给产品带来了垄断价格，给企业带来了垄断利润。高端白酒企业的垄断利润是来自总体工人所创造的社会总价值，是企业基于要素禀赋、资本实力、市场地位等，对社会总价值进行的一种垄断性再分配。

12.1.6　高端白酒的市场结构是其价格结构的成因

高端白酒行业寡头垄断型市场结构是其"金字塔"形价格结构的直接成因。在高端白酒行业，市场集中度较高，具有明显的垄断性，属于寡头垄断型市场结构。同时，由于产品具有稀缺性，高端白酒市场还呈现出典型的卖方市场结构特征。从市场份额来看，2020年我国19家白酒上市企业的总营业收入达到2730.9亿元，同比增长6.87%。其中，仅茅台、五粮液两家企业全年的营业收入就达到1552.62亿元，占比达 57%。第一梯队的茅台、五粮液、洋河、泸州老窖、汾酒的营业收入总和达到了 2070.36 亿元，占所有上市白酒企业总营业收入的 75.81%，而剩余企业的营业收入占比还不到 30%。这样的市场结构导致了高端白酒不同品牌之间存在着巨大的价格差距。品牌越高端，价格就越高，呈现出"金字塔"形的价格结构。例如，2020 年，53 度 500ml 飞天茅台和 52 度 500ml 经典五粮液的出厂价格分别为 969 元/瓶和 889 元/瓶，建议零售价格分别为 1499 元/瓶和 1399 元/瓶，遥遥领先于其他品牌的价格。[①] 由于高端白酒的市场结构具有一定的稳固性，不同品牌之间的差价逐步趋于固化。同一品牌的产品最大差价一般存在于出厂价格和批发价格之间，而批发价格和零售价格之间的差价相对较小，其根本原因在于产品的稀缺性和经营的垄断性，导致上游企业对下游企业具有强大的定价话语权。

12.2　对　策　思　路

高端白酒的价值形成涉及生产、流通、消费等多个环节。高端白酒的市场价格由产品价值、品牌价值、认知价值等因素综合决定，并受到生产成本、产品品质、品牌价值、市场定位、企业地位、市场供求关系、市场结构类型、消费心理、政府宏观政策等多种因素的影响。在这些影响因素中，有些涉及宏观层面的政府调控问题，有些涉及中观层面的行业协会协调问题，有些涉及白酒企业自身的定价策略问题。完善高端白酒价格机制、促进高端白酒产业高质量发展，也应该从上述三个方面着手，加大价格监管力度、强化价格协调作用、增强价格自律意识，以形成强大的合力，防止价格异化加剧。

12.2.1　宏观层面：更好发挥"有为政府"作用

根据林毅夫教授的新结构经济学理论，产业发展是"有效市场 + 有为政府"共同作用的结果，也就是既要发挥市场配置资源的决定性作用，又要更好发挥政府作用。"有为政府"的作用主要是通过有效遏制高端白酒市场价格过度异化、积极构建高端白酒产业良性发展新格局、扩大高端白酒市场的有效供给、大力开拓高端白酒国际"蓝海市场"等举措，规范解决高端白酒市场流通环节成本过高、市场竞争秩序失范、有效供给不足等问题，促进高端白酒价格逐渐回归理性。

1. 有效遏制高端白酒价格过度异化

坚持"酒是用来饮的，不是用来炒的"理念，坚决遏制市场中的机构投机者、"黄牛"等群体过度"炒酒"行为，弱化高端白酒的收藏属性和金融投资属性，改

---

① 本节数据来自 Wind 数据库、部分白酒上市公司 2020 年报和业绩预告。

变市场对高端白酒"买到即赚到"的涨价预期，努力促使高端白酒企业回归市场理性、高端白酒产品回归消费属性，防范高端白酒价格泡沫化。坚决查处高端白酒生产企业利用价格主导权来频繁提高出厂价、设定最低市场流通价、故意压缩产品供给量、强行推高市场零售价等市场垄断行为；有效打击高端白酒流通领域的非法经营活动，特别是部分大型经销商存在的肆意囤货惜售、人为制造供需矛盾、扰乱市场秩序等行为；加强市场监管联合执法，对厂商、经销商和资本方互相串通操纵市场价格，捏造、散布涨价信息，推动商品价格过度上涨等行为予以严肃查处。坚持反腐倡廉永远在路上，严厉打击各类"以酒谋私"行为，不断压缩高端白酒领域的权力寻租和设租空间，巩固"中央八项规定"和纠正"四风"重大成果。积极贯彻落实中央"厉行节约、反对浪费"的要求，坚决抵制享乐主义、奢靡之风，推动形成"不盲从、不攀比"的健康消费文化。

2. 积极引导高端白酒产业良性发展

树立"竞合发展"理念，引导高端白酒市场错位发展、有序竞争，防止市场生态环境恶化，形成以贵州茅台、五粮液、国窖1573、洋河梦之蓝等名优品牌和其他品牌相辅相成的"超高端—高端—次高端"品牌体系，避免企业彼此之间爆发产品战、广告战和价格战，降低高端白酒市场流通环节的成本投入比重，引导企业加大自营和直供平台建设比重，适度增加自营和直供平台的产品投放量，扭转高端白酒市场实际成交价与建议零售价长期严重背离的局面。在顺应优质资源向头部企业和知名品牌集聚、高端白酒市场挤压式增长趋势的同时，以《反垄断法》为依据，有效防范资源过度向单体企业、单一品牌集中，遏制企业的价格垄断行为，保证高端白酒市场的竞争活力。大力保护优质白酒产区良好的生态系统，维护生态系统的完整性和多样性。保护好具有悠久历史传承的窖池文化和独具特色的白酒酿造文化，保证优质白酒企业占领生态位高端、掌控国际市场定价权，筑牢高端白酒价格基础。支持东北三省、新疆、内蒙古、江苏、河南、四川等地区，高质量建设水稻、小麦、高粱等酿酒专用粮生产基地，为产业链前端提供稳定的"好粮"来源，从源头上为高端白酒的品质提供保障，让"好酒是种出来的"理念落到实处。

3. 不断扩大高端白酒市场有效供给

为从根本上解决高端白酒市场因供求严重失衡而引发的价格上涨过快问题，不断满足人民日益增长的美好生活需要，应以高端白酒行业供给侧结构性改革为主攻方向，引导白酒行业加大高端白酒产品供给比重。完善后疫情时期支持高端白酒产业发展的财政、税收、金融、人才等各类政策，充分利用《产业结构调整指导目录（2019年本）》"限制类"产业中去掉白酒行业这一重大政策利好，引导更多社会资本（包括国际资本）进入高端白酒产业，稳步推进高端白酒市场有效供给。贯彻落实《中共中央 国务院关于构建更加完善的要素市场化配置体制机制的意见》，支持高端白酒供应链金融创新发展，支持区块链、物联网、人工智能等新一代信息技术在高端白酒全产业链率先运用。筹划在全国优质白酒产区新设全日制酿酒高等院校，实现酿酒产业与教育产业融合发展，打造人才培育联动体系创新教育模式，为加大高端白酒产业发展提供全方位的要素保障。

4. 大力开拓高端白酒国际蓝海市场

通过出口信贷、出口信贷国家担保制、出口补贴等手段，依托中国国际酒类博览会、中国进出口商品交易会以及高级别贸易代表团出访等形式，力推高端白酒"走出去"战略，积极拓展欧盟、东亚国家、"一带一路"沿线国家等国际市场。充分利用互联网信息技术、融媒体传播技术，以文化走出去为着力点，实施"世界顶级酒类品牌培养计划"，有效推进中国酒业民族品牌形象提升，推动中国白酒品牌走出国门、走向世界，引领世界酒业发展方向。面向重点海外市场大力传播中国传统饮食文化、白酒文化，培育潜在消费者对高端白酒的消费习惯，大力开拓高端白酒国际"蓝海市场"。

12.2.2 中观层面：利用好行业协会的平台功能

行业协会是介于政府和企业之间的民间性组织。作为政府与企业之间、企业与企业之间、国内市场与国外市场之间的桥梁和纽带，白酒行业协会可以在规范行业标准、搭建沟通平台、搜集市场信息、支持企业国际化发展等方面，发挥建设性作用。重点是要依托白酒行业协会的平台功能，引领高端白酒行业发展标准的制定，以占领国际高端白酒市场生态位的制高点，获取更大的定价话语权。

1. 完善行业标准体系

在质量安全上，系统构建产业质量标准化体系，组织制定和完善包括基础标准、卫生标准、试验方法标准、原辅料标准、地理标志产品标准等高端白酒行业标准体系，做好标准体系的顶层设计。着重在高端白酒的生态酿造、产区标准、酒庄标准、年份定义、窖龄定义、稀缺标准等相关规范的构建上，实现全面的升级。有效防范高端白酒企业的虚假宣传，规范企业的生产经营行为，同时在更高层次上依托高端白酒标准体系的制定，牢牢掌控国际市场高端白酒定价权。

2. 搭建行业沟通平台

合理引导白酒企业之间、白酒企业与相关组织之间构建战略联盟，进一步做大做强中国高端白酒"金三角"等产区品牌。致力于用产区品牌的概念进一步增强行业整体竞争实力，使白酒企业之间成为抱团式发展的共生型组织，以减少高端白酒市场的无序竞争或过度竞争对产业发展带来的不利影响。构建酒类产业生态酿造体系，促使酒类产业向绿色生态发展全面转型，促进高端白酒产业高质量发展。

3. 推动产学研一体化

充分发挥白酒产业集群、产学研协深度合作等优势，形成企业为主体、市场为导向、产学研协相结合的技术创新和合作共建的分享体系，培育和建设"传统白酒先进创新中心"。利用白酒行业协会的资源优势，引导优质白酒企业与高等院校、科研机构之间开展深度的产学研合作，组织开展高端白酒定价机制、定价方法、定价策略等相关课题研究。

4. 指导科学合理定价

充分利用白酒行业协会的平台优势，广泛收集国内、国际高端白酒市场价格、供求等信息，综合、科学研判高端白酒市场价格的长期变动趋势。有效防范各类白酒产品的价格炒作，警惕低质高价风险。加强对酿造高端白酒的自然生态系统和生物生态系统的研究，全面提升白酒酿造的生态价值，为高端白酒企业科学定价提供决策咨询。

12.2.3 微观层面：提升高端白酒企业定价能力

高端白酒生产商作为制定产品出厂价格和提供建议零售价格的主体，在制定产品价格的过程中往往综合考虑市场供求、定价指向、品牌价值、消费心理等因素。从微观主体角度来看，高端白酒企业应从形成产品的品质力、品牌力、稀缺性等关键要素出发，坚持"竞合发展""品牌为王""错位发展""合理定价"等战略，不断形成核心竞争力，提升企业的定价能力。

1. 在企业战略上坚持"竞合发展"

通过战略性重组、收购、并购、控股、混改等多种手段，进一步做强贵州茅台、五粮液、泸州老窖、江苏洋河等高端白酒头部企业，提升高端白酒产能和市场竞争力；借鉴国外高端蒸馏酒的"产区化"生产经营理念，打造"世界级名酒产区"，通过"优质产区"概念为高端白酒品牌价值注入新的内涵。进一步做大优质高端白酒产区，深化产业集群发展和集约化发展，合理布局产业结构，拉动和提升产业链价值，构建产业发展新格局。通过建立优质专用粮生产基地、与供应商结成战略联盟、签订原材料期货合约等手段，有效应对后疫情时期可能出现的全球粮食危机带来的不利影响，减少原材料价格波动可能给高端白酒企业生产成本和市场价格造成的冲击。

2. 在品牌策略上坚持"品牌为王"

充分利用线上线下融合的多种宣传媒介和宣传手段，进一步增强贵州茅台、五粮液、国窖 1573、洋河梦之蓝等高端白酒代表性品牌的影响力，提高高端白酒头部企业的国际知名度，用品牌影响力提升消费黏性。白酒的物质和文化双重属性决定了对其进行文化价值培育的重要性。要做好遗产保护，深入挖掘高端白酒品牌的文化内涵，找准支撑高端白酒品牌的核心价值，讲好高端白酒品牌故事。大力提升产品的品牌力，使产品品牌更加具有人性化、个性化的特征，与消费者产生情感上的共鸣，突出高端白酒的独特价值，提升消费者对高端白酒的感知价值。促进高端白酒企业与医药、健康、体育、休闲、娱乐、影视等其他行业巨头，或国际品牌的跨界融合，运用"比附营销"策略，提升高端白酒的品牌形象。建立健全高端白酒企业产品价格内控长效机制，构建"种子—粮食—酿造—流通—终端"全产业链的信息"双向互动"可追溯系统，利用严密的质量监控体系和新一代信息技术保障高端白酒的品质稳定，不断提升高端白酒的品牌价值。

3. 在产品策略上坚持"错位发展"

紧紧抓住消费升级和消费能力逐步提升的契机，以品质消费助力品质升级和市场升级，以品类的多样化丰富市场供给。加大技术创新、产品开发、文化阐释、品牌宣传力度，推动同档次的高端白酒品牌之间的差异化、特色化发展，减少品牌生态位的重叠度，实现不同品牌在不同生态位相互依存、错落发展，降低行业内部的过度竞争和无序竞争，逐步消除高端白酒的流通成本远高于其生产成本的现象。针对高端白酒消费呈现出大众化、年轻化、定制化的新趋势，围绕高端白酒的香气、口感、包装等元素，大力开发新产品或赋予产品新的功能，以更好地满足新生代消费群体的消费新需求和市场上不断出现的消费新风尚。

4. 在价格策略上坚持"合理定价"

遵照"市场定位决定产品定位，产品定位主导品质定位，品质定位支配价格定位，价格定位影响利润水平，利润水平造就盈利能力，盈利能力铸就市场实力，市场实力成就市场定位"的市场逻辑，立足高端白酒的稀缺性、高品质、高价值，坚持合理定价，避免价格过度异化。采取扩大高端基酒产能、加大在自营和直供平台的产品投放量等措施，逐步缓解市场供求矛盾。防止一味追求企业利润而频繁、大幅提价，切实把高端白酒出厂价、零售价维持在合理的水平。既不能用出厂价强行推高零售价，也不能让出厂价与零售价之间的巨大价差长期存在。要明确，无论是控价还是限价，都是为了使价格真实地反映市场的状况，促进资源的高效配置。

12.3　措　施　建　议

12.3.1　充分发挥市场决定价格的作用

市场决定价格、价格调节生产，是市场经济的内在规律。高端白酒企业作为市场主体，拥有自主定价权。尽管高端白酒价格的市场化程度较高，但是价格不透明、定价不规范等问题依然较为突出。商品的价格应该是生产商、经销商、消费者等各类市场主体相互博弈的结果。但是在高端白酒市场，厂商拥有明显的市场主导地位，经销商和消费者的议价能力十分有限，难以做出"用脚投票"的行为选择，"劣币驱逐良币"的情况在所难免。作为市场机制核心的价格机制，其作用未能得到充分发挥，高端白酒价格高企的问题长期存在。要进一步发挥市场的决定性作用，使各类市场主体的竞争能力趋于动态平衡。尤为重要的是要提高经销商和消费者的议价能力，如建立高端白酒经销商联席会议、消费者联合会等，防止生产商滥用市场影响力控制产品价格。

12.3.2　着力规范市场主体的定价行为

社会主义生产的根本目的，是为了满足人民群众更好的生活需要。企业作为开展经营活动的市场主体，获取经济利益是其基本目标，但是作为提供商品的社会生产组织，又具有兼顾满足人民需要的社会责任。从生产来看，高端白酒的生产对自然环境的要求较高，生产规模在很大程度上受到自然环境的制约。从消费来看，我国是一个白酒消费大国，尤其是高端白酒的消费能力十分强劲。在供需失衡的情况下，高端白酒生产企业具有较强的市场影响力和控制力。一些高端白酒生产厂商凭借其有利的市场地位，在价格制定中违背价值规律，扭曲价格信号，导致价格背离价值，使价格成为企业市场实力的反映，而不是产品实际价值的反映。这就需要进一步规范高端白酒生产企业的定价行为，引导企业遵循价值规律，遵守法律法规，遵照市场规则，突出价值对价格的决定作用，使价格真实地反映价值的变化，特别是反映各类生产要素价格的变化。

12.3.3　有效体现生态环境的损害成本

白酒的自然生产过程较长，受自然环境的作用明显。高端白酒的生产对生态环境的要求更高，其生产过程对生态环境具有一定的损害，如污染空气、损害水质、破坏土壤等。作为企业生产的外部性问题，生态环境遭受的损害应该在高端白酒的价格中得以体现，使价格既能反映生产的有形成本，也能反映生产的无形成本。首先要明确损害类型。高端白酒的生产过程会对生态环境的不同方面造成损害，要根据不同的损害类型确定相应的损害成本。其次要明确损害程度。要科学量化生产过程对各类生态环境承载物的损害程度，将量化的生态环境损害成本体现到产品价格中。再次要完善补贴制度。要明确补偿规则，将生态环境的损害成本体现到价格中是为了补贴生态环境损失，要按照"谁损害谁补偿"的原则明确补偿的主体，按照"谁受损谁得偿"的原则明确补偿对象，提高补偿的针对性和有效性。

12.3.4　大力完善市场价格的监管机制

近年来高端白酒价格一路上涨，其主要原因并不是生产成本的上涨，而是供需矛盾的紧张。这种矛盾的产生主要不是市场自发竞争的结果，而是一些企业在"饥饿营销"理念的驱使下，利用其市场控制力和影响力，采取惜售、捂售等行为的结果。一些生产商凭借其优势地位对经销商"漫天要价"，致使高端白酒价格信号被扭曲，市场秩序被扰乱。对此，要进一步完善市场监管机制，加大市场调控力度，严厉打击囤积居奇、随意断供等各类违法经营行为，以保护经销商和消费者的合法权益，稳定价格运行和市场预期。由于高端白酒的金融属性日益突显，价格日益脱离价值，不断上涨的价格在很大程度上是被资本市场"炒"起来的。要坚持"酒是用来饮的，不是用来炒的"定位，着力抑制高端白酒价格中的泡沫成分，淡化其金融属性，突出其消费属性，以防范和化解资本市场风险。

12.3.5　合理引导白酒产业的有序发展

高端白酒价格问题所折射出的，实质上是白酒产业的发展问题。白酒产业在我国产业结构中具有重要地位，是许多地区的主导产业，具有明显的地域特征。但是受地理环境、历史传统等因素的影响，我国白酒产业结构不尽合理。中低端白酒很难进入高端领域，白酒产业"两极分化"的现象较为明显。尽管高端白酒产量相对较低，但是由于高端白酒产业在整个白酒产业中处于垄断地位，其盈利水平远远高于中低端白酒产业。要进一步优化白酒产业结构和空间布局，大力扶持中低端白酒产业转型升级，解决好大中小企业的协调发展，提高产业整体竞争能力。加强对高端白酒企业经营活动的监管，完善监管制度、强化监管责任，防止高端白酒企业凭借其强大的市场影响力破坏产业发展秩序，消除行业垄断，使产业、产品、价格之间的关系回归正常。着力防范不同香型和品类高端白酒企业之间互相攻击的现象，推动产区多样化协同发展，提升白酒产业整体发展质量水平。

12.4　研 究 展 望

本书系统研究了我国高端白酒的价格问题，尤其是价格机制和定价方略，在选题方向、研究思路、研究方法、论据素材、主要观点等方面都具有一定的创新性，特别是从价格形成机制、运行机制、管控机制三大机制层面来研究高端白酒价格问题，在一定程度上揭开了高端白酒定价的"黑箱"。但是根据动态竞争理论，高端白酒的定价是一个动态过程，随着外部环境的改变，高端白酒的价格形成机制、运行机制、管控机制以及企业的定价方略也必然有所改变。

未来我国高端白酒市场的外部环境至少面临五大改变：一是后疫情时期，随着国内外环境的重大改变，以"加快形成以国内大循环为主体、国内国际双循环相互促进的新发展格局"为主要内涵的"双循环"战略，将成为主导我国未来较长时期发展的重大战略。二是以人工智能、5G 技术、区块链技术为代表的新一代信息技术，特别是区块链技术，将深刻影响人们的生产和生活方式。三是以 90后、00 后为主体的新生代消费群体正逐渐成为全社会消费的主力军，这一群体更富消费理性，注重自己的消费个性及消费主张。四是以"线上 + 线下"为特征的新零售业态快速发展，将会对传统的销售模式产生全面性的影响。五是为寻求新的发展增长点和突破点，不同行业的跨界融合将成为发展趋势。

鉴于以上外部环境的变化，高端白酒价格问题仍有较大的研究空间。例如，后疫情时期"双循环"发展战略、区块链技术等新一代信息技术、新生代消费群体的兴起、新零售业态的快速发展、白酒行业与其他行业跨界融合发展等因素，对高端白酒的价格形成机制、运行机制、管控机制，以及高端白酒企业定价策略的影响等。此外，高端白酒定价机制和定价方略的研究，还可以在论据材料、研究方法选取等方面进行优化。深入推进高端白酒价格的相关研究，不仅有利于白酒产业的发展，而且有利于推进消费升级，更好地满足人们对美好生活的向往。

参 考 文 献

（一）中文文献

1. 著作

[1] 马克思恩格斯选集（第一卷）[M]. 北京：人民出版社，2012.
  马克思恩格斯选集（第二卷）[M]. 北京：人民出版社，2012.
  马克思恩格斯选集（第三卷）[M]. 北京：人民出版社，2012.
  马克思恩格斯选集（第四卷）[M]. 北京：人民出版社，2012.
  马克思恩格斯全集（第十六卷）[M]. 北京：人民出版社，1964.
  马克思恩格斯文集（第七卷）[M]. 北京：人民出版社，2009.
[2] 马克思恩格斯全集（第二十六卷）（2）[M]. 北京：人民出版社，1973.
  马克思恩格斯全集（第四十六卷）（上册）[M]. 北京：人民出版社，1979.
[3] 资本论（第一卷）[M]. 北京：人民出版社，2018.
  资本论（第二卷）[M]. 北京：人民出版社，2018.
  资本论（第三卷）[M]. 北京：人民出版社，2018.
[4] 列宁选集（第 1 卷）[M]. 北京：人民出版社，2012.
  列宁选集（第 2 卷）[M]. 北京：人民出版社，2012.
  列宁选集（第 3 卷）[M]. 北京：人民出版社，2012.
  列宁选集（第 4 卷）[M]. 北京：人民出版社，2012.
[5] 毛泽东选集（第一卷）[M]. 北京：人民出版社，1991.
  毛泽东选集（第二卷）[M]. 北京：人民出版社，1991.
  毛泽东选集（第三卷）[M]. 北京：人民出版社，1991.
  毛泽东选集（第四卷）[M]. 北京：人民出版社，1991.
[6] 邓小平文选（第一卷）[M]. 北京：人民出版社，1994.
  邓小平文选（第二卷）[M]. 北京：人民出版社，1994.
  邓小平文选（第三卷）[M]. 北京：人民出版社，1993.
[7] 江泽民文选（第一卷）[M]. 北京：人民出版社，2006.
  江泽民文选（第二卷）[M]. 北京：人民出版社，2006.
  江泽民文选（第三卷）[M]. 北京：人民出版社，2006.
[8] 胡锦涛文选（第一卷）[M]. 北京：人民出版社，2016.
  胡锦涛文选（第二卷）[M]. 北京：人民出版社，2016.
  胡锦涛文选（第三卷）[M]. 北京：人民出版社，2016.
[9] 习近平谈治国理政（第一卷）[M]. 北京：外文出版社，2018.
[10] 习近平谈治国理政（第二卷）[M]. 北京：外文出版社，2017.
[11] 习近平谈治国理政（第三卷）[M]. 北京：外文出版社，2020.
[12] 习近平. 决胜全面建成小康社会, 夺取新时代中国特色社会主义伟大胜利[A]. 十九大以来

重要文献选编（上）[M].北京：中央文献出版社，2019.

[13] 习近平. 关于《中共中央关于全面深化改革若干重大问题的决定》的说明[A]. 中共中央文献研究室.《十八大以来重要文献选编（上）》[M]. 北京：中央文献出版社，2014.

[14] 中共中央文献研究室. 习近平关于社会主义经济建设论述摘编[M]. 北京：中央文献出版社，2017.

[15] 习近平. 之江新语[M]. 杭州：浙江人民出版社，2007.

[16] 中共中央宣传部. 习近平新时代中国特色社会主义思想学习纲要[M]. 北京：学习出版社，人民出版社，2019.

[17] 中共中央宣传部. 习近平总书记系列重要讲话读本（2016 年版）[M]. 北京：学习出版社，人民出版社，2016.

[18] 编写组. 中共中央关于坚持和完善中国特色社会主义制度、推进国家治理体系和治理能力现代化若干重大问题的决定[M]. 北京：人民出版社，2019.

[19] 本书编写组. 党的十九届四中全会《决定》学习辅导百问[M]. 北京：学习出版社，党建读物出版社，2019.

[20] 辞海编辑委员会.《辞海》（第六版）[M]. 上海：上海辞书出版社，2009.

[21] 本书编写组.《中共中央关于制定国民经济和社会发展第十四个五年规划和二〇三五年远景目标的建议》辅导读本[M]. 北京：人民出版社，2020.

[22] 高放，高哲，张书杰. 马克思恩格斯要论精选[M]. 北京：中央编译出版社，2019.

[23] 张宇，谢地，任保平等. 中国特色社会主义政治经济学[M]. 北京：高等教育出版社，2017.

[24] 宋涛. 政治经济学教程（第十三版）[M]. 北京：中国人民大学出版社，2021.

[25] 刘诗白. 马克思主义政治经济学原理（第五版）[M]. 成都：西南财经大学出版社，2019.

[26] 程恩富等. 马克思主义政治经济学基础理论研究[M]. 北京：北京师范大学出版社，2017.

[27] 李建平，黄茂兴，黄瑾.《资本论》与中国特色社会主义政治经济学[M]. 福州：福建人民出版社，2017.

[28] 陈征.《资本论》解说（第四版）（全三卷）[M]. 福州：福建人民出版社，2017.

[29] 陈征，李建平，李建建等.《资本论》与当代中国经济（第三版）[M]. 福州：福建人民出版社，2017.

[30] 《<资本论>导读》编写组.《资本论》导读（第二版）[M]. 北京：高等教育出版社，人民出版社，2020.

[31] 仰海峰.《资本论》的哲学[M]. 北京：北京师范大学出版社，2017.

[32] 洪银兴，葛扬.《资本论》的现代解析（修订版）[M]. 北京：经济科学出版社，2011.

[33] 逢锦聚，林岗，刘灿. 现代经济学大典[政治经济学分册][M]. 北京：经济科学出版社，2016.

[34] 顾海良. 中国特色社会主义经济学读本[M]. 南京：江苏人民出版社，2016.

[35] 邱海平. 马克思主义政治经济学在当代中国的新发展[M]. 北京：中国人民大学出版社，2018.

[36] 本书编写组. 当代马克思主义政治经济学十五讲[M]. 北京：中国人民大学出版社，2016.

[37] 于金富. 马克思主义经济学的经典理论与现代观点[M]. 北京：中国社会科学出版社，2008.

[38] 吴易风，方福前，张宇等. 马克思主义经济学与西方经济学比较研究（第 1-3 卷）[M]. 北京：中国人民大学出版社，2007.

[39] 张雷声. 马克思主义基本原理概论（第二版）[M]. 北京：中国人民大学出版社，2018.

[40] 梅金平.《资本论》解读：基于结构、方法和理论的视角[M]. 北京：经济科学出版社，2019.

[41] 杨志，王岩.《资本论》解读[M]. 北京：中国人民大学出版社，2014.

[42] 原玉廷. 百图解读《资本论》[M]. 北京：光明日报出版社，2019.

[43] 张卓元. 社会主义经济中的价值、价格、成本和利润[M]. 北京：中国社会科学出版社，1983.

[44] 严中平. 科学研究方法十讲——中国近代经济史专业硕士研究生参考讲义[M]. 北京：人民出版社，1986.

[45] 贾秀岩. 价格学原理[M]. 天津：南开大学出版社，1986.

[46] 张卓元. 社会主义价格理论与价格改革[M]. 北京：中国社会科学出版社，1987.

[47] 周春，蒋和胜，毛道维. 社会主义价格管理学[M]. 北京：中国物价出版社，1990.

[48] 蒋和胜. 农产品价格机制论[M]. 成都：四川大学出版社，1997.

[49] 蒋和胜. 社会主义市场经济论纲[M]. 哈尔滨：哈尔滨工程大学出版社，2008.

[50] 许光建. 论价格总水平调控[M]. 北京：中国物价出版社，2003.

[51] 张维达. 政治经济学（第二版）[M]. 北京：高等教育出版社，2004.

[52] 张薰华.《资本论》脉络（第二版）[M]. 上海：复旦大学出版社，1999.

[53] 邹东涛. 社会主义市场经济学[M]. 北京：人民出版社，2004.

[54] 周春，蒋和胜. 市场价格机制与生产要素价格研究[M]. 成都：四川大学出版社，2006.

[55] 高鸿业. 西方经济学（微观部分）第四版[M]. 北京：中国人民大学出版社，2007.

[56] 陈伟忠. 金融经济学教程[M]. 北京：中国金融出版社，2008.

[57] 叶祥松. 政治经济学（社会主义部分）[M]. 大连：东北财经大学出版社，2009.

[58] 邢占军，衣芳. 社会调查研究方法[M]. 北京：人民出版社，2010.

[59] 张元萍. 金融衍生工具教程（修订第三版）[M]. 北京：首都经济贸易大学出版社，2011.

[60] 朱成全. 经济学方法论[M]. 大连：东北财经大学出版社，2011.

[61] 朱方明，张街. 政治经济学（上、下册）[M]. 成都：四川大学出版社，2011.

[62] 宋涛. 政治经济学教程（第九版）[M]. 北京：中国人民大学出版社，2011.

[63] 丛书编写组. 价格改革和保供稳价[M]. 北京：中国市场出版社，中国计划出版社，2020.

[64] 胡祖才.《中共中央国务院关于推进价格机制改革的若干意见》学习读本[M]. 北京：人民出版社，2016.

[65] 卫兴华. 中国特色社会主义经济理论体系研究[M]. 北京：中国财政经济出版社，2015.

[66] 卫兴华.《资本论》简说[M]. 北京：中国财政经济出版社，2014.

[67] 周春. 周春文集[M]. 成都：四川大学出版社，2015

[68] 苏东水. 产业经济学[M]. 北京：高等教育出版社，2012.

[69] 肖兴志. 产业经济学[M]. 北京：中国人民大学出版社，2012.

[70] 管德华，孔小红. 西方价值理论的演进[M]. 北京：中国经济出版社，2013.

[71] 杜金富等. 价格指数理论与实务[M]. 北京：中国金融出版社，2014.

[72] 陈钦兰，苏朝晖，胡劲等. 市场营销学（第二版）[M]. 北京：清华大学出版社，2016.

[73] 骆品亮. 定价策略（第4版）[M]. 上海：上海财经大学出版社，2019.

[74] 蔡昉. 读懂中国经济[M]. 北京：中信出版社，2018.

[75] 王东京. 王东京经济学讲义：写给领导干部与企业管理者的经济学[M]. 北京：中信出版社，2021.

[76] 朱明侠，张小琳，蔡薇薇. 奢侈品市场营销[M]. 北京：对外经济贸易大学出版社，2012.

[77] 耿弘. 进入壁垒与现代企业竞争战略分析[M]. 北京：科学出版社，2007.

[78] 张维迎. 博弈与社会[M]. 北京：北京大学出版社，2013.

[79] 刘志彪，安同良. 现代产业经济分析[M]. 南京：南京大学出版社，2009.

[80] 张喜才. 农产品价格之谜农业产业链价格传导及调控机制[M]. 北京：中国质检出版社，2015.

[81] 白世贞，詹帅，霍红. 农产品市场体系研究[M]. 北京：科学出版社，2016.

[82] [美]贝恩 J S. 新竞争者的壁垒[M]. 徐国兴，邱中虎，张明等译. 北京：人民出版社，2012.

[83] 托马斯 C R，英瑞斯 S C. 管理经济学（原书第 12 版）[M]. 陈章武，杨晓丽译. 北京：机械工业出版社，2018.

[84] [法] 克洛德·热叙阿，克里斯提昂·拉布鲁斯，达尼埃尔·维特里等. 经济学词典（修订本）[M]. 李玉平等译. 北京：社会科学文献出版社，2013.

[85] [美]米尔顿·弗里德曼. 价格理论[M]. 蔡继明，苏俊霞译. 北京：华夏出版社，2011.

[86] [美]汤姆·纳格，[美]约瑟夫·查莱，陈兆丰. 定价战略与战术——通向利润增长之路（第五版）[M]. 龚强，陈兆丰译. 北京：华夏出版社，2012.

[87] [美]保罗·萨缪尔森，[美]威廉·诺德豪斯. 经济学（第十九版：教材版）[M]. 萧琛主译. 北京：商务印书馆，2015.

[88] [美]托马斯·内格尔，[美]里德·霍尔登. 定价策略与技巧：赢利性决策指南（第三版）[M]. 应斌，吴英娜译. 北京：清华大学出版社，2020.

[89] 马克思. 1844 年经济学哲学手稿[M]. 北京：人民出版社，2014.

[90] [英]尼古拉斯·费尔. 干邑白兰地：燃烧 500 年的传奇[M]. 古炜耀译. 广州：南方日报出版社，2009.

[91] [美]迈克尔·波特. 竞争论[M]. 刘宁，高登第，李明轩译. 北京：中信出版社，2009.

2. 期刊

[1] 习近平. 对发展社会主义市场经济的再认识[J]. 东南学术，2001，（4）：26-38.

[2] 卫兴华. 准确解读《资本论》的原理和方法[J]. 当代经济研究，2014，（6）：5-10.

[3] 洪银兴. 进入新时代的中国特色社会主义政治经济学[J]. 管理世界，2020，36（9）：1-11.

[4] 胡家勇，简新华，张曙光等. 新时代中国特色社会主义政治经济学[J]. 经济学动态，2019，（6）：43-53.

[5] 张占斌. 对构建新时代中国特色社会主义政治经济学的思考[J]. 理论视野，2019，（2）：5-9.

[6] 白暴力，傅辉煌. 新时代中国特色社会主义社会主要矛盾研究——马克思主义政治经济学的丰富与发展[J]. 治理现代化研究，2019，（1）：28-36.

[7] 顾海良，田桥. 坚持和发展新时代中国特色社会主义政治经济学——访教育部社会科学委员会副主任顾海良教授[J]. 高校马克思主义理论研究，2018，4（4）：5-16.

[8] 洪银兴. 中国特色社会主义政治经济学的新时代特征[J]. 中国浦东干部学院学报，2018，

12（4）：5-10.

[9] 胡博成，张平. 新时代中国特色社会主义政治经济学与《资本论》内在逻辑研究[J]. 马克思主义与现实，2018，（4）：29-36.

[10] 任保平. 新时代中国特色社会主义政治经济学的理论阐释[J]. 中国高校社会科学，2018（04）：32-39，158.

[11] 王立胜. 论新时代中国特色社会主义政治经济学[J]. 马克思主义与现实，2018，（2）：19-26.

[12] 逄锦聚. 新时代新课题与中国特色社会主义政治经济学的新使命[J]. 经济纵横，2018，（1）：8-13＋2.

[13] 顾海良. 新时代中国特色社会主义政治经济学发展研究[J]. 求索，2017，（12）：4-13.

[14] 洪远朋. 新时代中国特色社会主义政治经济学的发展[J]. 经济研究，2017，52（11）：22-24.

[15] 国家发展改革委. 发展改革委关于创新和完善促进绿色发展价格机制的意见[J]. 中华人民共和国国务院公报，2018，（33）：85-89.

[16] 张卓元. 中国价格改革目标的较早确立及其影响——纪念价格改革 40 周年[J]. 价格理论与实践，2018，（12）：9-11.

[17] 赵小平. 坚持市场取向 转换价格机制——纪念价格改革 40 周年[J]. 价格理论与实践，2019，（2）：4-5.

[18] 王永治. 遵循价值规律 推进价格改革——纪念价格改革 40 周年[J]. 价格理论与实践，2019，（1）：7-9.

[19] 刘津，王晓星. 人情关系：市场的非价格协调机制[J]. 天府新论，2019，（4）：84-93.

[20] 任保平. 理解新时代的中国特色社会主义政治经济学[J]. 西北大学学报（哲学社会科学版），2018，48（3）：5-13.

[21] 郭琎，王磊. 完善我国要素价格的市场化形成机制[J]. 宏观经济管理，2019，（8）：18-24.

[22] 陈兵. 新中国 70 年价格机制运行的基本经验与改革路向[J]. 兰州学刊，2019，（10）：5-18.

[23] 李世杰，李伟. 产业链纵向价格形成机制与中间产品市场垄断机理研究——兼论原料药市场的垄断成因及反垄断规制[J]. 管理世界，2019，35（12）：70-85.

[24] 郭娜，吴清萍，李建平. 价格理论创新与深化价格机制改革——中国价格协会高校价格理论与教学研究会第35次年会观点综述[J]. 价格理论与实践，2019，（9）：37.

[25] 李言. 中国要素价格扭曲的成因、测度与经济效应[J]. 当代经济管理，2020，42（7）：1-8.

[26] 刘儒，郭荔. 新中国 70 年价格机制改革：演进逻辑、显著特征与基本经验[J]. 湘潭大学学报（哲学社会科学版），2020，44（3）：96-103.

[27] 杨振. 价格激励机制对企业创新行为的影响研究[J]. 价格理论与实践，2020，（5）：133-136.

[28] 武士杰，李绍荣. 市场不确定下的价格机制与产能过剩[J]. 中央财经大学学报，2020，（9）：81-92.

[29] 林星阳. 竞争性国企纵向价格垄断协议的认定原则——结合茅台、五粮液纵向价格垄断案[J]. 中国石油大学学报（社会科学版），2020，36（5）：74-82.

[30] 白臣. 新时代中国特色社会主义市场价格运行机制研究[J]. 价格月刊，2020，（11）：12-16.

[31] 苏奎. 新时代白酒产业高质量发展的内涵、目标和路径研究[J]. 四川轻化工大学学报（社会科学版），2021，36（1）：47-56.

[32] 李卫平. 白酒生产企业经营绩效评价探析[J]. 中国管理信息化，2021，24（3）：141-142.

[33] 田子涵，刘宇会. 浅析上市白酒公司的盈利模式[J]. 中国管理信息化，2020，23（16）：

61-62.

[34] 赵燕飞，王勇，文悦等. 需求信息不对称下考虑公平关切的供应链产品定价决策研究[J]. 管理学报，2021，18（6）：919-928.

[35] 邢红卫，王汉瑛. 经济政策不确定性贝塔溢价：基于确定效应的解释[J]. 上海财经大学学报，2021，23（3）：64-78.

[36] 朱晓东，李薇. 双边网络环境下考虑消费者行为的两期供应链回收定价模型研究[J]. 中国管理科学，2021，29（5）：97-107.

[37] 张衔，钟鹏. 对虚拟资本的理论思考[J]. 社会科学战线，2021，（5）：91-99.

[38] 张曙临. 品牌价值的实质与来源[J]. 湖南师范大学社会科学学报，2000，（2）：38-42.

[39] 彭军. 白酒企业如何运用定价策略[J]. 山东食品发酵，2002，（2）：6-7.

[40] 王珏. 后凯恩斯主义的企业定价模型——成本加成定价原理[J]. 兰州大学学报，2003，（3）：99-102.

[41] 马莉，付同青. 产品定价方法及其运用[J]. 价格月刊，2004，（7）：41-42.

[42] 钟和平. 企业定价决策问题研究[J]. 企业活力，2004，（10）：42-43.

[43] 刘浩，朱斌. 对我国心理定价策略运用的探讨[J]. 商业研究，2004，（18）：35-37.

[44] 郭正晶. 中国白酒业现状及其发展[J]. 食品研究与开发，2004，（3）：15-19.

[45] 李荣喜. 基于价格参考效应的消费者需求与产品定价模型[J]. 管理评论，2006，（11）：39-42＋64.

[46] 王德明. 我国高端白酒市场潜力分析及品牌群落结构解析[J]. 中外食品，2006，（2）：27-29.

[47] 黄茂. 贵州茅台：世界品牌 强势定价权[J]. 股市动态分析，2007，（16）：43-44.

[48] 杨文兵. 需求价格弹性在白酒定价中的应用[J]. 企业家天地下半月刊（理论版），2007，（5）：224-225.

[49] 马健. 经济思想史上的收藏品价格[J]. 艺术与投资，2008，（1）：74-75.

[50] 彭文兵. 商品定价应考虑需求弹性[J]. 经营与管理，2009，（3）：19-20.

[51] 王玲，李姝. 基于需求价格弹性的企业定价策略分析[J]. 经济与管理，2009，23（12）：43-46.

[52] 院合宽. 论社会必要劳动时间与收藏品的价值决定[J]. 理论导刊，2009，（4）：36-38.

[53] 魏华飞，方文敏. 奢侈品定价与营销策略探讨——基于消费者价格阈限的分析[J]. 价格理论与实践，2010，（5）：77-78.

[54] 黄均红，郭五林. 五粮液市场定价战略探索[J]. 酿酒，2010，37（1）：18-21.

[55] 郑振龙，刘杨树. 衍生品定价：模型风险及其影响[J]. 金融研究，2010，（2）：112-131.

[56] 郭丽，田原. 基于顾客认知价值的企业产品定价[J]. 渤海大学学报（哲学社会科学版），2010，32（1）：116-119.

[57] 朱思文，占学兵. 试论认知价值定价法在产品定价中的运用[J]. 湖南财政经济学院学报，2011，（3）：155-157.

[58] 黄菊，李蔚，杜思远. 高端白酒购买者感知价值研究和应用[J]. 海南大学学报（人文社会科学版），2011，29（6）：82-86.

[59] 张雯. 中国高端白酒产业的价格行为分析[J]. 酿酒，2011，38（3）：19-22.

[60] 申成霖，张新鑫. 策略性消费下的新产品定价模型研究[J]. 价格理论与实践，2011，（9）：75-76.

[61] 韩俊华，干胜道. 成本加成定价法评介[J]. 财会月刊，2012，（22）：76-77.

[62] 赵亮, 郑子杰, 黄翔. 高端白酒消费者购买行为影响的实证研究[J]. 统计与决策, 2012, (24): 109-112.

[63] 蒲阳. 高端白酒的价值解构[J]. 西部广播电视, 2012, (3): 160-161.

[64] 赵玉娥. 奢侈品定价启示录——浅论奢侈品为何越涨越买[J]. 商品与质量, 2012, (25): 23.

[65] 刘杰克. 揭秘奢侈品的定价策略[J]. 经营管理者, 2012, (7): 92-93.

[66] 王淑. 关于高档白酒声望定价策略的探析[J]. 商情, 2013, (40): 186.

[67] 周芳, 张维, 周兵. 基于流动性风险的资本资产定价模型[J]. 中国管理科学, 2013, 21 (5): 1-7.

[68] 刘新华, 向俊龙, 范莉莉. 快消品产品属性对消费者购后行为影响的实证研究[J]. 软科学, 2013, 27 (3): 140-144.

[69] 邹强, 钟杰, 胡承等. 中国白酒的生态化[J]. 酿酒, 2014, (4): 17-21.

[70] 吴梦姣. 世界高端奢侈品在中国的高价策略[J]. 环球市场信息导报: 理论, 2014, (11): 6-7.

[71] 唐明哲, 刘丰波, 林平. 价格检验在相关市场界定中的实证运用——对茅台、五粮液垄断案的再思考[J]. 中国工业经济, 2015, (4): 135-148.

[72] 蒋玉石, 骆婕茹, 赵丽娟. 新常态下的中国白酒行业发展趋势及应对策略研究[J]. 四川理工学院学报 (社会科学版), 2015, 30 (6): 46-55.

[73] 王霞, 王竞达. "八项规定"对酒类上市公司财务绩效的影响研究[J]. 经济与管理研究, 2015, 36 (1): 139-144.

[74] 黄平, 曾绍伦. 白酒行业商业生态系统构建研究[J]. 四川理工学院学报 (社会科学版), 2015, (6): 56-65.

[75] 刘丰波, 吴绪亮. 基于价格领导制的默契合谋与反垄断规制——来自中国白酒市场的证据[J]. 中国工业经济, 2016, (4): 75-92.

[76] 刘回春. 白酒价格几元到千元区别究竟在哪里[J]. 中国质量万里行, 2016, (10): 37-38.

[77] 胡聪慧, 张勇, 高明. 价格时滞、投机性需求与股票收益[J]. 管理世界, 2016, (1): 44-53, 187.

[78] 余有贵, 曹智华, 杨贝贝等. 中国白酒生态化包装材料的研究进展[J]. 食品与机械, 2016, 32 (3): 212-216.

[79] 苏奎. 供给侧结构性改革背景下我国白酒产业新型增长路径探索[J]. 四川理工学院学报 (社会科学版), 2017, 32 (1): 14-25.

[80] 盛斌, 陈帅. 全球价值链、企业异质性与企业的成本加成[J]. 产业经济研究, 2017, (4): 1-16.

[81] 吴中超, 苏磊. 基于战略群组理论的四川白酒企业竞争策略研究[J]. 中国酿造, 2018, 37 (9): 196-202.

[82] 朱富强. 不确定情形下的市场定价机制: 基于心理-权力框架对新古典价格理论的审视[J]. 财经研究, 2018, (5): 61-82.

[83] 马梦挺. 价值、生产价格的经验估计方法: 应用与评价[J]. 经济学动态, 2018, (1): 40-52.

[84] 张珂颖. 从商品需求价格弹性出发看定价策略[J]. 现代商业, 2018, (3): 130-131.

[85] 谷一波, 田志宏. 中国居民白酒消费的影响因素研究[J]. 食品与发酵科技, 2019, 55 (2):

72-77.

[86] 逯宇铎，杜小飞. 市场化改革与企业成本加成：异质性与影响机制[J]. 改革，2019，（6）：147-158.

[87] 刘渝蓉. 贵州茅台的品牌现状及发展策略[J]. 管理观察，2019，（14）：49-50.

[88] 潘福达. 高端白酒接力涨价，脱离消费需求成快奢品[J]. 福建轻纺，2019，（9）：23-24.

[89] 韩纪琴，夏瑜. 禁酒政策及我国白酒产业的 SCP 范式分析[J]. 福建茶叶，2019，（11）：41-43.

[90] 郭师绪. 酒企春节提价加码"竞赛"中高端市场[J]. 新产经，2020，（2）：71-73.

[91] 陈娟，宋丹丹等. 基于产业链下白酒食品安全风险分析[J]. 轻工科技，2020，（1）：4-6.

[92] 张元智，马鸣萧. 企业规模、规模经济与产业集群[J]. 中国工业经济，2004，（6）：29-35.

[93] 陈柳钦. 产业集群与产业竞争力[J]. 南京社会科学，2005，（5）：15-23.

[94] 曾祥凤. 我国白酒产业战略转型路径研究[J]. 四川理工学院学报（社会科学版），2017，32（1）：1-13.

[95] 安同良，杨羽云. 易发生价格竞争的产业特征及企业策略[J]. 经济研究，2002，（6）：46-54，95.

[96] 胡松，赵平，裘晓东. 价格促销对消费者品牌选择的影响研究[J]. 中国管理科学，2007，15（2）：134-140.

[97] 盛文军，廖晓燕. 产品差异化战略：企业获得竞争优势的新途径[J]. 当代经济研究，2001（11）：32-35.

[98] 魏权龄. 数据包络分析（DEA）[J]. 科学通报，2000，（17）：1793-1808.

[99] 李美娟，陈国宏. 数据包络分析法（DEA）的研究与应用[J]. 中国工程科学，2003，（6）：88-94.

[100] 夏大慰. 产业组织与公共政策：哈佛学派[J]. 外国经济与管理，1999，（8）：3-5，24.

[101] 夏大慰. 产业组织与公共政策：芝加哥学派[J]. 外国经济与管理，1999，（9）：3-6.

[102] 祥剑. 美国波旁威士忌[J]. 酿酒科技，1985，（1）：37-38.

[103] 王恭堂. 话说白兰地——白兰地的分等分级[J]. 葡萄栽培与酿酒，1997，（1）：39.

[104] 张光明，谢寿昌. 生态位概念演变与展望[J]. 生态学杂志，1997，16（6）：46-51.

[105] 朱春全. 生态位态势理论与扩充假说[J]. 生态学报，1997，（3）：324-332.

[106] 冯生尧，谢瑶妮. 扎根理论：一种新颖的质化研究方法[J]. 现代教育论丛，2001，（6）：51-53.

[107] 马健，钱鑫. 收藏品价格决定的经济学分析[J]. 价格月刊，2004，（1）：19-20.

[108] 马健. 收藏品"市场参考价"的参考价值[J]. 价格月刊，2004，（3）：42.

[109] 朱恒鹏. 医疗体制弊端与药品定价扭曲[J]. 中国社会科学，2007，（4）：89-103，206.

[110] 颜银根. 成本导向定价策略在民生问题中的应用探讨[J]. 无锡商业职业技术学院学报，2008，（1）：4-7.

[111] 孙辉煌. 贸易竞争与加成定价——基于中国制造行业数据[J]. 产业经济研究，2008，（5）：17-22.

[112] 高波，王斌. 中国大中城市房地产需求弹性地区差异的实证分析[J]. 当代经济科学，2008，（1）：1-7，124.

[113] 张敬伟，马东俊. 扎根理论研究法与管理学研究. 现代管理科学，2009，（2）：115-117.

[114] 李方. 我国房地产定价的困境和出路——兼论跨境资本流动条件下的房地产定价[J]. 经

济学家，2009，（12）：42-47.

[115] 包庆德，夏承伯. 生态位：概念内涵的完善与外延辐射的拓展——纪念"生态位"提出 100 周年[J]. 自然辩证法研究，2010，（11）：46-51.

[116] 张海洋，袁小丽，陈卓等. 投资性需求对我国房价影响程度的实证分析[J]. 软科学，2011，25（03）：24-30.

[117] 徐舒，李涵，甘犁. 市场竞争与中国民航机票定价[J]. 经济学（季刊），2011，10（2）：635-652.

[118] 李圣军. 小麦全产业链价格形成机制及改革趋势研究[J]. 经济纵横，2018，（1）：36-44.

[119] 刘杰克. 高定价策略的启示[J]. 纺织服装周刊，2012，（26）：48.

[120] 盛丹. 国有企业改制、竞争程度与社会福利——基于企业成本加成率的考察[J]. 经济学（季刊），2013，12（4）：1465-1490.

[121] 成金华，刘伦，王小林等. 天然气区域市场需求弹性差异性分析及价格规制影响研究[J]. 中国人口·资源与环境，2014，24（8）：131-140.

[122] 王成荣，王玉军. 老字号品牌价值评价模型[J]. 管理评论，2014，26（6）：98-106.

[123] 王霞，王占岐，金贵等. 基于核函数支持向量回归机的耕地面积预测[J]. 农业工程学报，2014，30（4）：204-211.

[124] 陈艳莹，程鹏. 市场结构、效率与中国装备制造企业盈利能力[J]. 产业经济评论（山东大学），2017，16（1）：103-119.

[125] 欧阳志刚，彭方平. 双轮驱动下中国经济增长的共同趋势与相依周期[J]. 经济研究，2018，53（4）：32-46.

[126] 刘亚婕，高伟，李成海. 市场结构、效率与企业绩效：对我国风电产业的一项实证[J]. 产经评论，2018，9（2）：37-48.

[127] 刘晓雪，李书友. 中国粮食市场 60 年发展历程与变迁特点[J]. 北京工商大学学报（社会科学版），2010，25（2）：1-5.

[128] 孙正东. 粮食供给侧结构性改革的新引擎？发展专用品牌粮食的思考和探索[J]. 中国科学院院刊，2017，32（10）：1091-1095.

[129] 蒋和胜. 论我国农产品市场形成价格机制[J]. 四川大学学报（哲学社会科学版），1994，（3）：3-10.

[130] 蒋和胜. 农产品价格形成机制改革的回顾与思考[J]. 经济理论与经济管理，1999，（3）：66-68.

[131] 梁永强. 我国粮食价格的影响因素分析[J]. 中国物价，2010，（2）：8，20-23.

[132] 赵予新. "二力耦合式"粮食价格形成机制研究[J]. 农业经济，2012，（2）：115-117.

[133] 王大为，蒋和平. 基于农业供给侧结构改革下对我国粮食安全的若干思考[J]. 经济学家，2017，（6）：78-87.

[134] 王小鲁. 中国粮食市场的波动与政府干预[J]. 经济学（季刊），2001，（1）：171-192.

[135] 胡锋. 连续三年增产背景下的粮价上涨原因分析[J]. 中国粮食经济，2007，（4）：23-24.

[136] 鲁晓东. 对我国粮食最低收购价政策的思考[J]. 中国粮食经济，2010，（6）：13-15.

[137] 陈飞，范庆泉，高铁梅. 农业政策、粮食产量与粮食生产调整能力[J]. 经济研究，2010，（11）：101-114.

[138] 胡小平，星焱. 新形势下中国粮食安全的战略选择[J]. 中国农村经济，2012，（1）：92-96.

[139] 程国强，朱满德. 中国粮食宏观调控的现实状态与政策框架[J]. 改革，2013，（1）：18-34.

[140] 李永寿. 高粱是酿制白酒的最佳原料[J]. 酿酒，1990，（6）：1-4.

[141] 惠富平. 从古到今话高粱[J]. 生命世界，2014，（4）：36-51.

[142] 江东材，周瑞平，陈云宗等. 酿酒专用粮食在多粮浓香型白酒生产中的应用[J]. 酿酒科技，2012，（11）：61-64.

[143] 石明明，江舟，周小焱. 消费升级还是消费降级[J]. 中国工业经济，2019，（7）：42-60.

[144] 保乐力加在华建设首家麦芽威士忌酒厂[J]. 食品安全导刊，2019，（27）：6.

[145] 张裕.一瓶105年的老白兰地值多少钱? 张裕启动白兰地老酒全球回购[J]. 中国酒,2019,（10）：90-91.

[146] 张永强，单宇，高延雷等. 粮食安全背景下我国种子产业发展现状研究[J]. 农业经济，2016，（6）：12-14.

3. 学位论文

[1] 苏素. 产品定价的理论与方法研究[D]. 重庆：重庆大学，2001.

[2] 成海清. 基于顾客价值导向的战略定位研究[D]. 天津：天津大学，2006.

[3] 陈怡男. 企业价格行为研究[D]. 成都：四川大学，2006.

[4] 乔飞. 以价值为导向的盈利性战略定价研究[D]. 天津：天津财经大学，2007.

[5] 石青辉. 白酒消费行为研究[D]. 长沙：湖南大学，2008.

[6] 方美燕. 四川省白酒产业区际竞争力研究[D]. 成都：西南财经大学，2009.

[7] 袁华伟. SW 酒业公司发展战略研究[D]. 成都：西南交通大学，2012.

[8] 李德为. 中高端白酒企业市场营销策略研究[D]. 成都：西南财经大学，2013.

[9] 吴华. K 公司高档白酒营销策略研究[D]. 合肥：安徽大学，2013.

[10] 郑坤月. 国内高档白酒企业发展中存在问题及对策[D]. 保定：河北大学，2014.

[11] 赵凤琦. 我国白酒产业可持续发展研究[D]. 北京：中国社会科学院大学，2014.

[12] 周伟. 新常态下 FG 酒业战略制定研究[D]. 成都：西南交通大学，2015.

[13] 袁雯. 基于产品生命周期的定价研究[D]. 上海：华东理工大学，2015.

[14] 邵芊涵. 奢侈品牌在中国市场的定价策略研究[D]. 北京：对外经济贸易大学，2016.

[15] 李海菊. "八项规定"对高端白酒企业绩效、策略选择的影响研究[D]. 大连：东北财经大学，2017.

[16] 陈娟. 考虑决策者偏好的白酒多层级模糊综合评价模型改进及应用[D]. 南京：南京财经大学，2017.

[17] 刘子琳. 郎酒产品市场营销策略研究[D]. 成都：西南财经大学，2018.

[18] 刘刚. 贵州白酒企业战略转型研究[D]. 贵阳：贵州财经大学，2018.

[19] 石晓伟. HG 白酒企业品牌定位研究[D]. 临汾：山西师范大学，2019.

[20] 马楠. 贵州茅台估值—基于消费性需求和投资性需求视角的案例研究[D]. 昆明：云南财经大学，2020.

[21] 严继超，程勤阳，李华等. 农产品产地批发市场价格形成机制比较研究[J]. 商业经济研究，2018，（2）：110-112.

[22] 许杨. L 公司高端白酒四川区域 7PS 营销策略研究[D]. 绵阳：西南科技大学，2020.

[23] 苏小龙. 新冠疫情影响下白酒行业 G 公司 4P 营销策略研究[D]. 成都: 电子科技大学, 2020.

4. 报纸、电子公告及论文集

[1] 闵玲, 周伟, 魏冯. "十四五"四川将实施川酒振兴"五大行动"[N].四川日报, 2021 年 1 月 21 日, 第 12 版.

[2] 习近平.关于《中共中央关于制定国民经济和社会发展第十四个五年规划和二〇三五年远景目标的建议》的说明[N]. 人民日报, 2020 年 11 月 4 日, 第 2 版.

[3] 中共中央关于制定国民经济和社会发展第十四个五年规划和二〇三五年远景目标的建议 (二〇二〇年十月二十九日中国共产党第十九届中央委员会第五次全体会议通过) [N]. 人民日报, 2020 年 11 月 4 日, 第 1 版.

[4] 习近平. 决胜全面建成小康社会夺取新时代中国特色社会主义伟大胜利[N]. 人民日报, 2017 年 10 月 28 日, 第 1 版.

[5] 习近平. 关于《中共中央关于全面深化改革若干重大问题的决定》的说明[N]. 人民日报, 2013 年 11 月 16 日, 第 1 版.

[6] 习近平. 在纪念马克思诞辰 200 周年大会上的讲话 (2018 年 5 月 4 日) [N]. 人民日报, 2018 年 5 月 5 日, 第 2 版.

[7] 中华人民共和国国民经济和社会发展第十四个五年规划和 2035 年远景目标纲要[N]. 人民日报, 2021 年 3 月 13 日, 第 1 版.

[8] 中共中央国务院关于构建更加完善的要素市场化配置体制机制的意见[N]. 人民日报, 2020 年 4 月 10 日, 第 1 版.

[9] 郭锦辉. 我国价格市场化程度超过 97%[N]. 中国经济时报, 2017 年 7 月 28 日, 第 A06 版.

[10] 中央经济工作会议在北京举行[N]. 人民日报, 2020 年 12 月 19 日, 第 1 版.

[11] 方世南. 马克思主义生态观的时代发展[N]. 人民日报, 2018 年 6 月 22 日, 第 11 版.

[12] 孙金龙. 做习近平生态文明思想的坚定信仰者、忠实践行者、不懈奋斗者[N]. 光明日报, 2020 年 7 月 19 日, 第 3 版.

[13] 王新伟. 茅台在海外也开始供不应求了[N]. 经济日报, 2019 年 12 月 5 日, 第 10 版.

[14] 李宏伟. 实现生态产品价值, 市场化路径有哪些[N]. 光明日报, 2020 年 8 月 22 日, 第 5 版。

[15] 彭绪庶. 激活生态产品价值转化的新动能[N]. 光明日报, 2020 年 8 月 22 日, 第 5 版.

[16] 石敏俊. 生态产品价值实现的理论内涵和经济学机制[N]. 光明日报, 2020 年 8 月 25 日, 第 11 版.

[17] 洪银兴. 构建新时代中国特色社会主义政治经济学[N]. 中国社会科学报, 2017 年 12 月 6 日, 第 4 版.

[18] 张占斌. 努力构建新时代中国特色社会主义政治经济学[N]. 学习时报, 2018 年 5 月 11 日, 第 3 版.

[19] 朱伟. 高端白酒爆发的七大原因和八大趋势[N]. 企业家日报, 2017 年 11 月 18 日, 第 A03 版.

[20] 苗国军. 白酒高端品牌如何塑造"高级感"? [N]. 企业家日报, 2017 年 12 月 16 日, 第 A03 版.

[21] 杨孟涵. 实现平价供应 茅台须打破利益共同体[N]. 华夏酒报，2019 年 8 月 6 日，第 A01 版.

[22] 章岛. 换一种视角看中国高端白酒的价格[N]. 贵阳日报，2011 年 10 月 14 日，第 3 版.

[23] 马光远. 中国经济与白酒行业未来向好[N]. 华夏酒报，2019 年 4 月 9 日，第 2 版.

[24] 向永东，李勋，沈仕卫. 茅台酒市场工作会发出强烈信号 全力维护茅台酒市场健康有序发展[N]. 贵州日报，2019 年 8 月 9 日，第 7 版.

[25] 何可. 高品质白酒市场供给不足 1%[N]. 中国质量报，2019 年 5 月 9 日，第 7 版.

[26] 何川. 证监会批准郑商所和大商所开展白糖、豆粕期权交易——国内首个场内农产品期权即将落地[N]. 经济日报，2016 年 12 月 17 日，第 5 版.

[27] 何川. 提高期货市场服务实体经济能力——访党的十九大代表、大连商品交易所党委书记、理事长李正强[N]. 经济日报，2017 年 11 月 28 日，第 5 版.

[28] 习近平主持召开中央全面深化改革委员会第十八次会议强调 完整准确全面贯彻新发展理念 发挥改革在构建新发展格局中关键作用[N]. 人民日报，2021 年 2 月 20 日，第 1 版.

[29] 代江兵，姜永斌. 茅台窝案背后[EB/OL]. 人民网，http://fanfu.people.com.cn/n1/2020/0713/c64371-31780532.html，2020-7-13.

[30] 国家发展改革委. 关于创新和完善促进绿色发展价格机制的意见[EB/OL]. 中央人民政府网，http://www.gov.cn/xinwen/2018-07/02/content_5302737.htm，2018-7-2.

[31] 2020 年中国白酒行业产销量、进出口量、规模、重点企业及未来趋势分析[EB/OL]. 中国产业信息网，https://www.chyxx.com/industry/202103/939142.html，2021-3-18.

[32] 2021 上半年中国白酒行业发展现状分析：茅台酒销量 3.43 万吨，同比下降 0.7%[EB/OL]. 中国产业信息网，https://www.chyxx.com/industry/202108/967151.html，2021-8-6.

[33] 贵州规划到 2025 年白酒产业产值达到 2500 亿元[EB/OL]. 央广网，http://gz.cnr.cn/yaowen/20210301/t20210301_525424706.shtml，2021-3-1.

[34] 白酒产业工业增加值占比达 30%成为贵州第一产业[EB/OL]. 中国新闻网，https://www.chinanews.com.cn/cj/2021/04-16/9456367.shtml，2021-4-16.

[35] 十二条措施，四川省推动白酒产业高质量发展[EB/OL]. 新京报，https://baijiahao.baidu.com/s? id = 1702547474375185234&wfr = spider&for = pc，2021-6-14.

[36] 侯隽. 五粮液领衔"2019 川酒全国行"收官 四川白酒产量占全国 41%[EB/OL]. 经济网，http://www.ceweekly.cn/2019/1230/282211.shtml，2019-12-30.

[37] 什么是白酒？[EB/OL]. 中国酒业协会网，https://www.cada.cc/Item/234.aspx，2018-8-13.

[38] 智研咨询集团. 2020-2026 中国白酒行业市场专项调研及投资前景分析报告[EB/OL]. 中国产业信息网，https://www.chyxx.com/research/201904/729587.html，2020-08-16.

[39] 前瞻产业研究院. 2020-2025 中国白酒行业市场需求与投资战略规划分析报告[EB/OL]. 前瞻产业研究院网站，https://bg.qianzhan.com/，2020-08-20.

[40] 胡润百富. 2019 中国酒类消费行为白皮书[EB/OL]. 胡润百富网，https://hurun.net/zh-CN/reports/Detail? num = 091279B59AEE，2020-08-28.

[41] 五粮液老酒是块待挖金矿？三瓶 1978 年产"长江大桥"五粮液 130 万被山东实力大商许大同先生拍下！[EB/OL]. 搜狐网，https://www.sohu.com/a/339326265_697146，2019-09-06.

[42] 杨柳等. 四川白酒产业发展报告[R]. 北京：中国轻工业出版社，2015.

[43] 白文斌，景小兰，董良利. 我国酿造高粱产业化发展的思考[C]. 中国作物学会. 中国作物学会 2013 年学术年会论文摘要集. 2013.

[44] 孔建康. 加强基地"六化"建设，提升高粱产业水平[C]. 中国农业资源与区划学会. 2013 年中国农业资源与区划学会学术年会论文集.中国农业资源与区划学会，2013.

[45] 陈一君等. 川酒发展研究论丛（第 2 辑）[C]. 成都：西南财经大学出版社，2015.

（二）外文文献

[1] World Health Organization. Global status report on alcohol and health 2018[R]. 2018.

[2] Gause G F. About the processes of destruction of one species by another in the populations of ciliates. Zoological Journal，1934，（1）：16-27.

[3] Rosen S. Hedonic Prices and implicit markets：product differentiation in pure competition[J]. Journal of Political Economy，1974，82（1）：34-55.

[4] Shepherd W G. Economies of scale and monopoly profits[C]. Craven G V. Industrial Organization，Antitrust，and Public Policy. Netherlands：Springer，1983：165-204.

[5] Swidler S. Consumption and price effects of state-run liquor monopolies[J]. Managerial and Decision Economics，1986，7（1）：49-55.

[6] Bresnahan T F. Competition and collusion in the American automobile industry[J]. Journal of Industrial Economics，1987，35（4）：457-482.

[7] Strauss A L. Qualitative Analysis for Social Scientists[M]. Cambridge：Cambridge University Press，1987.

[8] Zeithaml V A. Consumer perceptions of price，quality，and value：a means-end model and synthesis of evidence[J]. Journal of Marketing，1988，52（3），2-22.

[9] Miller J E. Pricing Strategy[M]. USA：John Wiley & Sons，Ltd，1992.

[10] Hanson W. The dynamics of cost-plus pricing[J]. Managerial and Decision Economics，1992，13（2）：149-161.

[11] Keown C，Casey M. Purchasing behaviour in the Northern Ireland wine market[J]. British Food Journal，1995，97（1）：17-20.

[12] Blinder A S，Canetti E R D，Lebow D E，et al. Asking about prices：a new approach to understanding price stickiness[J]. Southern Economic Journal，1998，15（2）：424-427.

[13] Milyo J，Waldfogel J. The effect of price advertising on prices：evidence in the wake of 44 liquormart[J]. American Economic Review，1999，89：1081-1096.

[14] Sweeney J C，Soutar G N. Consumer perceived value：the development of a multiple item scale[J]. Journal of Retailing，2001，77（2）：203-220.

[15] Chernev A. Reverse pricing and online price elicitation strategies in consumer choice[J]. Journal of Consumer Psychology，2003，13（1/2）：51-62.

[16] Arias-Bolzmann L，Sak O，Musalem A，et al. Wine pricing：the influence of country of origin，variety，and wine magazine ratings[J]. International Journal of Wine Marketing，2003，15（2）：47-57.

[17] Wittwer G，Berger N，Anderson K. A model of the world's wine markets[J]. Economic Modelling，2003，20（3）：487-506.

[18] Schamel G，Anderson K. Wine quality and varietal，regional and winery reputations：hedonic prices for Australia and New Zealand[J]. Economic Record，2003，79（246）：357-369.

[19] Kuo M C, Heeb J L, Gmel G, et al. Does price matter? The effect of decreased price on spirits consumption in switzerland[C]//Müller R, Klingemann H. From Science to Action? 100 Years Later—Alcohol Policies Revisited. Netherlands: Springer, 2004: 113-123.

[20] Shankar V, Bolton R N. An empirical analysis of determinants of retailer pricing strategy[J]. Marketing Science, 2004, 23 (1): 28-49.

[21] Guilding C, Drury C, Tayles M. An empirical investigation of the importance of cost-plus pricing[J]. Managerial Auditing Journal, 2005, 20 (2): 125-137.

[22] Orth U R, Wolf M M, Dodd T H. Dimensions of wine region equity and their impact on consumer preferences. Journal of Product & Brand Management, 2005, 14 (2): 88-97.

[23] Barreiro-Hurlé J, Colombo S, Cantos-Villar E. Is there a market for functional wines? Consumer preferences and willingness to pay for resveratrol-enriched red wine. Food Quality and Preference, 2008, 19 (4): 360-371.

[24] Hinterhuber A. Customer value-based pricing strategies: why companies resist[J]. Journal of Business Strategy, 2008, 29 (4): 41-50.

[25] McCutcheon E, Bruwer J, Li E. Region of origin and its importance among choice factors in the wine-buying decision making of consumers[J]. International Journal of Wine Business Research, 2009, 21 (3): 212-234.

[26] Seetharaman P B, Che H. Price competition in markets with consumer variety seeking[J]. Marketing Science, 2009, 28 (3): 516-525.

[27] Masset P, Henderson C. Wine as an alternative asset class[J]. Journal of Wine Economics, 2010, 5 (1): 87-118.

[28] Tolba A H. The impact of distribution intensity on brand preference and brand loyalty[J]. International Journal of Marketing Studies, 2011, 3 (3): 56-66.

[29] Brentari E, Levaggi R, Zuccolotto P. Pricing strategies for Italian red wine[J]. Food Quality&Preference, 2011, 22 (8): 725-732.

[30] Muramalla V S S R. Brand management of FMCG goods: a comparative study of brand loyalty among the urban and rural consumers[J]. Asian Journal of Research in Marketing, 2013, 2(2): 40-52.

[31] Ferguson J L, Ellen P S. Transparency in pricing and its effect on perceived price fairness[J]. Journal of Product & Brand Management, 2013, 22 (5-6): 404-412.

[32] Dai M, Liu Q H, Serfes K. Is the effect of competition on price dispersion nonmonotonic? Evidence from the U.S. Airline Industry[J]. Review of Economics & Statistics. 2014, 96 (1): 161-170.

[33] Yeoman I, McMahon-Beattie U. Exclusivity: the future of luxury[J]. Journal of Revenue & Pricing Management, 2014, 13 (1): 12-22.

[34] Dhurup M, Mafini C, Dumasi T. The impact of packaging, price and brand awareness on brand loyalty: evidence from the paint retailing industry[J]. Acta Commercii, 2014, 14 (1): 1-9.

[35] Correia L, Rebelo J, Caldas J. Production and trade of port wine: temporal dynamics and pricing[J]. Agricultural Economics Review, 2015, 16 (1): 5-19.

[36] Galati A, Crescimanno M, Abbruzzo A, et al. The premium price for Italian red wines in new

world wine consuming countries: the case of the Russian market[J]. Journal of Wine Research, 2017, 28 (3): 181-193.

[37] Nagle T T, Müller G. The Strategy and Tactics of Pricing: A Guide to Growing More Profitably[M]. 6th ed. New York: Routledge, 2017.

[38] Kotler P, Armstrong G. Principles of Marketing[M]. 17th ed . New York: Pearson, 2017.

[39] Oczkowski E. Hedonic wine price functions with different prices[J]. Australian Journal of Agricultural & Resource Economics, 2016, 60 (2): 196-211.

[40] Charnes A, Cooper W W, Rhodes E. Measuring the efficiency of decision making units[J]. European Journal of Operational Research, 1978, 2 (6): 429-444.

[41] Tone K. A slacks-based measure of efficiency in data envelopment analysis[J]. European Journal of Operational Research, 2001, 130 (3): 498-509.

[42] Tone K. A slacks-based measure of super-efficiency in data envelopment analysis[J]. European Journal of Operational Research, 2002, 143 (1): 32-41.

[43] Andersen P, Petersen N C. A Procedure for ranking efficient units in data envelopment analysis[J]. Management Science, 1993, 39 (10): 1261-1264.

[44] Li Y P. Price leadership in a vertically differentiated market[J]. Economic Modelling, 2014, 38: 67-70.

[45] Sivakumar K, Raj S P. Quality tier competition: how price change influences brand choice and category choice[J]. Journal of Marketing, 1997, 61 (3): 71-84.

[46] Berger A N. The profit-structure relationship in banking-v tests of market-power and efficient-structure hypotheses[J]. Journal of Money, Credit and Banking, 1985, 27 (2): 404-431.

[47] Smirlock M. Evidence on the (non) relationship between concentration and profitability in banking[J]. Journal of Money Credit & Banking, 1985, 17 (1): 69-83.

[48] Evanoff D D, Fortier D L. Re-evaluation of the structure-conduct-performance paradigm in banking[J]. Journal of Financial Services Research, 1987, 1 (3): 277-294.

[49] Carey M S. Feeding the fad: the Federal Land Banks, land market efficiency, and the farm credit crisis[D]. Berkly: University of California at Berkly, 1990.

附录一 四川省社科联主席对课题成果《建议》的评价

（手写批注）

此研究选题具有重要现实意义，
了课题研究对现状和问题的分析到位，
对川白酒产业发展趋势沉范的把脉，
而提对策建议研究可操作性实际，对加快
推动川白酒产业恢复性增长及如何高质量结论。

（签名）李后强
2020.7.1

后疫情时期加快推动四川白酒产业恢复性增长和高质量发展的对策建议[1]

【专报要点】受新冠肺炎疫情的影响，我省白酒产业短期和长期发展存在诸多不确定因素，且当前白酒行业逐渐步入加速分化期，需要重构行业生态系统。本期《专报》提出我省白酒产业恢复性增长和高质量发展的对策建议，如：尽快复工复产复市，保持白酒市场营销体系的稳定；促进川酒产业形成以五粮液为"一超"（超高端白酒）、泸州老窖和剑南春为"两高"（高端白酒）、其余"六朵金花"为"多次"（次高端白酒）的川酒高端品牌生态群落；整合打造川酒"北纬30度四川盆地产区"概念；在川新设一所全日制的酿酒职业技术学院，专门为四川白酒产业培养大批高素质的专业技术人才。

四川大学蒋和胜教授、成都文理学院刘胜林教授在四川省社科重点研究基地"川酒发展研究中心"重大招标项目《推动四川省高端白酒高质量发展的定价机制与定价方略研究》中，提出以下观点：

一、四川白酒产业发展现状及问题

四川是我国白酒产销大省，2019年全省累计生产白酒366.8万千升，占全国总产量的46.7%。白酒产业是我省当之无愧的支柱产业，在实现全省食品饮料产

---

[1] 本项建议已被四川省繁荣发展哲学社会科学工作协调小组办公室、四川省社会科学界联合会主办的"重要成果专报"2020年第11期刊载，并报送省委省政府领导决策参考。

业万亿级发展目标中担当着"扛大旗"角色。但突如其来的新冠肺炎疫情，对具有显著场景式、聚集型群体消费特点的白酒市场造成严重影响。疫情爆发两个多月时间，正值春节白酒销售消费旺季，但白酒销量却下滑了90%。近期，行业龙头贵州茅台酒厂被迫下调飞天茅台价格达20%。市场量减价跌，释放出白酒产业陷入困境的强烈信号。

1.从企业的角度看，盈利空间进一步收窄，部分中小型白酒厂家甚至出现亏损。一方面，受疫情影响，市场恐慌情绪蔓延，国际大宗生活必须品粮食价格攀升，短期内引起白酒企业酿酒用糯米收购价格上涨达20%以上，加之疫情防控物资支出增加等，导致企业综合成本上升；另一方面，白酒市场终端滞销，产品价格被迫下调。

2.从产区的角度看，川酒产区划分过多、过细，不利于川酒对外整体感知价值的提升。四川白酒产区位于被公认为全世界最适宜酿酒的黄金地带——北纬30度左右的四川盆地，但过去由于竞合发展意识不强，四川产区又被人为地划分为宜宾、泸州、成都、德阳、邛崃、遂宁等多个细分产区，极易导致外界对川酒优质产区的认知不清。

3.从行业的角度看，白酒营销体系面临解体风险，严重影响白酒产业稳定发展。在白酒产业链中，目前受疫情影响最大的是白酒经销商。一些资金有限的经销商，因年前节日备货积压而陷入资金链断裂的险境，很有可能被迫退出市场，白酒渠道架构面临解体的风险，相关从业人员面临失业风险。但另一方面，由于专业人才培养体系不完善，未来存在人才断层的风险。

4.从全球市场角度看，川酒每年的出口量微乎其微。由于中西方餐饮文化差异、国际贸易政策壁垒、世界市场品牌影响力不足、新冠肺炎疫情全球蔓延等多重原因，川酒销售基本以国内市场为主，即使出口也有相当部分又转为"内销"。

二、白酒产业未来发展趋势分析

1.白酒行业大整合趋势凸现，分化进程加快。随着我国高净值人群数量不断增长和消费市场的迭代升级，高端及次高端白酒销量仍将保持一定增长，但市场将更多地向优质企业和名优品牌集中。

2.随着后疫情时期的到来，白酒消费可能出现反弹。白酒消费有可能因为餐饮行业报复性消费而逐步复苏，蕴含着较大的市场机会。

2

3.白酒行业的自动化、数字化、智能化是未来发展的必然趋势。以人工智能、物联网、区块链为代表的新一代信息技术与包括白酒行业在内的传统制造业的深度跨界融合，正引发影响深远的产业变革。

4.白酒消费将呈现个性化、多样化、智能化、场景化、精准化、跨界化等鲜明特征。随着新零售模式的崛起，传统业态不断被解构，新生态圈不断重建，带来白酒消费习惯的变革。

三、促进四川白酒产业高质量发展的对策建议

1.加快推动川酒产业恢复性增长。一方面，要科学评估疫情防控风险，尽快复工复产复市，使白酒消费市场回归常态，让市场人流、商流、物流、资金流都循环顺畅，减少营销企业的损失，保持白酒市场营销体系的稳定；另一方面，在切实落实中小企业减税降费政策的基础上，银行和酒类生产厂家要大力推动企业供应链金融服务创新，地方政府和白酒生产厂家要努力为酒类营销企业增信，以救经销商资金之急，力保川酒产业生态圈不出现"破窗效应"。

2.大力重构川酒市场竞争生态位。要大力扶持五粮液占领国内浓香型超高端白酒生态位，重塑五粮液"超高端"白酒品牌形象，恢复"中国酒业大王"的历史地位，显著拉开五粮液与其他高端白酒品牌的消费者感知价值差异。同时支持剑南春提升品牌力，实现市场价值回归。促进川酒产业形成以五粮液为"一超"（超高端白酒）、泸州老窖和剑南春为"两高"（高端白酒）、其余"六朵金花"为"多次"（次高端白酒）的川酒高端品牌生态群落，实现川酒不同品牌彼此相互依存、错落发展，避免川酒行业内部的过度竞争。

3.整体打造四川优质白酒产区。优质产区是白酒企业占领生态位高端、获得定价权的稀缺禀赋。可借鉴苏格兰威士忌产区、法国波尔多产区等国外酒业的成功经验，整合打造川酒"北纬30度四川盆地产区"概念，凸显川酒产区、工艺、配方、品质、品牌等系统性优势，建立川酒企业战略联盟，积极创造条件，组建四川高端白酒集团，抱团拼抢市场，改变川酒企业"内战内行、外战外行"的现状，大幅提高川酒整体市场竞争力和占有率。通过在全球市场的精准、饱和式宣传，让这一产区概念深入人心，从而显著提升"川酒"整体对外的感知价值。

4.加快信息技术与白酒行业的深度融合。加快以人工智能、物联网、区块链为代表的信息技术在川酒产业领域的广泛应用，实现川酒从粮食种植、原料加工、

3

生产酿造、包装储存、物流配送等全产业链的信息可追溯,以降低白酒供给生态圈和消费生态圈之间的信息鸿沟,防止市场中发生"劣币驱逐良币"现象。通过信息技术的深度融合,不断提高白酒生产、经营、物流、消费等各领域的自动化、信息化、智能化程度。

5.加大白酒专业技术人才培养力度。一方面,应进一步鼓励川酒企业与四川大学轻工科学与工程学院、四川农业大学食品学院、四川轻化工大学等高等院校之间开展深度的产学研校企合作,联合培养所需人才;另一方面,从着眼于为未来川酒竞争提前布局的战略出发,建议向教育部申请在川新设一所全日制的酿酒职业技术学院,专门为四川白酒产业培养大批高素质的专业技术人才。这也可以填补国内尚未有一所专门的酿造职业技术高校的办学空白。

6.鼓励和支持酿酒用粮专业基地建设。政府应从规划、土地流转、科技服务、财税金融等方面,支持企业建设酿酒用粮专业生产基地,为白酒企业提供质好、量足、价稳的粮食原材料,保障企业生产经营稳定,同时带动农民增收。

7.力推川酒"走出去"战略。在继续对国内存量市场深耕细作、不断提升消费粘性外,更应将注意力投向国际市场的开拓,通过文化输出、潜在市场培育、贸易规则调整等多种手段,大力推进川酒"走出去"战略,讲好川酒品牌故事,引领白酒消费潮流,不断提高川酒在国外市场特别是欧美市场的认可度和美誉度。

五粮液集团 四川省川酒发展研究中心
《推动四川省高端白酒高质量发展的定价机制研究》
课题组
二零二零年四月三十日

附录二　四川省繁荣发展哲学社会科学工作协调小组办公室、四川省社会科学界联合会主办的《重要成果专报》2020 年第 11 期刊载本课题成果《对策建议》①

重要成果专报

第 11 期
（总第 460 期）

四川省繁荣发展哲学社会科学工作协调小组办公室
四 川 省 社 会 科 学 界 联 合 会　　　　　　2020 年 4 月 7 日

领导批示：

后疫情时期加快推动四川白酒产业
恢复性增长和高质量发展的对策建议

【专报要点】受新冠肺炎疫情的影响，我省白酒产业短期和长期发展存在诸多不确定因素，且当前白酒行业逐渐步入加速分化期，需要重构行业生态系统。本期《专报》提出我省白酒产业恢复性

-1-

---

① 本项建议已被四川省繁荣发展哲学社会科学工作协调小组办公室、四川省社会科学界联合会主办的《重要成果专报》2020 年第 11 期刊载，并报送省委省政府领导决策参考。

增长和高质量发展的对策建议,如:尽快复工复产复市,保持白酒
市场营销体系的稳定;促进川酒产业形成以五粮液为"一超"(超高
端白酒)、泸州老窖和剑南春为"两高"(高端白酒)、其余"六朵金
花"为"多次"(次高端白酒)的川酒高端品牌生态群落;整合打造川
酒"北纬 30 度四川盆地产区"概念;新设一所全日制的酿酒职业技
术学院,为四川白酒产业培养大批高素质的专业技术人才,填补国
内尚无此类院校的办学空白。

四川大学蒋和胜教授、成都文理学院刘胜林教授在四川省社
科重点研究基地"川酒发展研究中心"重大招标项目《推动四川省高端
白酒高质量发展的定价机制与定价方略研究》中,提出以下观点:

一、四川白酒产业发展现状及问题

四川是我国白酒产销大省,2019 年全省累计生产白酒 366.8
万千升,占全国总产量的 46.7%。白酒产业是我省当之无愧的支柱
产业,在实现全省食品饮料产业万亿级发展目标中担当着"扛大
旗"的角色。但突如其来的新冠肺炎疫情,对具有显著场景式、聚集
型群体消费特点的白酒市场造成严重影响。疫情爆发两个多月时
间,正值春节白酒销售消费旺季,但白酒销量却下滑了 90%。近期,
行业龙头贵州茅台酒厂被迫下调飞天茅台价格达 20%。市场量减
价跌,释放出白酒产业陷入困境的强烈信号。

1. 从企业的角度看,盈利空间进一步收窄,部分中小型白酒厂
家甚至出现亏损。一方面,受疫情影响,市场恐慌情绪蔓延,国际大
宗生活必须品粮食价格攀升,短期内引起白酒企业酿酒用糯米收

购价格上涨达 20% 以上,加之疫情防控物资支出增加等,导致企业综合成本上升;另一方面,白酒市场终端滞销,产品价格被迫下调。

2.从产区的角度看,川酒产区划分过多、过细,不利于川酒对外整体感知价值的提升。四川白酒产区位于被公认为全世界最适宜酿酒的黄金地带——北纬 30 度左右的四川盆地,但过去由于竞合发展意识不强,四川产区又被人为地划分为宜宾、泸州、成都、德阳、邛崃、遂宁等多个细分产区,极易导致外界对川酒优质产区的认知不清。

3.从行业的角度看,白酒营销体系面临解体风险,严重影响白酒产业稳定发展。在白酒产业链中,目前受疫情影响最大的是白酒经销商。一些资金有限的经销商,因年前节日备货积压而陷入资金链断裂的险境,很有可能被迫退出市场,白酒渠道架构面临解体的风险,相关从业人员面临失业风险。但另一方面,由于专业人才培养体系不完善,未来存在人才断层的风险。

4.从全球市场角度看,川酒每年的出口量微乎其微。由于中西方餐饮文化差异、国际贸易政策壁垒、世界市场品牌影响力不足、新冠肺炎疫情全球蔓延等多重原因,川酒销售基本以国内市场为主,即使出口也有相当部分又转为"内销"。

二、白酒产业未来发展趋势分析

1.白酒行业大整合趋势凸现,分化进程加快。随着我国高净值人群数量不断增长和消费市场的迭代升级,高端及次高端白酒销量仍将保持一定增长,但市场将更多地向优质企业和名优品牌集中。

2.随着后疫情时期的到来,白酒消费可能出现反弹。白酒消费有可能因为餐饮行业报复性消费而逐步复苏,蕴含着较大的市场机会。

3.白酒行业的自动化、数字化、智能化是未来发展的必然趋势。以人工智能、物联网、区块链为代表的新一代信息技术与包括白酒行业在内的传统制造业的深度跨界融合,正引发影响深远的产业变革。

4.白酒消费将呈现个性化、多样化、智能化、场景化、精准化、跨界化等鲜明特征。随着新零售模式的崛起,传统业态不断被解构,新生态圈不断重建,带来白酒消费习惯的变革。

三、促进四川白酒产业高质量发展的对策建议

1.加快推动川酒产业恢复性增长。一方面,要科学评估疫情防控风险,尽快复工复产复市,使白酒消费市场回归常态,让市场人流、商流、物流、资金流都循环顺畅,减少营销企业的损失,保持白酒市场营销体系的稳定;另一方面,在切实落实中小企业减税降费政策的基础上,银行和酒类生产厂家要大力推动企业供应链金融服务创新,地方政府和白酒生产厂家要努力为酒类营销企业增信,以救经销商资金之急,力保川酒产业生态圈不出现"破窗效应"。

2.大力重构川酒市场竞争生态位。要大力扶持五粮液占领国内浓香型超端白酒生态位,重塑五粮液"超高端"白酒品牌形象,恢复"中国酒业大王"的历史地位,显著拉开五粮液与其他高端白酒品牌的消费者感知价值差异。同时支持剑南春提升品牌力,实现市场价值回归。促进川酒产业形成以五粮液为"一超"(超高端白酒)、泸州老窖和剑南春为"两高"(高端白酒)、其余"六朵金花"为"多次"(次高端白酒)的川酒高端品牌生态群落,实现川酒不同品牌彼此相互依存、错落发展,避免川酒行业内部的过度竞争。

3.整体打造四川优质白酒产区。优质产区是白酒企业占领生态位高端、获得定价权的稀缺禀赋。可借鉴苏格兰威士忌产区、法国波尔多产区等国外酒业的成功经验,整合打造川酒"北纬30度四川盆地产区"概念,凸显川酒产区、工艺、配方、品质、品牌等系统性优势,建立川酒企业战略联盟,积极创造条件,组建四川高端白酒集团,抱团打拼市场,改变川酒企业"内战内行、外战外行"的现状,大幅提高川酒整体市场竞争力和占有率。通过在全球市场的精准、饱和式宣传,让这一产区概念深入人心,从而显著提升"川酒"整体对外的感知价值。

4.加快信息技术与白酒行业的深度融合。加快以人工智能、物联网、区块链为代表的信息技术在川酒产业领域的广泛应用,实现川酒从粮食种植、原料加工、生产酿造、包装储存、物流配送等全产业链的信息可追溯,以降低白酒供给生态圈和消费生态圈之间的信息鸿沟,防止市场中发生"劣币驱逐良币"现象。通过信息技术的深度融合,不断提高白酒生产、经营、物流、消费等各领域的自动化、信息化、智能化程度。

5.加大白酒专业技术人才培养力度。一方面,应进一步鼓励川酒企业与四川大学轻工科学与工程学院、四川农业大学食品学院、四川轻化工大学等高等院校之间开展深度的产学研校企合作,联合培养所需人才;另一方面,从着眼于为未来川酒竞争提前布局的战略出发,建议向教育部申请在川新设一所全日制的酿酒职业技术学院,专门为四川白酒产业培养大批高素质的专业技术人才。这也可以填补国内尚未有一所专门的酿造职业技术高校的办学空白。

6.鼓励和支持酿酒用粮专业基地建设。政府应从规划、土地流转、科技服务、财税金融等方面,支持企业建设酿酒用粮专业生产基地,为白酒企业提供质好、量足、价稳的粮食原材料,保障企业生产经营稳定,同时带动农民增收。

7.力推川酒"走出去"战略。在继续对国内存量市场深耕细作、不断提升消费粘性外,更应将注意力投向国际市场的开拓,通过文化输出、潜在市场培育、贸易规则调整等多种手段,大力推进川酒"走出去"战略,讲好川酒品牌故事,引领白酒消费潮流,不断提高川酒在国外市场特别是欧美市场的认可度和美誉度。

附录三　时任五粮液集团公司总经理对《提升后疫情时代四川高端白酒定价权的对策建议》的评价^①

提升后疫情时代四川高端白酒定价权的对策建议^①

　　一场突如其来的新冠肺炎疫情对各行各业都造成了较大影响，高端白酒市场也不例外，由于疫情严控期间，禁止任何群体性聚餐活动，从而导致具有显著场景消费特点的高端白酒市场一夜之间消费"失速"，基本处于冷冻状态。乐观估计，如果目前全国疫情严格控制的局面短期不能缓解，且新冠病毒性肺炎形成全球性爆发，高端白酒消费市场最快将于今年5月份恢复正常，但对销量消费影响是长期的。那么，作为中国传统白酒大省的四川，后疫情时代高端白酒市场应该如何化"危"为"机"、逆势而上呢？四川省高校人文社科重点研究基地"川酒发展研究中心"《推动四川省高端白酒高质量发展的定价机制研究》课题组研究后，认为提升后疫情时代四川高端白酒定价权尤为关键。

一、提升后疫情时代四川高端白酒定价权的重大意义

　　后疫情时代，高端白酒市场从冷冻状态转而逐步复苏，这一过程中蕴含着巨大的市场机会，极有可能会出现高端白酒品牌忠诚度转向、市场份额调整、竞争格局重塑等情况，未来国内高端白酒消费市场存在着较大的不确定性。在此背景下，提升四川高端白酒定价权至少有三大战略意义。

　　一是对川酒企业可持续发展具有重大的战略意义。由于高端白酒的精神消费属性，兼具投资和金融属性，只要占领了市场价格生态位的高端，就会迅速树立起"尊贵、尊享"的高端形象，从而赢得更多消费者的青睐或追捧，市场经济的马太效应愈加凸显。

---

①本项建议已提交五粮液股份公司决策参考。

二是对川酒产业高质量发展具有重大的战略意义。未来十年我国白酒行业将进入产业和渠道大整合时代，市场会更多地向优质产区、优质企业和名优品牌集中。通过提升高端白酒市场定价权，将极大促进川酒进一步做大优质产区、做强优质企业、做靓名优品牌，从而为未来产业布局下好"先手棋"。

三是对实现四川食品饮料产业万亿级目标具有重大的战略意义。在四川省委提出的全省"5+1"现代产业体系中，食品饮料产业计划到 2022 年总产值达到1.4 万亿元，发展规模仅次于电子信息产业。而要实现这一宏大的产业发展目标，作为"川字号"系列品牌中的佼佼者，川酒只有通过提升其高端白酒的市场定价权，才能更好地担当"扛大旗"角色。

二、四川高端白酒定价中存在的问题及其原因

高端白酒本身是由特定的温度、湿度、风速度、日照度、海拔度、土成度、水质度等自然条件所构成的独特生态环境下精心酿造的产物。从生态学的视角来看，高端白酒市场可以看作是由产品生态群落、品牌生态群落、企业生态群落、消费生态群落、人才生态群落等构成的一个复杂严密的生态系统。高端白酒品牌或企业在这个生态系统中所占的生态位，就直接决定了其市场定价的主导权力。基于这一分析逻辑，课题组先后深入五粮液、郎酒、舍得等川酒"六朵金花"以及贵州茅台、洋河大曲等省外名酒企业开展了为期半年的调研工作。通过深入调研发现，影响四川高端白酒定价权的突出问题主要有六个，分别为：

一是五粮液的市场生态位亟待提高。五粮液曾一度因品牌控制不力而导致主品牌价值被严重稀释，影响了其在消费者心目中的高端形象，从而失去了昔日"中国酒业大王"的市场地位。发展至今，与行业龙头"贵州茅台"相比，五粮液在消费者品牌感知价值、高端白酒市场占有率、A 股市场表现力以及价格水平等多方面均存在较明显的差距，从而导致其在高端白酒市场定价中并不拥有绝对的领导力。

二是川酒品牌群落内部存在生态位重叠。除郎酒的酱香型特色比较突出外，川酒"六朵金花"中的其他品牌均以浓香型系列为主，彼此在产品细分市场、品牌定位等方面存在生态位重叠，特别是 52 度经典五粮液、国窖 1573 等在高端价格覆盖带上存在一定的交叉区域，导致川内各名酒企业之间竞争较为激烈。

三是川酒优质产区划分过多过细。优质产区是高端白酒占领生态位高端、获

得定价权的稀缺禀赋。四川高端白酒产区位于被公认为全世界最适宜酿酒的黄金地带——北纬30度左右的四川盆地，但由于过去竞合发展意识不足，四川产区又被划分为宜宾、泸州、成都、德阳、邛崃、遂宁等多个细分产区，产区划分过多过细不利于外界对川酒优质产区形成清晰的认知，不利于川酒企业抱团式发展。

四是川酒人才生态群落持久力弱。专业人才培养体系不尽完善、酿酒一线工作条件艰苦、工资待遇缺乏竞争力等综合因素作用，以90后为主体的新生代劳动力群体大多不愿进入酿酒行业，导致众多高端白酒企业所需的酿酒师、酿造工等生产技术人才非常稀缺，甚至未来可能还存在人才断档的威胁。

五是川酒市场生态位亟待拓展。由于贵州茅台、洋河大曲等行业内强劲竞争对手的存在，目前川酒只是在国内部分高端白酒市场中占有一定优势，例如五粮液在四川、江苏、浙江、上海、安徽、山东、河南、陕西、甘肃等市场上具有较大份额，但在北京、广东一带市场上并不占优势。

六是优质酿酒用粮生产基地建设亟待加快。据调查，川内酿酒用粮基地建设起步晚，产量小，远不能满足酿酒企业用粮需求，酒厂用粮主要来源仍是市场采购，由于国内外市场粮食的价格、贸易、流通和品质不稳定，如这次受新冠病毒肺炎影响，市场恐慌情绪蔓延，国际大宗生活必须品粮食价格攀升，短期内引起白酒企业酿酒用糯米收购价格上涨达20%以上，更令人担忧的是不少粮食出口国陆续宣布减少甚至停止出口粮食，势必引起粮食市场供应和价格的剧烈波动，对白酒企业生产经营稳定和产品质量带来不利影响。

三、提升后疫情时代四川高端白酒定价权的建议

1、提升五粮液在我国浓香型"超高端"白酒市场中的定价领导力。目前贵州茅台被公认为我国白酒行业唯一的超高端白酒品牌，但是贵州茅台属于酱香型白酒，而五粮液则为浓香型典范，二者在产品生态位并不完全相同，这就为五粮液占领国内浓香型超高端白酒生态位提供了市场机遇。从白酒行业未来加速向优势产区和优势企业集聚的发展态势看，扶持五粮液成为中国超高端白酒行业的领袖企业，提升其在超高端白酒市场中的定价领导力，既是促进四川白酒产业高质量发展的"先手棋"，也是"川酒"产业未来赢得竞争主动的"关键棋"。因此，迫切需要利用后疫情时代带来的市场机会，大力推进五粮液"行业领先"发展战略。一方面，要重塑五粮液"超高端"白酒品牌形象，恢复"中国酒业大王"的

历史地位，显著拉开五粮液与其他高端白酒品牌的消费者感知价值差异；另一方面，也要显著加大五粮液主、副品牌之间的市场辨识度，拉大五粮液与其系列酒的市场区分度，有效防止系列酒对五粮液主品牌的价值稀释。

2、引导四川高端白酒企业竞合发展、避免价格无序竞争。 在扶持五粮液占领超高端白酒生态位、重夺"中国酒业大王"市场地位的同时，支持剑南春提升品牌价值，实现市场价值回归，最终形成以五粮液为"一超"（超高端白酒）、泸州老窖和剑南春为"两高"（高端白酒）、其余"六朵金花"为"多次"（次高端白酒）的"一超两强多次"川酒高端品牌生态群落。通过降低品牌生态位的重叠度，实现川酒"六朵金花"在不同的品牌生态位彼此相互依存、错落发展，整体打造川酒产区、工艺、配方、品质、品牌等系统性优势，从而降低川酒行业内部的过度竞争，避免企业之间的产品战、广告战和价格战。同时，借鉴苏格兰威士忌产区、法国波尔多产区等国外成功经验，整合打造高端白酒"北纬30度四川盆地产区"概念，并通过全球市场的精准、饱和宣传，让这一产区概念深入人心，从而显著提升"川酒"整体对外的高端形象。

3、加快新一代信息技术与高端白酒行业的深度融合。 未来随着具有很强消费理性特征的新生代消费群体逐步成为高端白酒消费市场的主力军，如何赢得这部分消费群体的信任，让其认可高端白酒的高定价，是高端白酒企业必须提前思考和布局的重大战略问题。其中，降低高端白酒供给生态圈和消费生态圈之间的信息鸿沟，防止市场中"劣币驱逐良币"现象的发生，将对挖掘高端白酒行业发展潜力具有重要的战略意义。因此，必须加快以人工智能、物联网、区块链为代表的新一代信息技术在高端白酒产业领域的应用，实现高端白酒从原料种植、原料加工、生产酿造、包装储存、物流配送等产业链的全过程、全方位信息可追溯，保证每瓶高端白酒都系出名门、物超所值。

4、加大高端白酒专业技术人才培养力度。 高端白酒不仅是工业制成品，从某种意义上讲更是一种艺术品，其价值的大小更多体现为不能标准化的独特工艺，这其中人才起到了决定性作用。一方面，应进一步鼓励高端白酒企业与四川大学轻工科学与工程学院、四川农业大学食品学院、四川轻化工大学等高等院校之间开展深度的产学研校企合作；另一方面，鉴于目前国内仅有少数高校开设了酿酒工程专业，尚未有一所专门的酿造技术高校，从着眼于为未来川酒竞争提前布局的角度出发，建议用五粮液牵头，通过省政府向教育部提出申请在川新设一所全日制的酿酒工程职业技术学院，以专门为四川白酒产业培养大批高素质的专业技术人才。

5、加快酿酒用粮专业基地建设步伐。 积极主动争取政府应从规划、土地流转、科技服务、财税金融等方面的支持，加大酿酒用粮专业生产基地建设的投入，扩大基地建设规模，提高粮食总产量，提升粮食品质，使基地为白酒企业提供质好、量足、价稳的粮食原材料，避免受国内外粮食市场和价格波动的不利影响，保障企业生产经营稳定和白酒品质提升，同时带动农民增收，履行企业的社会责任。

6、大力推进"国际化发展"战略、拓展高端白酒定价空间。 解决四川高端白酒市场生态位宽度问题，除了继续对国内存量市场进行深耕外，应更多地将注意力投向国际市场的开拓。目前阻碍高端白酒进入国际市场的因素主要有中西方餐饮文化差异、国际贸易政策壁垒、全球宣传力度不够等。因此，应通过文化输出、潜在市场培育、贸易规则调整等多种手段，讲好品牌故事，清晰解构高端白酒的内在价值，不断提高国外市场特别是欧美市场对高端白酒的接受度。

附录四　关于完善高端白酒定价与市场营销管理机制的若干对策建议——以五粮液为例①

企业对产品的定价直接关系到企业的市场份额和收益状况。在日益激烈的市场竞争中，能否合理制定及调整产品价格，实现利润最大化，是企业生存和发展的关键。受新冠肺炎疫情的影响，四川省白酒行业的长期和短期发展存在诸多不确定性，且当前白酒行业逐渐步入加速分化期，需要重构行业生态系统。在新冠肺炎疫情冲击和行业重构的大背景下，五粮液作为行业头部企业，应抓住市场复苏带来的增长机会，重塑竞争格局，巩固浓香型白酒超高端市场的定价领导权，实现恢复性增长和高质量发展。

一、正确认识和把握高端白酒定价的目标

1. 价值目标

高端白酒的定价目标必须能够有力地维护企业的形象以及高端白酒的品牌价值。一方面，高端白酒特殊的酿造工艺、难以复制的酿造环境及深厚的历史文化内涵等，为其赋予了极高的感知价值，消费者对高端白酒的产品认知，为高端白酒企业奠定了独特的企业形象；另一方面，品牌影响力是决定高端白酒定价能力、溢价能力、提价能力的核心要素，终端价格也是其品牌影响力的最终表现，品牌影响力越强，在消费者心目中的地位越高，给消费者带来的消费体验越好。

2. 供求目标

供需关系是决定商品价格的重要因素。高端白酒基于其生产流程及生产环境的制约，其供给量总体上是比较低的。随着我国居民收入水平和生活水平的提高，人们对更高产品品质、更为健康生活的向往，也必将提升对高端白酒的需求，市场"不缺酒，但缺好酒"的局面将长期存在，这为高端白酒的定价打下了坚实的基础。同时受到基础产能的限制，在白酒产量预期逐渐降低的背景下，高端白酒基于复杂的生产流程和独特的酿造环境，其稀缺性的要素禀赋还会得到进一步的强化，这也是高端白酒定价应充分考量的重要因素。

---

① 《推动四川省高端白酒高质量发展的定价机制研究》课题（CXY2019R006）阶段性成果，提交宜宾五粮液集团公司决策参考。

3. 市场占有率目标

高端白酒的定价目标还应该包括提升其市场占有率。市场占有率在很大程度上体现了企业的经营能力以及市场竞争力。市场占有率的提升，进一步强化了高端白酒的品牌价值，保障了企业的规模经济，减少了企业的经营成本，提升了企业的盈利能力。相比于中小酒企，大型酒企凭借其品牌、资金、技术等优势，可以不断向下延伸，扩大其产品的市场占有率。在非价格竞争方面，大企业也更有能力承担广告营销和研发投入费用，从而能进一步巩固、扩大其品牌声誉，并不断推出新产品，提高其市场份额，大企业还可以通过并购重组等方式，抢占市场，扩大规模，最终导致行业绝大部分利润集中在少数头部企业。

4. 利润目标

高端白酒极为稀缺的资源禀赋、较高的品牌价值以及一定的市场垄断优势，为高端白酒企业合理的溢价提供了基础，也为企业提升盈利能力提供了保障，但高端白酒定价绝不能损害消费者正当权益和利益相关者正当利益，更不能违背国家政策法规，在此前提下允许企业获取合理的利润。从长期来看，高端白酒定价必须与消费者的消费能力相适应，过高的、超出消费者承受能力的价格必将使其产生价格泡沫，反而会减少市场需求，不利于企业发展；高端白酒产业链条较长，上下游产业链存在着大量的利益相关者，不考虑这部分群体的正当权益，高端白酒产业也很难获得可持续发展；更为重要的是，作为行业的领头企业，高端白酒企业定价时还必须考虑国家政策法规因素，自觉承担起更大的社会责任。

二、遵从产品定价原则，灵活应用定价策略

高端白酒企业为了获取高额利润，不仅需要提升价格管理能力，更为重要的是产品与服务中一定要包含消费者愿意为之支付的特有价值，从而使产品的差异化与卓越品质转化为消费者能够感知与接受的合理溢价，最终让顾客愿意为之付出更高的价格，得到更高品质的消费体验。不同的企业所处的行业不同，所面临的竞争格局也不一样，所具备的资源禀赋也存在着差异。五粮液作为高端白酒企业，其定价策略应包含基于价值、利润驱动、灵活应变三大基本原则，定价方法应综合考虑多种影响因素进行定价。具体建议如下所示。

一是确保价格与价值相匹配，防止价格过度偏离价值。通常情况下价格的变动应该反映消费者所获取产品与服务价值的变化。高端白酒所蕴含的价值除了其使用价值之外，更多的是体现在其具备的品质、品牌影响力以及无形价值上。五粮液在制定定价策略时，应确保商品与服务的价格和价值相匹配，防

止价格过度偏离价值。例如，在经济衰退时，市场需求下降，如果消费者从商品与服务中所获取的价值伴随经济衰退而变小，则企业应该降低价格来适应这一情况；如果消费者并没有因为经济衰退而获取更低的无形价值，则没有必要降价。

二是以利润为重要定价标准，合理评估产品价格。从一般意义上讲，好的定价策略一定是利润驱动的，偏离了这一目标的定价策略不是有效的定价策略。企业存在的重要意义在于盈利，或者盈利水平最大化。这一要求意味着，企业评估其价格管理成功与否的重要标准，应该是将其获得的投资回报与可替代的投资机会所带来的投资回报进行对比，而不是简单地与竞争对手的营收和利润进行对比。这意味着五粮液在价格制定过程中，一定要在市场占有率或者销量之间取得平衡，同时要兼顾企业的盈利水平，一味为提升市场占有率和销量而牺牲盈利能力，不是价格策略的意义所在；一味追求高额利润而不择手段，也是不可取的。

三是在定价方法上主要采用需求导向与竞争导向为主，兼顾成本导向的综合因素定价法。在高端白酒的定价方法上，大体上可以划分为成本导向定价法、需求导向定价法、竞争导向定价法。由于高端白酒的稀缺性和一定的市场垄断性，在计划经济时期及市场经济初期，政府实行低定价，凭票供应，价格调整，主要根据原材料、人工工资等成本上涨小幅提高价格，故过去较多采取的是成本加成定价法。在建立市场经济体制后，成本加成定价法考虑的因素就显得过于单一，不能反映顾客的需求弹性以及市场竞争状况，故该阶段更多采取的是需求导向定价法和竞争导向定价法。客观来讲，由于高端白酒的供给弹性较小，价格的不断上涨主要是来自需求的增加，消费者的偏好、个性化需求及其对产品价值的理解会直接作用于市场价格；同时我国高端白酒产能有限，产品具有稀缺性，制定价格时也应充分考虑该因素。我们通过成本、需求及竞争导向定价法的比较分析，针对五粮液，我们建立了以消费需求、市场竞争因素为主，兼顾成本变动的综合定价模型，我们建议采取综合定价法。在适当考虑成本和竞争者的价格水平的同时，尤其是要充分依据市场需求因素制定和调整价格。

四是提前预测不确定事件，灵活应对突发情况。有效的定价策略一定是动态调整、灵活应变的。企业在制定价格策略时，要预测经营过程中的不确定性事件，如经济衰退、政策变化、技术革新、竞争格局改变等，并提前制定好策略予以应对。企业所处的宏观环境、行业环境、微观环境是一个动态的变化过程，各个变量不是一成不变的。例如，国际贸易环境的恶化、原材料价格的波动、用工成本的增加、科学技术的进步、消费者偏好的改变、突发公共卫生事件等，都会影响企业的经营活动。五粮液在遇到突发情况时，应迅速反应、及时应对，有效化解各种负面情况所带来的不利影响。

三、顺应消费升级趋势，扩大品牌影响力

根据高端白酒价格影响因素分析，市场需求是影响高端白酒价格的主要因素，品牌价值是高端白酒价格的重要支撑，而生产成本对高端白酒价格影响较小。因此，高端白酒企业在进行产品定价时，必须综合考虑以上重要因素才能制定出全面、系统、恰当的价格，故提出以下建议。

一是应抓住消费升级的发展机遇，努力把企业做大做强。需求上涨是高端白酒生产企业提价的重要推动力。居民消费理念的升级与社交需要的增加，提高了对高端白酒的需求，从而使市场资源进一步向优质企业和名优品牌集中，市场竞争也越发激烈。五粮液作为名优白酒品牌，一方面，应抓住经济发展和消费升级带来的市场需求，增加高端白酒供给量，努力把企业做大做强，在浓香型高端市场牢牢占据主导地位；另一方面，应紧紧抓住消费升级和消费能力逐步提升的契机，以品类的多样化丰富市场供给。针对高端白酒消费呈现出大众化、年轻化、定制化的新趋势，围绕高端白酒的香气、口感、包装等元素，大力开发新产品或赋予产品新的功能，推动同档次的高端白酒品牌之间的差异化、特色化发展，以更好地满足新生代消费群体的消费新需求和市场上不断出现的消费新风尚。

二是应扩大品牌影响力，强化自身竞争力。品牌声誉是影响高端白酒企业定价能力的核心要素，也是高端白酒企业竞争力的主要表现，如何提升其品牌影响力从而强化自身竞争力对高端白酒企业尤为重要。首先，五粮液应在保证及改善产品品质的基础上，通过文化赋能，强化品牌定位。要做好遗产保护，深入挖掘高端白酒品牌的文化内涵，找准支撑高端白酒品牌的核心价值，讲好高端白酒品牌故事。要使产品品牌更加具有人性化、个性化的特征，与消费者产生情感上的共鸣，突出高端白酒的独特价值，提升消费者对高端白酒的感知价值。其次，要充分利用线上线下融合的多种宣传媒介和宣传手段，进一步增强五粮液高端白酒代表性品牌的影响力，提高高端白酒头部企业的知名度，用品牌影响力提升消费黏性。最后，大力推进国际化发展战略，通过文化引领、市场培育、贸易规则适应等多种手段，讲好五粮液品牌故事，清晰传达五粮液价值，不断提高国外市场特别是欧美市场对五粮液的品牌认可度和消费接受度。

四、巩固浓香型"超高端"白酒市场定价权，保持价格稳中缓升态势

产品价值是高端白酒价格的根本依据，是高端白酒品牌的重要支撑，是高端白酒企业的核心竞争力。五粮液的定价策略应该以产品价值为基础，通过研判竞争格局，设定价格结构、传递产品价值、进行价值沟通、确立定价政策，最终形

成合理的、与产品相适应的价格水平。根据定价策略理论和模型，同时结合五粮液的具体情况，五粮液在定价策略制定过程中应注重以下两点。

一是巩固提升五粮液在我国浓香型"超高端"白酒市场中的定价领导权。五粮液作为浓香型典范，与以酱香酒为主打的茅台在产品生态位并不完全相同，这就为五粮液占领国内浓香型高端白酒生态位提供了市场机遇，企业应该全力巩固提升其在浓香型市场的价格领导权。在酱香型高端白酒市场，企业可以采取跟随策略或者不完全跟随定价策略，淡化企业在整个高端白酒市场的定价领导权。为巩固提升五粮液在浓香型市场的价格领导权，一方面，企业要大力推进五粮液主品牌"聚焦发展"战略，提升与五粮液系列酒在市场定位、价格定位、产品口感、包装设计等各方面的区分度，提高主、副品牌之间的辨识度，防止系列酒对五粮液高端品牌价值的稀释，重塑五粮液从"高端"到"超高端"的品牌形象；另一方面，企业要大力推进高端白酒市场"竞合发展"战略，通过战略性重组、收购、并购、控股等多种手段，进一步做大做强五粮液的市场规模，力争在浓香型白酒市场中拉开与洋河梦之蓝、国窖1573等高端白酒竞争的生态位。

二是保持价格稳中缓升，价格上涨幅度参考通胀率和成本上升率。高端白酒企业的较强定价权保证了其稳定的盈利能力，但白酒本质上属于消费品，过高的价格必定会产生价格泡沫，还会受到政府的严监管，出现政策法规风险，不利于企业的稳健经营，因而高端白酒企业在制定及调整价格时，应与消费者的消费能力相匹配。为了防止竞相涨价，产品价格过度偏离价值，五粮液应积极承担社会责任，促进高端白酒行业健康发展。在价格调整上，企业应保持白酒价格基本稳定，缓慢上涨，其价格上升幅度应该与通货膨胀挂钩，以企业经营成本上涨为限，适当考虑竞争、需求的变化，把价格年波动幅度控制在成本上涨率和通货膨胀率附近，使得白酒回归消费属性。应坚持高端白酒是拿来"饮"的，不是拿来"炒"的原则，以满足人们的合理消费需求，保护企业和消费者的合法利益。

五、强化内部价格控制体系，规避政策和法律风险

高端白酒的价格违法行为不仅会扰乱市场秩序，也会对企业自身形象造成不良影响。从已有的高端白酒价格违法案件来看，主要是厂商凭借市场主导优势，对经销商下达"限价令"，以控制经销商的价格行为，因而违反了《反垄断法》的相关规定，被处重额罚金。为了保持高端白酒价格稳定，避免政策和法律风险，五粮液也应该加强价格内控，通过构建一套完整的价格管理制度体系，组建专门的价格管理机构、价格管理队伍和管理规章制度，增强企业价格自我约束、自我管理的能力。价格内控的具体操作有以下三个方面。

一是控制五粮液企业内部环境。企业内部环境即白酒企业价格管理规章制度

环境，包括价格管理机构、价格管理规定、价格管理程序、价格管理专职专岗人员等方面。营造良好的高端白酒企业价格内部环境是建立健全企业价格内控的首要前提。为构建良好的价格内部环境，五粮液内部的价格管理规章制度应该严格遵守我国各类市场主体的价格行为管控的法律法规，如《价格法》《反不正当竞争法》《反垄断法》《消费者权益保护法》等。五粮液的价格管理程序应引入先进管理理念，规范的运行模式，提高内部价格管理的效率。五粮液的价格管理机构应设置专门的部门负责管理，以适应企业的价格管理目标、条件和企业规模，能随着企业的发展而相应地变化。五粮液的价格管理专职专岗人员团队应该具备良好的专业知识、法律素养，帮助企业防范高端白酒经营过程中的各种风险，促进白酒产业健康有序发展。

二是构建五粮液白酒价格风险预警。风险预警是企业内控的另一个重要环节，所以，五粮液企业内部的风险预警应包括精准识别、科学评估和及时应对三个方面。在制定价格时，应精准识别高端白酒价格在批发和终端零售等环节的具体风险点，制定风险评估的参考标准，防止风险暴露。同时，应科学评估高端白酒的定调价行为，形成专业的评估结果，杜绝随意调价行为，所有重要调价方案出台前，应事先经过企业法律顾问（工作）室进行严格的政策法律法规风险评估，企业内部的价格管理机构应根据评估结果，调整定调价方案，制定方案实施中可能发生风险的应对策略，防范各个环节可能存在的价格风险，确保终端指导价的有效执行。在价格风险暴露时，应及时应对处理，降低违法违规价格行为的损失和不良影响。

三是强化五粮液白酒的价格监管。价格监管是确保企业价格管理规章制度得到贯彻实施的有效手段。五粮液内部的价格管理机构要定期或者不定期对五粮液白酒流通环节的价格进行专项检查，并形成专项价格评估报告。重点加强对商超卖场、烟酒店等零售终端的销售管理，不定期监督，防止五粮液白酒产品在流通环节出现违法违规行为。

六、健全企业内部监督管理机制，杜绝流通领域违规行为

由于缺乏有效的高端白酒价格管控机制，我国高端白酒流通领域也存在诸多不规范行为，发生过多起囤货惜售、控量抬价，转移销售、搭配销售、虚假交易等恶意扰乱高端白酒市场秩序，损害白酒企业形象的行为。五粮液作为浓香型头部白酒企业，应从自身销售和监督制度出发，改善高端白酒价格运行市场环境，树立自身企业形象。

一是完善检查制度，提高内控水平。五粮液应在遵守国家政策规定、维护市场秩序的方面主动作为，在企业内部设置高端白酒产品销售督察制度，对产品的

销售价格加以规范和约束。在对企业的经销商筛选时，要提高准入条件；在流通中有效监控白酒流通市场，对产品经销场所的日常管理、团队管理、价格管理、场所维护等是否符合合同的约定都要进行全面监督。另外，企业可以利用现代化互联网信息技术和大数据手段加强监测，强化数据信息分析、汇总，实现由人工监测向智能监测的转变，提高监管信息化水平。

二是彻底清查和制止流通领域中饥饿营销、控量提价等行为。一方面，五粮液应严格制止经销商将少量产品按照零售指导价格出售，而将更多的产品在加价之后再次进入流通市场销售，从而形成二元零售市场的行为。应严厉打击"黄牛"现象，对企业的直销平台进行彻底清查，清除低买高卖的商业"投机者"。另一方面，企业应将督察组织的督查结果作为经销场所评优评奖的重要参考，并将其与合同的续签、后续投放量等相挂钩。若发现经销渠道存在囤货惜售、转移销售、虚假交易、哄抬物价、捆绑销售等违法行为，企业要采取扣减甚至取消合同计划、扣减市场支持费用、没收保证金、按约处以现金罚款等方式来对经销商违规行为实施相应的惩罚。

七、抓住后疫情时代增长机会、积极完善上下游全产业链建设

突如其来的新冠肺炎疫情对白酒行业产生了一定冲击，白酒消费场景需求的大量减少，使得白酒销量大幅下滑，部分白酒企业也面临被迫降价的问题。另外，原材料成本上涨和疫情防控物资支出增加，使得企业利润空间收窄。为应对疫情带来的冲击，同时适应后疫情时代的白酒行业发展趋势，五粮液应积极采取应对措施。

一是抓住后疫情时代消费反弹，积极拓展新零售模式。突如其来的新冠肺炎疫情，对具有显著场景式、聚集性群体消费特点的白酒市场造成严重影响。在2020年疫情暴发初期的两个多月时间，白酒销量下滑90%，部分高端白酒产品被迫下调价格，市场出现量价齐减的局面。在疫情恢复阶段，企业应看到随着疫情的好转，白酒消费因终端消费场景的增多、餐饮行业报复性消费而逐步复苏。所以，五粮液应抓住后疫情时代蕴含的较大市场机会，提前布局市场，畅通市场人流、商流、物流、资金流，以应对市场的报复性增长。其次，为了预防再次遇到突发事件冲击，五粮液也应积极开拓终端消费模式。随着新零售模式的崛起，传统业态被不断解构，新生态圈不断重建，带来白酒消费习惯的变革，五粮液可积极推出个性化、多样化、场景化的产品以适应新零售模式。

二是积极建设酿酒用粮专业生产基地，加快与信息技术深度融合。受疫情影响，市场恐慌情绪蔓延，粮食价格攀升，短期内引起白酒企业酿酒用糯米收购价格上涨达20%以上。加之疫情防控物资支出增加，导致企业综合成本上升，盈利

空间收窄，从而使部分白酒企业产品被迫提价。为应对成本上涨对价格的挑战，五粮液应该大力建设酿酒粮食专业生产基地，为自身企业提供质好、量足、价稳的粮食原材料，保障企业生产经营稳定，防止外部采购成本过高的风险。其次，五粮液应加快与信息技术的深度融合，加快以人工智能、物联网、区块链为代表的信息技术在企业广泛应用，实现企业从粮食种植、原料加工、生产酿造、包装储存、物流配送等全产业链的信息可追溯，从而降低生产环节的非合理成本消耗，提升生产效率，有利于企业更精准地控制和计算生产成本端的费用，使得产品价格变动更加平稳合理。

《推动四川省高端白酒高质量发展的定价机制研究》
课题组

后　记

　　白酒是中国的传统饮品，在广大的消费人群中一直受到青睐，白酒产业是白酒产区的支柱产业，其发展受到地方政府的高度重视，白酒价格是调节白酒产销市场的重要杠杆，是企业取得营收、补偿成本、实现利润的基本形式，是企业参与市场竞争的有力工具，尤其是高端白酒在喜庆宴席、商务往来、送礼馈赠等特殊场所成为刚需品，价格高低对消费者的支出负担有重要影响。近年来，高端白酒价格一直在波动中大幅上涨，成为社会关注的热点。我们研究团队长期研究价格理论与政策，承担了多项国家和省市社科基金及教育部博士点基金课题，从价格宏观调控与管理，到农产品价格、工业品价格、房地产价格、电力价格、医疗价格、药品价格、技术价格、服务价格、生产要素价格等重要商品服务价格，再到价格史，对价格理论与政策进行了全面、系统、立体研究，出版了《社会主义价格管理学》（1990）、《农产品价格机制论》（1997）、《中国抗日战争时期物价史》（1998）、《市场价格机制与生产要素价格研究》（2006）、《重要商品与服务价格研究》（2018）、《中国四十年价格改革研究》（2019），这些成果分别获得了四川省人民政府哲学社会科学优秀成果一、二、三等奖和荣誉奖。

　　近十多年来，中国高端白酒价格一直在波动中大幅上涨，涨价因素复杂，引起了社会各界的关注，我们研究团队对此抱有浓厚兴趣，因此，在2019年，通过申请和投标，获准承担四川省哲学社会科学重点研究基地、四川省高校人文社科重点研究基地——川酒发展研究中心招标项目《推动四川高端白酒高质量发展定价机制与定价方略研究》（CJZB19-01）、五粮液集团公司产学研合作项目《推动四川高端白酒高质量发展的定价机制研究》（CXY2019R006）两项内容相关的重要课题。课题组于2019年6月至2021年6月，历时两年，通过到五粮液股份有限公司、四川沱牌集团舍得酒业有限公司、泸州老窖股份有限公司、四川郎酒集团有限责任公司等厂家现场调研，到四川大学图书馆收集馆藏相关文献资料，收集网络资源库资料，到政府部门及相关学会协会走访座谈等方式，较为充分占有高端白酒研究课题的相关资料，对我国高端白酒价格机制、定价方法及定价策略进行了系统深入研究，撰写完成了47余万字的研究成果，从高端白酒价格特性、价格构成、价格决定、价格形成机制、价格运行机制、价格调控机制、定价方略等方面，打开了高端白酒价格"黑箱"，揭开了价格波动之谜，并向政府和企业提交决策咨询建议三份，其中，《后疫情时期加快推动四川白酒产业恢复性增长和高质量发展的对策建议》被四川省繁荣发展哲学社会科学工作协调小组办公室、四川省社会科学界联合会主办的《重要成果专报》2020 年第 11 期刊载，并报送省委省政府领导决策参考，时任四川省社科联主席杨泉明教授对《建议》做出高度评价（见本书附录一）；另一份建议《提升后疫情时代四川高端白酒定价权的对策建议》被时任五粮液集团公司总经理肯定和采纳（见本书附录三）；还向五粮液集团公司提交了《关于完善高端白酒定价与市场营销管理机制的若干对策建议——以五粮液为例》，提出了完善高端白酒定价和市场营销管理机制的系统性建议（见本书附录四），供企业合理定价和科学营销决策参考；同时，通过课题研究，以研代训，培养培训了一批研究生和企业员工，一些研究生积极参加课题调研，彭杰研究生还向课题组提交了成本导向定价方法的思路和材料，有的研究生以课题为依托，完成了自己的学位论文，也对本书研究写作做出了贡献，同时，提高了自己的综合素质和研究能力。总之本课题研究工作在人才培养方面也收到了很好的效果。

我们把课题研究成果汇集成书，在书稿即将付梓之际，首先非常感谢课题立项单位四川省哲学社会科学重点研究基地、四川省高校人文社科重点研究基地——川酒发展研究中心和五粮液集团公司的支持和资助；其次，十分感谢宜宾五粮液股份有限公司及其下属部分子公司、四川沱牌集团舍得酒业有限公司、泸州老窖股份有限公司、四川郎酒集团有限责任公司等单位为我们完成本课题提供的现场调研条件；再次，感谢在本课题中期评估和结题评审的组织单位四川轻化工大学和各位专家，感谢四川大学经济学院蒋永穆教授、顾婧教授对本书提出的咨询和修改意见；最后，要特别感谢科学出版社领导的支持和付出辛勤编辑劳作的李嘉同志。为了全面反映高端白酒价格研究领域的最新动态，我们在本书研究写作过程中，参考借鉴了国内外同行专家的研究成果和企业家提供的宝贵资料，在此一并表示感谢！

《推动四川省高端白酒高质量发展定价机制与定价方略研究》

课题组负责人　蒋和胜

2021 年 10 月